BASTEI
LÜBBE

Dieter Zimmer

Wunder dauern etwas länger

BASTEI LÜBBE

BASTEI-LÜBBE-TASCHENBUCH
Band 11 181

Gustav Lübbe Verlag GmbH, Bergisch Gladbach
Printed in West Germany, Januar 1988
Einbandgestaltung: Dieter Kreuchauff
Titelbild: ZEFA/Bavaria
Satz: Kremer-Druck-Hartegasse GmbH, Lindlar
Druck und Bindung: Ebner Ulm
ISBN 3-404-11181-6

Der Preis dieses Bandes versteht sich einschließlich
der gesetzlichen Mehrwertsteuer

1

»He, Andy, ›Lokales Schaf‹ will dich dringend sprechen!«

»Muß es noch heute sein?«

»Nein, aber sofort!«

Der Teufel soll den Alten holen! Andy erhob sich von seinem Schreibtisch, drückte im Aufstehen seine Zigarette aus und zündete, wie um sich zu entspannen, eine neue an. Es war Freitagabend, und wenn »Lokales Schaf« ihn sofort und dringend sprechen wollte, konnte das nur eines bedeuten: Der freie Samstag war in Gefahr.

Warum holt ihn nicht wirklich der Teufel, dachte Andy auf dem langen Korridor. Oder der Herzinfarkt. Gehörte es sich nicht für einen Journalisten, vor dem sechzigsten Lebensjahr einen Herzinfarkt zu bekommen? Georg Schaaf, den die ganz alten Kollegen »Schorsch« nennen durften, war fast sechzig und seit über zwanzig Jahren Chef der Lokalredaktion. Am Telefon meldete er sich immer hektisch mit »Ja, Lokales, Schaaf«, was ihm den Spitznamen »Lokales Schaf« eingetragen hatte.

Schaaf telefonierte: »Ja, ich werde selbstverständlich das Interview mit dem Herrn Oberbürgermeister selbst führen. Welche Themen liegen denn an?«

Er suchte nach einem Blatt Papier, fand auch eines und machte sich Notizen. Schaafs Schreibtisch war immer mit Stapeln von Papier bedeckt, mit Manuskripten und Fotos, Agenturmeldungen und alten Zeitungen.

»Gut, ich werde morgen rechtzeitig am Flughafen sein, dann können wir die Fragen noch kurz besprechen. Bis dann!«

Schaaf hängte ein und sah Andy an: »Gut, daß Sie da sind.«

»Sie haben mich ja bestellt. Und übrigens habe ich morgen meinen tarifvertraglich gesicherten freien Samstag.«

»Nee, tut mir leid, ich brauche noch eine Story für Montag.«

»Das tut mir nun wieder leid«, entgegnete Andy, »ich hätte den freien Samstag schon vor zwei Wochen haben müssen, und außerdem habe ich familiäre Verpflichtungen.«

Schaaf zündete seine erloschene Zigarre an, suchte den Aschenbecher und warf schließlich das Streichholz auf den Schreibtisch.

»Sie haben familiäre Verpflichtungen, und ich habe die Verpflichtung, auch am Montag meine Lokalseiten mit schwarzen Buchstaben zu füllen.«

»Und welche Sensationen soll ich für unser geschätztes Publikum beschreiben?«

»Im Waldstadion wird morgen mal wieder Putz erwartet. Die gefürchteten Dortmunder Fans, Sie wissen schon.«

»Nee, keine Ahnung. Hat es mit Fußball zu tun? Dann ist es nicht Lokales, sondern Sport.«

»Falsch, Knochenbrüche auf dem Spielfeld sind Sport, aber Messerstiche in der Südkurve sind Lokales.«

Andy wollte seinen freien Samstag immer noch nicht aufgeben und fragte: »Was soll denn neu sein an der Story? Die Typen ziehen doch jeden Samstag los, um ihren Montag-bis-Freitag-Frust abzureagieren, lassen sich volllaufen und schlagen sich die Nasen blutig, um am Montagmorgen damit angeben zu können. Das ist doch bloß Ersatzkrieg oder Kriegsersatz. Das ist sozusagen ein kulturphilosophisches Phänomen. Warum schicken Sie nicht mal einen von der Kulturredaktion hin?«

Schaaf überging die Frage und tat, als habe Andy schon zugesagt: »Die Polizei begleitet in Zivil den Sonderzug von Dortmund bis Frankfurt und sondert unterwegs schon mal die heißesten Typen aus. Das wollen wir mal beobachten.«

»Das heißt, ich soll nach Dortmund und von dort aus mitfahren?«

»Na, wer sagt's denn, Sie haben's auf Anhieb begriffen«, spottete Schaaf.

»Und das fällt Ihnen justament am Freitagabend ein?«

»Tut mir leid, aber in unserem Beruf muß man flexibel sein.«

»Ja, ich weiß: jung, dynamisch, erfolglos.«

Schaaf griff schon wieder zum Telefonhörer und sagte nur noch: »Rufen Sie die Polizeipressestelle an, die sind schon vorgewarnt.«

Als Andy wieder an seinem Schreibtisch saß und die Nummer der Polizeipressestelle heraussuchte, fiel ihm alles ein, was er Schaaf bei einer solchen Gelegenheit schon lange mal hatte sagen wollen.

2

»Pia, du mußt morgen mittag meine Eltern vom Zug abholen«, sagte Andy zu Hause, »ich habe einen Einsatz.«

Pia sah von ihrem Strickzeug auf: »Aha! Gar ein Exklusivinterview mit dem Ministerpräsidenten?«

Andy riß sich zusammen und erklärte ruhig, was er morgen zu tun habe.

»Na, da werden die Leser aber wieder mal staunen«, bemerkte Pia.

»Findest du deine Ironie eigentlich angemessen?« fragte Andy, mühsam beherrscht.

Pia antwortete nicht, was Andy noch mehr reizte: »Findest du, daß dein Verkauf von Wolle und Strickmustern an irgendwelche selbstgestrickten Damen eine Lebensaufgabe ist, die dir das Recht gibt, abfällig über meinen Beruf zu reden?«

»Nicht über deinen Beruf im allgemeinen«, verbesserte Pia.

»Jaja, schon gut!«

Er schenkte sich seinen abendlichen Whisky ein, während Pia weiterstrickte.

Andy wußte, was seine Frau gemeint hatte. Er war, nach einem abgebrochenen Studium, nun schon fünfzehn Jahre im Beruf und immer noch einfacher Lokalredakteur. Vor drei Jahren hatte er sich Hoffnung gemacht, Stellvertreter von »Lokales Schaf« zu werden. Aber sie hatten einen von außen geholt, nach dem Motto, mit dem man Aspiranten aus dem Haus immer und überall abspeiste: »Wir brauchen neues Blut.« Der Neue, Wieland Buske, hatte sich vorher mit einigen aufsehenerregenden Reportagen über Neonazis einen gewissen Namen gemacht, aber im Alltag der großstädtischen Lokalredaktion war er ziemlich untergegangen. Wenn allerdings einer erst mal irgendwo saß in so einem Apparat ...

Vor einem Jahr hatte Andy ziemlich spontan ein lukratives Angebot ausgeschlagen. Nein, hatte er sich gesagt, auch für zwei Mille mehr im Monat willst du nicht Krawallreporter bei einem Revolverblatt sein. Man hatte ja seinen Beruf mit bestimmten Vorstellungen ergriffen, und wenn auch die hehren Ideen von Wahrheit und Gerechtigkeit in langen Berufsjahren Schaden genommen hatten, so wollte Andy doch einen Rest davon retten. Er wollte nicht Schlagzeilen erfinden, hinter denen nichts steckte, Interviews umdichten, damit sie sich verkauften, Leute kaputtmachen, damit die Leser ihre Befriedigung hatten. Er hatte das Angebot noch am selben Tag abgelehnt und war geblieben, was er seit Jahr und Tag gewesen war.

Pia schaltete das erste Programm ein, wo Nowotny die Bonner Ereignisse der Woche zelebrierte und mit seinem berühmten maliziösen Lächeln dem Kanzler sein Fett gab. Andy stellte sich vor, er selbst, der Lokalredakteur Andreas Wohlgemuth, mokiere sich in ähnlicher Weise über den Oberbürgermeister. Ausgeschlossen, dachte er, der Oberbürgermeister verkehrt im Haus meines Verlegers. Pressefreiheit endet spätestens bei den Partygästen des Verlegers.

»Der Nowotny ist wirklich Klasse«, bemerkte Pia.

Andy verstand seine Frau sehr gut und haßte sie wieder einmal. Er schaute sie von der Seite an: schwarze Haare, blaue Augen, dieser seltene Kontrast hatte ihn schon in der Schulzeit angezogen. Schlank und vollbusig, auch das hatte ihn damals erregt. Sie war nicht mehr so schlank wie früher, aber immer noch schön. Wenn er, was nur noch selten vorkam, mit Pia ein Lokal betrat, genoß er die bewundernden Blicke, die sie anzog.

Schönes Biest, dachte er, schönes, mieses Biest.

»Ich gehe schlafen«, sagte Andy, »ich muß morgen früh raus.«

Sie hielt ihm die Wange zum Gutenachtkuß hin.

Später stand er noch mal auf, ging zu Pias Schlafzimmer, griff auch nach der Türklinke, ging dann aber doch wieder in sein Bett.

3

Andy fuhr nicht nach Dortmund, denn dazu hätte er um vier aufstehen müssen. Er fuhr nach Gießen und stieg dort in den Sonderzug aus Dortmund.

Die Fans waren schon gut in Stimmung, zielten mit leeren Bierbüchsen nach vorbeirasenden Telegrafenstangen und gelobten in lauten Gesängen, die Frankfurter Feinde zu Frankfurter Würstchen zu verarbeiten.

Andy ekelte dieser sinnlose Haß, er fand sich fremd und überflüssig. Er war Fußballanhänger seit Kindesbeinen, hatte jahrelang mit der Frankfurter »Eintracht« gelitten, sich über ihre seltenen Siege gefreut. Aber seit dem Einzug des militanten Mobs ins Stadion war er nur noch Fernseh-Fußballfan.

Im vorderen Waggon traf er verabredungsgemäß den Hauptwachtmeister Schneyder, der betonte, mit dem Y-Schneyder aus dem Fernsehen weder verwandt noch verschwägert zu sein, und der die ganze Sache gelassen sah: »Im Chor grölen sie, aber wenn Sie sie einzeln vornehmen, dann liefern sie brav ihre Schlagringe und Fahrradketten ab.«

»Aber wozu machen die überhaupt den ganzen Zauber?« fragte Andy.

»Das weiß ich auch nicht«, antwortete Hauptwachtmeister Schneyder.

»Aber wenn Sie diesen Job hier machen, müssen Sie doch mal drüber nachgedacht haben.«

»Muß ich das? Ich habe mich auch an der Startbahn West herumgeprügelt. Da hat mir auch niemand genau erklären können, welchen Sinn das hatte.«

»Na gut, das war hohe Politik, aber das hier ist doch viel einfacher.«

»Ganz einfach sogar«, bestätigte Hauptwachtmeister Schneyder, »ganz einfach. Wenn ich heute Dienstschluß habe, gehe ich noch eine Stunde Squash spielen. Da haue ich auf den Ball, als wäre ich nicht ganz bei Trost. Ich brauche das, wenn ich den ganzen Tag so was Sinnloses gemacht habe wie heute. Und den Jungs hier geht es genauso. Nach einer Woche Stumpfsinn müssen sie einfach mal die Sau raus lassen.«

Andy notierte sich die Bemerkung für seine Story und fragte nach: »Ist das nicht eine Art Kriegsersatz?«

»Nee, die Jungs haben einfach Langeweile.«

Soll das die ganze Story sein, dachte Andy. Sollte der große Reporter Egon Erwin Kisch recht haben, der nach einem langen Reporterleben herausgefunden hatte, daß alles so war, wie es sich Klein-Fritzchen vorstellte? Daß es Blödsinn war, mehr in die Dinge hineinzudeuten, als es die schäbige menschliche Natur hergab? Wahrscheinlich, dachte Andy, ist das doch kein kulturphilosophisches Phänomen, sondern eine Story für einen Lokalreporter, dessen Aufgabe es ist, die Zahl der blutigen Nasen halbwegs genau wiederzugeben.

Auf dem Frankfurter Hauptbahnhof wichen die Reisenden der grölenden Schar aus Dortmund vorsichtig aus, und auch auf dem Weg zum Stadion stellte sich niemand in den Weg. Andy marschierte nebenher, fand die ganze Sache furchtbar langweilig und dachte daran, daß zu Haus seine Eltern auf ihn warteten. Ihm fehlten noch ein paar markige Zitate, die er hätte auch selbst erfinden können, wie das in vielen Zeitungen gang und gäbe war, aber er nahm sogar heute seinen Beruf ernst und fragte einen Fan: »Wollt ihr heute gewinnen?«

»Logo. So oder so!«

»Wie meinen Sie das?«

Der Fan schaute Andy groß an: »Wat bis'n du für'n Knallkopp?«

Ehe Andy sich mit Namen und Beruf vorstellen konnte, kündigte der Fan an: »Entweder unsre Jungs gewinnen, oder wir machen verbrannte Erde.«

»Und warum das?» frage Andy.

Der Fan hatte wieder den erstaunten Blick von eben: »Wieso warum? Dat is eben so!«

So ist das eben, dachte Andy, wir machen ja auch Lokales und nicht Kultur.

Das Spiel verfolgte Andy im Laufgraben neben Hauptwachtmeister Schneyder, der zwei sichergestellte Fahrradketten bei sich hatte.

»Was wünschen Sie sich denn«, fragte Andy, »wie das Spiel ausgeht?«

»Am besten null zu null. Da haben wir immer die wenigste Arbeit, weil beide Seiten nur halb frustriert sind.«

Es blieb lange null zu null, aber in der siebzigsten Minute betrog der Schiedsrichter die Gäste um einen sonnenklaren Elfmeter, und sofort wurde es auf dem Spielfeld ruppig und in der Südkurve belebt.

»Die Schiedsrichter machen uns die meiste Arbeit«, bemerkte Hauptwachtmeister Schneyder, und Andy schrieb dieses griffige Zitat in seinen Notizblock.

Im Vertrauen auf den Schiedsrichter säbelte kurz darauf der Frankfurter Libero erneut die Dortmunder Sturmspitze von den Beinen, und wieder kam kein Pfiff. Der Hauptwachtmeister machte sich vorsorglich auf den Weg zum Gästeblock.

Auf dem Spielfeld ging man jetzt »hart zur Sache«, wie das im beschönigenden Jargon der Kollegen vom Sportressort hieß. Andy notierte »vorsätzliche Körperverletzung«, war sich aber dabei im klaren, daß »Lokales Schaf« mit Rücksicht auf die Sportkollegen eine solche Formulierung nicht durchgehen lassen würde. Andy saß irgendwie neben sich selbst. Die Treterei vor seinen Augen war kein schlechtes Spektakel, aus der Südkurve flogen Bierbüchsen, Klopapierrollen und einzelne Feuerwerkskörper, und selbst die Herren auf der Tribüne gingen aus sich heraus, wie sie es von Montag bis Freitag bestimmt nie taten. Alles war gut anzuschauen.

Dennoch fragte sich Andy, was das für ein seltsamer Beruf sei, der ihn zwang, sich dieser Narretei nicht nur dienstlich auszusetzen, sondern sie obendrein in der Montagsausgabe ernsthaft zu beschreiben.

Im Bundestag, dachte Andy, geht es ja manchmal nicht anders zu, nur daß dort der Schiedsrichter keine Pfeife hat, sondern eine Glocke. Und Kollege Nowotny, dachte Andy, muß sich manchmal auch zusammenreißen, um närrisches Geraufe als ernsthaftes Geschäft wiederzugeben.

Man hätte einen richtigen Beruf lernen sollen!

Andy verließ etwa in der achtzigsten Minute das Stadion. Er hatte einfach keine Lust mehr. Möglicherweise würden die Fans aus dem Ruhrpott auf dem Rückweg zum Hauptbahnhof eine Schneise der Verwüstung hinterlassen. Andy wollte es nicht wissen. Er hatte die ganze Story nicht machen wollen.

Ich will eines Tages überhaupt nichts mehr tun, was ich nicht tun will, dachte er auf dem Heimweg im Taxi.

4

Andys Eltern saßen noch mit Pia vor abgegessenen Kuchentellern am Kaffeetisch, als Andy nach Hause kam. Er gab seiner Mutter einen Kuß.

»Du hättest dir aber auch freinehmen können«, sagte sie, »wenn wir schon mal zu Besuch sind.«

Ich hätte wetten mögen, dachte Andy, daß sie mir noch vor der Begrüßung einen Vorwurf macht.

»Dienst ist Dienst«, sagte er, »und der Dienst am Leser ist uns der vornehmste.«

»Pia hat uns erzählt, was du heute machen mußtest. Ich finde es unverschämt von diesem Schaaf, daß er dich nach so vielen Berufsjahren noch solchen Kleinkram machen läßt.«

»Ja, das haben wir uns auch mal anders vorgestellt«, bemerkte Pia.

»Ja, ja, ja! Eure Teilnahme baut mich mal wieder richtig auf nach diesem verschenkten Tag. Ich rase mit dem Taxi nach Hause, um so schnell wie möglich bei euch zu sein, und bekomme nichts als Vorwürfe zu hören.«

»Ich habe mich über Herrn Schaaf beklagt«, verbesserte die Mutter.

»Ja, ich habe schon verstanden.«

Andy schenkte sich seinen Feierabendwhisky ein und bot auch seinem Stiefvater an, der jedoch ablehnte: »Du weißt doch, erst nach dem Abendessen.«

»Ja, ich weiß, anständige Menschen trinken nicht vor Sonnenuntergang.«

»So habe ich das nicht gemeint.«

Andy brauchte meistens nur wenige Minuten, um mit seinem Stiefvater aneinanderzugeraten. Er nahm sich immer wieder vor, seine Zunge im Zaum zu halten. Aber sobald Werner Wohlgemuth etwas sagte, suchte Andy nach dem falschen Ton und tönte zurück. So war das nun seit über zwanzig Jahren.

Die Mutter warf beiden leidende Blicke zu und versuchte abzulenken: »Ich freue mich ja so, daß wir in ein paar Tagen endlich wieder unsere Enkelchen zu sehen bekommen. Morgen sind wir in New York, und in drei Tagen bei Karin und Bob in Kalifornien.«

Sie holte ein Foto aus ihrer Handtasche: »Hier, das hat Karin vor kurzem geschickt. Patrick wird schon bald fünf, und Jessica geht sogar schon in die zweite Klasse.«

Andy schaute das Foto an: »Süß! Wirklich zwei süße Kinder.«

»Ja, nehmt euch mal ein Beispiel daran!« scherzte die Mutter.

»Du hast schon bessere Witze gemacht«, sagte Pia gereizt.

Da haben wir es wieder, dachte Andy: das alte Thema, der alte Vorwurf, der wunde Punkt, das immer gleiche Geschick, ihn anzurühren.

Die Mutter war über Pias Reaktion erschrocken und legte ihr die Hand auf den Arm: »Entschuldige bitte, so habe ich es nicht gemeint. Ihr wollt keine Kinder, und das akzeptiere ich.«

»Wir wollen nicht abends zu Hause sitzen«, bestätigte Andy, »wir wollen ausgehen, ins Lokal, ins Kino, ins Theater, zum Tanzen. Wir wollen verreisen, skifahren.«

»Richtig«, sagte Pia, »wir wollen unabhängig sein, damit sich Andy beruflich weiterentwickeln kann.«

»Aber?« fragte Andy.

»Kein ›Aber‹. Wir warten darauf, und so lange sitzen wir abends zu Hause.«

Andy fühlte den Streit aufkommen und wollte ihn: »Wie sollte ich ein Kind ernähren, wenn ich nicht mal dich angemessen ernähren kann? Du mußt ja seit Jahren Wolle verkaufen, damit wir uns diese Wohnung leisten können und das zweite Auto und die Urlaubsreisen.«

»Richtig, es liegt ganz allein an mir.«

»Eben«, sagte Andy, »und deswegen hast du ja auch damals das Kind wegmachen lassen.«

»Was denn?« fragte die Mutter. »Ihr habt ...?«

»Ja«, sagte Andy.

Er wußte, daß er ungerecht war. Er hatte sich nie entscheiden können und immer Angst gehabt, ein Kind könne ihn mehr als erwünscht in die Pflicht nehmen. Als Pia schwanger wurde, hatte er sich erleichtert gefühlt, da es nun entschieden war. Aber als sie Zweifel bekam und fragte, was nun mit ihrem gerade eröffneten Wollgeschäft werden solle, hatte er ihr die Entscheidung überlassen und sich wiederum erleichtert gefühlt.

»Das habe ich ja gar nicht gewußt«, sagte die Mutter.

»Nun weißt du es«, erwiderte Pia lakonisch.

Sie nahm ihr Strickzeug zur Hand und tat, als sei nichts vorgefallen. Der Stiefvater griff zu einer Illustrierten und blätterte darin, als gehe ihn nicht an, was gesprochen wurde. Die Mutter schaute ratlos von einem zum anderen. Andy fühlte die Stimmung auf dem Nullpunkt und warf sich vor, daß er das gewollt hatte. Er versuchte eine Rettung: »Manchmal frage ich mich, ob es wirklich schon zu spät für uns ist. Manchmal denke ich, daß uns doch etwas fehlt. Man rackert sich ab und schafft alles mögliche an, man klebt große Alben voller Fotos, und eines Tages geht alles zum Schleuderpreis an den Trödler. Oder gleich auf den Müll. Versteht ihr, was ich meine?«

»Du armer Mensch«, sagte Pia strickend, »du kannst einem wirklich leid tun.«

»Ich glaube, wir sollten jetzt etwas essen gehen und dann früh ins Bett«, schlug der Stiefvater vor, »wir müssen zeitig zum Flughafen und haben einen langen Tag vor uns mit der Zeitumstellung.«

Pia stand auf: »Ich habe was zu essen vorbereitet, wir müssen nicht aus dem Haus.«

5

Andy fuhr die Eltern zum Flughafen, trug ihr Gepäck zum Abfertigungsschalter und verabschiedete sich bald, da er vor der Halle nur fünfzehn Minuten parken dürfe.

»In zwei Wochen hole ich euch wieder ab«, versprach er.

Dann fuhr er in die Redaktion, die um diese Zeit noch leer war. Er ließ sich vom Pförtner die Sonntagszeitungen geben und las die Bundesligaberichte. Es hatte nach dem Spiel im Waldstadion ein paar Schlägereien gegeben, ein paar zertrümmerte Schaufensterscheiben auf dem Weg zum Hauptbahnhof, also nichts Aufregendes.

Andy schrieb seine Story und gab sie Schaaf, als dieser kam. Schaaf war nicht einverstanden: »Sie sollten sich nicht darüber auslassen, ob das Spiel brutal und der Schiedsrichter unfähig war. Das ist doch nicht das Problem der Lokalredaktion, ob Profifußball legalisierte Körperverletzung ist oder nicht!«

»Moment, da ist ein Zusammenhang. Brutalität auf dem Spielfeld, die vom Schiedsrichter nicht unterbunden wird, überträgt sich sofort auf die Fans in der Südkurve.«

»Das ist Ihre These. Ich will von Ihnen kein Thesenpapier, sondern eine Reportage über das, was gestern los war.«

»Oh, wenn Sie nur die Zahl der blutigen Nasen haben wollten, dann hätte ein Anruf bei der Polizei genügt.«

Schaaf sah Andy mit erkennbarem Widerwillen an: »Mann! Wir wollen hier nicht rumspekulieren, wie die Dinge möglicherweise zusammenhängen könnten.«

»Wieso nicht? Das tun wir doch täglich in unseren begnadeten Auslassungen über die hohe Politik. Da vermuten wir doch ständig, die Regierung habe sich was dabei gedacht, und keiner kann es beweisen.«

»Können Sie beweisen, daß die Schiedsrichter schuld am Rabatz der Fans sind? Ich habe jedenfalls keine Lust, mich für meine paar restlichen Dienstjahre mit den Kollegen vom Sport zu überwerfen.«

Andy bekam Lust an dem Streit: »Hätten Sie doch einen vom Sport hingeschickt. Oder wären Sie mal selbst hingegangen, anstatt den OB zu fragen, ob seine Reise ein Erfolg war. Was soll er darauf schon antworten?« Schaaf beherrschte sich. Er suchte unter den Papierbergen den Aschenbecher für seine Zigarre und fragte ruhig: »Was hätten Sie ihn denn gefragt?«

»Warum er so aufwendige Reisen macht, während seine Stadt beinahe an Schulden erstickt.«

»Das finden Sie eine gute Frage?«

»Ich schon, aber der OB natürlich nicht.«

Schaaf hatte den Aschenbecher gefunden, legte seine Zigarre hinein und griff zum Telefon, was immer das Zeichen dafür war, daß er die Diskussion beenden wollte. Während er eine Nummer wählte, sagte er zu Andy: »Schreiben Sie die Story ein bißchen um!«

Warum holt ihn nicht endlich und endgültig der Teufel, dachte Andy an seinem Schreibtisch. Er ordnete mechanisch die wenigen Papiere, die herumlagen, warf die Sonntagszeitungen auf einen Stapel und stand auf, um aus der Toilette Wasser für seine zwei Zypergräser zu holen. Sie waren fast der einzige Schmuck in seinem engen Büro. Früher hatte Andy sein Zimmer mit Fotos dekoriert, die ihn mit Interviewpartnern oder bei Einsätzen vor Ort zeigten. Das hatte er Schaaf abgeguckt, an dessen Bürowand die Fotos sogar hinter Glas hingen: Schaaf mit den verschiedenen Oberbürgermeistern und Ministerpräsidenten der vergangenen fünfunddreißig Jahre. Eines Tages hatte Andy den ganzen Krempel von der Wand gerissen und in den Papierkorb geworfen: Kleinkram! Außerdem ist das hier ein Arbeitsplatz, hatte er gedacht, und kein Museum.

Andy strich an seiner Story herum und ärgerte sich über Schaaf. Eines mußte man dem Alten ja lassen: Er war ein Profi und mit allen Wassern gewaschen. Er konnte mit wenigen Federstrichen aus einer lahmen Story einen Reißer machen, so daß die meisten Leser wahrscheinlich gar nicht merkten, daß nichts los gewesen war. Er konnte knackige Überschriften erfinden, und die Überschrift war die halbe Miete, denn wer da anbiß, las auch weiter. Er konnte Deutsch und redigierte genüßlich die Texte junger Kollegen: »Die Ganzheitsmethode hat aus euch allen fortgeschrittene Analphabeten gemacht!«

Eines störte Andy sehr an seinem Chef: das Taktieren gegenüber allen, die höhergestellt oder auch nur gleichgestellt waren. Schaaf ließ gern strammstehen, stand aber auch mit Hingabe selbst stramm. Er predigte seinen jungen Leuten glasharten Journalismus, strich ihnen aber Heikles aus ihren Texten, wenn er Gefahr witterte. Er dozierte gern über die Kunst des Interviews, aber seine eigenen Fragen waren berühmt für ihre Geschmeidigkeit.

Muß man so werden, fragte sich Andy, um etwas zu werden? Und mußte man überhaupt etwas werden? Andy machte sich oft Gedanken über den Sinn von »Karriere«, vor allem seitdem er merkte, daß er selbst keine machte. Er wäre gern vorangekommen, aber er glaubte inzwischen erkannt zu haben, daß ihm das entscheidende Motiv fehlte: Er wollte nicht befehlen. Ihm lag nichts daran, möglichst viele Menschen unter sich zu haben. Höchstens wollte er möglichst wenige über sich haben, die ihm befehlen konnten.

Man müßte Karriere außerhalb des Apparats machen können, dachte er, nicht nur innerhalb des Apparats etwas weiter oben sitzen, wo doch wieder alles genauso war wie weiter unten. Manchmal träumte er davon, sich einen großen Namen zu machen, mit dem man alles überall verkaufen konnte. Nicht mehr von Schaaf ins Waldstadion geschickt werden, sondern Schaaf eine Story anbieten, die dieser nicht ablehnen konnte, weil man eben Stories von Andreas Wohlgemuth nicht ablehnte. Aber die »freien« Journalisten, die Andy kannte, waren alle noch abhängiger von Schaaf und seinesgleichen, weil sie davon leben mußten, daß Schaaf und seinesgleichen ihnen gnädig waren.

Andy schrieb seine Story um, ließ jedoch die umstrittene Rolle der Schiedsrichter nicht ganz unerwähnt.

»Kompromißvorschlag«, sagte er, als er Schaaf das neue Manuskript überreichte.

Schaaf las, runzelte die Stirn, schmunzelte und sagte: »Gerade noch im Rahmen der Meinungsfreiheit. Ist gekauft.«

Als Andy gerade nach Hause gehen wollte, rief ihn ein Mann an, der seinen Namen nicht nennen wollte.

»Ich rede aber nicht mit anonymen Anrufern«, sagte Andy.

»Gut, dann heiße ich Müller.«

»Welcher Müller? Ich kenne zwei.«

»Müller zwei.«

»Und was wissen Sie sonst noch?«

»Zum Beispiel, daß Sie an der Abwassergeschichte dran sind.«

»Das ist kein Geheimnis, darüber habe ich schon was geschrieben.«

»Aber was ich Ihnen darüber sagen könnte, ist bislang noch Geheimnis.«

Andy legte sich seinen Notizblock zurecht: »Hochinteressant, schießen Sie los!«

»Nicht am Telefon. Wir können uns treffen, sagen wir übermorgen um zwanzig Uhr in Ihrer Stammkneipe.«

»Und woher kennen Sie meine Stammkneipe?«

»Also was ist, kommen Sie?«

»Woran erkenne ich Sie?« fragte Andy. »Sind sie irgendwie auffällig? Schielen Sie? Haben Sie einen Wasserkopf?«

»Ich werde ein Wasser trinken«, schlug der Anrufer vor.

»Damit fallen Sie in der Kneipe todsicher auf.«

6

Pia saß vor dem Fernseher und strickte.

»Ich verstehe nicht, wie man beim Fernsehen stricken kann«, sagte Andy. »Oder umgekehrt.«

»Das ergänzt sich fabelhaft«, erwiderte sie, »Stricken ist nämlich eine geistige Tätigkeit. Soll ich dir deinen Whisky einschenken?«

»Ja, aber wieso?«

Sie holte ihm den Whisky und strickte dann fernsehend weiter. »Wie war es in der Redaktion?« fragte sie.

»Wie immer. Warum?«

»Hast du Hunger?« fragte sie.

»Wir könnten mal wieder zusammen essen gehen.«

»Damit wir uns nicht zu Hause auf die Nerven gehen?«

»Ich gehe mir nicht auf die Nerven, und du gehst dir vermutlich auch nicht auf die Nerven. Ist das ein exotischer Vorschlag, zusammen auszugehen?«

Pia legte ihr Strickzeug weg und stellte den Fernseher leise: »Früher, als wir ganz wenig Geld hatten, waren wir fast jeden Abend auf Achse.«

»Ja, aber da hatten wir auch noch keine sturmfreie Bude. Die Schwabinger Gastronomie lebte damals davon, daß die meisten Studenten keine sturmfreie Bude hatten.«

»Jetzt haben wir eine und nutzen es kaum«, meinte Pia.

»Richtig rausgeschmissenes Geld.«

»Du kommst eben immer so spät aus der Redaktion, daß ich schon zu müde bin.«

»Zu müde wozu?«

»Zum Sturm.«

»Und statt dessen strickst du in einem fort. Du kommst mir schon richtig selbstgestrickt vor.«

Pia strahlte ihn an, als habe er ihr ein Kompliment gemacht.

»Ja, wirklich«, sagte er. »Was ich schon immer wissen wollte, wie strickt man eigentlich diese beiden hübschen Beulen vorn in den Pullover?«

»Da gibt es einen Trick. Den kann ich dir aber nur erklären, wenn ich den Pullover ausziehe.«
»Ich möchte es wissen«, sagte Andy.

7

»He, Andy, komm mal rüber in die Nachrichten!«
»Muß es heute sein?«
»Komm mal rüber, es ist was Wichtiges.«
Andy ging hinüber in die Nachrichtenredaktion, wo ihn sein Kollege Guido Paulat mit ernstem Gesicht empfing: »Ich habe hier eine Meldung, die dich, glaube ich, persönlich angeht. Eine ap-Meldung aus New York.«
»Ich war noch nie in New York, ich will auch nicht hin.«
»Hör auf mit dem Quatsch! Ich glaube, die Meldung hat mit deinen Eltern zu tun.«
»Ach so, ja, die sind zur Zeit in New York. Was ist? Sind sie Ehrenbürger geworden, mit Konfettiparade?«
»Jetzt hör endlich auf!« sagte Guido. »Es ist was Ernstes, es ist ein Unglück passiert.«
Er reichte Andy die Meldung, die über den Fernschreiber gekommen war. Sie lief unter der Zeile: »Deutsches Unternehmerehepaar in New York ermordet.«
Unternehmer, dachte Andy, was heißt hier Unternehmer? Wie das klingt! Werner Wohlgemuth hat ein mittelständisches Tiefbauunternehmen in einer südwestdeutschen Kleinstadt.
Er las die Meldung. Das Ehepaar war morgens in der Nähe seines Hotels am Rande des westlichen Central Parks aufgefunden worden. Die Polizei vermutete, die beiden seien Opfer eines der üblichen Raubüberfälle geworden. Nach den Spuren am Tatort zu urteilen, hatte sich der Mann zur Wehr gesetzt.
»Mein Gott«, sagte Andy, »das weiß man doch, daß man sich nicht wehrt, sondern den Typen ein paar Dollar für

Heroin in die Hand drückt. Aber der alte Wohlgemuth ist immer geizig gewesen.«

Guido sah ihn an: »Sag mal, Andy, hast du die Meldung begriffen?«

»Doch, doch. Das heißt, nein.«

Andy setzte sich auf Guidos Schreibtisch.

»Du meinst, das sind meine Eltern?«

»Der Name steht ja dabei.«

»Ja, du hast recht.«

Andy las die Meldung noch einmal, legte sie auf den Schreibtisch, nahm sie aber gleich wieder an sich, faltete sie zusammen und steckte sie in seine Jackentasche: »Das muß ich mir aufheben.«

Guido schüttelte den Kopf: »Du hast das noch gar nicht begriffen, oder?«

»Nein. Oder doch. Du meinst, meine Mutter ist tot?«

»Ja. Und dein Vater auch.«

»Aber der ist doch selbst schuld. Ich meine, meine Mutter, die kann doch nichts dafür, oder?«

Andy mußte an den Tag seiner Einschulung denken. Sein Stiefvater hatte ihn mit dem Auto in die Schule fahren wollen, aber Andy hatte darauf bestanden, mit seinem Fahrrad zu fahren. Die Eltern waren mit dem Wagen nachgekommen. Seine Mutter hatte ihm in die Zuckertüte Kokosmakronen und eine Knackwurst getan, weil er beides gern aß.

»Hast du schon mal eine Knackwurst in einer Zuckertüte gesehen?« fragte er.

Guido holte einen Schnaps, Andy trank ihn, und dann begann er zu weinen.

»Wie alt war sie denn?« fragte Guido.

»Vierundsechzig. Aber das ist doch egal.«

Andy dachte an den unerfreulichen Abend vor dem Abflug seiner Eltern, an den kurzen Abschied auf dem Flughafen. Er hatte mal gelesen, es mußte bei Tucholsky gewesen sein, daß man oft im Leben etwas zum letztenmal tat, ohne zu wissen, daß es das letztemal sei. Er hätte die Eltern zur Maschine bringen sollen, das Auto in die Tiefgarage fahren oder in Gottes Namen den Strafzettel bezahlen sollen. Er hätte am letzten Abend nicht den unsinnigen Streit vom Zaun brechen sollen. Dann wäre zwar jetzt nichts besser, höchstens sein Gewissen, aber immerhin dies. Hätten sie am letzten Abend ein fröhliches Fest gefeiert, wäre Andy jetzt wohler gewesen.

»Hast du eine enge Beziehung zu deiner Mutter gehabt?« fragte Guido.

»Es ging«, antwortete Andy. »Eigentlich hat sie mir vor allem leid getan, weil sie immer völlig hilflos zwischen mir und meinem Stiefvater stand. Jeder wollte sie auf seiner Seite haben, aber sie wollte immer auf beiden Seiten sein.«

»Hast du deinen leiblichen Vater überhaupt gekannt?« fragte Guido.

»Nein. Willst du jetzt Konversation mit mir machen?«

»Man muß doch reden. Warum mochtest du deinen Stiefvater nicht?«

»Weil er von allem, was ich gut fand, das Gegenteil war.«

»Und deine Mutter?« fragte Guido weiter. »War sie genauso?«

»Nein. Sie war lieb, aber sie war immer nur seine Frau.«

»Also keine eigenständige Persönlichkeit?«

»Guido, du nervst mich mit deinen hochtrabenden Fragen. Hol mir lieber noch einen Schnaps.«

Guido gehorchte und stellte auch keine Fragen mehr, sondern erzählte von seinen eigenen Eltern: »Bei uns ist es umgekehrt, da kriegt mein Vater keinen Fuß auf den Boden.«

»Ich weiß noch wie heute«, sagte Andy, »wie ich reagiert habe, als ich erfuhr, daß er nicht mein richtiger Vater war. Ich war damals acht Jahre alt. Ich wollte, daß er sofort das Haus verließ. Dabei war es ja sein Haus. Und meine Schwester Karin habe ich verprügelt, weil sie seine richtige Tochter war. Blödsinnig, was? Er hat darüber gelacht, und das hat mich noch mehr erbost. Das schlimmste aber war, daß meine Mutter ihn nicht rausschmeißen wollte.«

»Jetzt muß ich aber doch noch mal was fragen: Wenn du von deinem richtigen Vater gar nichts wußtest, warum hat dich dann diese Erkenntnis so auf die Palme gebracht?«

»Ich weiß nicht. Ich glaube, ich hatte meinen Stiefvater nie gemocht, und mit einemmal hatte ich einen Grund dafür.«

»Und der andere? Was weiß du heute von ihm?«

»Nichts.«

Guido bot Andy an, ihn nach Hause zu bringen, aber Andy lehnte ab: »Ich bin ja kein Invalide, und außerdem will ich jetzt ein bißchen allein sein. Schönen Dank für deine Geduld.«

8

Andy wollte nicht allein sein, sondern mit Pia reden, aber sie war nicht daheim. Wenn man sie schon mal braucht, dachte er. Dann fiel ihm ein, daß sie dienstags immer Jazzgymnastik machte und anschließend mit den anderen Frauen noch einen Wein trinken ging.

Andy blätterte in Fotoalben, die er lange nicht zur Hand genommen hatte. Da stand er stolz mit seiner Zuckertüte und dem Fahrrad. Familienbilder unterm Weihnachtsbaum. Die Italienreisen der fünfziger Jahre mit dem Mercedes 220. Hausbälle mit seinen Freunden und Karins Freundinnen. Das Weihnachtsfoto von 1961 sprach Bände: der Stiefvater und Andy mit mürrischen Gesichtern, dazwischen die Mutter mit angestrengtem Lächeln. An diesem Tag hatte es den ersten großen Familienkrach gegeben, Andy gegen den Stiefvater, die Mutter vermittelnd dazwischen.

Andy wollte nicht allein sein und ging in seine Stammkneipe. Er setzte sich zu Rainer Wilke, der fast jeden

Abend zur selben Zeit am selben Tisch saß. Sie hatten sich noch nie woanders getroffen, keinen weiteren Umgang miteinander gehabt, und dennoch empfand Andy so etwas wie Freundschaft für ihn. Rainer lebte nach einem abgebrochenen Studium vom Taxifahren und schrieb im übrigen Gedichte, die er mühsam im Selbstverlag unter die Menschheit zu bringen suchte. Er war ein ruhiger, zurückhaltender Typ mit beinahe schulterlangen braunen Haaren und einem auffallenden Schnauzbart, der ihn viel trauriger aussehen ließ, als er in Wirklichkeit war. Die Stammgäste nannten ihn, in Anlehnung an seinen ähnlich klingenden Namen, »Rilke-Verschnitt«, was Rainer Wilke mit Gelassenheit und der stereotypen Bemerkung hinnahm: »Ich komme noch mal groß raus, und dann könnt ihr alle sagen, ihr hättet es schon immer gewußt.«

Rainer schob Andy, wie immer, sein Bierglas hinüber, weil das Anzapfen eines Pils erfahrungsgemäß zehn Minuten dauerte. Andy erzählte von dem Vorfall in New York, und Rainer hörte schweigend, aber aufmerksam zu.

»Du hast den Alten nicht gemocht«, sagte er dann, »warum eigentlich?»

»Willst du mich jetzt auch aushorchen?« fragte Andy.

»Nee, ich will nur mit dir darüber reden.«

»Also gut. Er war für mich der perfekte Antityp. Er lebte nur für sein Geschäft und verbündete sich dafür mit jedem, der ihm nützlich sein konnte. Er war in jedem Verein der Stadt und spendete Geld für jede Partei, die irgendwelchen Einfluß hatte. Bei uns verkehrten alle wichtigen Leute, aßen und tranken viel, machten abfällige Bemerkungen über Abwesende und lachten schallend darüber. Als ich ungefähr sechzehn war, fing ich an, mit ihm darüber zu streiten. Das endete jedesmal mit der Belehrung, ich müsse auch noch lernen, daß man mit den Wölfen heulen muß.«

»Er hat dich offenbar sehr beeinflußt.«

»Ja. Wenn ich es recht bedenke, habe ich das meiste im Leben nur getan, weil er dagegen war.«

»Er war sicher strikt dagegen, daß du Journalist wurdest?«
»Deswegen bin ich es geworden.«
»Hatte er auch positive Eigenschaften?«
»Ich fühle mich schon wieder wie beim Verhör.«
»Du mußt nicht antworten«, sagte Rainer.
»Doch, er war unheimlich lieb zu meiner Mutter. Ich glaube sogar, er hat sie nie betrogen. Zu meiner Schwester war er auch sehr lieb, und genaugenommen auch zu mir. Aber ich wollte das nicht.«
»Um deine Mutter tut es dir sehr leid, nicht wahr?«
»Ja«, sagte Andy.

Pit Reimann schneite herein und steuerte auf Andy zu. Pit hatte vor einem Jahr den Job beim Krawallblatt angenommen, den Andy abgelehnt hatte. Seither trennte die beiden, die sich schon vorher flüchtig gekannt und nie gemocht hatten, eine unverhohlene Abneigung. Für Andy war Pit der Typ des aufdringlichen, rücksichtslosen Reporters, wie er in schlechten Filmen karikiert wurde.
Pit setzte sich ungebeten an den Tisch: »Weiß du was Näheres über die Sache in New York?«
»Erst mal könntest du mir ja dein Beileid zum Ausdruck bringen, wenn du zu so was in der Lage bist.«
»Ja, natürlich, tut mir leid. Aber was weißt du darüber?«
»Alles, was in der Meldung steht«, antwortete Andy.
»Sonst nichts? Hast du nicht telefoniert?«
»Mit wem denn?«
»Ich denke, du bist auch Journalist.«
»Wieso *auch*?« fragte Andy.
»Schon gut, keinen Streit, bitte! Die Meldung ist ein bißchen dürftig für eine Story. Ich brauche noch etwas Fleisch auf die Knochen.«
»Das ist doch keine Story für euer Krawallblatt. Meine Eltern kennt doch kein Mensch. Wenn sich Lady Di den Finger in der Nase bricht oder Harald Juhnke mit einem Glas Tee erwischt wird, das ist ein Hit. Aber zwei alte Leute aus einer Kleinstadt?«

»Laß mal, daraus machen wir schon was. Nichts Großes, aber ein kleines Gemälde menschlicher Leidenschaften.«

Andy spürte Übelkeit, nicht im Magen, mehr im Kopf.

»Hast du nicht ein paar Familienfotos?« fragte Pit.

»Ja, aber nicht für dich.«

»Wenn du dich so anstellst, kann ich keine gute Story machen.«

Rainer hatte bisher nur zugehört, jetzt fragte er: »Hast du schon mal eine gute Story gemacht?«

»Hast du schon mal ein gutes Gedicht verkauft?« fragte Pit zurück.

»Nein«, antwortete Rainer ruhig, »wahrscheinlich nicht. Aber ich kann mich noch im Spiegel anschauen.«

Pit wandte sich verachtungsvoll von Rainer ab und fragte Andy: »Also, willst du mir nicht helfen?«

»Schreib doch, was du willst. Ihr schreibt doch sowieso, was ihr wollt. Ihr habt doch eure Stories längst fertig, ehe ihr zu recherchieren anfangt. Die Story muß doch nicht stimmen, sie muß doch bloß knackig sein. Paß mal auf, du kannst folgendes schreiben: Deutscher Multimillionär von schwarzen Fixern ermordet. Sein Geiz war sein Verhängnis. Sein letzter Gedanke: ›Mein hart verdientes deutsches Geld für einen Schuß Heroin? Niemals!‹ Schreib dir das sofort auf, sonst vergißt du es wieder.«

»Schwarze Fixer? Woher weißt du das?«

»Gefällt es dir nicht? Dann schreib eben: Minderjährige puertoricanische Nutten. Ist doch scheißegal. Und jetzt hau endlich ab, ehe ich kotzen muß!«

Pit zog beleidigt ab, und Andy kippte wütend sein Bier in einem Zug hinunter.

»Ein widerlicher Bursche«, fand Rainer.

»Ja, aber er verdient zwei Mille mehr als ich.«

»Was willst du mit zwei Mille mehr?« fragte Rainer. »Du würdest ja doch nur das gleiche tun wie vorher. Alle tun immer nur das gleiche. Wenn du mehr Geld hättest, würdest du mehr ausgeben, aber nichts anderes tun.«

»Richtig. Ich gebe jetzt erst mal mehr Geld aus, indem ich uns noch zwei Pils und zwei Aquavit bestelle. Und dann wirst du mir erklären, daß ich jetzt auch Gedichte schreiben soll.«

»Mußt du ja nicht«, meinte Rainer. »Die meisten Menschen mögen übrigens keine Gedichte, leider. Aber irgendwas machen muß man doch.«

»Ja, ja, jetzt kommst du wieder mit deiner Philosophie der Unsterblichkeit. Wie geht das gleich noch? Man muß etwas hinterlassen, das einen überlebt. Damit man nicht gleich mausetot ist, wenn sie den Deckel über einem zumachen.«

»Ist das falsch?« fragte Rainer.

»Wahrscheinlich nicht. Ich habe mir heute abend schon mal überlegt: Der alte Wohlgemuth ist tot, ein paar Leute reden noch ein paar Jahre hin und wieder über ihn, aber dann ist endgültig Schluß. Er hat nur für seine Firma gelebt, aber die wird wahrscheinlich bald dichtgemacht.«

»Wieso?« fragte Rainer erstaunt. »Erbst du die nicht?«

Andy lachte: »Nee! Das wäre natürlich ein Ding, da könnte ich in aller Ruhe leben und was für meine Unsterblichkeit tun. Nix da, der Alte hat mich beizeiten enterbt. Das geht alles an Karin.«

An den Tisch trat ein Mann, den Andy noch nie gesehen hatte, und sagte: »Guten Abend, Sie sind doch Andreas Wohlgemuth.«

»Ja, und wer sind Sie?«

»Wir waren um zwanzig Uhr hier verabredet, aber Sie waren nicht da.«

»Verdammt, ich erinnere mich: Der Mann mit den heißen Tips.«

Der Mann war ungefähr fünfzig Jahre alt und ziemlich unauffällig, bis auf den großen Schnurrbart, der, anders als bei Rainer, überhaupt nicht zur übrigen Erscheinung paßte.

»Können wir irgendwo ungestört reden?« fragte der Mann.

Andy schüttelte den Kopf: »Bitte nicht heute. Ich habe im Augenblick keinen Kopf für Chemieabwässer, ich habe einen Trauerfall in der Familie.«

»Ach so, und den feiern Sie in der Kneipe?«

»Das müssen Sie schon mir überlassen.«

»Ich wollte Ihnen helfen«, sagte der Mann.

»Gut, ich bin ja auch sehr interessiert, aber nicht heute abend. Rufen Sie mich doch bitte Anfang nächster Woche noch mal an.«

»Es gibt noch mehr Zeitungen in Frankfurt und Umgebung, die an meinen Informationen interessiert sind. Ich habe mich nicht ohne Grund zuerst an Sie gewandt.«

»Den Grund und alles andere möchte ich nächste Woche erfahren, aber heute bin ich ziemlich erschlagen und auch nicht mehr ganz nüchtern.«

Der Mann versprach, nächste Woche wieder anzurufen, und ging.

»Ein merkwürdiger Mensch«, bemerkte Rainer. »Ich würde jemandem mit so einem Schnurrbart niemals trauen.«

Pia saß in der Badewanne, als Andy nach Hause kam. Er setzte sich auf den Rand und berichtete, was vorgefallen war. Pia war zunächst sprachlos, faßte sich aber schnell wieder.

»Hast du Karin angerufen?« fragte sie.

»Nein, daran habe ich nicht gedacht.«

»Ja und? Soll sie übermorgen in San Francisco am Flughafen stehen und vergeblich warten? Ruf sie sofort an!«

»Es ist bald Mitternacht«, wandte Andy ein.

»In Kalifornien ist früher Nachmittag«, widersprach sie.

»Ich kann jetzt nicht, ich muß mir das erst überlegen.«

»Dann ruf wenigstens Onkel Ben an! Es muß doch was geschehen.«

»Was soll denn geschehen? Es ist doch etwas geschehen. Jetzt kann man doch bloß noch abwickeln, und das hat Zeit.«

»Onkel Ben ist der älteste Freund der Familie und obendrein ihr Rechtsanwalt. Er muß doch alles mögliche in die Wege leiten, wenn du schon nicht dazu in der Lage bist.«

Pia stieg aus der Badewanne und trocknete sich ab. Sie zog ein Nachthemd an, hockte sich in einen Sessel im Wohnzimmer und dirigierte Andy auf das Sofa.

»Du willst dich wieder mal aus allem heraushalten«, sagte sie, »bloß keine Verantwortung übernehmen. Es ist immer das gleiche. Du mußt dich jetzt um tausend Dinge kümmern, Benachrichtigung von Karin, Überführung, Beerdigung. Du muß dich um die Firma kümmern.«

»Wieso denn ich?« fragte Andy. »Ich bin enterbt, ich habe damit nichts zu tun. Gott sei Dank!«

»Das Testament kann man anfechten.«

Andy schüttelte den Kopf, dann stand er auf und nahm sich ein Glas Whisky, obwohl er heute abend schon genug getrunken hatte.

»Anfechten?« fragte er erstaunt. »Ich will nichts haben. Ich wollte nie etwas haben. Es war mein eigener Wunsch, daß ich damit nie etwas zu haben würde.«

Pia sah ihn spöttisch an. »Aber du hast dich nie gesträubt, wenn dir deine Mutter hinter dem Rücken ihres Mannes ab und zu ein paar hundert Mark zugesteckt hat.«

»Die haben wir gut brauchen können. Wohlgemerkt: wir! Aber mit der Erbschaft ist es etwas anderes, und da hast du immer voll auf meiner Seite gestanden.«

Pia seufzte hörbar: »Ja, damals. Damals waren wir auch noch jünger. Damals waren wir auch noch fest davon überzeugt, daß wir uns was Eigenes aufbauen würden.«

Andy sah seine Frau nachdenklich an. »Du hast dich ganz schön verändert.«

Sie sah ihn ebenfalls an. »Und du nicht. Das ist es ja eben.«

Andy stand auf und ging in sein Zimmer. Mit schwerem Kopf schlief er schnell ein.

9

Als Andy am nächsten Morgen aufwachte, hatte er einen dicken Kopf und einen großen Widerwillen gegen den vor ihm liegenden Tag. Er wußte, daß er Onkel Ben anrufen mußte und auch Karin, er hatte mittags einen langweiligen Routinetermin für die Redaktion, und abends würde sicher der Streit mit Pia weitergehen.

Andy suchte Kopfschmerztabletten, fand aber nur Alka-Seltzer und rührte sich ein großes Glas davon an. Auf dem Küchentisch stand eine halbvolle Kanne Tee auf dem Stövchen. Andy holte sich Wurst und Käse aus dem Kühlschrank, auch Butter, die steinhart war. Warum stellte Pia, wenn sie morgens gefrühstückt hatte, die Butter bloß immer wieder in den Kühlschrank? Hundertmal hatte er es ihr schon gesagt.

Früher, als Pia noch nicht das Wollgeschäft hatte, war alles anders gewesen. Da hatten sie gemeinsam das Frühstück gemacht und sich zusammen an den Tisch gesetzt, miteinander geredet und den Tag besprochen. Mittags hatten sie sich oft in der Stadt zum Essen getroffen, und obwohl Andy immer spät aus der Redaktion kam, waren sie noch häufig abends ausgegangen oder hatten Freunde zu Besuch gehabt. Als Pia dann zeitig aufstehen mußte, hatte sich Andy eine Zeitlang daran gehalten, trotzdem mir ihr zu frühstücken, obwohl er alles andere als ein Frühaufsteher war.

Aber das war auch schon lange vorbei. Sie sahen sich nur noch abends, und da war Pia müde, konnte gerade noch fernsehen und stricken, und manchmal war sie, wenn Andy kam, vor dem laufenden Fernsehprogramm eingeschlafen. Dann mußte er sie mühsam hochzerren und in ihr Bett bugsieren. Vor vier Jahren hatten sie die Wohnung umgeräumt und getrennte Schlafzimmer eingerichtet. Pia hatte darauf bestanden, weil Andy angeblich schnarchte, was er aber nicht glauben wollte.

Eigentlich, dachte Andy manchmal, könnten wir auch gleich getrennte Wohnungen nehmen.

Andy machte sich ein Käsebrot ohne Butter, aß es aber nur zur Hälfte und zündete sich dann eine Zigarette an. Nach den ersten Zügen wurde ihm etwas übel, wie immer, aber er rauchte weiter. Hundertmal hatte er sich vorgenommen, das Rauchen aufzugeben. Er hatte darüber Wetten abgeschlossen – und verloren. Er hatte es mit Tabletten versucht – ohne Erfolg. Er hatte sich sogar von irgendeinem reisenden Wundertäter einen Knopf ins Ohr setzen lassen, der garantiert helfen sollte, aber nur zwei Wochen lang gewirkt hatte. Und Andy hatte auch nur deshalb die zwei Wochen durchgehalten, weil ihn das viele Geld reute, das er dem Scharlatan gezahlt hatte. Jeden Morgen wurde ihm bei der ersten Zigarette übel, aber er wußte, daß es bei der dritten oder vierten besser wurde. Abends, nach der vierzigsten, beschloß er immer, am nächsten Morgen die erste nicht zu rauchen. Mit dem Whisky war es ähnlich, und der ging noch mehr ins Geld.

Das Telefon klingelte, Onkel Ben war am Apparat.

»Ich wollte dich in der nächsten halben Stunde anrufen«, beteuerte Andy, »hast du schon gehört?«

»Ja, es stand heute morgen in unserer Zeitung. Wie geht es dir?«

»Oh, danke, den Umständen entsprechend.«

»Wie hat Pia die Nachricht aufgenommen?«

»Sehr tapfer. Sie macht sich Sorgen wegen der Erbschaft.«

»Das klären wir später.«

»Ich muß heute abend Karin anrufen«, sagte Andy.

»Nicht nötig, das habe ich schon getan. Ich dachte, für mich wäre es leichter als für dich. Ich habe sie mitten in der Nacht aus dem Bett geklingelt, und ich habe den Eindruck, daß sie es noch gar nicht richtig begriffen hat.«

»So ging es mir auch«, sagte Andy.

»Mir nicht anders«, meinte Onkel Ben. »Werner war mein ältester Freund, und deine Mutter war seit siebenunddreißig Jahren seine Frau. Ich glaube, die richtige Traurigkeit kommt erst noch, bei uns allen.«

»Ja«, sagte Andy.

»Du mußt morgen zu mir kommen, es gibt einiges zu besprechen. Kannst du gegen Mittag in meiner Kanzlei sein?«

»Ja, gut«, sagte Andy, »ich werde versuchen, einen Tag frei zu bekommen.«

Andy ging durch die Wohnung und schaute sich um. Es war eine schöne Wohnung, ein Altbau mitten in Frankfurt, nicht zu groß, aber nicht zu vergleichen mit den niedrigen Neubauhöhlen, die die meisten seiner Kollegen bewohnten. Auf ein geräumiges Bad hatte man zu der Zeit, als das Haus gebaut wurde, noch keinen großen Wert gelegt. Aber die Wohnzimmer waren hoch und voller Tageslicht. Im Lauf der Jahre hatten Pia und Andy ihr schlichtes Kaufhausmobiliar gegen alte Stücke ausgetauscht, die vor den hohen Wänden gut zur Geltung kamen. Der Bücherschrank und die große Standuhr hätten in einem Neubau wahrscheinlich ausgesehen, als hätte man sie an der Decke aufgehängt. Die großformatigen modernen Grafiken, die teilweise teuer gewesen waren, wirkten sehr schön neben den alten Möbeln.

Andy bemerkte zum erstenmal seit langem wieder, wie schön er es hatte. Eigentlich, dachte er, ist diese Wohnung viel zu schade, um sich nur für ein paar Stunden zum Schlafen dahin zurückzuziehen. Aber seitdem Pia ihr Geschäft eröffnet hatte, war die Wohnung wirklich vom Mittelpunkt des gemeinsamen Lebens zu einer Unterkunft geworden. Andy hatte Pia zugeredet, den Laden aufzumachen. Sie brauchte eine Aufgabe, das hatte er lange gewußt, und es kam ihm nicht ungelegen, daß sie nun eigenes Geld hatte. Vieles hätte er allein nicht finanzieren können. Aber daß sie nun ihrer eigenen Wege ging und ihn spüren ließ, daß sie nicht auf ihn angewiesen war, wurmte ihn oft.

Andy war neununddreißig und mit sich selbst nicht zufrieden. Er wußte, daß er nicht mehr der junge Mann war, der auf seine Chance warten konnte. Dazu war es zu spät. Andere waren mit vierzig schon Minister oder wenigstens Abteilungsleiter. Wer es nicht war, war nicht gut genug oder hatte etwas verschlafen. Andy glaubte letzteres und hätte gern noch einmal von vorn angefangen, nicht nur im Beruf, sondern auch in der Ehe.

Er sagte sich, daß er nicht mehr auszuhalten habe als die Diktatur von Schaaf und Pias Launen. Daß er weder krank noch arbeitslos war. Daß er seinen Spaß in der Stammkneipe und auf Urlaubsreisen hatte. Aber irgendwo war ein großes Loch.

Mittags mußte Andy zur Einweihung eines neuen Hotels, die der Oberbürgermeister persönlich vornahm.

Als junger Volontär hatte Andy es genossen, bei solchen Anlässen dabei sein zu dürfen, zu denen normale Bürger keinen Zutritt hatten. Man war zwar noch ein kleines Licht, aber aufgrund seines Berufes war man herausgehoben aus der Masse.

Inzwischen hatte Andy so viele Einweihungen mitgemacht, daß er nur noch widerwillig hinging. Man traf immer dieselben Leute, hörte immer die gleichen Reden, stand immer an einem ähnlichen kalten Büfett. Man konnte seine Story auch schreiben, ohne dabei gewesen zu sein. Aber manchmal fiel dem Veranstalter ein guter PR-Gag oder dem Festredner eine witzige Pointe ein, und »Lokales Schaf« hätte vor Wut geschäumt, wenn der Gag oder die Pointe im Konkurrenzblatt erschienen wäre und im eigenen nicht.

Pit Reimann war auch da, und Andy fragte ihn: »Na, wo ist denn eure Story über den Millionärsmord in New York? Hast du wieder mal für den Papierkorb gearbeitet?«

»War uns zu kleinkariert«, antwortete Pit.

Der OB hielt eine Standardrede, die anschließend schriftlich verteilt wurde. Andy fand nichts zum Zitieren. Die Redenschreiber waren überlastet mit täglichem Kleinkram und hoben ihre spärlichen Ideen für den Wahlkampf auf. Das kalte Büfett war wie immer, Andy aß sich satt.

In der Redaktion kannte inzwischen jeder die Geschichte aus New York, alle drückten ihr Beileid aus, manche stellten Fragen, und Schaaf wollte Andy sogar unter vier Augen sprechen. Zum Glück machte er nicht viele Worte.

»Lassen Sie mal, ich komme schon klar«, sagte Andy. »Ich brauche nur morgen einen freien Tag.«

»Geht in Ordnung. Wenn Sie sich nur heute ein bißchen um unsere kleine Volontärin kümmern könnten. Süßes Mädel übrigens, ein bißchen wie meine Tochter in dem Alter. Ich habe ihr ein Thema gegeben, aber nur so als Fingerübung, Sie verstehen schon. Soll mal ein bißchen was rauskriegen über die Bordellszene im Bahnhofsviertel.«

»Aha, ein Frauenthema für die junge Kollegin?«

»Quatsch! Sie soll nur gleich merken, auf welchen Scheißjob sie sich da einläßt.«

Die Volontärin war wirklich ausnehmend hübsch. Wie Pia, dachte Andy: schlank, dunkelhaarig, blauäugig. Pia war nicht mehr ganz so schlank, aber die Ähnlichkeit verblüffte trotzdem. Das Mädchen hieß Veronika, war zweiundzwanzig, studierte Kommunikationswissenschaft und schnupperte heute zum erstenmal journalistische Praxis.

»Was sich da im Bahnhofsviertel abspielt, gehört verboten«, stellte sie rundheraus fest, »und das werde ich in meinem Artikel auch schreiben.«

»Warum?« fragte Andy.

»Warum?« Sie sah ihn erstaunt an. »Weil dort die menschliche Würde zugrunde gerichtet wird.«

Andy wollte ein bißchen diskutieren: »Vielleicht haben die Leute dort gar nicht jene menschliche Würde, von der Sie so selbstverständlich ausgehen.«

»Jeder Mensch hat Würde!« widersprach Veronika.

»Woher? Vom Artikel eins des Grundgesetzes? Vollautomatisch? Oder ist Würde nicht vielleicht etwas, was man sich durch eigene Anstrengung erwerben muß?«

»Sie sind ja ein Zyniker! Und wahrscheinlich sind Sie obendrein ein Macho, ein männlicher Chauvi.«

Andy wunderte sich ein wenig, denn als er Volontär gewesen war, hatte er altgediente Redakteure nicht so angesprochen.

»Sie denken nicht logisch«, sagte er, »ich habe von der Würde der Menschen gesprochen, nicht von der Würde der Frauen. Soweit waren wir noch gar nicht. Aber vielleicht geht auf Ihrer Uni Emotion vor präzisem Denken. Ich habe also auch von den Herren gesprochen, die sich der Damen im Bahnhofsviertel bedienen.«

»Das klingt ja schon vernünftiger«, meinte Veronika mit halber Entschuldigung.

»Danke für diese Anerkennung! Was wollen Sie also dagegen unternehmen?«

»Eine knallharte Story schreiben.«

»Das haben wir in diesem geschätzten Blatt schon häufig getan, und bislang ohne jeden Erfolg.«

»Dann haben Sie eben nicht die richtigen Stories geschrieben.«

»Sie werden es uns vormachen«, sagte Andy.

Er war nicht ohne Sympathie für das Mädchen, obwohl er die Überheblichkeit dieser Frischlinge nicht mochte. Andererseits gefiel ihm ihr unbekümmerter Glaube, mit ein paar forschen Artikeln jahrtausendealte Übelstände kurzerhand abstellen zu können.

»Wenn ich nicht die Absicht hätte, es besser zu machen«, erwiderte Veronika auf Andys ironische Bemerkung, »dann könnte ich es ja gleich ganz lassen.«

»Bravo! Solchen Nachwuchs brauchen wir. Aber jetzt mal im Ernst: Haben Sie in Ihrem Proseminar schon mal darüber gesprochen, daß man das Laster, indem man es besonders plastisch schildert, unter Umständen nur attraktiver macht? Davon lebt eine ganze Zunft von Zeitungen: Sie malen genüßlich Schweinereien aus und entrüsten sich moralisch zutiefst darüber. Und haben Sie schon mal überlegt, welche Arbeitsplätze Sie den Damen zuweisen wollen, die derzeit im Bahnhofsviertel ihrem Erwerb nachgehen? Und wo die Herren, die dort verkehren, ihre

Befriedigung suchen würden, wenn es dieses unappetitliche Milieu nicht gäbe?«

Veronika öffnete den Mund zu einer Antwort, fand aber keine, und Andy dachte: Mein Gott, das Mädel ist hübsch.

»Ich sage Ihnen mal was«, fuhr Andy fort. »Empört sein kann ich auch, aber das ist noch kein Journalismus. Ich muß Alternativen anbieten, und darüber muß ich erst mal nachdenken. Je länger ich das tue, desto weiter entferne ich mich von den tollen Patentlösungen. Am sprichwörtlichen Stammtisch weiß jeder ganz genau, wie man es machen muß: Rübe runter, Ausländer raus, Bundestrainer in die Wüste, DDR aushungern, EG abschaffen, Bordelle schließen. Nachdenken muß man. Scheiße, was?«

Veronika sah ihn halb beeindruckt, halb spöttisch an: »Das war also die Einführung in die Grundzüge des praktischen Journalismus?«

Andy mußte lachen. »Es kommt noch schlimmer, aber darüber können wir ein anderes Mal diskutieren. Ich habe nämlich ein kleines privates Problem, das mich im Augenblick mehr beschäftigt.«

Pia sagte den ganzen Abend nichts, und auch Andy schwieg. Sie erlebten das immer häufiger: diese feindselige Stille, die keiner von sich aus brach, weil sich keiner mit dem ersten Wort etwas vergeben wollte. Früher war das anders gewesen, da hatten sie den Grundsatz verabredet und beherzigt, nicht eher schlafen zu gehen, ehe die Mißstimmung beredet und behoben war. An diesem Abend ging jeder ohne Gruß in sein Zimmer.

10

Andy war früh losgefahren, um Onkel Ben nicht warten zu lassen. Er merkte bald, daß viel zuviel Zeit war, und machte einen Abstecher von der Autobahn hinunter nach

Heidelberg. Seit seinem zweiten Semester war er nicht mehr dort gewesen. Andy fand die Hauptstraße inzwischen für Autos gesperrt, Fußgängerzone. Er fuhr außen herum zum Schloß, wanderte bis vorn auf die Terrasse und genoß den wunderbaren Blick auf Dächer und Türme, Neckar und Philosophenweg.

Nach dem Abitur hatte der Stiefvater Andy geraten, Bauingenieurwesen oder Betriebswirtschaft zu studieren, damit er eines Tages die Firma übernehmen könne. Aber Andy hatte Journalist werden wollen. Seine Vorstellung, die ihm heute kindisch erschien, war gewesen, Leute wie seinen Stiefvater und diesen ganzen etablierten Klüngel mit der Schreibmaschine zu bekämpfen. Mein Gott, dachte Andy.

Die Zeit in Heidelberg war fröhlich gewesen. Interessante Vorlesungen wurden, wenn sie nicht vor elf begannen, besucht, langweilige geschwänzt. Abends ging's ins »Cave« zum Jazz oder in den »Roten Ochsen« zum Bier, am Wochenende mit Freundinnen und altem VW ins Elsaß oder sogar nach Paris. Nebenher hatte Andy die örtlichen Zeitungen mit flammenden Artikeln bombardiert, von denen ganze zwei in abgemilderter Form und gegen ein Honorar von jeweils zwanzig Mark gedruckt worden waren. Kurzfristig hatte er sich in der Hochschulpolitik engagiert, war aber bald abgeschreckt worden von den endlosen Debatten zur Geschäftsordnung und der unerträglichen Besserwisserei naiver Eiferer. Offen, wie er damals für alles war, hatte er sogar mal einen Kneipabend einer schlagenden Verbindung besucht. Er hatte hart gestritten an jenem Abend: Ritualisiertes Saufen schien ihm eine Perversion, Fechten mit scharfer Klinge ein Hohn auf jene Menschen, die sich im Krieg Narben geholt hatten. Sie hatten ihn am frühen Morgen in aller Form aus dem Haus geworfen. Was hat man anfangs herumgestochert im Leben, dachte Andy. Würde ein zweiter Anlauf, wenn es ihn gäbe, besser ausgehen? Nein, dachte er, du hast oft genug gewußt, daß du jetzt eigentlich anhalten müßtest und umkehren. Oder wenigstens abbiegen. Aber du bist weitergetrottet. Keine faulen Ausreden!

Auf der Weiterfahrt nach Süden geriet Andy hinter Baden-Baden in einen Stau, und so kam er dann doch eine Viertelstunde zu spät bei Onkel Ben an.

»Setz dich, mein Junge.« So redete ihn Onkel Ben an, seitdem Andy denken konnte.

Auf dem Besprechungstisch der Anwaltskanzlei stand eine entkorkte Flasche guten, alten badischen Rotweins, ein Spätburgunder aus der Ortenau. Andy kannte den Wein, er hatte ihn oft bei Onkel Ben getrunken. Er kannte ebensogut die Kanzlei mit den dunklen Eichenmöbeln und den schweren Ledersesseln. Hier hatte er oft gesessen und familiäre Zerwürfnisse beredet, in denen Onkel Ben zu schlichten versuchte.

Onkel Ben schenkte ein, sie tranken, ohne anzustoßen, einen kleinen Schluck.

»Dir tut heute sicher manches leid«, sagte Onkel Ben.

Andy war nicht darauf vorbereitet, sofort zum Grundsätzlichen zu kommen. »Ich weiß nicht. Mir tut leid, in welcher Form wir uns manchmal auseinandergesetzt haben. Aber der Streit mußte sein. Nur eben nicht so.«

»Mein Freund Werner hat sehr darunter gelitten. Er wollte immer wieder Anläufe zu einer Aussöhnung machen. Zuletzt war er fest dazu entschlossen.«

»Ach, weißt du, wir hatten ja eine Art modus vivendi gefunden. Wir sahen uns selten und sprachen dann wenig. Ich habe versucht, Streit zu vermeiden, schon wegen meiner Mutter, und manchmal ist es sogar gelungen. Aber es ist nun mal nicht zu ändern: Ich mag Leute nicht, die so sind, wie er war. Ich muß dir das ja nicht alles zum hundertstenmal schildern: diese Abendgesellschaften bei uns zu Hause, bei denen sich die Honoratioren der Stadt Artigkeiten um die Mäuler schmierten, Werner Wohlgemuth immer vorneweg. Aber wenn die Gäste gegangen waren, wurde Tacheles geredet. Da blieb an manchen zuvor heftig hofierten Herrschaften kein gutes Haar. Und wenn ich in meiner kindlichen Naivität fragte, warum wir uns von so fiesen Gestalten den guten Spätburgunder wegsaufen ließen, dann kam heraus, daß diese Herren demnächst im Stadtparlament für ein bestimmtes Projekt stimmen sollten. Mit den Wölfen heulen!«

Onkel Ben nickte nachdenklich. »Ich gebe ja zu, daß er auch mich manchmal irritiert hat. Ich habe sogar oft mit ihm darüber gesprochen. Ich konnte das, denn ich war sein ältester Freund.«

Andy fuhr fort: »Und eines Tages erfuhr ich, daß er alle drei Parteien in der Stadt mit Geld schmierte. Die eine zwar ein bißchen mehr als die beiden anderen, aber immerhin. Ich hatte immer gedacht, man habe eine politische Meinung, aber er hatte nur eine ökonomische. Er war nie Mitglied einer Partei, auch nicht der NSDAP, soviel ich weiß. Aber ich habe damals in einem Fotoalbum, das immer unter Verschluß gehalten wurde, Bilder von Abendgesellschaften mit zahlreichen Hakenkreuzbinden entdeckt. Damals habe man nicht anders überleben können, hat er mir erklärt. Das war eben sein Prinzip: Mit den Wölfen heulen. In der Diktatur mit den Wölfen heulen, in der Demokratie mit den Schweinen grunzen. Immer mit dem Blick auf die Jahresbilanz der Firma.«

Onkel Ben stand auf und ging zu seinem Schreibtisch. »Ich kenne auch seine anderen Seiten, und du hast dir vielleicht durch deine bedingungslose Abneigung den Blick dafür verbaut. Aber laß uns zu praktischen Dingen kommen. Ich habe kraft meiner Vollmacht das Testament eröffnen lassen und will dir den Inhalt mitteilen.«

Andy nahm einen Schluck Wein und lehnte sich dann in den tiefen Ledersessel zurück. Was nun kam, ging ihn nichts an. Es war vor etwa zehn Jahren festgelegt worden, daß Andy nichts erben würde. Er hatte das herausgefordert und so gewollt. Damals hatte ihn Pia darin unterstützt; heute war sie offenbar anderer Ansicht, Andy nicht.

»Ich erspare dir den ganzen Formelkram«, sagte Onkel Ben, »und erzähle dir nur das, worauf es ankommt.«

»Ja, ja, mach mal ruhig«, meinte Andy.

Onkel Ben nahm an seinem breiten, dunklen Schreibtisch eine förmliche Haltung und Miene an. »Dein Stiefvater hat für den Fall, daß er gleichzeitig mit seiner Frau stirbt – was ja jetzt eingetreten ist –, verfügt, daß das Erbe zu gleichen Teilen an seine Tochter Karin und seinen Stiefsohn Andreas fällt.«

Andy fuhr auf. »Was für'n Ding?«

Onkel Ben schmunzelte wie über eine gelungene Überraschung. »Du hast richtig gehört. Er hat vor einigen Monaten das Testament geändert, ohne dir etwas zu sagen. Er hat auch deine Mutter und mich verpflichtet, Stillschweigen zu bewahren.«

»Aber ... aber ...« Andy fehlten die Worte.

Onkel Ben kam zurück an den runden Rauchtisch, nahm sich eine Zigarre und schenkte Wein nach. Andy bat, ebenfalls eine Zigarre rauchen zu dürfen.

»Möchtest du wissen«, fragte Onkel Ben, »was an Erbmasse vorhanden ist?«

»Nein, nein«, antwortete Andy schnell, »ich will nichts haben. Das ist alles für Karin, ich will nichts haben.«

Onkel Ben ließ eine Pause entstehen, rauchte und nahm einen Schluck Wein. Dann sagte er: »Ich will jetzt nicht mit dir darüber streiten, ob es vernünftig wäre, so eine Erbschaft auszuschlagen. Vernünftig oder unvernünftig, das mußt du in deinem Alter selbst entscheiden, das ist nicht meine Sache. Aber an einem kommst nicht mit einem einfachen Nein vorbei: Es ist der Letzte Wille deiner Eltern, beider, daß du ihr Erbe ist.«

Andy schüttelte schweigend den Kopf.

Onkel Ben sprach jetzt etwas ungeduldig: »Du mußt dich schnell entscheiden, nicht heute, aber bald. Ich will dir sagen, worauf es jetzt ankommt. Die Firma war zuletzt, wie viele andere auch, in Schwierigkeiten, wegen der schleppenden Baukonjunktur. Aber sie ist immer noch eine solide Firma mit einem guten Namen. So eine relativ kleine Firma steht und fällt jedoch mit dem Chef. Herr Reisinger, du kennst ihn ja, ist ein guter Geschäftsführer, erfahren und zuverlässig, aber kein Mann, der Aufträge reinholt. Du mußt dir überlegen, ob du dir zutraust, die Sache in die Hand zu nehmen.«

»Ich? Du machst wohl einen schlechten Witz! Ich weiß ja nicht mal, was heute ein Pfund Beton kostet.«

»Das geht nach Kubikmetern. Wenn du es dir nicht zutraust, dann könntest du, mit Karins Einverständnis, einen guten Mann als Teilhaber gewinnen.«

»Oh, bitte, laß mich da außen vor! Ich will nichts mit dieser Firma zu tun haben, ich will auf keinen Fall in diese Stadt zurück, ich will keinen Teilhaber suchen. Ich will meinen Job weitermachen.«

»Wie bisher?« fragte Onkel Ben mit einem zweifelnden Unterton.

»Nein, nicht wie bisher, sondern ein bißchen erfolgreicher. Aber das hier will ich ganz sicher nicht.«

Onkel Ben war jetzt ärgerlich. »Du bist wie die meisten. Nur nicht den alten Trott aufgeben! Das ist die Krankheit unserer Zeit und unseres Landes, daß die meisten so sind wie du. So eine Chance! Werner Wohlgemuth hatte sie nicht, er hat alles allein aufgebaut. Und du? Anstatt in die Hände zu spucken, verkriechst du dich in deine Redaktion und schreibst Artikel über Nebensächlichkeiten.«

Andy stand auf. »Vielleicht hast du recht, aber so bin ich eben.«

Auch Onkel Ben stand auf. »Um die Überführung und die Beerdigung brauchst du dich nicht zu kümmern, das ist dir sicher angenehm. Den Termin der Trauerfeier teile ich dir noch mit.«

Er gab Andy die Hand und schob ihn aus der Tür.

Andy verließ eilig die Stadt, in der er aufgewachsen war und die ihn seit Jahren nicht mehr angezogen hatte.

Zu Anfang seines Studiums war er oft nach Hause gefahren, aber nicht wegen der Eltern oder der Stadt, sondern um seine Wäsche waschen und sich mit Lebensmitteln versorgen zu lassen. Zwar hatte er damals den brennenden Ehrgeiz, weitgehend auf eigenen Füßen zu stehen, wofür er in den Semesterferien in Fabriken und auf dem Bau arbeitete. Aber es reichte nie ganz, vor allem deshalb, weil er nicht auf sein Auto verzichten wollte. Also mußte er sich ab und an zu Hause versorgen lassen und nahm gern das Geld, das seine Mutter ihm zusteckte. Natürlich wußte er, daß es das Geld seines Stiefvaters war, aber von ihm persönlich hätte er es nicht angenommen.

Später war er sogar noch öfter zu Hause gewesen. Das hing damals mit Pia zusammen, die noch zur Schule ging. Aber als sie dann gemeinsam zum Studium nach München gingen, kamen sie oft monatelang nicht mehr in ihre Heimatstadt.

Jetzt fuhr er, ohne sich umzuschauen, auf dem kürzesten Weg zur Autobahn.

11

Andy war, obwohl er sich Zeit genommen hatte, gegen fünf zurück in Frankfurt. Er fuhr noch mal in die Redaktion. Er hatte immer, wenn er zwischendurch einen Tag nicht da war, das Gefühl, es könne etwas an ihm vorbeigehen. Aber noch nie war während seiner Abwesenheit etwas Wichtiges geschehen, jedenfalls nicht, was ihn betroffen hätte. Auch diesmal ärgerte er sich, daß er diesem unsinnigen Gefühl gefolgt war, anstatt einen Spaziergang zu machen oder endlich mal wieder die Gemälde im »Städel« anzuschauen.

Er ging zu Schaaf und fragte, ob er bis zur Beisetzung seiner Eltern frei haben könne.

»Nee«, antwortete Schaaf, »bei allem Verständnis, aber ich brauche Sie. Buske ist krank und Huhnke zur Kur. Ich kann ja nicht alles allein machen.«

»Ich brauche jetzt aber mal was anderes als den täglichen Kleinkram«, widersprach Andy.

»Ich glaube, das bekommt Ihnen besser, als wenn Sie zu Hause rumsitzen. Kümmern Sie sich ein bißchen um die Volontärin, das bringt Abwechslung.«

Vielleicht hatte Schaaf recht. Arbeit verscheuchte Gedanken, »business as usual« war die beste Therapie für seelischen Kummer. Nach dem Gespräch mit Onkel Ben und vor den unausweichlichen Auseinandersetzungen mit Pia empfand es Andy als angenehm, daß seine Kollegen mit ihm sprachen, als sei nichts vorgefallen.

Eigentlich, dachte Andy, ist es ja merkwürdig, daß es so wenig Teilnahme gibt unter Menschen, die Tag für Tag und Jahr für Jahr miteinander ihre Arbeit tun. Fiel einem das erst dann auf, wenn man selbst Anteilnahme brauchte?

Andy wußte nicht viel über die privaten Angelegenheiten seiner Kollegen. Von einigen wußte er nicht einmal, ob sie gerade verheiratet oder geschieden waren. Und jahrelang hatte er nichts von den Sorgen gewußt, die sich Georg Schaaf um seine Tochter gemacht hatte. Später hatte er Gerüchte darüber gehört, aber nicht zu fragen gewagt. Erst als Sigrid S. von der Polizei als 33. Drogenopfer des Jahres registriert war, hatte Andy Georg Schaafs Aversion gegen Berichte über die Frankfurter Drogenszene richtig begriffen.

Also war es auch normal, daß die Kollegen nicht mehr nach dem Vorfall in New York fragten. Und es war sogar wohltuend.

Die Volontärin Veronika hatte weiter recherchiert und wollte weiter diskutieren, aber Andy hatte keine große Lust dazu. Er fragte statt dessen, wo sie studiere. In München, erwiderte sie, und sie stellten fest, daß es das gleiche Institut war, an dem Andy vor über fünfzehn Jahren gewesen war. Er holte Namen aus seinem Gedächtnis hervor, die Veronika zum Teil geläufig waren. Er entnahm ihren Berichten, daß die Studenten immer noch die gleichen Kommunikationstheorien diskutierten wie damals.

»Das war alles ganz interessant«, sagte Andy, »aber ein bißchen wirklichkeitsfremd.«

»Sind Sie auch so ein Theorie-Muffel wie Ihre Kollegen?« fragte sie. »Die arbeiten doch alle nach dem Motto: Das haben wir schon immer so gemacht.«

Andy spürte Lust, wieder überlegen zu dozieren. »Wenn Theorie und Praxis nicht in Einklang zu bringen sind, dann behauptet die Wissenschaft immer, es liege an der Praxis. Kann es aber nicht sein, daß die Theorie falsch ist?«

Veronika gab Kontra: »Mit dem gleichen Argument versuchen manche, den Sozialismus zu widerlegen.«

»Oh, da sind wir bei einem meiner Lieblingsthemen. Nach reiflicher Überlegung halte ich den Sozialismus für eine in sich schlüssige Theorie, die nur eine entscheidende Schwäche hat: Sie läßt die Natur des Menschen unberücksichtigt.«

»Die läßt sich doch aber verändern.«

»Aber nur in der Theorie.«

Veronika sah ihn mißbilligend an, und ihm fiel wieder auf, wie hübsch sie war. Sie schien seinen abschweifenden Blick zu bemerken und fauchte ihn an: »Sie sollen mir nicht auf den Busen schauen, sondern mit mir diskutieren!«

»Ich diskutiere ja aus Leibeskräften, aber ich darf Sie doch trotzdem anziehend finden, oder?«

»Von mir aus, aber alles zu seiner Zeit.«

»Und wann wäre die geeignete Zeit, Sie hübsch zu finden?«

»Ist mir egal. Wenn ich ein Mann wäre, würden Sie mich jedenfalls ernster nehmen.«

»Tut mir aufrichtig leid, aber das ist nun wieder die Natur des Menschen, die sich nicht ändern läßt.«

Pia war zunächst wortkarg, als Andy nach Hause kam.

»Wie war's bei Onkel Ben?« fragte sie nur.

»Nichts Besonderes«, antwortete Andy.

Er ging in die Küche und brutzelte sich zwei Spiegeleier, dann sah er die Tagesschau mit an. Dagmar Berghoff las vor, für die Andy eine uneingestandene Schwäche hatte. Er liebte vor allem ihr zaghaftes Lächeln und überlegte manchmal, ob sie wohl entlassen würde, sollte sie mal über eine besonders blödsinnige Meldung herzhaft lachen. Zum Beispiel über diese: Die Bonner Koalitionspartner haben in allen rechtspolitischen Fragen nahtlose Übereinstimmung erzielt.

»Warum lacht die jetzt nicht?« fragte Andy.

»Worüber?« fragte Pia.

»Über den Quatsch, den sie da gerade vorgetragen hat.«

»Ich habe nicht genau hingehört. Hast du eigentlich schon Karin angerufen?«

»Nein, das hat Onkel Ben getan.«

Pia sah ihn mit großen Augen an. »Deine Eltern sind umgekommen, und du drückst dich tagelang davor, deine Schwester anzurufen? Nun mach aber mal, ehe ich meinen letzten Rest von Achtung verliere.«

Andy rief Karin an. Er wußte nicht recht, was er sagen sollte, und fragte zuerst, ob sie zur Beisetzung kommen könne.

»Nein«, sagte sie, »wir haben Erntezeit, da kann ich Bob nicht allein lassen.«

Andy fiel auf, daß Karin mit amerikanischem Akzent sprach. Er telefonierte selten mit ihr, und in den zehn Jahren, die sie drüben lebte, war sie noch nie zu Besuch nach Deutschland gekommen.

»Hast du eigentlich schon richtig begriffen, was da vorgefallen ist?« fragte Andy.

»Nein«, sagte sie, »noch nicht. Ich versuche, das in meinen Kopf hineinzukriegen, aber es will nicht.«

»Mir geht es genauso.«

Andy hatte seine Schwester immer sehr geliebt. Sie war vier Jahre jünger als er. Sie hatte nie das gespannte Verhältnis zu Werner Wohlgemuth gehabt, aber sie hatte sich oft auf Andys Seite gestellt und nur widersprochen, wenn Andy im Zorn zu ungerecht wurde.

Mit siebzehn war sie als Austauschschülerin für ein Jahr in Amerika gewesen, danach hatte sie sich immer brennend für die USA interessiert und nach dem Abitur Anglistik und amerikanische Geschichte studiert. Sie hatte Andy begeistert die Schriften von Walt Whitman und Mark Twain, von John dos Passos und John Steinbeck zu lesen gegeben, aber Andy hatte, obwohl ihm manches gefiel, seinen Widerstand gegen Amerika nie überwinden können. Die USA, das hatte für ihn damals, also Ende der sechziger Jahre, immer nur bedeutet: Vietnamkrieg. Etwas anderes hatte er gar nicht wissen wollen.

1972 hatte Karin in München Bob kennengelernt, der als Tourist zu den Olympischen Spielen gekommen war. Im Jahr darauf war er zurückgekehrt und hatte Karin kurzerhand mitgenommen auf seine Pfirsichfarm in Kalifornien.

»Es wäre gut«, sagte Andy jetzt am Telefon, »wenn du mal rüberkommen würdest. Wir müssen über die Erbschaft sprechen. Vater hat uns zu gleichen Teilen als Erben eingesetzt.«

»Oh«, machte Karin nur.

»Ja, das wußte ich auch nicht. Aber ich will nichts haben. Das muß alles geklärt werden.« Karin versprach, nach der Ernte für ein paar Tage nach Deutschland zu kommen.

Als Andy aufgelegt hatte, fuhr ihn Pia an: »Sag mal, willst du mich für dumm verkaufen? Du erzählst mir, bei Onkel Ben sei nichts Besonderes gewesen, und jetzt höre ich so ganz beiläufig, daß du die Hälfte erbst.«

»Ich nehme sie ja nicht an.«

»Du bist ja verrückt!«

»Ich halte das Thema für abgeschlossen. Wir waren uns immer einig, daß ich von meinem Stiefvater nichts erben will und nichts erben werde.«

Pia holte die Whiskyflasche und goß zwei Gläser reichlich voll. »Jetzt hör mal gut zu«, begann sie. »Als wir damals diesen trotzigen Entschluß faßten, da dachten wir noch, du hättest deine Zukunft vor dir. Das haben wir uns ja inzwischen wohl abgeschminkt, oder siehst du das anders?«

Andy nahm einen großen Schluck. »Erstens ist noch alles drin, und zweitens gibt es, wenn erstens nicht eintrifft, keinen Grund, deswegen alle Grundsätze über Bord zu werfen. Ich habe bisher mein Leben selbst gestaltet und mein Geld selbst verdient ...«

»Bis auf die heimlichen Scheinchen von deiner Mutter. Und bis auf das, was ich seit Jahren beisteuere.«

»Platsch! Immer feste druff!«

»Es ist aber so.«

Andy merkte, daß er jetzt einrastete, und wünschte, Pia würde schweigen. Aber sie sprach weiter. »Ich sage dir eines klipp und klar: Mit dieser Erbschaft haben wir die letzte Chance, aus dem ewigen Mittelmaß herauszukommen. Wenn du sie nicht annimmst, ist es aus mit uns.«

Andy fühlte sich kurz vor einer Explosion. Der angestaute Groll der letzten Jahre stieg ihm bis in den Hals. Es war mehr Groll gegen sich selbst, aber Andy entlud ihn gegen Pia. »Wozu brauchen wir die Erbschaft? Vielleicht kommst du ja bald ganz groß raus. Vielleicht machst du demnächst Millionen in Wolle. Vielleicht machst du eine bundesweite Woll-Kette auf. Vielleicht werden bald Strickanzüge die große Mode. Vielleicht wird die ganze Bundeswehr in feldgrauen Strick gekleidet. Stell dir mal den Bundeskanzler im Strickanzug vor. Vielleicht kriegt sogar der Kölner Dom einen Stricküberzug. Stell dir das mal vor!«

Pia sah Andy mit Verachtung an und sagte nur: »Du Pflaume!«

Andy nahm sein Whiskyglas und schleuderte es gegen Pia, traf sie allerdings nicht.

Sie sah ihn ungläubig an. »Sind wir schon so weit?«

Sie stand auf und knallte die Tür hinter sich zu.

12

Die Trauerfeier war mehr als gut besucht. Die ganze kleine Stadt schien sich in der alten romanischen Kirche zu drängen. Onkel Ben führte unauffällig Regie und schob die wichtigen Leute in die vorderen Bankreihen. Andy erkannte viele Gäste der elterlichen Abendgesellschaften. Zu manchen Gesichtern fielen ihm die Namen nicht mehr ein.

Obwohl Andy sich abseits hielt, mußte er immer wieder Hände schütteln und Worte des Beileids entgegennehmen, für die er sich mit unbewegter Miene bedankte.

Der alte Greiner kam langsam auf ihn zu, der seit Menschengedenken der zweiköpfigen Lokalredaktion in der kleinen Stadt vorstand.

»Na, mein Sohn, wie geht es Ihnen denn draußen in der großen Welt?«

Andy war erleichtert, daß wenigstens einer die drückend pietätvolle Stimmung etwas durchbrach.

»Wenn Sie unser Blatt meinen«, entgegnete Andy, »dann kann ich Sie beruhigen: Wir schreiben das gleiche wie Sie und erreichen genauso wenig damit.«

»Schon so abgeklärt in Ihrem Alter? In Ihrer Sturm-und-Drang-Zeit als Oberschüler haben Sie doch noch fulminante Pamphlete für mich verfaßt, flammende Anklagen gegen den Mief des Spießertums und den Sumpf der kleinstädtischen Korruption. Da loderte revolutionäres Feuer.«

»Deswegen haben Sie ja das meiste auch nicht gedruckt.«

»Das konnte man nicht drucken, das war der blanke Zorn des Gerechten, von keiner Einsicht angehaucht.«

Andy lächelte. »Das versuche ich gerade einer jungen Volontärin beizubringen.«

»Was ist, wollen Sie nicht zurückkommen?« fragte Greiner. »Ich werde Ende des Jahres ausscheiden, wir suchen einen erfahrenen Mann, der auch die Stadt kennt.«

»Ich kenne sie nicht mehr«, wehrte Andy ab.

»Oh, glauben Sie nicht, hier hätte sich seit Ihrem Weggang etwas verändert. Überlegen Sie sich die Sache. Hier sind Sie Ihr eigener Herr und gelten sogar ein bißchen was.«

Andy versprach, darüber nachzudenken, dann mußte er wieder Hände schütteln.

Pia stand im Kreis ehemaliger Schulfreundinnen und wirkte in ihrem eleganten schwarzen Seidenkleid wie aus einer anderen Welt. Sie war mit ihrem eigenen Auto gekommen und wollte nach der Feier noch ein paar Tage hierbleiben. Sie hatte Andy nur flüchtig begrüßt.

»Wir müssen wenigstens zusammen nach vorn gehen«, sagte er jetzt zu ihr.

Ehe sie in der ersten Reihe Platz nahmen, begrüßte sie der Pfarrer, der sich erinnerte, sie beide vor Jahren konfirmiert zu haben. Wenn der gute Mann wüßte, dachte Andy, daß das mein letzter Gottesdienst war.

Die Trauerrede des Pfarrers war so, wie Andy sie erwartet hatte. Werner Wohlgemuth wurde den Gästen als ebenso besonnener wie tatkräftiger Unternehmer in Erinnerung gerufen, der sich großzügig und uneigennützig um das Wohl der Stadt verdient gemacht hatte. In Gottes Namen, dachte Andy, in einer Stunde bedeckt ihn die Erde, und wer ihn wirklich kannte, weiß es besser.

Je länger die Rede dauerte, desto mehr wunderte Andy sich, daß seine Mutter nicht darin erwähnt wurde. Nicht einmal als stille, bescheidene Gefährtin, die dem großartigen Mann unauffällig zur Seite gestanden hatte. Wird hier nur gewürdigt, dachte Andy zornig, wer Schecks ausgestellt hat?

Als die Rede beendet war, stand Andy auf und ging nach vorn. »Ich möchte daran erinnern«, sagte er, »daß wir heute auch von Gerda Wohlgemuth Abschied nehmen. Sie hat sich nicht um diese Stadt verdient gemacht. Sie war überhaupt anders als Werner Wohlgemuth. Manche werden sie deswegen länger in Erinnerung behalten. Ich danke Ihnen.«

Andy machte eine entschuldigende Geste in Richtung des Pfarrers, sah das betretene Gesicht von Onkel Ben und verließ die Kirche. Er ging hinauf zum Friedhof, wo die beiden Totengräber an der ausgehobenen Grube warteten.

»Gehören Sie zu der Trauergemeinde?« fragte einer der Männer.

»Ja.«

»Können Sie uns sagen, in welchem Sarg Herr Wohlgemuth ist und in welchem seine Frau?«

»Nein.«

Das ist auch gut so, dachte Andy und verließ den Friedhof, bevor die Trauergemeinde eintraf.

Er fuhr zum Haus seiner Eltern, zu dem er von früher her noch einen Schlüssel besaß. Er wußte, daß Onkel Ben nach der Beisetzung noch ein Mittagessen im »Ratskeller« gab, aber er wollte nicht dabeisein.

Das Haus lag wunderschön in einem großen Garten am Stadtrand. Werner Wohlgemuth hatte es 1950 gebaut und damals an nichts gespart. So war es zwar nicht modern, aber außerordentlich geräumig und solide und auch heute noch ein wertvolles Anwesen. Im Laufe der Jahre war ergänzt worden, was standesgemäß erschien, vom Außenkamin bis zum beheizten Schwimmbad.

Andy ging durch den dunklen Flur ins große Wohnzimmer, das durch eine gläserne Schiebetür Zugang zum Garten hatte. Ihm schien zunächst, als habe seit der Abreise der Eltern niemand mehr das Haus betreten. Aber dann fiel ihm auf, daß die Grünpflanzen auf den Marmorbänken links und rechts der Schiebetür kräftig standen, und die Erde in den Töpfen fühlte sich feucht an. Auch das hatte wohl Onkel Ben besorgen lassen. Andy betrachtete den Raum: schwere Polstermöbel, ein mächtiger runder Eichentisch mit grüner Marmorplatte, eine bleiverglaste Schrankwand von sicherlich sechs Metern Breite. Werner Wohlgemuth hatte weder Antiquitäten noch moderne Möbel gemocht, es mußte repräsentativ und gediegen sein.

Man konnte es nicht mal »Gelsenkirchener Barock« nennen, dafür war es zu prächtig. Auch die Bilder vor der großgemusterten Tapete entsprachen diesem Geschmack: wertvolle Kopien alter holländischer Motive in schweren Goldrahmen. Der Fernseher mit Recorder und die Stereoanlage standen als Zeugen schlichter Modernität auffällig fehl am Platz.

Andy hatte schon als Junge diese düstere Pracht verabscheut und durchgesetzt, daß sein eigenes Zimmer im Obergeschoß modern eingerichtet wurde. Er stieg jetzt die Treppe hinauf und sah nach. Das Zimmer, das zuletzt Gästezimmer gewesen war, hatte sich ebenfalls kaum verändert. Im Regal standen noch ungefähr fünfzehn Karl-May-Bände aus der Kinderzeit. Die sollte ich mitnehmen, dachte Andy, die sind schon fast antiquarisch.

Mitnehmen!

Was sollte eigentlich aus all den Sachen hier werden? Wer wollte sie haben? Andy würde sich nichts davon in seine Wohnung stellen oder hängen. Karin vielleicht? Paßte diese altdeutsche Pracht etwa in ein amerikanisches Farmhaus? Ganz abgesehen von den unsinnig hohen Kosten einer Verschiffung nach Kalifornien.

Andy ging wieder nach unten und hielt Ausschau nach Dingen, die ihm gefielen. Er entdeckte einige schöne Kristallvasen, die ihm früher nie aufgefallen waren, und dachte an das Meißener Porzellan und das dänische Silberbesteck, an das er sich erinnerte. Einen Augenblick lang kam er sich vor wie ein Geier, der eine Beute umkreiste. Aber dann sagte er sich, daß es um etwas anderes ging: daß nicht ein Auktionator alles verhökerte, womit sich zwei Menschen umgeben hatten. Und daß er selbst ein paar Stücke als Erinnerung haben wollte. Er dachte an die Überlegung, die er in den letzten Jahren öfter angestellt hatte: Was geschieht mit den Dingen, die ich um mich herum sammele, wenn eines Tages keine Nachkommen da sind, die einen Sinn für die Hinterlassenschaft haben?

Andy fühlte Trostlosigkeit aufsteigen.

Er ging durch den Keller in die Garage, wo der blankgeputzte Mercedes stand. Den konnte man leicht verkaufen, das war ein Stück Metall, an dem nichts hing. Auf dem Rückweg besah er die Weinregale und beschloß, den Inhalt für sich zu bestimmen. Er nahm eine Flasche vom ältesten Spätburgunder mit nach oben, schenkte sich ein und setzte sich in einen Sessel.

Seine Konfirmationsfeier hatte er plötzlich vor Augen. Hier in diesem Raum hatten sie gesessen, die Oma hatte damals noch gelebt. Der Pfarrer hatte, wie üblich, zum Kaffeetrinken hereingeschaut, derselbe Pfarrer, den Andy heute ärgerlich berichtigt hatte. Fünfundzwanzig Jahre lag die Konfirmation zurück, und Andy rechnete nach, daß seine Mutter damals so alt gewesen war wie er heute.

Das Telefon klingelte, und Andy schrak auf. Nach kurzem Überlegen hob er den Hörer ab und meldete sich mit seinem Namen.

»Ja, Werner, hier ist Rudi«, sagte eine fröhliche Stimme, »erinnerst du dich noch, letztes Jahr auf Mallorca?«

»Tut mir leid«, antwortete Andy, »hier ist nicht Werner Wohlgemuth. Der ist tot.«

Der Anrufer blieb einen Augenblick stumm, und Andy legte auf.

Er schaute sich wieder um. Wer sollte das alles hier sichten, ordnen, aussortieren, verpacken, abtransportieren? Und wohin? Man konnte das nicht alles Onkel Ben überlassen. Karin mußte kommen, auch wenn es für sie eine weite Reise war. Das hier war auch ihre Angelegenheit, aus der sie sich nicht heraushalten konnte.

Was mochte überhaupt alles in diesen Schränken und Schubladen sein? Papiere, Unterlagen, Aufzeichnungen, Fotos, Tagebücher? Alles mußte durchgesehen werden, man konnte es nicht einfach wegwerfen. Es durchzusehen, hieß aber, auch in sehr persönliche Dinge einzudringen. Vielleicht waren sogar Dinge darunter, die Andy selbst betrafen?

Er ging zu dem kleinen Sekretär seiner Mutter und ließ die Schreibplatte herunter. Im obersten Fach standen silbergerahmte Fotos von Werner Wohlgemuth, von Karin und ihrer Familie, auch das Hochzeitsbild von Pia und Andy. Daneben lagen ungerahmte Fotos von den letzten Urlaubsreisen, auch vom vorigen Jahr auf Mallorca. Eines zeigte die Eltern mit einem braungebrannten Ehepaar ungefähr gleichen Alters beim Frühstück auf einer Terrasse. Andy dachte an den Anruf von vorhin: Rudi.

Ein kleiner Stapel geöffneter Briefe lag da, Luftpost aus Kalifornien, auch ein Brief von Pia. Andy zögerte, dann las er: »Liebe Schwiegermutter, ich muß Dir schreiben, weil es mit Andy und mir letzthin nicht mehr besonders gut geht. Es ist das alte Lied, das Du ja kennst. Er kommt nicht voran, läßt jeglichen Ehrgeiz vermissen und macht alle außer sich selbst für seinen Mißerfolg verantwortlich ...«

Andy legte den Brief wieder weg.

Wieder klingelte das Telefon. Wenn es noch mal dieser Rudi ist, dachte Andy, hänge ich sofort ein. Doch es war Onkel Ben. »Ich dachte mir, daß du dort bist. Ich verstehe das auch. Aber eigentlich solltest du hier sein. Nach deinem Auftritt in der Kirche redet man ohnehin, daß du wohl etwas eigen seist.«

»Tut mir leid, aber der Auftritt mußte sein.«

»Darüber kann man streiten. Wir sitzen nachher noch im kleinen Kreis bei mir zusammen, Pia kommt auch mit.«

»Laß mich mal hierbleiben«, sagte Andy.

»Wie du willst, aber melde dich auf jeden Fall vor der Rückfahrt noch mal bei mir.«

Andy versprach es.

In der mittleren Schublade des Sekretärs fand Andy einen alten, schmalen Leitz-Ordner mit der Aufschrift »Horst Meyer«. Horst Meyer, das war Andys Vater gewesen, über den er so gut wie nichts wußte. Er sei im Frühjahr 1945 gefallen, hatte ihm die Mutter einmal erklärt, und Andy hatte sich damit zufriedengegeben. Es war ja nichts Ungewöhnliches daran, denn Millionen Männer waren in diesem Krieg gefallen, auf allen Seiten, und Zehntausende noch in den letzten Wochen, als alles schon entschieden war. Doppeltes Pech, so kurz vor Kriegsende, aber nicht zu ändern.

Andy blätterte in dem Ordner und stieß auf ein Schriftstück, das seine Aufmerksamkeit erregte. Es war vom 12. Januar 1945. Da schrieb ein Kriegsgerichtsrat Dr. Fechner an Frau Gerda Meyer, also Andys Mutter. Er teilte ihr in trockenem Juristendeutsch mit, er habe das Kriegsgericht gebeten, das Urteil gegen den Oberleutnant Horst Meyer vor Bestätigung zu überprüfen. Und zwar aus folgendem Grund: »Der Verurteilte ist nur geständig gewesen in Sachen § 175 StGB, nicht aber in Gemäßheit § 175a Ziff. 2, d.h., er hat ausdrücklich geleugnet, die Zeugen Schell und Ohlmeier in Ausnutzung eines Unterordnungsverhältnisses zu der widernatürlichen Unzucht bestimmt zu haben.«

Andy las das Schreiben ein zweites Mal, dann legte er den Ordner beiseite, ging zu seinem Weinglas und leerte es in einem Zug.

Das ist ja unglaublich! dachte er. Das kann doch einfach nicht wahr sein! Das kann doch nur ein Justizirrtum gewesen sein! Natürlich: Drittes Reich! Das kannte man ja. Wer wurde da nicht alles verurteilt, wenn der Denunziant Nazi war und der Denunzierte nicht.

Aber angeblich hatte Horst Meyer zugegeben, mit diesen beiden Untergebenen homosexuelle Beziehungen gehabt zu haben, allerdings nicht in – wie hieß es? – »Ausnutzung eines Unterordnungsverhältnisses«. Ein erpreßtes Geständnis das Ganze? Warum und womit hatte man ihn erpreßt?

Andy nahm den Ordner und blätterte ihn von vorn bis hinten durch. Er fand eine Geburtsurkunde aus dem Jahre 1906, ausgestellt in Potsdam, eine Taufurkunde, Schulzeugnisse bis hin zum Abitur, dann erst wieder Feldpostbriefe. Andy laß sie flüchtig durch, nur Hinweise auf den »Fall« suchend, aber natürlich enthielten sie nicht die geringste Andeutung. Der Brief des Dr. Fechner war alles.

Nichts darüber, ob das Urteil bestätigt worden war, welche Strafe das Gericht verhängt hatte, ob sie verbüßt worden oder ob Horst Meyer an die Front zurückgekehrt war.

Andy spürte plötzlich einen ohnmächtigen Zorn. Warum hatte ihm nie jemand von dieser Geschichte erzählt? Hatte ein Mensch nicht spätestens als Erwachsener das Recht, alles über seine Herkunft zu erfahren? Wen sollte er jetzt noch fragen? Wenn es so war, wie es in dem Brief stand, dann hatte seine Mutter sicher sehr darunter gelitten. Aber durfte sie es deswegen für immer verschweigen? Und Werner Wohlgemuth mußte doch auch davon gewußt haben, oder hatte sie ihn auch im unklaren gelassen?

Und überhaupt: Einen Menschen, auch wenn er schuldig geworden war, versteckte man nicht schamhaft wie eine Mißgeburt. Was hieß obendrein schuldig? Gesetze änderten sich mit dem Wandel der Moral. Dieses Vergehen war heute keines mehr. Andy versuchte zu denken, daß ihn dieser zufällig entdeckte Brief nichts angehe. Horst Meyer war für ihn nie mehr als ein Name gewesen, mit dem sich keine Vorstellung verband. Nicht einmal Fotos hatte er gesehen, sie waren, wie ihm erklärt wurde, im Krieg verlorengegangen. Auch waren die Großeltern Meyer schon vor dem Krieg gestorben, und weitere Verwandte gab es nach Auskunft der Mutter nicht. Andreas Meyer, wie er auf seiner Geburtsurkunde hieß, hatte den Namen seines Stiefvaters bekommen und nie nachgefragt.

Warum eigentlich nicht? dachte er jetzt. War die Geschichte wirklich so plausibel?

Andy versuchte, sich mit etwas anderem zu befassen. Er nahm ein Blatt Papier und schrieb Gegenstände auf, die er aus dem Haus der Eltern haben wollte.

Aber seine Gedanken kehrten immer wieder zu dem Brief des Dr. Fechner zurück. Er suchte in dem Sekretär nach weiteren Spuren von Horst Meyer, fand jedoch nichts und war eigentlich froh darüber.

Vergiß es einfach, dachte er, es hat keine Bedeutung.

Er überlegte, doch noch zu Onkel Ben zu gehen, konnte sich aber nicht dazu entschließen. Er schaltete den Fernseher ein und gleich wieder aus. Er suchte in seinem ehemaligen Zimmer nach Bettwäsche, denn er wollte hier übernachten. Aber das Haus bedrückte ihn von Minute zu Minute mehr.

So setzte er sich denn in sein Auto und fuhr nach Frankfurt.

13

Morgens war Andy, obwohl er auch diesen Tag hatte freinehmen wollen, in der Redaktion.

»Lokales Schaf« blinzelte ihn an. »Na, zieht es Sie doch an Ihren Schreibtisch?«

»Die Zeitung ist mein Leben. Außerdem haben Sie letzte Woche ganz richtig gesagt, Arbeit sei die beste Therapie.«

»Ich habe auch was für Sie. Heute abend müssen Sie mir eine Story machen. Der Verleger bekommt das Bundesverdienstkreuz überreicht.«

»Wofür?«

»Wie der Name sagt: für seine Verdienste.«

»Dafür bekommt er doch seinen Verdienst.«

»Nettes Wortspiel«, meinte Schaaf, »aber das schreiben Sie nicht. Um sechs ist der Rummel im Rathaus.«

»Und darüber müssen wir eine Story machen?« fragte Andy. »Was soll denn diese Selbstbeweihräucherung? Der Mann verdient viel Geld mit unserer Arbeit, so wie andere viel Geld verdienen mit Frankfurter Würstchen in der Dose. Was hat er sonst noch getan? Die Menschheit vorangebracht? Der Gerechtigkeit eine Gasse geschlagen?«

»Er kriegt den Klunker unter anderem für unsere Behinderten-Aktion.«

»Richtig, für unsere, nicht für seine. Buske hatte die Idee, wir haben die Aktion aufgezogen. Schlimm genug, daß man öffentlichen Rummel machen muß für solche Selbstverständlichkeiten wie Rampen für Rollstuhlfahrer. Dafür wird er jetzt dekoriert, und wir müssen ihn feiern.«

»Es geht um sein gesamtes Lebenswerk«, bemerkte Schaaf mit einem Unterton, der ironisch sein konnte. »Und außerdem können Sie das ja alles reinschreiben, was Sie da auf der Pfanne haben. In der gebührenden Form natürlich.«

»Oh, das ist aber eine seltene Aufforderung!«

»Unter uns gesagt: Mir stinkt die Story auch, aber was erkläre ich morgen seiner Sekretärin, wenn sie fragt, warum nichts im Blatt war? Also, Zweispalter mit einem Foto, alles klar?«

»Ein Scheiß-Job ist das!« schimpfte Andy im Gehen.

Andy hatte jetzt einen ganzen Tag vor sich und wußte nichts damit anzufangen. Er fragte nach Veronika, doch sie war zu einer Reportage über Alt-Sachsenhausen losgeschickt worden, über das Vordringen der »Hamburger«-Lokale in das alte Äppelwein-Viertel. Darüber konnte man immer wieder mal schreiben, ohne etwas aufzuhalten. Andy überlegte, ob er nach Alt-Sachsenhausen hinüberfahren sollte, aber er ließ es sein. Das Mädchen würde ihm nicht abnehmen, daß er nur so, und weil er gerade Zeit hatte, ihre Gesellschaft suchte.

Andy las an seinem Schreibtisch und dachte immer wieder an Horst Meyer. Was war er eigentlich von Beruf gewesen? Hatte die Mutter nicht einmal gesagt: Beamter? Ja, natürlich. Beamter, hatte Andy damals gedacht, mir bleibt aber auch nichts erspart. Erst ein Beamter, dann ein Unternehmer. Hätten es nicht ein Schriftsteller und ein Filmregisseur sein können? Regierungsrat Meyer vielleicht, fabelhaft! Aus Potsdam, also auch noch preußischer Beamter, um das Maß voll zu machen.

Wie konnte man an diese vermaledeite Geschichte des Horst Meyer herankommen? Mußte es nicht irgendwo Unterlagen über Kriegsgerichtsprozesse geben? Vieles war im Krieg verschwunden, sogar die Altstadt von Frankfurt, aber Akten verschwanden doch in Deutschland nie.

Andy besuchte seinen Kollegen Klaus Huhnke von der innenpolitischen Redaktion, der seit gestern aus der Kur zurück war.

»Sag mal, Klaus, du hast doch damals im Zusammenhang mit Herrn Filbinger – Stichwort: Was damals Recht war, kann heute nicht Unrecht sein – nach alten Kriegsgerichtsakten gestöbert. Wo findet man die?«

»Ziemlich einfach: in einer Nebenstelle des Bundesarchivs in Aachen. Brauchst du die Adresse?«

»Ja. Und da hat jeder Zugang?«

»Wenn er sein Interesse plausibel machen kann«, sagte Klaus.

»Zum Beispiel, wenn es den eigenen Vater betrifft?«

»Oje! Hat der auch solche Urteile verzapft?«

»Im Gegenteil, er wurde verurteilt. Aber das erzähle ich dir ein andermal, gib mir mal die Anschrift.«

Andy setzte sich sofort an seine Schreibmaschine.

Nachmittags rief wieder der geheimnisvolle Unbekannte mit dem Schnurrbart an, der angeblich etwas über Chemieabwässer wußte. Andy traf, auch um abends nicht allein zu sein, eine Verabredung für zehn Uhr in der Stammkneipe.

Die Story über das Bundesverdienstkreuz des Verlegers brachte er rasch zu Papier. Das hatte er in langen Berufsjahren gelernt: jeden Gedanken genauso schnell zu formulieren, wie er gedacht war. Bei den Seminararbeiten an der Universität hatte er noch ausdauernd mit jedem Satz gerungen und ihn x-mal umgestellt, aber jetzt flossen die Worte wie von selbst aufs Papier. Andy bemerkte einführend, der Verleger habe den Orden für sein grandioses Lebenswerk erhalten, der Rest der Story befaßte sich mit der Aktion für die Behinderten und dem großen Einsatz der Redaktion.

Schaaf las den Text schmunzelnd und schlug vor: »Können wir ›grandioses Lebenswerk‹ durch ›umfangreiches Lebenswerk‹ ersetzen?«

»Ich hätte einen weitergehenden Antrag: Sagen wir einfach ›Lebenswerk‹.«

»Noch besser!« Schaaf strich das Wort.

»Ich habe ›grandios‹ nur geschrieben, damit Sie was zum Streichen haben. Ich möchte doch nicht, daß Sie sich überflüssig vorkommen.«

»Raus mit Ihnen!» schimpfte Schaaf und lachte.

Der geheimnisvolle Informant war pünktlich und zog sich mit Andy an einen Tisch in der Ecke des Lokales zurück.

»Also, was haben Sie anzubieten?« fragte Andy ohne Vorrede.

»Sie arbeiten an einer Story über unerlaubte Einleitungen von Chemieabwässern?«

»So weit waren wir schon einmal. Sie wissen offenbar etwas darüber, wer sind Sie?«

»Das tut nichts zur Sache, jedenfalls weiß ich etwas.«

»Also mal mit Logik«, schlug Andy vor. »Wenn Sie vom Umweltministerium wären, hätten Sie andere Wege, an die Öffentlichkeit zu gehen. Es sei denn, im Ministerium ist etwas faul und soll vertuscht werden. Das nehme ich mal nicht an, obwohl ich es nicht für ausgeschlossen halte. Zweitens könnten Sie von einer Umweltschutzorganisation sein, aber dann hätten Sie keinen Grund für diese Geheimniskrämerei. Drittens könnten Sie von der Firma sein, die den Dreck macht. Das würde erklären, woher Sie Informationen haben. Sicherlich sind Sie dann aber nicht von der Geschäftsleitung.«

»Das hätte tatsächlich Logik, aber ich möchte es nicht beantworten.«

»Wenn Sie mit Ihren Informationen Geld verdienen wollen«, fuhr Andy fort, »können wir uns gleich wieder verabschieden. Wir sind keine Illustrierte, die mit dem Scheckbuch einkauft, wir müssen uns auf altväterliche Weise mit

Stoff versorgen. Ich kann Ihnen höchstens heute abend das Bier bezahlen.«

»Sie sind auf dem falschen Dampfer«, sagte der Mann. »Ich habe Kenntnis von einigen Vorgängen, die ich verurteile, und will, daß sie ans Licht kommen. Das ist alles.«

»Idealist?« fragte Andy.

»Wissen Sie was«, entgegnete der Mann gereizt, »wenn Sie mich nicht ernst nehmen, kann ich mich auch an Ihre Konkurrenz wenden.«

»Nicht doch!« lenkte Andy ein. »Also, was wissen Sie nun wirklich?«

»Ich weiß, welche Stoffe in welcher Menge wann und wo eingeleitet werden. Darüber hinaus weiß ich, auf welchem Wege die Firma rechtzeitig vorher Kenntnis erhält, wann und wo behördliche Kontrollen stattfinden werden.«

»Das klingt gut. Und diese Informationen würden Sie mir geben?«

»Wenn absolut gewährleistet ist, daß ich als Quelle unerkannt bleibe.«

»Und wo haben Sie die Informationen?«

Der Mann tippte sich an die Stirn. »Hier. Schriftliches gibt es nicht.«

»Und wer garantiert mir die Echtheit der Informationen?«

»Ich. Und Sie garantieren mir, daß ich anonym bleibe. Vertrauen gegen Vertrauen. Überlegen Sie sich's, ich rufe wieder an.«

Der Mann legte das Geld für sein Bier auf den Tisch und verabschiedete sich.

Rainer Wilke war noch nicht da, wahrscheinlich noch mit seinem Taxi unterwegs, und Andy bedauerte das. Mit ihm hätte er gern gesprochen über die letzten Tage und die nächsten Wochen. Rainer konnte zuhören und das Richtige sagen, wenn er zugehört hatte. Über sich selbst redete er wenig, und Andy wußte nicht mal, ob Rainer derzeit eine

Freundin hatte oder nicht. Eigentlich wußte er so gut wie nichts über ihn und empfand ihn dennoch als einen Freund.

Die anderen Freunde, auch die alten aus Schul- und Studentenzeiten, hatten sich rar gemacht. Andy führte das auf seinen Beruf zurück und die ungewöhnliche Arbeitszeit. Er kam eben immer als letzter, wenn die anderen schon gegessen hatten oder die Party schon auf dem Höhepunkt war. Anfangs hatte ihm das sogar gefallen, denn es gab ihm, wie er fand, eine gewisse Wichtigkeit. Aber Pia hatte es immer weniger gemocht, als letzte einzutreffen oder allein vorauszugehen. So waren mit den Jahren die Freundschaften eingeschlafen.

Andy setzte sich an die Theke, hinter der Hugo, der dicke, vollbärtige Wirt, wie am Fließband Pils zapfte und mit großer Gebärde die bereiften Aquavitflaschen aus dem Tiefkühlfach riß.

»Haste noch 'ne Suppe für mich?« fragte Andy.

»Nee, warme Küche ist nur noch bis elf.«

»Seit wann denn das?«

»Seit ich keine Leute mehr kriege. Wir haben Arbeitslosigkeit, verstehst du?«

»Nee, verstehe ich nicht.«

Hugo erklärte es ihm. »Mein Mirco, der Jugoslawe aus der Küche, hat bei mir genug verdient und was Eigenes aufgemacht. Und nun ist es aus: keine Leute, keine Leute!«

»Vielleicht zahlst du zu wenig«, vermutete Andy.

»Da frag mal den Mirco! Es will keiner, mein Lieber, es will keiner. Da schreib mal was drüber.«

Andy hatte schon öfter so etwas gehört, alles Einzelfälle, aber sie schienen sich zu häufen.

Hugo zapfte wieder beidhändig. »Wenn du mir einen Suppenkoch beibringst, hast du einen Monat Freibier.«

Rainer kam, und Andy setzte sich zu ihm.

»Schieß los!« sagte Rainer.

Andy erzählte von dem Zerwürfnis mit Pia, von seinem Auftritt bei der Trauerfeier, von dem Abend im Haus seiner Eltern.

»Was würdest du sagen«, fragte er, »wenn du eine halbe Tiefbaufirma und ein halbes Haus und einen halben Mercedes erben sollst, aber das alles nicht haben willst?«

»Dann würde ich mich erst mal auf meinen Geisteszustand hin untersuchen lassen.«

Andy erklärte die Vorgeschichte, und Rainer gab zu, daß die Entscheidung nicht einfach war. »Wenn du ein Ziel hättest, würde ich dir, trotz aller Einwände, zu der Erbschaft raten. Wenn dich das Geld frei machen würde, etwas mit dir anzufangen, würde ich dich beschwören, es anzunehmen. Aber du würdest ja kein anderer Mensch, nur wohlhabend. Also laß es lieber.«

»Wenn es dir in den Schoß fiele, würdest du es nehmen?«

»Ja. Ich würde davon leben und nur noch schreiben. Aber du würdest nur davon leben.«

»Ich habe eben nicht deinen Unsterblichkeitsfimmel. Ich muß dich noch was anderes fragen: Was würdest du sagen, wenn du plötzlich entdecktest, daß dein Vater homosexuell war?«

»War es deiner?«

»Ich habe neuerdings Grund zu der Annahme.«

»Und was war er sonst?« fragte Rainer.

»Das weiß ich nicht.«

»Dann erkundige dich! Du bist doch Journalist, du kannst doch recherchieren. Du wirst dich doch nicht mit dieser einen Auskunft zufriedengeben.«

14

Am Samstagmorgen rief Onkel Ben an und beklagte sich, daß Andy weder bei ihm hereingeschaut noch von sich hatte hören lassen. »Wir müssen uns über die Erbschaft unterhalten.«

»Das haben wir doch«, erwiderte Andy.

»Das haben wir nicht«, widersprach Onkel Ben. »Du hast nur deinen Starrsinn zur Schau getragen, aber was nun werden soll, haben wir nicht geklärt.«

»Warum willst du mir bloß mit Gewalt diese Erbschaft aufs Auge drücken? Was treibt dich um?«

Onkel Ben wurde streng. »Ich habe, auch wenn dir das Wort zu groß erscheinen mag, ein Vermächtnis zu erfüllen. Und daran halte ich mich. Ich finde es ja bemerkenswert, daß du dich trotz deiner Jahre noch so vehement auflehnst, aber vielleicht solltest du dir dafür geeignetere Felder suchen, zum Beispiel deinen Beruf.«

»Das könnte genauso gut von Pia stammen. Hast du übrigens eine Ahnung, wo sie ist?«

»Soviel ich weiß, ist sie noch hier. Aber laß uns nicht vom Thema abkommen. Ich sehe ein, daß du die Firma nicht leiten willst. Wahrscheinlich könntest du es auch nicht. Also laß uns alles verkaufen und durch zwei teilen. Kannst du dich nicht wenigstens dazu entscheiden?«

»Verkaufen kannst du in jedem Fall«, sagte Andy.

»Dann gib mir das bitte schriftlich, und zwar umgehend.«

Andy wollte sich bereits verabschieden, als ihm noch etwas einfiel. »Was weißt du eigentlich über Horst Meyer?«

Onkel Ben antwortete nicht.

»Du weißt, wen ich meine?« fragte Andy.

»Ja, natürlich.«

Andy berichtete über das Schriftstück, das er gefunden hatte, und Onkel Ben gab zu, von der Sache zu wissen, ohne freilich Einzelheiten zu kennen.

»Gibt es noch irgendwelche Verwandte, die ich fragen könnte?«

»Ich versuche mich zu erinnern«, antwortete Onkel Ben. »Ich glaube, deine Mutter hat mal von einem Schwager gesprochen, einem Bruder deines Vaters. Ja, ich erinnere mich. Dieser Mann lebte damals in der Ostzone, ich glaube in Leipzig. Er war Kommunist, was Werner Wohlgemuth sehr empörte.«

»Mein Gott«, stöhnte Andy, »wie soll ich in Leipzig einen Kommunisten namens Meyer auftreiben? Falls er überhaupt noch am Leben ist.«

»Er hieß nicht Meyer, fällt mir ein. Er hatte im Dritten Reich einen anderen Namen angenommen und ihn später beibehalten. Er hieß, warte mal ... Er hatte sich so einen polnischen Namen zugelegt.«

»Schimanski?« frage Andy. »Zielinski, Sawitzki, Burdenski?«

»Nein, er hieß Kowalski. Walter Kowalski.«

Andy verabschiedete sich schnell.

Er hatte eine Spur und nahm sofort die Recherche auf. Erster und einfachster Schritt: die Telefonauskunft. Er wurde zum »Sonderplatz« verbunden: Leipzig, Kowalski, Walter? Die Dame hatte einen »Kowalski, W.« und fragte nach der Anschrift.

»Keine Ahnung, geben Sie mir mal die Nummer, ich probier's einfach.»

Die Dame gab ihm auch die Vorwahl 003741, und Andy probierte. Die ersten fünfzehn Mal ertönte bereits nach der Vorwahl das Besetztzeichen, die nächsten zwanzig Mal kam es erst nach der dritten oder vierten Ziffer der Rufnummer. Dann meldete sich eine Tonbandstimme vom Fernamt Dresden und teilte mit, es gebe keinen Anschluß unter dieser Nummer. Verdammter Mist, dachte Andy. Vor Jahren hatte er mal im Fernamt Frankfurt eine Story gemacht über die vielen neuen Leitungen, die aufgrund deutsch-deutscher Vereinbarungen in die DDR geschaltet worden waren. »Großer Fortschritt für das kleine Miteinander«, so hatte er die Geschichte überschrieben, um gegen die Miesmacher anzugehen, die erst von Fortschritten sprechen wollten, wenn die Mauer abgerissen wurde. Er hatte nie mit der DDR zu telefonieren versucht, weil er dort niemanden kannte. Er hatte nur mal gehört, daß man sich die Finger wund wählen müsse, und hatte das für Miesmacherei gehalten.

Andy wählte weiter die Nummer von Kowalski, W., und machte eine neue Erfahrung: Der Ruf ging hin, aber die Leitung blieb stumm. Wenn das immer so ist, dachte er, müßte man mal wieder eine Story über diesen Fortschritt machen.

Endlich, nach über einer halben Stunde, war er durch.

»Ja, bitte?« fragte eine männliche Stimme.

»Guten Morgen, hier ist Wohlgemuth. Ich suche einen Herrn Walter Kowalski, bin ich da richtig?«

»Nee, hier ist Willi Kowalski.«

»Kennen Sie vielleicht einen Walter Kowalski?«

»Mein Großvater hieß so, aber der ist lange tot. Wer sind sie denn?«

»Ein Verwandter.«

»Von mir?«

«Nein, von diesem Walter Kowalski. Entschuldigen Sie bitte die Störung!«

Na ja, dachte Andy, wenigstens habe ich mal mit Leipzig telefoniert.

Am frühen Nachmittag rief wie aus heiterem Himmel Veronika an. »Entschuldigen Sie bitte die Störung, aber ich soll nächste Woche meine erste richtige Story machen, und da wollte ich Sie fragen, wie ich das am besten anpacke.«

»Am besten genauso, wie Sie's auf der Uni gelernt haben.«

»Quatsch! Können Sie mir nicht 'n paar Tips geben?«

»Gut, mache ich«, versprach Andy, »heute abend nach der Sportschau bei einem Glas Bier.«

Er beschrieb ihr, wo seine Stammkneipe war.

»Und wann ist die Sportschau zu Ende?« fragte Veronika.

»Was denn, Sie wollen Journalistin werden und kennen nicht die einzige wirklich interessante Sendung des Fernsehens? Wir treffen uns Viertel nach sieben.«

Bei der Sportschau war Andy unkonzentriert und bekam eigentlich nur richtig mit, daß die Eintracht wieder einmal verloren hatte. Zum hundertstenmal schwor er dem Verein ab. Als die Zweitliga-Berichte kamen, schaltete er aus und ging sich rasieren. Er rasierte sich sonst nie zweimal am Tag, und als ihm das auffiel, mußte er schmunzeln. Er probierte drei Krawatten, entschied sich dann für ein Halstuch und ging am Ende mit offenem Hemdkragen. Kurz nach sieben saß er in seiner Stammkneipe an einem Platz, von dem aus die Tür gut zu sehen war.

Halb acht schwebte Veronika ein, von dunkelbrauner Mähne und geblümter Seide umwallt. Viele Augen verfolgten sie, und Andy war stolz, daß sie auf ihn zuschwebte. Sie begrüßte ihn mit einem kollegialen Wangenkuß.

»Schönen Dank, daß Sie sich für mich Zeit nehmen.«

»Schönen Dank«, erwiderte Andy, »daß Sie keinen anderen darum gebeten haben.«

Er bestellte ihr ein Glas Wein und fragte, was für eine Story sie zu machen habe.

»Über Frauenhäuser. Wozu es sie gibt und was die Frauen dazu bringt, dort Zuflucht zu suchen.«

»Über dieses Thema habe ich mir noch nicht viele Gedanken gemacht«, gestand Andy.

»Das macht nichts. Was ich davon zu halten habe, weiß ich auch selbst. Ich will nur wissen, wie ich die Story am besten anpacke.«

»Ganz allgemein«, dozierte Andy, »ist es immer am besten, Probleme an einzelnen Personen festzumachen. Der Einstieg muß die Leser anmachen. Fangen Sie also niemals so an: ›Das Frauenhaus in der Sowiesostraße wurde vor fünf Jahren gegründet.‹ Oder: ›Das Frauenhaus liegt im Hinterhof eines Bierlokals.‹ Da lesen manche schon nicht weiter. Schreiben Sie zum Beispiel: ›Emma S. kam vor zwei Wochen ins Frauenhaus, nachdem ihr Mann sie im Suff grün und blau geschlagen hatte.‹ Und dann gleich weiter: ›Wieso hat sie nicht zurückgeschlagen? Warum hat sie nicht den Schnaps versteckt?‹ Der Einzelfall muß erst mal plastisch werden, verstehen Sie? Dann können die Leser sich sagen: Recht hat sie, daß sie das alte Ekel hat sitzenlassen! Oder aber: Was stellt die sich so an, ich werde auch immer verprügelt.«

»Sie nehmen das Thema nicht sehr ernst, wie?« fragte Veronika.

»Ich versuche, Ihnen das Handwerk beizubringen. Sie können eine glühende Überzeugung haben, aber die hilft Ihnen nichts, wenn Sie die Story Ihrem Publikum nicht verkaufen können. Eine wirkungsvolle Schlagzeile und ein anrührender Einstieg sind die halbe Miete. Erst danach können Sie auf Ihr Anliegen kommen. Haben Sie das verstanden?«

Veronika sah ihn spöttisch an. »Natürlich, bei Ihnen lerne ich in fünf Minuten mehr als in einem ganzen Semester. Was halten Sie übrigens von Frauenhäusern?«

»Keine Ahnung, ich darf ja nicht rein.«

»Also, dann ganz allgemein: Was halten Sie von Emanzipation?«

»Eine Menge«, sagte Andy. »Wir müssen uns alle emanzipieren, die Frauen müssen es, und die Männer müssen es, aber nicht gegeneinander, sondern miteinander.«

»Man merkt richtig, daß Sie keine Ahnung haben«, meinte Veronika mitleidsvoll.

»Glauben Sie? Haben Sie mal die Kollegen in der Redaktion beobachtet? Meinen Sie, die saufen nur so viel, weil es zum Berufsbild des Journalisten gehört? Die sind ausgelutscht von der Routine. Die wollen weiterkommen und rennen ständig gegen Mauern. Und zu Hause müssen sie sich dafür rechtfertigen.«

»Müssen Sie das auch?« fragte Veronika ganz direkt.

»Ja«, antwortete Andy ganz direkt.

Veronika sah in ihr Weinglas und fischte mit dem kleinen Finger nach einem Stückchen Korken.

»Was machen wir nun?« fragte Andy.

»Ich habe an sich noch eine Verabredung, aber die ist nicht so wichtig.«

»Man soll nie einen Mann einfach sitzenlassen.«

»Es ist kein Mann.«

»Dann mache ich einen Vorschlag«, sagte Andy. »Ich weiß ein Lokal, wo man an so einem warmen Abend schön im Freien sitzen kann, und in der Spätvorstellung läuft einer meiner Lieblingsfilme, ›Alexis Sorbas‹. Kennen Sie ihn?«

»Nein, aber ich mache alles mit.«

Sie saßen im »Gemalten Haus« in Sachsenhausen auf Holzbänken mit fremden Leuten zusammen, tranken Apfelwein und redeten quer über den Tisch: das schöne Wetter seit Tagen, die Niederlage der Eintracht, die ewigen Wiederholungen im Fernsehen. Zwischendurch einigten sich Veronika und Andy leise und ohne Formalitäten auf ein kollegiales Du. Als sich ein Nachbar zu Andy beugte und flüsterte: »Sie haben aber eine ganz bezaubernde Frau«, da war Andy stolz.

»Alexis Sorbas«: Hatte es je auf der Leinwand eine köstlichere, strotzendere Figur gegeben als Anthony Quinn in der Rolle des lebensvollen kretischen Urviechs? Andy hatte den Film mindestens zwölfmal gesehen. Vor Jahren war er mit Pia auf Kreta gewesen und hatte, Sorbas zu Ehren, auch das Bergdorf besucht, in dem Cacoyannis den Film gedreht hatte. Die Erinnerung an Kreta machte ihn sehnsüchtig. Manchmal träumte er davon, dort ein weißgekalktes Haus zu haben und mit den Männern des Dorfes in der Mittagshitze beim Kaffee zu schweigen und abends mit ihnen zu trinken und Frankfurt als ferne Erinnerung zu belächeln.

Andy hatte in jenem Dorf einen Mann aus New York getroffen, der es wahrgemacht hatte, der eine bescheidene Erbschaft als Chance genommen hatte, ein zweites und letztes Leben in den Bergen von Kreta zu wagen.

»You only live twice«, hatte er gesagt: Du lebst nur zweimal, einmal vor und einmal nach der Entscheidung.

Aber die Entscheidung! dachte Andy.

Veronika fand den Film ganz toll und wollte unbedingt mal nach Kreta.

»Ich will nicht mehr hin«, sagte Andy.

»Warum nicht?«

»Weil es beim erstenmal zu schön war und das zweitemal alles zerstören würde. Das ist mit allem so.«

»Auch mit der Liebe?« fragte sie.

»Oh, verdammt, du stellst immer die richtigen falschen Fragen.«

»Dann gib mir auch die richtige falsche Antwort!«

Andy dachte nach.

»Mit der Liebe ist es nach meiner Erfahrung so«, sagte er dann, »daß sie einen zu Anfang häufig und heftig heimsucht. Jedesmal glaubt man, es sei endgültig und für immer, und jedesmal endet es mit dem dramatischen Entschluß, dieser schmerzvollen Erfahrung künftig ganz zu entsagen.«

»Das kenne ich«, sagte Veronika. »Und wie geht es weiter?«

»Beim soundsovielten Mal bleibst du hängen. Endlich, denkst du. Endlich hast du deine Ruhe. Du mußt dich ja auch mal um was anderes kümmern, um deinen Beruf zum Beispiel. Du kannst ja nicht zeitlebens dein Gemüt von wechselnden Damen zerwühlen lassen. Du brauchst an dieser Front Frieden, um an anderen Fronten antreten zu können. Aber nach einer Reihe von Jahren ist plötzlich Frieden an *allen* Fronten. Oder wenigstens Waffenstillstand.«

Veronika und Andy standen immer noch vor dem Kino.

»Man müßte sich mal wieder verlieben dürfen«, sagte Andy, »das ist doch ein Menschenrecht, oder nicht?«

»Nein, das hast du mit deinem Ja vor dem Standesamt verwirkt.«

»Menschenrechte kann man nicht verwirken.«

»Bring mich nach Hause«, bat Veronika.

Vor der Tür gab sie ihm einen Kuß.

15

Als Andy eine Viertelstunde später beschwingt die Treppe zu seiner Wohnung hinaufstieg und die Tür öffnete, sah er Licht und hörte er Musik. Er wäre gern auf dem Absatz umgekehrt und zu Veronika gefahren, aber Pia hatte ihn schon gehört und kam ihm entgegen. »Hallo, wo warst du denn?«

»Ich habe mir erlaubt, ins Kino zu gehen.«

»Nicht so mürrisch! Ich hab doch nur gefragt. Ich warte schließlich seit fünf Stunden auf dich.«

»Ich warte seit Tagen«, gab Andy unleidlich zurück.

Pia lächelte ihn an und gab ihm einen Kuß, den er nicht erwiderte. Er wollte jetzt keine Zärtlichkeit von seiner Frau. Er ärgerte sich, daß er vorhin nicht wenigstens versucht hatte, die Nacht über mit Veronika zusammenzubleiben. Dann wäre er morgen irgendwann nach Hause gekommen und hätte auf Befragen gesagt: »Was soll schon sein? Weiß ich denn, wo du warst?« Statt dessen war er, noch von dem Abend verzaubert, zurückgekehrt und von Pias Anwesenheit überrascht worden wie ein Boxer, den man auf dem falschen Bein erwischt hatte. Er mußte seine freudige Stimmung schnell verstecken und flüchtete in Abwehr. Er wollte keine Berührung mit Pia, wollte sie von sich halten, zurückstoßen.

»Du hättest dich mal melden können«, sagte er vorwurfsvoll.

»Ich hab's versucht und später vergessen. Ich dachte auch, du wolltest mal unbehelligt sein.«

Das ist wahr, dachte Andy, endlich mal ohne Aufsicht. Nach Jahren endlich mal wieder sein eigener Herr. Ein paar Tage ohne diese Koalition der Kompromisse. Aber mußte man dazu erst Streit haben und Trennung herausfordern?

Meine Frau, mein Mann: diese besitzanzeigenden Fürwörter! Vor dem Ja-Wort sagte man: mein Schätzchen, mein Mäuschen, mein Engelchen. Das hieß: Ich will dich haben. Meine Frau, mein Mann, das hieß: Du weißt doch hoffentlich, wohin du gehörst!

Pia blieb freundlich, und Andy, in seiner Abwehr, witterte eine Absicht. Er ließ sich ins Wohnzimmer nötigen, wo ein Weinglas für ihn bereitstand. Pia drehte die Schallplatte um, eine Mendelssohn-Sinfonie, es war wie manchmal früher, die letzten Tage schien es nicht gegeben zu haben.

»Onkel Ben läßt fragen«, sagte Pia ganz beiläufig, »ob du die Einwilligung zu dem Verkauf abgeschickt hast.«

»Nein, das mache ich morgen.«

Sie sah ihn listig herausfordernd an. »Onkel Ben und ich haben beschlossen, daß er verkauft und die Hälfte an dich überweist. Du wirst gar nicht mehr gefragt.«

»Ich möchte das Thema nicht mehr diskutieren«, antwortete Andy grob.

Pia setzte sich auf seinen Schoß, schlang die Arme um seinen Nacken und sah ihn aus großen Augen an. »Eben, mein Schatz. Und deswegen haben wir das ja auch so beschlossen.« Sie gab ihm einen Kuß auf die Nasenspitze.

»Du bist ja besoffen«, sagte Andy barsch.

»Jawohl, das stimmt. Ich habe auf die Erbschaft getrunken.«

Andy stand, trotz Pia auf seinem Schoß, einfach auf, so daß sie zwischen Sofa und Tisch auf den Teppich fiel. »Laß mich endlich damit in Ruhe!« schrie er sie an. »Ich will das nicht, ich habe mich entschieden, ich laß mich von dir nicht überfahren. Wenn du unbedingt eine Villa brauchst, dann strick dir eine! Aber laß mich bei meinen Grundsätzen bleiben!«

Er setzte sich wieder, und Pia, anstatt beleidigt zu sein, krabbelte erneut auf seinen Schoß und umarmte ihn. »Du lernst das schon noch, mein Schatz.«

Andy wollte weg von dem Thema und weg von den Zärtlichkeiten. »Weißt du, was ich in den Unterlagen meiner Mutter entdeckt habe?«

»Nein, was Interessantes?«

»Ja. Außer einem Brief von dir ein Schriftstück, aus dem hervorgeht, daß mein Vater Horst Meyer homosexuell war.«

»Aha!«

»Was heißt aha?«

»Nichts. Einfach aha!«

»Es interessiert dich also nicht?!« fragte Andy.

»Nein, es ist ja nicht erblich.«

Dieser Gesichtspunkt war Andy noch gar nicht in den Sinn gekommen. Er konnte jetzt auch nicht darüber nachdenken, weil ihn seine Frau zärtlich-nachdrücklich in die Pflicht nahm. Eigentlich will ich nicht, dachte Andy, obwohl sie sich verdammt gut anfühlt. Schade, daß sie nicht Veronika ist.

16

Ein grauer Morgen mit dienstlicher Routine. Der Oberbürgermeister sollte um 15 Uhr einem alten Herrn, der sich nach dem Krieg um den Wiederaufbau Frankfurts verdient gemacht hatte, zum 90. Geburtstag gratulieren. Einspaltiger Bericht mit Foto. Man merkte, daß es nur noch ein Jahr bis zur Kommunalwahl war, denn Termine dieser Art häuften sich.

Bis nachmittags blieb Andy Zeit, in Sachen Horst Meyer zu recherchieren. Dafür benutzte er ungeniert sein Diensttelefon, denn wenn der Chefredakteur abends im Dienstwagen in die Oper fuhr ...

Andy rief alle Institutionen an, die ihm möglicherweise etwas über Horst Meyer sagen konnten. Glücklicherweise war Horst Meyer Beamter gewesen, und überall gab es Beamte, die etwas archivierten, besonders gern jedoch etwas über Beamte.

Solche Recherchen waren für Andy berufliche Routine. So etwas mußte er, wenn auch nicht in eigener Sache, täglich tun. Anfangs, als junger Volontär, hatte er Hemmungen vor der eigenen Neugier gehabt und sich selbst als lästig empfunden. Aber schnell hatte er begriffen, daß diese

Scheu ganz überflüssig war. Ein Sachbearbeiter, von einer Zeitung um Auskunft gebeten, war mit einem Schlag so wichtig, daß er alles verriet, was er nur wußte. Diese Bereitwilligkeit hatte etwas Frappierendes, vor allem da der Auskunftsfreudige am Telefon nicht mal überprüfen konnte, ob er wirklich von einer Zeitung angerufen wurde.

Bis zum frühen Nachmittag hatte Andy herausbekommen, daß Horst Meyer ab 1930 Beamter im Preußischen Kultusministerium gewesen war. Näheres war nicht festzustellen, nur daß er – bei normalem Verlauf – 1971 pensioniert worden wäre. Er war aber 1935 aus dem preußischen Staatsdienst ausgetreten und freiwillig zur Wehrmacht gegangen.

Ein entgegenkommender Sachbearbeiter im Freiburger Militärhistorischen Archiv half Andy weiter und nannte ihm Horst Meyers Stationen im Krieg: Polen, Frankreich, Ukraine, wiederum Frankreich, 1944 Beförderung zum Oberleutnant.

»Merkwürdig spät«, fand der Sachbearbeiter, »bei Fronteinheiten ging das meistens viel schneller, schon wegen der zahlreichen Ausfälle.«

»Was hat das zu sagen?« fragte Andy.

»Das müßte man im Einzelfall untersuchen. Manchmal lag es an Zufällen, manchmal an persönlicher Unzulänglichkeit, manchmal an politischen Gründen.«

Andy war nicht zufrieden mit dem Gerüst biografischer Daten, das er zusammentelefoniert hatte. Ihm fehlten Menschen, die Horst Meyer gekannt hatten. Ihm fehlte vor allem Walter Kowalski. Wie fand man diesen Mann in einer Stadt, die ungefähr so groß war wie Frankfurt am Main?

Andy besuchte in der Wirtschaftsredaktion Frank Weicher, der seit langem zweimal im Jahr zur Berichterstattung auf die Leipziger Messe fuhr. Er schilderte ihm den Fall und sein Problem.

»Du mußt einfach hin und suchen«, meinte Frank. »Im Telefonbuch steht er nicht, ein Adreßbuch wie bei uns gibt es nicht, die Behörden helfen dir nicht – also mußt du einfach hin und suchen.«

Andy ließ sich beraten. Zur Leipziger Messe, die in drei Wochen begann, konnte man ohne große Formalitäten einreisen. Man kaufte am Grenzübergang einen Messeausweis, bekam daraufhin ein Visum und bei der Ankunft in Leipzig eine Aufenthaltsgenehmigung. Ein Hotelzimmer war so kurzfristig nicht mehr zu buchen, aber die Zimmervermittlung hatte immer noch Privatquartiere an der Hand. Andy bedankte sich für die Auskünfte und beschloß eine Reise zur Leipziger Messe.

Der Neunzigjährige, dem der OB um 15 Uhr gratulierte, machte auf Andy einen ausgesprochen vitalen Eindruck.

»Warum überreicht man neuerdings eigentlich Blumen in Zellophan?« fragte der alte Mann, und der Referent des OB fingerte eilfertig den Rosenstrauß aus der durchsichtigen Umhüllung.

Der OB war nicht gut vorbereitet auf diesen kurzen Termin und fragte den Jubilar, der Herr Gutjahr hieß, etwas Banales: »Wie gefällt Ihnen denn unsere Stadt Frankfurt heute?«

»Ganz gut«, erwiderte Herr Gutjahr, und der OB nickte befriedigt. »Allerdings«, fuhr Herr Gutjahr fort, »würde ich, wenn ich etwas zu sagen hätte, vieles von dem abreißen, was in Ihrer Amtszeit gebaut wurde.«

Der OB war kurz sprachlos, so daß Andy fragen konnte: »Zum Beispiel?»

Aber der OB fuhr schon dazwischen. »Na ja, so eine Stadt ist ein lebender Organismus. Der wächst und zeitigt auch manchmal Ausformungen, die spätere Generationen als unglücklich empfinden.«

»Ich bin aber nicht spätere Generation«, verbesserte Herr Gutjahr, »sondern frühere. Und ich würde auch nicht späteren Generationen den Schwarzen Peter zuschieben, sondern sofort abreißen.«

Der OB schien irritiert und reagierte rasch auf einen Wink seines Referenten, der auf die Uhr zeigte.

»Es hat mich gefreut«, sagte der OB, »einen so engagierten Frankfurter kennenzulernen. Ich wünsche Ihnen noch viele schöne Jahre in unserer Stadt.«

Als der Troß abgezogen war, lächelte Herr Gutjahr verschmitzt.

»Dem war nicht wohl in seiner Haut, haben Sie's gemerkt?«

Herr Gutjahr war nicht sehr groß, dabei schlank und kaum vom Alter gebeugt. Er hatte volles, kurzgeschnittenes Haar und ausgesprochen listige Augen in einem Gesicht voller winziger Falten. Er trug einen offenbar maßgeschneiderten Flanellanzug mit Weste und machte nicht den Eindruck, als habe er sich eigens für den OB anders gekleidet als alle Tage.

Herr Gutjahr begutachtete das Etikett des Weins, der ihm überreicht worden war. »Nicht billig, aber leider zu süß.«

Er bat seine Haushälterin, die sich wie ein Schatten im Hintergrund bewegte, eine Flasche vom trockenen Hauswein aus der Speisekammer zu holen und zu entkorken. Aus dem Mahagoni-Kästchen auf seinem Schreibtisch nahm er eine lange, schlanke Brasil und bot Andy ebenfalls eine an.

»So, Sie sind Reporter«, sagte er, als die Brasil brannte, »jetzt müssen Sie mich fragen, wie man in geistiger Frische neunzig Jahre alt wird. Das hatten Sie doch vor, oder?«

»Ja.«

»Darf ich antworten? Ich trinke, wie Sie sehen, nie einen Tropfen Alkohol und rühre keinen Tabak an.«

»Aha.«

»Und wichtig ist noch eines: nicht ans Alter denken! Du mußt dein Leben so planen, als würdest du hundertzehn. Aber du mußt es immer so genießen, als müßtest du morgen sterben. Verstehen Sie das, Sie Reporter?«

»Ich notiere«, sagte Andy. Dann fragte er, welchen Beitrag Herr Gutjahr zum Wiederaufbau Frankfurts geleistet habe.

»Oje, ich habe nach dem Krieg vieles gebaut, und von manchem kann ich nur hoffen, daß es eines Tages wieder umfällt. Aber damals mußte es schnell gehen und durfte nichts kosten. Die Menschen brauchten wieder ein Dach über dem Kopf und einen trockenen Platz zum Arbeiten. Architektur bestand damals eigentlich vor allem aus der Lösung der Frage, wie dünn die Wände gerade noch sein durften. Architektur! Wir hatten alle Ideen, wir hatten ja mal was gelernt. Aber dann reduzierte sich Architektur auf die Entscheidung, ob man auf dem vorgegebenen Grundstück den Schuhkarton senkrecht oder waagerecht stellte. Heute müßte man Architekt sein! Mein Sohn baut in Atlanta. Er baut so, wie ich mal wollte. Waren Sie schon mal in den USA?«

»Nein«, antwortete Andy, »ich hatte noch keine Gelegenheit.«

»Gelegenheiten hat man nicht«, belehrte ihn Herr Gutjahr, »die verschafft man sich. Gehen Sie hin! Man muß einmal dort gewesen sein.«

Andy wollte mit dem alten Herrn nicht über die USA diskutieren, zumal er dessen hohe Meinung über das Land nicht teilte. Er sagte nur: »Mir graust vor den ewigen Hamburgern.«

»Sehen Sie, das ist so ein dummes Vorurteil!« erregte sich Herr Gutjahr. »Erstens gibt es nicht nur Hamburger, und zweitens schlägt ein Hamburger jedes deutsche Jägerschnitzel mit Pommes frites. Das Problem ist einzig ein eßtechnisches, Hamburger sind zu dick, vor allem für jemanden mit den dritten Zähnen. Aber sonst: einwandfrei! Ich kenne die Leute mit diesen Vorurteilen. Ich habe eine Freundin, rein platonisch, sie schimpfte auf amerikanische Küche, ohne sie je kennengelernt zu haben. Sie schwor nämlich auf Reformhauskost. Zugegeben, das hat auch geholfen, sie sieht wie dreiundachtzig aus, obwohl sie schon fünfundachtzig ist. Ich habe sie zu ›Burger King‹ geschleppt, der meines Erachtens besser ist als ›McDonald‹, aber das ist Geschmackssache. Sie hat es probiert, und heute geht sie dreimal die Woche hin, was ich auch wieder übertrieben finde. Aber ich habe sie überzeugt, daß Hamburger immer noch etwas wie Eßkultur sind, während Reformhaus der Versuch ist, die Eßkulturen, die die Völker der Welt mühsam entwickelt haben, zu vernichten. Habe ich recht?«

Andy war hingerissen von dem temperamentvollen alten Herrn, der mit leuchtenden Augen sein Plädoyer für den Hamburger vorgebracht hatte. Der redaktionelle Routinetermin wurde zur fesselnden Plauderstunde.

Andy sprach von den Trattorias, die er in entlegenen Dörfern links und rechts der toskanischen Chianti-Straße entdeckt hatte, und von dort spann sich der kulinarische Faden über Turin, dessen Küche nach Herrn Gutjahrs Ansicht die beste in Italien war, über Marseille und Lyon nach Paris und weiter nach London, wo der Faden riß.

»In England können Sie nur bei Ausländern essen«, stellte Herr Gutjahr kategorisch fest, »alles andere ist Zufuhr von Nahrung, hat aber nichts mit Essen zu tun. Marmelade, Whisky und Pfeifentabak, das kennen sie auf der Insel. Aber die einheimische Küche ist nichts weiter als die Strafe des Herrn für den Hochmut der britischen Nation.«

Andy hätte gern den Rest des Tages mit Herrn Gutjahr verplaudert, aber er mußte zurück in die Redaktion und seine Story schreiben. Herr Gutjahr brachte ihn zur Tür.

Fünfzehn Zeilen! dachte Andy. Ein ganzes Buch würde dieser Mann hergeben. Welche uninteressanten Menschen wurden oft spaltenweise in der Zeitung beschrieben und endlos im Fernsehen befragt. Und hier: fünfzehn Zeilen! Wenigstens, dachte Andy, habe ich ihn dabei kennengelernt.

In der Redaktion herrschte Aufregung, denn Schaaf war am Schreibtisch zusammengebrochen und mit einem Rettungswagen ins Krankenhaus gebracht worden. Wieland Buske, sein Stellvertreter, war mitgefahren und kehrte gerade zurück.

»Es sieht nach Herzinfarkt aus. Er liegt auf der Intensivstation.«

»Ist seine Frau benachrichtigt?« fragte Klaus Huhnke.

»Seine Frau?« fragte Buske. »Die lebt doch schon lange getrennt von ihm. Aber eigentlich haben Sie recht. Ich werde versuchen, sie ausfindig zu machen.«

Andy hatte nicht gewußt, daß Schaaf allein lebte. Man wußte überhaupt wenig voneinander. Aber hätte zum Beispiel der Vorfall in New York nicht in einer Agenturmeldung gestanden, dann hätte ihn Andy vielleicht auch für sich behalten. Man machte zusammen seinen Job und ging einzeln seiner Wege.

Andy erinnerte sich, daß er vor kurzem noch gedacht hatte: Warum trifft Schaaf nicht endlich der Herzinfarkt? Er schämte sich jetzt für diesen Wunsch.

Veronika kam von ihrer Frauenhaus-Recherche zurück und war erschöpft von Eindrücken und Gesprächen. Sie wollte gleich nach Hause und früh schlafen.

Andy erzählte ihr von Schaaf, und sie sagte: »Der arme Kerl. Wirst du jetzt sein Nachfolger?«

»Du bist ganz schön kaltschnäuzig.«

»Ich bin ja auch schon eine Weile bei euch.«

Andy wäre gern zu Herrn Gutjahr zurückgekehrt und überlegte, ob er ihn einfach anrufen sollte. Aber er hatte Angst, lästig zu sein und vielleicht eine Feier mit Verwandten und Freunden zu stören.

Er ging in seine Stammkneipe, vermißte Rainer und traf nur Pit Reimann, den Krawallreporter, der irgendwoher schon wieder wußte, was vorgefallen war.

»Wird Buske jetzt Lokalchef?« frage Pit.

»Mensch, ihr tut ja alle, als wäre Schaaf schon beerdigt. Ich finde das geschmacklos.«

»Du?« fragte Pit. »Du hast doch auch sofort daran gedacht, ob du vielleicht Lokalchef wirst.«

Andy sah Pit angewidert an. »Eines Tages werde ich dich öffentlich ohrfeigen. Nicht um bei euch einen Aufmacher zu kriegen, sondern weil es mir Lust bereitet.«

17

Georg Schaaf lag seit Tagen auf der Intensivstation, und sein Stellvertreter Wieland Buske besuchte ihn jeden Vormittag. Er berichtete, Frau Schaaf sei viele Stunden täglich am Krankenbett, obwohl die Ärzte das in dieser Abteilung sehr ungern hätten. Es schien zweifelhaft, ob Schaaf, der immerhin fast sechzig war, nach Genesung und Rehabilitation noch einmal an seinen Schreibtisch zurückkehren würde.

Darüber wurde jedoch in der Redaktion nicht gesprochen, und auch die Nachfolgefrage war somit nicht Gegenstand von Erörterungen, sicher aber von Überlegungen der Betroffenen. Andy wollte sich gegen diese Gedanken sträuben, konnte sie aber nicht verdrängen. Er sagte sich, daß Buske nicht automatisch aufrücken müsse, zumal er in den Augen der Kollegen nach wie vor der »Neue« war, der sich bis jetzt nicht übermäßig hervorgetan hatte.

In dieser Situation, dachte Andy, müßte man auf sich aufmerksam machen. Jetzt eine große Story! Ein Knüller, der überall nachgedruckt und sogar im Fernsehen zitiert würde. Ob die Sache mit den Chemieabwässern so ein Knüller war? Der Informant hatte getan, als sei es eine ganz heiße Kiste, aber er hatte sich seither nicht wieder gemeldet.

Andy überlegte, ob man die Geschichte mit dem umstrittenen Autobahn-Teilstück mal wieder hochziehen sollte. Der Weiterbau lag zwar zur Zeit auf Eis, war aber nicht endgültig zu den Akten gelegt. Das heißt, der Staat hatte sich nicht den Protesten der Anwohner und Bürgerinitiativen gebeugt, er hatte nur zur Zeit kein Geld. Im Volk war keine große Stimmung mehr für noch mehr Straßen, denen noch mehr Bäume weichen müßten. Beifall war einem gewiß, wenn man schrieb, es gebe nun genug Beton rings um Frankfurt. Aber eine heiße Story war das nicht.

Veronika war fertig mit ihrer Geschichte über die Frauenhäuser. Sie hatte zehn Tage lang recherchiert und jeden Abend das Ergebnis mit zwei Fingern in die Maschine getippt. Der Text war viel zu lang geworden.

»So kann das jeder«, sagte Andy, als er das Manuskript gelesen hatte, »endlos rumrecherchieren und dann einen Roman schreiben.«

»Fünfzehn Zeilen über einen Neunzigjährigen sind auch einfacher«, widersprach sie aufsässig, »das sind sechs Jahre pro Zeile.«

»Wie auch immer. Jedenfalls wird dir der Chefredakteur für deine Auslassungen kaum eine ganze Seite zur Verfügung stellen.«

»Also gut«, sagte Veronika, »dann arbeite das bitte mit mir durch! Dafür wirst du schließlich bezahlt. Kommst du heute abend um acht zu mir? Du weißt ja, wo du mich schon mal abgesetzt hast. Sonnenfeld heißt meine Freundin, bei der ich wohne.«

Um halb acht rief Pia in der Redaktion an, was sie schon lange nicht mehr getan hatte.

»Wollen wir ein bißchen rausfahren, wenn du fertig bist?« fragte sie. »Es ist so schönes Wetter.«

»Wo sollen wir denn hinfahren?« fragte Andy unlustig zurück.

»Irgendwo ein Glas Wein trinken, wie früher.«

»Heute ist es ganz schlecht«, wehrte Andy ab, »ich habe noch an einer langen Story zu arbeiten.«

»Macht nichts, es kann ja später werden.«

»Also gut«, stöhnte Andy, »ich hole dich nachher zu Hause ab.«

»Ich freue mich«, betonte Pia.

Andy suchte und fand die Telefonnummer von Silvia Sonnenfeld, erreichte Veronika und sagte ihr ab.

»Häusliche Verpflichtungen?« fragte sie.

»Erraten. Schließlich bin ich noch verheiratet.«

»Sagtest du ›noch‹?«

»Ja, das sagte ich. Manchmal denke ich nämlich, ich bin's nicht mehr lange.«

»Warum nicht?« fragte Veronika.

»Oh, es ist ein Gezerre. Nicht, daß es unerträglich wäre, nein. Aber wenn ich überlege, daß ich dafür die Freiheit aufgegeben habe, mich einfach mal wieder zu verlieben wie früher ...«

»Kannst du doch«, sagte Veronika.

»Du hast gut reden. Du kannst deinem Freund sagen: Sorry, ich mag nicht mehr, die Verabredung morgen abend fällt aus. Aber ich?«

»Sich zu verlieben, ist ein Grundrecht«, erklärte Veronika, »das verwirkt man nicht durch eine Heirat. Verlieb du dich mal ruhig!«

Andy wollte sagten, ich bin's ja gerade. Aber er sagte etwas anderes: »Ich schaue mir dann morgen deinen Text genau an.«

»Wenn ich Zeit habe«, erwiderte sie.

Pia hatte sich nett zurechtgemacht mit Faltenrock und Seidenblüschen. Sie war reizend und sehr gesprächig. Auf der Fahrt in den Rheingau erzählte sie von den neuen Wollsorten, die sich gut verkauften, und von einer älteren Kundin, die ihren Pudel partout in rosa Angora einstrikken wollte. »Ich habe ihr gesagt, daß Angora bei Feuchtigkeit filzt, aber sie hat gesagt, bei Feuchtigkeit dürfe ihr Pudel sowieso nicht aus dem Haus.«

»Ich hasse Pudel«, sagte Andy, »und deswegen mag ich auch die Geschichte von dem amerikanischen Ehepaar, das seinen Pudel in Hongkong mit in ein Restaurant genommen hat. Die Amerikaner konnten kein Chinesisch und der Kellner kein Englisch. Also mußten die Amerikaner dem Kellner mit Gesten klarmachen, daß auch der Pudel was zu fressen kriegen sollte. Endlich schien der Kellner zu kapieren, jedenfalls nahm er den Pudel mit in die Küche.«

Pia lachte. »Den Rest kann ich mir schon denken.«

»Ja, ist klar, nicht? Obwohl es auch in Hongkong nicht üblich ist, daß man sich seinen Braten selbst ins Lokal mitbringt.«

»Wir wollten doch mal nach Hongkong fliegen. Oder gleich nach Rotchina, nach Peking und Schanghai.«

»Das kostet mindestens sechs Mille pro Nase«, meinte Andy.

»Vielleicht können wir uns das bald leisten.«

Andy sagte nichts dazu.

Sie fuhren nach Schloß Johannisberg, kamen bei untergehender Sonne an, bestellten eine Flasche trockenen Riesling und Bauernbrot mit Käse. Sie rechneten nach, daß sie fünf Jahre lang nicht mehr hier gewesen waren.

Pia erkundigte sich nach Schaaf und fragte, ob man sich schon Gedanken über seine Nachfolge mache.

»Offiziell noch nicht«, sagte Andy.

»Du bist doch hoffentlich die Nummer eins für den Posten?«

»Ich weiß nicht, ob das alle so sehen wie du.«

»Aber natürlich. Du bist am längsten da, viel länger als Buske. Und besser bist du auch. Das müssen sie doch sehen.«

Andy wollte diese Diskussion nicht und sah angestrengt in sein Weinglas. Aber Pia ließ nicht locker. »Du mußt natürlich etwas unternehmen. Du mußt zum Chefredakteur und zum Verleger. Du darfst nicht warten, bis alles gelaufen ist.«

Andy sah von seinem Glas auf. »Was denn! Während Schaaf im Krankenhaus an seinen Strippen hängt und damit buchstäblich am seidenen Faden, soll ich um seinen Posten feilschen? Das kann doch wohl nicht dein Ernst sein.«

»Weißt du denn, ob es Buske nicht längst tut? Hinter den Kulissen wird bestimmt schon nach Herzenslust gerangelt, und du schaust vor lauter Pietät tatenlos zu, wie dir mal wieder die Felle davonschwimmen.«

»Laß mich das mal ruhig machen, wie ich es für richtig halte.«

»Leider stellt sich hinterher meistens heraus, daß es falsch war.«

Andy nahm einen großen Schluck und versuchte sich zu beherrschen. »Ich möchte heute abend nicht diskutieren, sondern in Ruhe ein Fläschchen Wein trinken.«

»Man kann ja beides tun«, erwiderte Pia, und Andy dachte: Warum kannst du an einem solchen Punkt nicht mal begreifen und den Mund halten?

»Onkel Ben hat angerufen«, berichtete sie, »und gefragt, ob wir den Mercedes haben wollen. Ich habe gesagt, wir würden ihn gern nehmen, aber ich müsse erst noch dich fragen.«

»Ich will ihn nicht!« rief Andy ärgerlich.

»Das wird die übrigen Gäste hier nicht interessieren«, sagte Pia mit einem Seitenblick zu den anderen Tischen. »Wenn du ihn nicht willst, nehme ich ihn. Warum sollen wir den Wagen unter Wert verschleudern?«

Andy antwortete langsam und mit Nachdruck, wobei er jedes Wort mit einem nervösen Klopfen seiner rechten Hand unterstrich: »Diese Erbschaft ist meine Sache. Ich entscheide darüber.«

Pia antwortete: »Du vergißt dabei, daß wir verheiratet sind. Ein bißchen Freiheit gibt man damit immer auf.«

Andy sprach wieder beherrscht und mit Nachdruck. »Als wir geheiratet haben, hast du die Heirat nicht davon abhängig gemacht, daß ich eines Tages eine Erbschaft mache. Du hast sogar ganz im Gegenteil das Versprechen verlangt, daß ich in dieser und in anderen Angelegenheiten zu meinen Grundsätzen stehe.«

»Richtig! Aber ich bin reifer geworden, und du nur älter.«

»Ich werde heute nicht wieder mit einem Glas nach dir werfen, obwohl mit danach ist. Aber ich warne dich: noch ein bißchen mehr Druck, und irgend etwas explodiert.«

18

Jetzt stand morgens nicht mal mehr Tee auf dem Frühstückstisch.

Andy hatte auch keine Lust, sich selbst welchen zuzubereiten, ihm war alles lästig: das unaufhaltsame Zerwürfnis mit Pia, Onkel Bens Drängen in der Erbschaftsfrage, die unangenehmen Erwartungen in Sachen Horst Meyer, die ungeklärte Lage in der Lokalredaktion. Auch die Liebelei mit Veronika schien ihm plötzlich albern und aussichtslos.

Andy knabberte an einem Knäckebrot und hätte den beginnenden Tag am liebsten als Muster ohne Wert zurückgegeben.

Auf seinem Schreibtisch in der Redaktion lag ein dicker Brief vom Bundesarchiv in Aachen. Andy drehte ihn mehrfach um, ehe er ihn fast widerwillig öffnete. Es war das Kriegsgerichtsurteil gegen Horst Meyer, einschließlich Begründung zweiundzwanzig fotokopierte Seiten. Andy begann zu lesen.

Horst Meyer war zu acht Jahren Zuchthaus verurteilt worden. Das hieß, daß die Einlassungen des Dr. Fechner, die dieser in dem Brief an Andys Mutter erwähnt hatte, ohne Berücksichtigung geblieben waren. Die Urteilsbegründung gab in aller Ausführlichkeit die Aussagen der Zeugen Schell und Ohlmeier wieder. Sie gingen sehr in unappetitliche Details, so daß Andy mit wachsendem Widerwillen las. Horst Meyer hatte vor Gericht die gleichgeschlechtlichen Beziehungen zu seinen beiden Untergebenen eingestanden, jedoch energisch geleugnet, sie in seiner Eigenschaft als Vorgesetzter dazu genötigt zu haben.

Das Gericht hatte, wie es hieß, nach reiflichem Erwägen den beiden Zeugen Glauben geschenkt.

Andy suchte nach einem Hinweis, daß Horst Meyer auch wegen weltanschaulicher Unzuverlässigkeit zu verurteilen wäre, aber er fand keinen solchen Hinweis. Ein einziger Satz der Urteilsbegründung schien in dieser Richtung zu weisen, aber bei näherem Hinsehen war auch er nur eine belanglose Floskel: »Der Angeklagte hat mit seinem eines Offiziers unwürdigen Verhalten die Ehre der Großdeutschen Wehrmacht befleckt.«

Andy spürte Übelkeit im Magen und Niedergeschlagenheit im Kopf. Er ging in die Kantine, um sich einen Weinbrand zu holen. Klaus Huhnke teilte ihm eine Neuigkeit mit: »Buske ist kommissarischer Lokalchef geworden. Das hat der Chefredakteur vorhin entschieden.«

»Na klar«, sagte Andy, »Buske war ja schon bisher Schaafs Stellvertreter.«

»Das ist ja das Merkwürdige«, sagte Huhnke. »Man muß ja nicht eigens verkünden, daß der Stellvertreter den kranken Chef vertritt, oder? Denk mal drüber nach.«

An seinen Schreibtisch zurückgekehrt, dachte Andy darüber nach. Ein Stellvertreter hatte den Redaktionsleiter während dessen Abwesenheit zu vertreten, bei Urlaub, Krankheit, Dienstreisen. Dazu war er Stellvertreter. Schaaf war krank, Buske vertrat ihn, wie es die Geschäftsordnung vorsah. Weshalb also betonen, daß Buske die Lokalredaktion kommissarisch leite? War das eine Vorentscheidung für den Fall, daß Schaaf nicht zurückkehrte? War entschieden, daß Schaaf nicht zurückkehrte? Wenn ja, mußte dann nicht wenigstens diskutiert werden, wer als neuer Lokalchef in Frage kam? Die Redaktion war jedenfalls nicht eindeutig für Buske. Konnten Verleger und Chefredakteur einfach an dieser Tatsache vorbeigehen?

Natürlich können sie das, dachte Andy. Vor fünfzehn Jahren, erinnerte er sich, als ich hier neu war, haben wir nächtelang über Mitbestimmung diskutiert. Manchmal hatten wir sogar das Gefühl, den Verleger »weichgekocht«

zu haben. Aber in Wahrheit haben wir uns nur selbst besoffen geredet und nichts erreicht. Nach diesem gescheiterten Anlauf hat wieder jeder sein Süppchen gekocht, und Buske schien die besseren Rezepte zu haben.

Andy las ein weiteres Mal das Urteil des Kriegsgerichts. Was bedeutete es? Was bedeutete ein Kriegsgerichtsurteil wirklich? Krieg war Ausnahmezustand. Krieg im Dritten Reich war doppelter Ausnahmezustand. Und Justiz war schon zu normalen Zeiten alles andere als die letzte Instanz. »Letzte Instanz«, so nannten sich scherzhaft manche Kneipen in der Nähe von Gerichtsgebäuden, wo man sich nach gewonnenem oder verlorenem Prozeß betrank. Letzte Instanz war sicher nicht die Justiz, sondern allenfalls die Wahrheit, die die Richter trotz allen ehrlichen Bemühens nicht in allen Fällen herausfanden. Im Dritten Reich konnte man nicht einmal dieses Bemühen ohne weiteres unterstellen. Die ehrenwerten Herren in der schwarzen Robe hatten immer ein gutes Gespür für den Zeitgeist.

Was bedeutete dieses Urteil?

Zunächst einmal gar nichts, dachte Andy. Diese zweiundzwanzig Seiten, vollgetippt mit Juristendeutsch, ließen alle Möglichkeiten offen. Natürlich auch die Möglichkeit, daß stimmte, was dort stand. Aber auch die Möglichkeit, daß Horst Meyer »weltanschaulich unzuverlässig« gewesen war, aber keinen Anlaß gegeben hatte, ihm daraus einen Strick zu drehen. Vielleicht waren Schell und Ohlmeier unter Druck gesetzt worden, hatten mit ihrer Aussage nur den Kopf aus irgendeiner Schlinge gezogen.

Andy krallte sich an die Vorstellung, Horst Meyer sei in Wahrheit aus politischen Gründen verurteilt worden. Ich muß mehr herausbekommen, dachte er, ich muß diesen Walter Kowalski finden.

In zehn Tagen begann die Leipziger Messe.

Wieland Buske rief an und bat Andy zu sich.

»Sie wissen vielleicht schon, ich vertrete Schaaf bis auf weiteres«, sagte er fast entschuldigend.

»Ich weiß. Allerdings rätsele ich ein wenig über den Unterschied zwischen einer normalen Stellvertretung und einer kommissarischen Leitung herum.«

»Ich verstehe es auch nicht«, sagte Buske.

»Fragen Sie doch mal«, empfahl Andy. »Aber Sie haben vermutlich einen Auftrag für mich. Was darf ich für Sie tun?«

»Ich möchte Sie bitten, ein Interview mit dem OB zu machen.«

»Ich?« fragte Andy erstaunt. »Das wird Schaaf aber nicht gern sehen. Warum machen Sie es nicht?«

»Weil mir das Thema nicht liegt«, antwortete Buske, »es geht um Fußball. Es geht um die Frage, ob die Kommunen den verschuldeten Vereinen unter die Arme greifen sollen, mit Steuererleichterungen oder so. Ich will da niemanden vom Sport ranlassen, weil man dazu kritische Distanz braucht. Wie ist Ihre Meinung darüber?«

»Weiß ich nicht«, meinte Andy. »Das ist so eine typische Einerseits-andererseits-Geschichte. Einerseits ist Fußball, jedenfalls Bundesliga-Fußball, nichts anderes als kommerzielles Showbusiness und sollte sich selbst finanzieren. Schlechtes Management sollte also, wie überall in der Wirtschaft, Konkurs zur Folge haben. Andererseits muß man sehen, daß die Kommunen mit vielen Millionen harter Mark ihre Theater subventionieren. Theater ist ebenfalls Showbusiness, allerdings für die gehobenen Stände. Die Frage ist, ob Showbusiness für die breiten Massen ebenfalls subventioniert werden soll. Das ist allerdings ein etwas linker Denkansatz.«

»Das ist bei uns noch nicht verboten«, bemerkte Buske.

»Sie sagten ›noch‹?«

Buske überlegte einen Augenblick. »Sie haben recht. Ich habe etwas vorschnell den Zeitgeist in Rechnung gestellt, der im Augenblick bestimmte Denkansätze unmodern erscheinen läßt. Aber der Zeitgeist ist ein wandelbares Wesen ohne Ewigkeitswert, er darf uns in unserem Beruf nicht beeindrucken.«

Andy schob anerkennend die Unterlippe vor. »Man merkt richtig, daß Sie studiert haben. Wenn es also noch erlaubt ist, dann frage ich sogar, ob man Fußball als Kultur bezeichnen kann. Die Fans in der Südkurve würden das erschreckt verneinen. Wenn man ihnen jedoch klarmachte, daß dann ihr Verein genauso subventioniert würde wie die Oper, würden sie wahrscheinlich hinnehmen, daß Fußball Kultur ist.«

Buske lächelte. »Ich sehe schon, daß ich den richtigen Mann auf das richtige Thema angesetzt habe. Morgen um zwei erwartet Sie der OB zum Interview.«

Andy ging etwas verwirrt zurück in sein Zimmer. Buske strahlte jene Mischung von Freundlichkeit und Bestimmtheit aus, die nur jemand hatte, der sich seiner Position sicher war. Konnte sich Buske seiner Position sicher sein?

Abends holte Andy den Besuch bei Veronika nach, den er Pias wegen abgesagt hatte.

Als Andy die kleine Zwei-Zimmer-Wohnung im zweiten Stock betrat, drang ihm mit Knoblauch angereicherter Küchendunst in die Nase. Veronika gab ihm einen Kuß und stellte ihn ihrer Freundin Silvia vor.

»In zwanzig Minuten gibt's was zu essen«, versprach Veronika.

»Kann ich helfen?« fragte Andy.

»Du in der Küche? Das war doch wohl 'ne rhetorische Frage.«

»Stimmt, aber sie macht sich immer gut. Man bekundet seinen guten Willen und wird davongeschickt. Männer in der Küche? Um Gottes willen! Viel zu blöd, viel zu ungeschickt. Das machen wir schon selbst. Setz dich in den Sessel und spiel den Pascha. Du bist doch einer? Natürlich! Alle Männer sind Paschas. Um sich zu tarnen, fragen sie, ob sie helfen können.«

Veronika lachte. »Du hast uns überzeugt, nun setz dich ins Wohnzimmer und lies mein Manuskript, damit wir drüber reden können.«

Der Artikel über die Frauenhäuser war immer noch viel zu lang und viel zu emotional. Andy legte ihn beiseite und sah sich in dem Zimmer um. Es war ganz witzig eingerichtet mit Fichtenholzregalen voller Bücher und tausendfachem Schnickschnack sowie originellen Posters vorwiegend erotischer Art. Letzteres, fand Andy, schien auf den ersten Blick gar nicht zu Silvia zu passen. Sie war, anders als Veronika, von unscheinbarem Äußeren und zurückhaltendem Auftreten. Andy mochte nicht die Frauen in den beutelähnlichen Schlabberkleidern und den flachen Ledersandalen, mit den glatten Schnittlauchhaaren und den kleinen, gänzlich ungeschminkten Augen. Wenn man ihnen lange genug ins Gesicht schaute, ihre Mimik und Gestik verfolgte, kam jedoch oftmals ungeahnter Reiz zum Vorschein, und das war besser, als hinter greller Fassade das gähnende Nichts zu ertappen. Und dennoch: Mußten sie ausgerechnet die Unansehnlichkeit zu ihrem Schönheitsideal machen?

Mochten sie in Gottes Namen keine Lust haben, den Männern zu gefallen, aber warum dann nicht den Frauen oder wenigstens sich selbst?

Silvia trug das Essen auf, Spaghetti mit gut geknofelter Soße; Veronika schenkte Chianti ein. Sie sprachen über den Artikel, wobei Silvia interessiert, aber schweigend zuhörte. Andy fand die Story, abgesehen von der Länge, immer noch zu einseitig und voreingenommen. Er kritisierte, daß keiner der Männer zu Wort kam, deren schlimmes Verhalten die Frauen zur Flucht getrieben hatte.

»Soll ich hingehen zu den Kerlen und mich erkundigen?« fragte Veronika erstaunt. »Da hole ich mir gleich auch eine Tracht Prügel. Außerdem sind die Fälle so kraß und eindeutig, daß wirklich alles auf der Hand liegt.«

Andy wurde ungeduldig. »Du schreibst hier, Frau W. sei so verprügelt worden, daß sie aus Verzweiflung ständig Whisky getrunken habe. Vielleicht würde dir der Mann erklären, er sei über den Suff seiner Frau so verzweifelt, daß er sie mit Prügeln davon abzuhalten versucht habe.«

»Meistens liegt es an den Männern«, sagte Silvia, die bis dahin noch nichts gesagt hatte.

»Weiß ich auch«, antwortete Andy ungehalten, »ich bin ja auch schon ein paar Jahre auf der Welt. Ich habe aber ausgerechnet heute keine Lust, mit euch über Machos und Emanzen zu debattieren, ich habe nämlich ein paar andere Probleme. Ich versuche dir nur Journalismus beizubringen, aber du willst Pamphlete schreiben. Dann mach das!«

Veronika erhob feierlich ihr Glas. »Auf meinen väterlichen Lehrer!«

Die beiden Frauen räumten ab und schlugen erneut Andys Hilfsangebot aus. Er hörte sie in der Küche Geschirr spülen und dachte über die Situation nach. Sie lief schnurgerade darauf hinaus, daß er heute abend Pia betrügen würde. Das hatte er im Lauf der Ehe drei- oder viermal getan, und jedesmal war es wie lauwarmer Kaffee gewesen. Diesmal mußte er jedenfalls kein schlechtes Gewissen haben. Die Ehe lief aus, ohne Dramatik, eher wie ein Rinnsal im Sande. Vermutlich saß Pia jetzt zu Hause vor dem Fernseher und strickte oder war bereits eingeschlafen.

Silvia verabschiedete sich und sagte, sie wolle sich in der Spätvorstellung einen Truffaut ansehen. »Jules und Jim«. Sie zwinkerte Veronika zu.

Ein richtiges Komplott, dachte Andy. Er hatte lange auf die Gelegenheit gewartet, so mit Veronika allein zu sein. Aber nun schien es ihm abgekartet. Es mußte nun in den nächsten zwei Stunden, während »Jules und Jim« lief, etwas passieren, wofür die Gelegenheit vorbereitet worden war.

Veronika zündete Kerzen an und legte eine Mantovani-Platte auf. Wie im Kino, dachte Andy. Ob man Kerzenlicht und Mantovani mit zweiundzwanzig für originell hielt? Zweiundzwanzig! Siebzehn Jahre jünger war Veronika. In drei Wochen würde sie wieder nach München gehen, um weiterzustudieren, einen neuen Freund zu finden oder mit dem alten weiterzumachen.

Sie setzte sich zu Andys Füßen und lehnte sich an seine Knie. Er strich über ihr Haar, und sie legte den Kopf in den Nacken.

»Was macht eigentlich Silvia beruflich?« fragte Andy.

»Warum?«

»Nur so. Ich will immer wissen, was Leute tun.«

»Sie kriegt keinen Job als Lehrerin«, sagte Veronika.

»Und wovon lebt sie?«

»Sie kriegt Unterhalt von ihrem geschiedenen Mann, der hat einen Posten als Lehrer gefunden. Und sie jobbt in einer Boutique.«

»In dem Schlabber-Look?« fragte Andy.

»In der Boutique sehen alle so aus, auch die Kundinnen. Aber ich dachte, du würdest dich heute abend mehr für mich interessieren.«

Sie setzte sich auf seinen Schoß und umarmte ihn.

Jetzt mußt du wirklich was tun, dachte Andy und küßte sie. Veronika ging temperamentvoll darauf ein, dann sah sie ihn an. »Eigentlich finde ich dich ganz brauchbar. Ein bißchen schlanker könntest du sein, aber sonst gefällst du mir ganz gut. Früher habe ich immer auf südländischen Strizzi-Typen gestanden, mit schwarzen Locken und glutvollen Augen. Aber ich habe festgestellt: nichts dahinter. Den letzten habe ich einfach aus dem Bett geworfen. Jetzt stehe ich auf blond, mittelgroß und nicht zu schön. Und da bist du genau richtig.«

»Für die restlichen drei Wochen in Frankfurt?«

»Ja«, antwortete Veronika einfach. »Oder sollen wir uns ewige Liebe schwören?«

Du hast recht, dachte Andy, und eigentlich will ich nichts weiter als endlich erfahren, was du unter diesen sündhaft teuren italienischen Pullovern verbirgst.

Andy erfuhr es und war sehr angetan.

19

Der namenlose Informant mit den Abwasser-Geheimnissen meldete sich wieder am Telefon und bestellte Andy für den nächsten Morgen um sieben auf Bahnsteig acht des Hauptbahnhofs. Andy war kein Frühaufsteher und hatte seine Berufswahl nicht zuletzt unter dem Gesichtspunkt getroffen, daß Journalisten zwar abends oft lange arbeiten, dafür morgens selten früh aufstehen mußten.

Der Morgen war kühl. Andy wunderte sich, wer vor sieben schon alles auf den Beinen war. Auf dem Bahnhof wurde er von ganzen Armeen auswärtiger Pendler schier über den Haufen gerannt.

Der Mann mit dem Schnauzbart saß auf einer Bank des Bahnsteigs acht und erhob sich, als Andy herantrat.

»Halten Sie diesen James-Bond-Zauber wirklich für nötig?« fragte Andy übellaunig.

»Ich muß jedes Risiko ausschalten«, entgegnete der Mann.

»Was haben Sie anzubieten? Machen wir schnell, ich habe noch nicht gefrühstückt, ich bringe mitten in der Nacht nichts runter.«

Der Mann hatte nichts Schriftliches mitgebracht, er hatte alles im Kopf. Ein Tonband durfte nicht laufen, Andy schrieb mit: chemische Formeln, Konzentrationen, Einleitungsmengen und -zeiten. Soviel wußte Andy auch über die Materie, daß hier unzulässige Mengen eingeleitet wurden. Aber das Nachweis war noch niemandem gelungen, keinem Journalisten und keiner Behörde.

»Sie sagten«, fragte Andy, »die Firma werde vorab über behördliche Kontrollen informiert. Von wem?«

»Es wird informiert«, antwortete der Mann kurz.

»Und ich soll raten, wer es ist und warum er es tut? Was hat der Informant davon? Was bekommt er dafür? Lebenslänglich kostenlose Chemikalien für sein Hobby-Labor? Oder täglich frische Flußfische, aus denen er die Chemikalien selbst gewinnen kann? Was soll ich mit diesem windigen Hinweis?«

»Ich habe Ihnen alles gesagt, was ich sagen konnte.«

»Und wie soll ich es überprüfen?« fragte Andy.

»Sind Sie der Journalist, oder bin ich es? Rufen Sie doch mal den Pressefritzen der Firma an und legen Sie ihm die Informationen vor. Vielleicht merken Sie, wie ihm dabei der Arsch auf Grundeis geht.«

»Na gut«, sagte Andy, »dann können wir unser konspiratives Treffen ja beenden. Eines wüßte ich gern noch: Ist Ihr Schnurrbart eigentlich echt oder angeklebt?«

Der Mann beugte sich herüber und flüsterte: »Im Vertrauen gesagt, der Bart ist echt, aber der ganze Kopf ist angeklebt.«

Andy frühstückte auf dem Weg in die Redaktion, dann rief er den Pressesprecher an und las ihm die Daten vor, die er auf dem Bahnsteig mitgeschrieben hatte. Zunächst blieb es am anderen Ende der Leitung still, dann kam eine gedehnte Antwort: »Ich kann diese Angaben nicht bestätigen.«

»Können Sie sie dementieren?« fragte Andy.

Wieder war eine Pause, dann: »Das kann ich ebensowenig.«

»Warum nicht?«

»Ich kann es nicht.«

»Warum nicht? Weil die Angaben stimmen, oder weil Sie nicht informiert sind?«

»No comment«, sagte der Pressesprecher.

Andy griff an. »Wir kennen übrigens den Mann, der Sie vorab über geplante behördliche Kontrollen informiert.«

Pause.

»Woher kennen Sie ihn?«

»Das muß ich weder Ihnen noch irgend jemand anderem beantworten«, sagte Andy, »das unterliegt, wie Sie wissen, dem gesetzlichen Informantenschutz.«

»Es gibt keinen solchen Informanten«, widersprach jetzt der Pressesprecher.

»Wir kennen ihn aber.«

»Hören Sie, Sie können zu mir kommen, und ich lege Ihnen unsere Daten vor.«

Andy bekam Oberwasser. »Die sind im Zweifel so echt wie Ihre öffentlich vorgelegten Bilanzen.«

»Sie schießen übers Ziel hinaus. Sie sollten sich etwas in acht nehmen. Ich biete Ihnen dennoch unsere Daten an, wir haben nichts zu verheimlichen.«

»Ach, wissen Sie«, erwiderte Andy, »vor einem halben Jahr wollten Sie mir keinerlei Auskunft über diese Dinge geben. Jetzt, da wir Ihre Daten haben, spielen Sie plötzlich den Informationsfreudigen. Das gibt doch zu denken, oder?«

»Herr Wohlgemuth, schreiben Sie, was Sie für richtig halten. Wir werden es aufmerksam prüfen. Auf Wiederhören!«

Andy schrieb seinen Artikel. Das war die Story, die er jetzt brauchte, die heiße Nummer, die über das eigene Blatt hinaus Aufsehen erregen würde. »Tagesschau« und »heute« würden darauf eingehen, mindestens aber der Hessische Rundfunk im Regionalen. Sollte wirklich Schaafs Posten neu besetzt werden müssen, würde sich Andy damit nachdrücklich in Erinnerung bringen.

Ein gewisses Risiko lag darin, daß er die Herkunft des Informanten nicht kannte. Aber die betretene Reaktion des Pressefritzen hatte Andy sicher gemacht, daß der Informant kein versponnener Wichtigtuer war, sondern wirklich an der Quelle saß.

Andy legte Buske den Artikel vor.

»Donnerwetter!« rief Buske. »Das ist ja eine heiße Kiste! Damit machen wir mal wieder Furore. Wie sicher sind Sie ihrer Sache?«

Andy berichtete genau. Buske hatte natürlich Bedenken wegen des Informanten, sagte aber schließlich: »Wenn Sie das Gefühl haben, der Mann ist in Ordnung, dann machen wir die Story.«

Andy war zufrieden. Er erkundigte sich nach Schaaf und fragte, ob der Lokalchef an seinen Schreibtisch zurückkehren werde. Das sei sehr ungewiß, sagte Buske, und werde sich frühestens in ein paar Monaten entscheiden.

»Kompliment übrigens noch für Ihr Fußball-Interview mit dem OB! Ich fand das ausgezeichnet, die Fragen höflich formuliert, aber genau auf den Punkt gebracht. Ich halte nämlich nichts von den rotzigen Reportern, die sich mit frechen Fragen das Image des knallharten Interviewers verschaffen wollen. Wenn man genau hinhört, stellt man fest, daß Sie mit Ihrer Methode viel mehr von dem herausbekommen, was der Befragte eigentlich für sich behalten will. Also noch mal: Kompliment!«

Verdammt, dachte Andy, als er Buskes Zimmer verlassen hatte. War Buske schon der Chef, der gönnerhaft Lob verteilte?

Veronika lud Andy auf eine Flasche Sekt in die Westend-Wohnung ein. Ihr Frauenhaus-Artikel war, wenn auch in stark gekürzter Form, gedruckt worden und hatte ihr rundherum Lob eingebracht.

Veronika war allein, Silvia hatte eine Versammlung. »Irgendwas Alternatives«, erklärte Veronika, »die wollen alles abschaffen und anschließend überlegen, wie man das Vakuum füllt.«

»Ach, so eine ist das?«

»Andy, sei nicht ungerecht! Du hast deinen sicheren Job, und ich habe einen reichen Vater. Silvia hat keins von beiden. Das ändert das Bewußtsein. Meine Story fanden übrigens alle ganz toll.«

»Ich gratuliere dir«, sagte Andy und entkorkte die Sektflasche.

»Glaubst du, ich habe Talent?« fragte Veronika.

»Da bin ich ganz sicher. Die Frage ist nur: wozu?«

»Du Hund!«

Veronika entnahm ihm die Sektflasche, schüttelte sie und bespritzte Andy aus einem Meter Entfernung. Er erkämpfte sich die Flasche wieder und durchnäßte seinerseits Veronika. Sie rangelten kurz miteinander und landeten auf dem Teppich.

»Du alte Wutz!« schimpfte Andy und küßte Veronika. »Du hast mich von oben bis unten eingeweicht.«

»Tut mir leid, aber es stand drauf: ›trocken‹. Was machen wir nun?»

»Alles im Bad auf die Leine hängen«, schlug Andy vor.

Sie taten es und kehrten zurück auf den Teppich. Andy streichelte Veronikas Haut. »Du hast natürlich Talent, auch was die Schreibe angeht. Aber glaub nicht, daß das genügt.«

»Sondern?«

»Nach jedem Rückschlag wieder an dein Talent glauben, das ist die Hauptsache.«

Veronika dachte nach, dann fragte sie: »Bist du zufrieden mit dir?«

»Nee, überhaupt nicht! Aber ich bin nun mal nicht besser. Jeder redet sich ein, es läge nur an den anderen, die ihn nicht richtig ließen. Quatsch! Jeder hat irgendwo seine Grenze und muß sie sich eines Tages eingestehen. Aber darüber brauchst du noch nicht nachzudenken. Haben wir noch einen Moment Zeit für eine Lebensweisheit? Wenn du auf einen Berg hinaufwillst, dann nimmst du die ersten Steigungen locker mit Elan und denkst, du seist bald oben. Aber dann zieht sich's. Der Weg wird immer steiler und immer schmaler, es gibt Gedränge beim Überholen. Du mußt immer häufiger Rast einlegen und die besser Trainierten vorbeiziehen lassen. Und immer öfter denkst du: Bleib doch einfach sitzen auf dieser herrlichen Wiese hier. Laß die anderen doch auf den Gipfel keuchen und feststellen, daß es da oben einen garstigen Wind gibt und kein neues Ziel. Bleib einfach im Gras sitzen! Aber alle Bergwanderer haben die Meise, daß sie bis oben hinauf wollen. Vor allem, solange sie noch ganz unten am Fuß des Berges sind.«

Veronika setzte sich auf, als wolle sie Haltung annehmen. »Andy, so was mußt du immer gleich aufschreiben. Für dein Buch.«

»Für welches Buch?«

»Für das Buch, das du eines Tages schreibst.«

»Du alte Giftnudel!«

Andy warf Veronika zurück auf den Teppich und kniff sie in die Seite. Später, in der Nacht, hörten sie Silvia nach Hause kommen und in ihr Zimmer gehen.

20

Bei der Abreise nach Leipzig hinterließ Andy auf dem Küchentisch eine kurze Nachricht für Pia. Sie hatten sich seit einer Woche nicht mehr gesehen.

In der Zeitung stand die Abwasser-Story, und Andy überlegte, daß er jetzt eigentlich hier bleiben sollte, um den Erfolg auszukosten. Aber die Leipziger Messe ließ sich nicht verschieben, und Walter Kowalski mußte gefunden werden. Wie, wußte Andy nicht. Er fuhr aufs Geratewohl und hoffte auf einen günstigen Zufall.

An der Grenze hinter Herleshausen fühlte sich Andy beklommen. Er war noch nie in die DDR gefahren. Er sagte sich, daß alles in Ordnung sei und er sich nichts vorzuwerfen habe. Aber er konnte sich nicht freimachen von dem schlechten Ruf dieser Grenze. Da wurden Leute gefilzt und Autos zerlegt, da wurden Menschen barsch verhört, bis sie mit ihren Nerven am Ende waren und manchmal sogar vom Stuhl fielen.

Andys Kollege Frank Weicher, der regelmäßig zur Leipziger Messe fuhr, war immer korrekt behandelt worden. Er hatte vorgestern Andy noch eingewiesen: keine staatsgefährdenden Reden in der Öffentlichkeit, kein unerlaubter Abstecher von der Autobahn, um Gottes willen kein DDR-Geld einschmuggeln, das man im Westen zu Schleuderkursen bekam, und nicht bei Unbekannten zu Schwarzmarktkursen D-Mark tauschen. Auch keine Druckerzeugnisse, höchstens Klassik und »fortschrittliche Gegenwartsliteratur«.

»Einen Klassiker wie Goethe darfst du einführen«, hatte Frank erläutert, »aber ein Klassiker wie Donald Duck ist verboten. Dabei war Goethe ein großbürgerlicher Minister eines feudalistischen Ausbeuters, während Donald Duck als typischer Underdog ständig beherzt gegen die Unterdrückung im kapitalistischen System anmotzt. Aber darüber kannst du mit den Uniformen an der Grenze nicht diskutieren.«

Andy kaufte sich am Übergang einen Messeausweis und bekam daraufhin anstandslos ein Einreisevisum. Es war wirklich so einfach, wie Frank versprochen hatte.

Eine graublaue Dame vom Zoll fragte, ob Andy Waffen mitführe. Er wollte scherzhaft sagen: »Nur geistige«, aber er verkniff es sich.

»Druckerzeugnisse?« fragte die Dame weder freundlich noch streng.

»Paß, Führerschein, Kraftfahrzeugschein«, zählte Andy auf.

Nun schaute die Dame doch streng und forderte Andy auf, die hintere Sitzbank seines Autos hochzuklappen.

»Glauben Sie wirklich, da sitzt einer drunter?« fragte Andy.

Das war ein Wort zuviel, und er mußte alles ausräumen, sogar den Werkzeugkasten. Dann durfte er weiterfahren.

Rechter Hand sah er die Wartburg liegen. Da hat Luther mit dem Tintenfaß geschmissen, dachte Andy. Und die heilige Elisabeth hat dort gelebt, und der Sängerkrieg wurde ausgetragen. Das war alles ganz vertraut aus Schule und Konfirmandenstunde, aber die Wartburg war weit, fast so weit wie die legendäre Indianerstadt Machu Picchú droben in den peruanischen Anden. Fast! Dabei lag die Wartburg auf den Höhen des Thüringer Waldes mitten in Deutschland. Man müßte einfach hinfahren, dachte Andy, aber Frank hatte gewarnt: nicht von der Autobahn runter! Ein merkwürdiges Land, das sich schon bedroht zu fühlen schien, wenn einer den Tintenkleks in der Wartburg sehen wollte.

Eine Volkspolizeistreife winkte Andy auf einen Autobahnparkplatz.

»Guten Tag, bitte Führerschein und Fahrzeugpapiere«, sagte der Polizist. Er sprach Sächsisch oder vielleicht auch Thüringisch, Andy konnte das nicht unterscheiden.

»Was ist denn los?« fragte er.

Der Polizist studierte die Papiere und ließ sich Zeit mit der Antwort. »Sie haben eine Geschwindigkeitsübertretung begangen. Sind Sie einverstanden mit einer Geldbuße von einhundert D-Mark?«

»Nee!«

Der Volkspolizist sah Andy verwundert an und wiederholte nachdrücklich: »Sie haben eine Geschwindigkeitsübertretung begangen.«

Was für ein Deutsch, dachte Andy und mußte an den Journalistenschnack denken, der den Anfang des Ersten Buches Mose in klares Nachrichten-Deutsch faßte: »Am Anfang erfolgte die Erstellung des Himmels und der Erde seitens Gottes.«

»Sie meinen, ich sei zu schnell gefahren?« fragte Andy.

»Das sagte ich ja bereits.«

»Aber nicht so deutlich. Kann sein, Sie haben recht, aber hundert Mark sind zuviel. Und D-Mark schon mal gar nicht.«

Andy erschrak mit einemmal vor seinen kessen Worten. Wie konnte er zehn Minuten hinter der Grenze schon alles vergessen haben? Er holte schnell einen blauen Schein aus der Tasche und reichte ihn dem Polizisten.

»Na Gott sei Dank!« sagte der. »Sie sind wohl zum erstenmal in unserer Republik?«

Andy zockelte mit fünfundneunzig Stundenkilometern durch eine hügelige, aber nicht übermäßig reizvolle Landschaft. Er beobachtete. Die Autobahn hatte keine Standspur und keine Leitplanken auf den Mittelstreifen. Die meisten Autos hießen »Wartburg« oder »Trabant« und fuhren noch langsamer als er. Vor allem die Trabant-Fahrer saßen hinter ihr Lenkrad geklemmt, als hätte man sie in eine Zwangsjacke gesteckt. Es waren zahlreiche Wagen mit westlichen Kennzeichen unterwegs, vor allem Berliner, die Andy oftmals zügig überholten.

Er kam an Erfurt vorbei und stellte fest, daß ihm zu dieser Stadt nichts einfiel. Doch! Willy Brandt war dort gewesen, 1969 oder so ähnlich, und die Erfurter hatten im Sprechchor gerufen: »Willy! Willy!« Aber sonst wußte Andy nichts über die Stadt.

Weimar: Goethe, Schiller, deutsche Klassik. Verstaubte Erinnerung an Obersekunda. Eine Frau von Stein hatte es gegeben, hieß sie nicht Gertrude? Daß man alles so durcheinanderwarf. Woher kam eigentlich die Bezeichnung »Weimarer Republik«? Wer hatte wann und warum in Weimar getagt und was beschlossen? Das ging so leicht von den Lippen: »Bonn ist nicht Weimar.« Jeder wußte, was gemeint war. Na ja, vielleicht nicht jeder, aber die meisten. Oder jedenfalls einige. Aber woher kam das Wort? Das müßte man alles zu Hause nachlesen, gleich nach der Rückkehr.

Buchenwald. War das nicht bei Weimar? Gab es nicht einen Film von 45, in dem die Weimarer nach Buchenwald mußten, um sich anzuschauen, was vor den Toren ihrer Stadt geschehen war? Ja, das war auch hier gewesen, nicht weit von der Autobahn, die man nicht verlassen durfte.

Jena. Andy überquerte die Saale und graulte sich gleich dahinter vor einer furchterregenden Mietskasernenlandschaft. Carl Zeiss fiel ihm zu Jena ein, und aus jüngsten Jahren die DDR-Friedensbewegung. Eigentlich, dachte er, ist es eine Schande, daß man nur mit Mühe ein paar Stichworte hervorklaubt.

Am Hermsdorfer Kreuz hielt Andy an und ging aus Neugier in den »Intershop«. Er studierte das Angebot westlicher Waren, zog Preisvergleiche und kaufte am Ende eine Stange »HB«, die billiger war als daheim.

Bei Leipzig folgte Andy sorgfältig den Schildern, die ihn auf der Autobahn um die Stadt herumleiteten und dann von Norden her zur Anmeldestelle für BRD-Bürger im Gebäude des ehemaligen Flughafens wiesen. Er ging seinen Gang zu den verschiedenen Schaltern, tauschte hundert Mark für vier Tage, bekam die Anschrift einer privaten Zimmervermieterin und kaufte sich einen Stadtplan, um die Unterkunft zu finden. Er fuhr, den aufgeschlagenen Stadtplan neben sich auf dem Beifahrersitz, durch Leipzig. Er registrierte mit Reporterblick ausgefahrene Straßenbahnschienen und verfallene Häuserfassaden, an manchen Stellen Transparente mit Sprüchen, die ihm fremd und eher kurios erschienen. Er sah linker Hand den Hauptbahnhof, den er von Fotos kannte, gewaltig groß und kohlrabenschwarz. Weil er nicht abbiegen durfte, wo er es laut Stadtplan gemußt hätte, erreichte Andy erst auf Umwegen seine private Unterkunft im Süden der Stadt. Er besah sich das Haus, ehe er eintrat, und fand, es ähnele seinem Haus in Frankfurt, nur war es unsäglich verwahrlost. Er stieg hinauf in den dritten Stock und klingelte bei Frau Kühn, die ihn freundlich und mit flinken Augen musterte.

»Sie gomm aus dr BRD.«

»Ja«, sagte Andy, »woher wissen Sie das?«

»Dafier hat unsereens ä Ooche«, erklärte ihm Frau Kühn, die Mitte Fünfzig sein mochte.

Sie zeigte Andy sein Zimmer, das eng, aber sehr sauber war, und das Bad mit der altmodischen Wanne auf geschwungenen Füßen.

»Wennse Westgeld dauschn wolln«, flüsterte Frau Kühn, »missnses mir bloß saachn.«

Andy dachte an seinen selbstgestellten Auftrag und fragte aufs Geratewohl: »Ich suche in Leipzig einen Walter Kowalski. Haben Sie diesen Namen schon mal gehört?«

Frau Kühn schüttelte den Kopf. »Nee, was soll'n das fier eener sin?«

»Ich weiß nur«, sagte Andy, »daß er schon älter ist und Funktionär gewesen sein soll.«

»Funzienär? O jemerschnee, dardemit hab'ch nischt ze duhn!«

Frau Kühn erklärte, ohne daß Andy danach gefragt hätte, sie sei selbstredend für alles und gegen nichts, habe aber mit Funktionären nie etwas zu tun gehabt. Ihr Nachbar, Herr Kuntze mit »tz«, sei allerdings Funktionär gewesen und könne möglicherweise weiterhelfen. Auf Andys Drängen klingelten sie sogleich nebenan.

Herr Kuntze war so mißtrauisch, daß er das Gespräch zunächst zwischen Tür und Angel führte. Er sprach nicht Sächsisch und fragte, ob Andy aus der BRD sei.

»Ja, aber das hat nichts mit meiner Frage zu tun.«

»Es macht immer einen Unterschied, wenn einer aus der BRD ist. Was wollen Sie von mir?«

»Ich suche einen Mann namens Walter Kowalski, von dem ich nur weiß, daß er Funktionär gewesen sein soll.«

»Und was wollen Sie von ihm?« fragte Herr Kuntze mißtrauisch.

»Er ist der Bruder meines Vaters. Mein Vater ist von den Nazis verurteilt worden, und ich möchte etwas über ihn erfahren.«

Endlich bat Herr Kuntze Andy in die Wohnung. Er führte ihn in die gute Stube und fragte, ob er ein Bier wolle, was Andy bejahte.

»Aber wenn Sie heute noch fahren müssen, dann gebe ich Ihnen lieber eine Orangenperle.«

Herr Kuntze erkundigte sich ausführlich nach Andys Geschichte und fragte am Ende auch nach seinem Beruf.

»Ich bin Journalist«, antwortete Andy, »aber das tut nichts zur Sache. Ich bin hier aus rein privatem Interesse.«

»Das gibt's bei uns nicht«, erklärte ihm Herr Kuntze. »Ich darf zwar, nachdem ich keine Funktion mehr ausübe, Westkontakte haben. Aber wenn Sie auch nur die leiseste Absicht haben sollten, einen Artikel zu schreiben, dann müßte ich Sie auffordern, meine Wohnung auf der Stelle zu verlassen. So ist das bei uns.«

Da kommt einem ja der Kaffee hoch, dachte Andy, aber er zwang sich zur Ruhe und Freundlichkeit. »Ich bin ausschließlich aus privatem Interesse hier. Ich muß diesen

Walter Kowalski ausfindig machen, es ist wichtig für mich.«

»Ich will mich morgen vormittag darum kümmern«, versprach Herr Kuntze. »Ich gehe da ein Risiko ein, aber ich will Ihnen mal glauben.«

Frau Kühn ließ sich neugierig berichten und war verwundert über den menschlichen Zug, den sie an Herrn Kuntze noch nie entdeckt hatte. Dann empfahl sie Andy: »Nu machense awwer erschdmal in de Stadt un guggn sich alles an!«

Andy fuhr nach Stadtplan zum Karl-Marx-Platz und parkte vor der Oper. Der Parkplatzwächter, offensichtlich ein Rentner, begrüßte Andy leutselig und bemerkte, es sei »scheenes Wedder heide«, was nicht zu bestreiten war. Andy gab, da er noch kein DDR-Kleingeld hatte, dem Mann eine D-Mark und erntete dafür überschwenglichen Dank. Andy steuerte das »Interhotel am Ring« an, in dem sein Kollege Frank Weicher wohnte. Er fand ihn an der Hotelbar, wo Frank mit einem Kollegen aus Wien redete.

»Hast du die Radarfalle hinter Eisenach bemerkt?« fragte Frank.

»Nein, leider.«

»Aha, hast du einen blauen Lappen gelassen?«

Andy überlegte kurz. »Ja, hundert Mark West, ganz richtig.«

»Typisch«, meinte Frank, »DDR für Anfänger.«

Er schlug vor, essen zu gehen. Vor dem Hotelrestaurant stand eine Schlange, aber Frank ging daran vorbei, steckte dem Ober einen Schein zu und winkte Andy und den Wiener hinter sich her.

»Eine harte Mark«, sagte Frank augenzwinkernd, »öffnet hier jede Tür. Darf ich den Herren als Vorspeise eine Soljanka empfehlen? Die Soljanka ist für die DDR, was für uns in der Bundesrepublik der Hamburger ist, also die lukullische Höchstleistung der verbündeten Supermacht. Dazu vielleicht ein Radeberger Pilsner, ein ganz ausgezeichnetes Bier, das es in der DDR nur in exklusiven Häusern, in der Bundesrepublik nur in billigen Supermärkten gibt.«

»Warum exportiert man es«, fragte der österreichische Kollege, »wenn es hier so begehrt ist?«

Frank lachte. »Sie sind auch zum erstenmal hier, nicht wahr? Da stellt man noch solche Fragen. Sie müssen wissen: Alles, was Devisen bringt, wird exportiert. Nur was zu schlecht für den Export ist, wird im eigenen Lande verkauft.«

Andy fand seinen Kollegen großspurig und ein bißchen widerwärtig. Daheim in der Redaktion galt Frank Weicher als solide, aber unauffällig, eben als typischer Wirtschaftsredakteur. Hier nun zog er vom Leder und ließ während des Essens eine Geschichte nach der anderen vom Stapel. Es kamen vor allem stupide Bürokraten und devisengeile DDR-Bürger darin vor.

»Ich glaube, du überzeichnest ziemlich«, sagte Andy beim Nachtisch.

Frank fühlte sein Expertentum in Frage gestellt. »Schau dich um! Mach Augen und Ohren auf, und zu Hause in Frankfurt sprechen wir uns wieder. Übrigens, wenn jetzt der Kellner kassieren kommt, dann gib ihm D-Mark und sag ihm – aber leise! –, daß du keine Valuta-Quittung brauchst.«

»Wieso?« fragte Andy.

»Überleg doch mal. Er kann dann D-Mark kassieren und die DDR-Mark abrechnen, verstehst du? Wenn du dann morgen abend hier essen willst und angeblich alles reserviert ist, wirst du sehen, wie gut er sich an dich erinnert.«

Andy nahm sich vor, Frank in Leipzig nicht noch einmal zu treffen, sondern sich ein eigenes Bild zu machen. Ehe er das Hotel verließ, wollte er sich von der Telefonzentrale mit Veronika verbinden lassen.

»Wo kann ich Sie erreichen?« fragte das freundliche Telefonfräulein.

»Wozu?«

»Na, wenn das Gespräch kommt.«

»Wieso? Wie lange dauert das denn?«

»Wenn Sie ›dringend‹ anmelden, kommt's vielleicht in drei Stunden.«

»Ach so? Na, dann lassen Sie es mal!«

21

Frau Kühn hatte in der Wohnküche ein umfangreiches Frühstück aufgebaut. »Wie im Inderhodell«, betonte sie. »Bei uns gibt's nämlich alles, bloß nicht immer und nicht ieberall.«

Sie fragte Andy nach seinen familiären Verhältnissen, die er mit verheiratet und kinderlos angab. Frau Kühn war verwitwet. Ihr Mann war Straßenbahnfahrer gewesen, aber jetzt lag er auf dem Südfriedhof, wo er viele Jahre lang mit der Linie 15 vorbeigefahren war. Die Tochter hatte nach Rostock geheiratet. »Dr nächste Weech«, klagte Frau Kühn, »awwer wenichstens isse nich aus dr Rebubligg weggemacht.«

Herr Kuntze, der Nachbar, klingelte und bat Andy nach nebenan in seine Wohnung. Er sah ihn mit Verschwörerblick an. »Sie sind BRD-Journalist, und eigentlich dürfte ich Ihnen überhaupt keine Informationen geben.«

»Ich versichere Ihnen hoch und heilig«, sagte Andy, »daß ich nur und ausschließlich persönliches Interesse habe.«

»Also gut. Ich bin schon fündig geworden. Ich sage Ihnen aber nicht wie. Ich gebe Ihnen nur die Anschrift.« Er gab Andy einen Zettel.

»Das wäre ja toll!« freute sich Andy. »Wenn ich ihn wirklich auf Anhieb finde, gebe ich einen aus. Was trinken Sie am liebsten?«

Herr Kuntze überlegte kurz und sagte: »Klassenfeind hin, Klassenfeind her, am liebsten trinke ich Henkell trokken. Nichts gegen unseren Rotkäppchen halbtrocken, der ist durchaus genießbar, aber der Mensch braucht auch mal Abwechslung, oder?«

»W. Kowalski« stand an der Wohnungstür. Andy klingelte und wartete atemlos. Nichts rührte sich. Andy klingelte wieder und horchte. Nichts.

Er klingelte nebenan. Eine junge Frau öffnete und sah ihn fragend an. An ihrem Rock hing ein kleiner Junge, und im Hintergrund lief Wim Thoelke im Vormittagsprogramm.

»Entschuldigen Sie bitte, aber ich wollte Herrn Kowalski sprechen. Wissen Sie, wo er sein könnte?«

»Der ist scheint's auf der Datsche.«

»Wo bitte?«

»Nu, auf seiner Datsche. Der hat 'ne Datsche irgendwo.«

»Entschuldigen Sie bitte, aber was ist das?«

Die junge Frau sah ihn verwundert an. »Sie sind wohl aus der BRD?«

Andy nickte.

»Und da wissen Sie nicht, was 'ne Datsche ist? Haben Sie denn vielleicht in der BRD keine?«

»Vielleicht habe ich eine«, meinte Andy, »und weiß es gar nicht. Was ist es denn nun?«

»Das ist ein kleines Haus, wo man am Wochenende hinfährt. Eine Art Wochenendhaus, aber bei uns sagt man Datsche. Kowalski ist meistens auf seiner Datsche, seitdem er grenzmündig ist.«

»Was ist das denn nun wieder?« fragte Andy.

»Grenzmündig? So sagt man bei uns für Rentner. Als Rentner kriegen wir die Ausreise in die BRD, das nennt man grenzmündig.«

»Ach so. Und diese Datsche, wo ist die?«

»Bei Rochlitz, hat er mal gesagt.«

Die Frau wußte es nicht genauer, da sie mit Kowalski keinen engen nachbarlichen Kontakt hatte. Für den Fall, daß er Kowalski nicht fand, wollte Andy ihm eine Nachricht aufschreiben, und die Frau bat ihn an den Wohnzimmertisch. Der »Große Preis« flimmerte griesig über den Bildschirm und Andy fragte, ob man den Apparat nicht besser einstellen könne.

»Nee, der Empfang ist nicht besser. Da müßtest ihr euch in der BRD mal was einfallen lassen. Westfernsehen ist doch für uns die Nabelschnur zur Welt.«

Eine gute Formulierung, dachte Andy, der von Berufs wegen ein geschultes Ohr für gute Formulierungen hatte.

Er schrieb auf ein Blatt Papier, wer er sei und warum er Kowalski habe aufsuchen wollen, und bat ihn, falls er ihn nicht mehr treffe, sich brieflich in Frankfurt am Main zu melden.

»Sagen Sie ihm«, bat er die Frau, »daß es ganz wichtig ist.«

Der kleine Junge am Rock der Mutter hatte die ganze Zeit stumm zugeschaut. Andy hätte ihm gern etwas geschenkt, aber er hatte nichts bei sich, nicht mal einen Kaugummi. Er gab der Frau fünf D-Mark. »Kaufen Sie ihm bitte etwas, was er mag.«

»Sie ist ein Mädchen«, sagte die Frau.

»Oh! Macht nichts, kaufen Sie ihr trotzdem was.«

Scheiße, dachte Andy, als er sich verabschiedete, der reiche Onkel aus dem Westen verteilt kleine Aufmerksamkeiten. Hoffentlich kapiert's der Junge noch nicht. Beziehungsweise das Mädchen.

»Rochlitz, Bezirk Karl-Marx-Stadt« stand auf der gelben Tafel am Ortseingang. Andy hielt an und blätterte in seinem Reisepaß. »Aufenthaltsberechtigung für den Bezirk Leipzig« stand darin gestempelt. Er zögerte eine Weile, dann fuhr er hinein in die Stadt und parkte schräg gegenüber dem Rathaus zwischen Wartburgs und Trabants. Als er ausstieg, traten zwei kleine Jungen an sein Auto und fragten, ob er Aufkleber habe.

»Was für Aufkleber?« fragte Andy.

»Na, irgendwas. ZDF oder HB oder SPD, was Sie gerade haben.«

»Nee, leider nicht.«
»Kaugummi?«
»Auch nicht.«
»Sind Sie zum erstenmal in unserer Republik?«
»Ja.«
»Hab ich mir gedacht.«

Andy wollte wieder Geld geben, aber er ließ es lieber sein. Die Jungen trollten sich.

Andy schloß sein Auto ab und machte sich auf den Weg durch Rochlitz. Die Stadt war merkwürdig angelegt, die hatte einen langgestreckten zentralen Platz, auf dessen Mitte wie auf einer Insel das Rathaus, eine alte Kirche und verschiedene niedrige Häuser mit Ladengeschäften standen. Vor dem Rathaus war ein moderner Brunnen angelegt, über dem Eingang forderte ein Transparent erhöhte Anstrengungen zu Ehren des Jahrestags der Republik. Bei seiner Umrundung der Insel traf Andy auf eine Absperrung vor der Kirche und las ein Schild: »Bauarbeiten. Betreten des Betriebsgeländes verboten!« Ein schöner Lapsus, dachte Andy. Dienstleistungsbetrieb für überirdische Angelegenheiten. Hinter der Kirche war ein wirklicher Dienstleistungsbetrieb, und Andy las das Schild mehrere Male: »Bestattungswesen – VEB Dienstleistungskombinat Mittweida.« Das war mehr als normales Bürokratendeutsch, das war eine andere Welt, die in solcher Sprache ihren Ausdruck fand. Du bist in einem anderen Land, dachte Andy. Hier bringt dich ein Dienstleistungskombinat unter die Erde. Welche Dienste mochte das Kombinat sonst noch leisten? Ehen scheiden? Schuhe besohlen? Haare schneiden? Reifen runderneuern?

Am Seiteneingang des Rathauses fand Andy das Volkspolizei-Kreisamt. Er ging forsch hinein und fragte unbekümmert nach einem Walter Kowalski, der bei Rochlitz eine Datsche habe.

»Wieso?« fragte der Beamte hinter dem Schalter.
»Das ist mein Onkel«, antwortete Andy.
»Und wer sind Sie? Können Sie sich erst mal ausweisen?«

Andy reichte dem Polizisten widerwillig seinen Paß.

»Aha, BRD-Bürger?«

Andy nickte. Dieses ewige »BRD-Bürger« ging ihm allmählich auf die Nerven. Es hatte jedesmal einen anderen Unterton. Manchmal klang es wie: »Was suchen Sie denn auf unserem Territorium?« Manchmal wie: »Na ja, woher sollen Sie dann Bescheid wissen?« Manchmal wie: »Sie haben gut reden, auch wenn Sie noch nichts gesagt haben.«

Da war man nun als Deutscher in Deutschland unterwegs und wurde dauernd gefragt: »Aha, BRD-Bürger?« Wurde eigentlich ein Franzose in der Bundesrepublik auch auf Schritt und Tritt gefragt: »Aha, Franzose?«

Der Polizist hatte die Aufenthaltsberechtigung aufgeschlagen und sah Andy fragend an.

Jetzt Augen zu und durch! dachte Andy.

»Ja, ich weiß«, sagte er, »hier ist schon Bezirk Karl-Marx-Stadt. Aber wegen der paar Kilometer Überschreitung wird Ihnen mein Onkel keine Schwierigkeiten machen.«

»Was für Schwierigkeiten?« fragte der Polizist verwundert.

Andy sprach jetzt leise und bedeutungsvoll: »Mein Onkel war bis zu seiner Grenzmündigkeit, ich meine bis zu seiner Pensionierung, ein führender Kader in Leipzig.«

Andy wußte nicht, woher er das Wort »Kader« eigentlich kannte oder gar, was es genau hieß, aber es schien ein gutes Wort zu sein. Der Beamte bat ihn, draußen zu warten. Andy setzte sich auf eine Holzbank, betrachtete eine Wandzeitung über den Jahrestag der Republik und dachte: Jetzt gibt es zwei Möglichkeiten.

Nach einer Viertelstunde wurde er wieder in das Dienstzimmer gerufen. Der Polizist gab ihm einen Zettel mit einer Anschrift und sagte leise, aber mit Nachdruck: »Sie dürfen aber hier nicht übernachten. Und überhaupt, verstehen Sie?«

Andy nickte.

Als er zu seinem Auto zurückkam, stand ein Volkspolizist daneben und verlangte höflich Führerschein und

Fahrzeugpapiere. Nachdem er sie in Ruhe studiert hatte, sagte er: »Sie haben ohne Parkscheibe geparkt.«

Als Illegaler auf verbotenem Territorium, dachte Andy, schweigt man und zahlt. Es kostete zehn Mark, die Andy in DDR-Währung bezahlen durfte. Der Polizist belehrte ihn abschließend: »Wenn Sie wieder in unsere Republik einreisen, dann beachten Sie bitte die bei uns gültigen Verkehrsbestimmungen.«

»Ja, selbstverständlich.«

»Wir sind nämlich ein souveräner Staat«, fügte der Polizist hinzu.

Andy nickte und lächelte und versuchte sich vorzustellen, er werde beim Falschparken auf den Champs-Élysées von einem Flic über die Souveränität der Republik Frankreich aufgeklärt.

Die Datsche von Walter Kowalski stand auf einem Berghang jenseits der Mulde. Der steile Fahrweg hatte keinen Namen, und die Datschen trugen keine Hausnummern, aber an einem der niedrigen Eingangstore standen die Initialen »W. K.«. Die Pforte war verriegelt, die Fensterläden geschlossen. Ringsumher war an diesem Werktag niemand, den Andy hätte fragen können. Er setzte sich ins Gras und wartete.

Man sah von der Anhöhe hinab auf die kleine Stadt. Im Vordergrund, gleich jenseits des seichten Flusses, lag eine Burg mit zwei spitzen Türmen, etwas weiter rechts die eigentümliche Stadtanlage mit der langgestreckten Insel, deren Anfang und Ende von Rathaus und Kirche markiert wurden. Andy hatte den Namen Rochlitz bis vor ein paar Stunden nie gehört, aber er erinnerte sich an die Worte seines Kollegen Frank Weicher: »Fahr in die DDR! Euch gehen die Augen über, was es dort alles zu entdecken gibt.« Frank machte kein Hehl aus seiner Antipathie gegen den »real existierenden Sozialismus« in der DDR. Er sagte immer: »Sie nennen das den ›real existierenden‹, damit keiner auf die Idee kommt, mit ›Sozialismus‹ sei das gemeint, was sie in der BRD haben.« Aber Frank warb nachdrücklich dafür, daß sich jeder dieses Land ansah. Wieso habe ich nie von Rochlitz gehört, dachte Andy.

Er versuchte sich wieder Walter Kowalski vorzustellen: mittelgroß und untersetzt, mit schütterem Haar und altmodischer Hornbrille, mit kurzer Hose und Strickhemd bekleidet. Wie eben ein pensionierter SED-Funktionär mit Datsche aussah.

Wie würde Onkel Walter reagieren? Überrascht, ungläubig, mißtrauisch? Überrascht, freudig, herzlich? Wußte er überhaupt, daß sein Bruder Horst einen Sohn hinterlassen hatte?

Ein Trabant rumpelte heran und stoppte, ein Mann stieg aus, untersetzt, mit schütterem Haar, in kurzer Hose und Strickhemd.

»Warten Sie auf wen?« fragte der Mann.

»Ja, auf Herrn Kowalski«, antwortete Andy.

»Hoffentlich ist der nicht in Leipzig.«

»Nein, da komme ich gerade her.«

»Dann ist er wahrscheinlich zum Angeln an der Mulde.«

Der Mann stieg wieder in seinen Trabant und rumpelte bis zu einer Datsche am Ende des Weges.

Andy wartete weiter. Er bekam Hunger und Durst, unterdrückte jedoch beides. Er dachte ganz kurz an Onkel Ben und den Verkauf der Firma, an Schaaf und Buske und die Abwasser-Story, an Pia und Veronika, aber alles war Lichtjahre entfernt.

Nach einer Stunde kam ein Wartburg den Weg herauf und hielt hinter Andys Datsun. Ein Mann von etwa Mitte Siebzig stieg aus, sehr groß und schlank, mit braungebranntem Gesicht und weißgelocktem Haar, gekleidet in einen hellen Sommeranzug und ein dunkelblaues Hemd.

»Wollen Sie zu mir?« fragte er.

»Sind Sie Walter Kowalski?« fragte Andy zurück.

»Ja, bin ich. Und wer sind Sie?«

»Ich bin Ihr Neffe.«

Der Mann stutzte kurz. »Andreas?«

Andy nickte.

»Du bist also Andreas. Wo kommst du plötzlich her? Erwartet habe ich dich schon lange.«

Ein bißchen dramatischer, dachte Andy, hatte ich mir die Begegnung schon vorgestellt.

Onkel Walter schloß die Pforte auf, geleitete Andy auf die kleine Terrasse, nötigte ihn auf einen der Gartenstühle und holte aus der Datsche zwei Flaschen »Radeberger Pilsner«. Andy wollte sich ganz natürlich geben und fragte: »Wo hast du denn das Radeberger her? Ich habe gehört, das bekommt man kaum.«

»Stimmt, das geht meistens in den Export. Für uns ist es eine Rarität, in West-Berlin saufen es die Penner auf der Parkbank, weil man sich billiger nicht besaufen kann. Ich kriege es, weil ich jemanden kenne, der jemanden kennt, der Beziehungen hat.«

Onkel Walters locker-ironische Art nahm Andy die Beklemmung, mit der er auf diese Begegnung gewartet hatte.

»So, nun schieß mal los«, sagte Onkel Walter, »was treibt dich so plötzlich in diese Republik und zu deinem alten Onkel?«

Andy berichtete über den Vorfall in New York, der alles ausgelöst hatte.

»Ich habe deine Mutter sehr geschätzt«, sagte Onkel Walter, »aber nach dem Krieg ist unser Briefwechsel eingeschlafen. Ich glaube, Wohlgemuth war dagegen.«

Walter Kowalski sprach ruhig und scheinbar unberührt wie jemand, den nichts mehr betroffen machen kann. In Andys Kopf hingegen drängten sich unbeantwortete Fragen, die er noch nicht sortieren konnte. Er hätte gern alles sofort gewußt, die ganze Wahrheit über Horst Meyer, aber er wollte nichts übers Knie brechen und erwähnte auch zunächst das Kriegsgerichtsurteil nicht. Er konnte sich auch kein Bild machen von diesem Walter Kowalski, den er sich ganz anders vorgestellt hatte. Er war ein wenig irritiert von der Gelassenheit des alten Mannes und überlegte, welche Erfahrungen jemand gemacht haben mußte, um sich von nichts mehr überraschen oder gar erschüttern zu lassen.

Andy berichtete zunächst nur von seinem Entschluß, endlich den Onkel kennenzulernen, und von den glücklichen Umständen, die ihn den Gesuchten so rasch hatten finden lassen.

»Als Journalist«, sagte Onkel Walter, »weißt du ja auch, wie man so was anpackt.«

»Woher weiß du, daß ich Journalist bin?« fragte Andy verwundert.

Onkel Walter lächelte vielsagend. »Entweder hast du es mir erzählt, oder ich weiß es irgendwo anders her.«

»Ich habe es nicht erwähnt.«

»Wie auch immer. Jedenfalls bist du als BRD-Journalist für mich ein Klassenfeind, und wenn ich noch im Dienst wäre, dürfte ich überhaupt nicht mit dir reden.«

»Was hast du denn im Dienst gemacht?« fragte Andy neugierig.

»Das gehört zu den Dingen, die ich dir auch als Rentner nicht sagen darf. Zu deiner Beruhigung versichere ich dir aber, daß es nichts mit Staatssicherheit oder Ähnlichem zu tun hatte.«

»Warum sollte ich beunruhigt gewesen sein?«

Onkel Walter sah Andy ein wenig spöttisch an. »Es ist einem BRD-Journalisten nicht förderlich, wenn ihm Kontakte mit der DDR-Staatssicherheit nachgewiesen werden können. Aber du kannst da wirklich ganz beruhigt sein.«

Andy hatte sich eine Gefährdung dieser Art bisher nie ausgemalt und mußte sich eingestehen, daß er da sehr naiv gewesen sei.

»Warum heißt du eigentlich Kowalski?« fragte er, um endlich in diesen fremden Verwandten einzudringen.

»Das war mein Deckname bei der illegalen Arbeit im Dritten Reich. Und nach dem Krieg habe ich ihn beibehalten, weil ich stolz darauf war. Und weil mich eben die Genossen unter diesem Namen kannten.«

»Und warum bist du nach dem Krieg in der Sowjetzone geblieben?« fragte Andy weiter.

Onkel Walter sah ihn verwundert an. »Was hätte ich denn sonst tun sollen? Ich hatte doch zwölf Jahre unter Lebensgefahr für unsere Idee gearbeitet, und nun sollte sie hier verwirklicht werden.«

»Haben sie verwirklicht, was du dir vorgestellt hast?«

»Oh, ihr BRD-Journalisten! Unsere Journalisten würden niemals so eine direkte Frage einreichen.«

Onkel Walter trank den letzten Schluck Bier aus und ging in die Datsche, um neues zu holen. Die Datsche war solide gebaut und sauber verputzt. Sie mochte etwa fünfzig Quadratmeter haben, das Grundstück vielleicht dreihundert. Es war, abgesehen von einem Erdbeerbeet, nur mit Blumen und Ziersträuchern bewachsen. Entweder, dachte Andy, bekommt Onkel Walter als ehemaliger »Kader« ausreichend Obst und Gemüse zugeteilt, oder er interessiert sich einfach nicht für Obst und Gemüse, sondern nur für Ästhetik.

Onkel Walter schenkte frisch ein und fragte: »Hast du dich jemals mit dem Sozialismus befaßt?«

»Ja, als Student. Die Idee zog mich an, ihre Ausführung in der DDR schreckte mich ab. Aber dann war ich achtundsechzig in Prag. Du weißt Bescheid: Prager Frühling, Dubček, die Hoffnung, daß die Idee doch noch verwirklicht wird. An dem Tag, als die Russen und eure Volksarmee in Prag einmarschierten, habe ich alle meine Bücher über den Sozialismus verbrannt.«

Onkel Walter nickte nachdenklich. »Genauso ging es meinem Sohn.«

»Was, du hast einen Sohn?«

Onkel Walter lächelte wieder spöttisch. »Hast du mir nicht zugetraut, was?«

»Ich wußte es nur nicht. Ich weiß ja nichts über dich. Wo ist zum Beispiel deine Frau?«

»Sie ist vor vier Jahren gestorben. Unseren Sohn Jan hatten wir im Geiste unserer Partei erzogen, und er war ein gläubiger Kommunist. Als er fünfzehn war, kam die Mauer, und er stellte die ersten kritischen Fragen, die schwer zu beantworten waren. Achtundsechzig war er ebenfalls in Prag, aber nicht als Tourist wie du, sondern als Oberleutnant. Er hat dem Volk der CSSR brüderliche Hilfe gegen die Konterrevolutionäre geleistet, verstehst du? Als er zurückkam, hatte er nur noch einen Gedanken: Raus! Irgendwie raus!«

»Hat er's geschafft?« fragte Andy.

»Ja. Zweiundsiebzig.«

»Prima!« meinte Andy.

»Ja, das kannst *du* sagen. Versetz dich aber mal in meine Lage. Ich habe Leib und Leben riskiert, damit dieser Staat hier entstehen konnte, und mein Sohn hat Leib und Leben riskiert, um diesen Staat zu verlassen. Denk mal darüber nach!«

Nach einer langen Pause fragte Andy: »Hast du Jan inzwischen mal wiedergesehen?«

»Ja, vor zwei Jahren war ich bei ihm in Hamburg. Die ersten Jahre nach seiner Flucht bekam ich, auch als ich schon Rentner war, keine Ausreise. Und Jan wollte, obwohl er gekonnt hätte, nie wieder hierher. Aber vor zwei Jahren habe ich ihn besucht. Es geht ihm gut, er arbeitet als Tiefbauingenieur und hat eine sehr nette Frau.«

»Tiefbau?« fragte Andy. »Mein Stiefvater hatte eine Tiefbaufirma, die jetzt verkauft werden soll.«

»Ich weiß von der Firma, deine Mutter schrieb vor vielen Jahren darüber. Ich hatte sogar mal den Gedanken, Jan könnte zu euch kommen, um einen beruflichen Einstieg zu finden. Aber das wäre der Gipfel der Perversion gewesen: Ein Sozialist vermittelt seinen abtrünnigen Sohn an einen Kapitalisten!«

Der Mann von der Datsche am Ende des Weges kam mit seinem Trabant vorbei und hielt an.

»Na, Genosse Kowalski, Westbesuch?« rief er aus dem Autofenster.

»Ja«, rief Onkel Walter zurück, »säuft mir das teure Radeberger weg.«

»Hat er wenigstens 'n Cognac mitgebracht?«

»Nee, er hat im ›Neuen Deutschland‹ gelesen, daß es bei uns alles gibt.«

Der Mann fuhr lachend weiter.

Andy hätte jetzt gern nach Horst Meyer gefragt, aber ihm schien die Zeit dafür noch nicht gekommen. Außerdem reizte es ihn, mit einem Mann wie Walter Kowalski über Politik zu reden.

»Wie fandest du Hamburg?« fragte er.

»Anders. Mein Bild der BRD stammte vor allem aus dem Fernsehen. Aus euerm Fernsehen, wohlgemerkt. Und da hatte ich öfter gehört, die BRD sei ein von Krisen geschütteltes Land. Ich habe nicht viel davon bemerkt. Wenn ihr eure Zustände als krisenhaft empfindet, dann weiß ich nicht, wie man unsere bezeichnen soll.«

»Hast du mal überlegt, drüben zu bleiben?«

»Nein!« antwortete Onkel Walter beinahe schroff.

»Warum nicht?«

»Ich weiß nicht, ob du das verstehst. Ich habe, wenn auch nicht an entscheidender Stelle, diesen Staat hier mit aufgebaut. Er hat manche Vorzüge, aber er ist nicht so geworden, wie ich ihn mir vorgestellt hatte. Das habe ich mit mir zu verantworten. Unser Staat, das ist ja nicht nur das Politbüro der Partei. Unser Staat, das sind ja auch Leute wie ich, die zu oft Ja und zu selten Nein gesagt haben. Auch ich gehöre zu denen, die ihre Ideale zu billig verkauft haben: für ein bißchen Freiheit von Angst, ein bißchen Macht über die Ängstlichen. Ich habe den Zustand dieses Staates mit zu verantworten. Seit kurzem gehöre ich zu den Privilegierten, die sich aussuchen dürfen, wo sie ihren Lebensabend verbringen wollen. Soll ich jetzt sagen: Leute, macht's gut und seht zu, wie ihr mit eurer DDR fertig werdet! Löffelt aus, was ich mit angerührt habe! Nein, ich bleibe natürlich. Ich habe meine Pension, meine Wohnung, meine Datsche, meinen Wartburg. Ich weiß nicht, was ich mit einem zweiten Leben anfangen würde, aber das erste bringe ich hier zu Ende.«

»Du scheinst deinen Staat nicht sehr zu mögen«, meinte Andy.

»Falsch!« widersprach Walter Kowalski. »Ich liebe ihn, wie man ein mißratenes Kind liebt, für das man die Hoffnung noch nicht aufgegeben hat.«

Onkel Walter wollte jetzt die Blumen gießen, um anschließend mit seinem Neffen nach Leipzig zu fahren, damit er dort sein Gast sei. Andy sagte, er habe Zeit, er müsse erst übermorgen abend zurück in Frankfurt sein. Er half beim Blumengießen, so daß sie nach einer halben Stunde die Datsche abschließen und das Grundstück verlassen konnten. Sie fuhren mit zwei Wagen nach Leipzig und zuerst zu Frau Kühn, wo Andy sein Gepäck abholte und die drei Nächte, von denen er nur eine hier verbracht hatte, in D-Mark bezahlte. Frau Kühn freute sich über die D-Mark und darüber, daß Andy den Onkel tatsächlich gefunden hatte.

»Wie isser denn, der Herr Funzienär?« fragte sie leise. »Hamse mächdchn Streit gehabt?«

»Nein, überhaupt nicht.«

»Sinse vorsichdsch!« riet ihm Frau Kühn zum Abschied.

Onkel Walter wohnte nicht repräsentativ in einem Einfamilienhaus oder wenigstens einer großen Altbauwohnung, sondern in einer Straße mit ziemlich eintönigen und obendrein stark heruntergekommenen Mietskasernen im Vorort Lindenau. Die Wohnung ein zweieinhalb Zimmern war sehr einfach möbliert und auch sonst nicht nach Andys Geschmack, aber sie enthielt auch nichts, was er als geschmacklos empfunden hätte. Auffallend waren ganze Wände voller Bücher und mehrere Regale voller Schallplatten.

Onkel Walter bemerkte Andys Blicke und erriet seine Gedanken.

»Du hast eine Villa erwartet? Weiß du, ich gehöre zu einer Generation von Parteiarbeitern, für die persönliche Bescheidenheit noch Voraussetzung für politische Glaubwürdigkeit war. Damit bist du heute ein Fossil, ja sogar ein Stein des Anstoßes. Aber ich will nicht mehr umdenken.«

»Immerhin hast du eine Datsche«, hielt ihm Andy vor.

»Richtig. Ich könnte dir mal die Datsche meines Nachfolgers zeigen. Und seine Villa. Aber du sollst ja einen positiven Eindruck mit nach Hause nehmen.«

Onkel Walter wollte Andy zum Abendessen ins »Interhotel am Ring« einladen. Sie fuhren mit der Straßenbahn, um sich mit dem Trinken nicht so zurückhalten zu müssen. Onkel Walter befürchtete, während der Messe ohne Reservierung keinen Platz zu bekommen, und tatsächlich war das Restaurant ausgebucht. Aber der Kellner von gestern abend erkannte Andy wieder und wies ihm einen Zweiertisch zu, von dem er das »Reserviert«-Schild entfernte.

»Es macht mich manchmal ganz krank«, sagte Onkel Walter, als sie saßen, »daß schon die bloße Hoffnung auf ein paar Devisen unsere Bürger zu allem bereit macht.«

»Ist doch menschlich«, erwiderte Andy und fragte, um nicht schon wieder über Politik zu reden, welche Speisen von der umfangreichen Karte besonders zu empfehlen seien. Der Onkel empfahl Entenbraten oder Karpfen blau, Andy entschied sich für Ente, der Onkel für Karpfen, beide für Radeberger. Dann kam Walter Kowalski doch wieder auf den Devisenhunger seiner Landsleute zurück, der ihn offenbar sehr ärgerlich machte. »Vor fünfunddreißig, fast vierzig Jahren haben wir fest daran geglaubt, spätestens innerhalb einer Generation den neuen Menschen erzogen zu haben, der nicht mehr käuflich ist. Und heute? Nach D-Mark süchtig sind sie wie nach einem Rauschgift.«

Andy fand es interessant, einen Mann mit der Vergangenheit Kowalskis über Sozialismus reden zu hören, aber es wurde ihm allmählich ein wenig anstrengend. Denn hinter jeder Bemerkung des Onkels standen ungezählte Fragen, die Andy nicht oder nur mit Vermutungen beantworten konnte. Diese D-Mark-Geschichte zum Beispiel:

Wie kam das Westgeld ins Land, wer durfte es haben, warum ließ die Regierung diese »Zweit-Währung« zu? Andy erinnerte sich an eine Bemerkung seines Kollegen Frank Weicher. »DDR für Anfänger«, hatte der gesagt, »ist so anstrengend, daß dir am dritten Tag der Kopf platzt.« Es war erst der zweite Tag.

Andy hätte gern die Frage angeschnitten, deretwegen er überhaupt nach Leipzig gekommen war: die Frage nach Horst Meyer. Aber die wollte er nicht im Restaurant bei Ente und Radeberger stellen. Also fragte er nach der Stadt, von der er noch kaum etwas gesehen hatte. Das war ein Thema, das Onkel Walter beflügelte. Er stellte Leipzigs Bedeutung im »Republikmaßstab« dar, gab einen kurzen Abriß der Geschichte und erläuterte die bedeutenden Einrichtungen und Bauwerke der jüngeren Zeit seit Gründung der DDR. Man merkte ihm die Begeisterung für diese Stadt an, in der er zwar nicht geboren, aber seit fast vierzig Jahren zu Hause war. Immer wenn er offenbar den Eindruck hatte, ihm sei der Gaul durchgegangen, schob Onkel Walter eine Bemerkung wie diese ein: »Natürlich nicht wie in Hamburg, aber ...« Und am Schluß sagte er: »Ich weiß natürlich auch, wo's hapert. Du hast ja meine Straße in Lindenau gesehen.«

Andy bat noch um eine Führung durch die Innenstadt vorm Dunkelwerden. Der Kellner kam und legte Andy die Rechnung vor, aber Onkel Walter nahm sie an sich.

»Zahlen Sie in unserer Währung?« fragte der Kellner.

Als Onkel Walter bejahte, sah Andy die Enttäuschung im Gesicht des Kellners. Beim Aufbruch ließ er unauffällig einen Zehn-D-Mark-Schein unter der Serviette liegen.

Vieles, was ihm der Onkel in der Innenstadt zeigte, kannte Andy von Bildern und Berichten. Er sah das Neue Gewandhaus und das Dimitroff-Museum, das einmal Reichsgericht gewesen war. Das Neue Rathaus, die Thomaskirche mit Bach in Bronze, den Eingang zu »Auerbachs Keller«, wo sie morgen essen wollten. Das Alte Rathaus und den Hauptbahnhof. Die Stadt war sehr belebt, und Onkel Walter versicherte, auch außerhalb der Messe sei sie nicht gerade ausgestorben. Er hatte zu jedem Gebäude eine Geschichte und zu jeder Frage eine Erklärung, und Andy genoß den Abendspaziergang sehr.

Zu Hause kam Walter Kowalski von sich aus auf das Thema. »Ich denke mir, Andreas, du bist nicht gekommen, um deinen Onkel kennenzulernen. In Wahrheit willst du deinen Vater kennenlernen. Aber erst mal mußten wir uns ein wenig beschnuppern. Ich war sicher, du würdest eines Tages kommen. Ich bin froh, daß du mich noch angetroffen hast.«

Andy wunderte sich ein weiteres Mal über die Souveränität, die Walter Kowalski ganz selbstverständlich ausstrahlte.

»Mir hat nie jemand etwas von meinem Vater erzählt«, sagte Andy, »was war er für ein Mann?«

»Mein Bruder Horst war ein feiner Kerl. Ich sage das, obwohl wir manchen erbitterten Streit hatten. Ich war Kommunist, er war Sozi, und du weißt, daß Kommunisten und Sozis manchmal verbissener miteinander streiten als jeder von ihnen mit einem bürgerlichen Reaktionär.«

»Sozi?« fragte Andy verwundert. »Davon wußte ich nichts.«

Onkel Walter lachte zum erstenmal frei heraus. »Das kann ich mir lebhaft vorstellen! Das muß ja auch für Wohlgemuth ein Trauma gewesen sein, daß seine Frau in erster Ehe einen Sozi hatte. Ja, Horst war schon als Oberschüler in Potsdam Sozialdemokrat, und er blieb es innerlich auch nach dreiunddreißig. Das hat ihm große Schwierigkeiten gemacht. Ich konnte ihm nicht helfen, ich war ja untergetaucht, mich gab es nicht mehr. Unser Vater half ihm, so gut er konnte. Weißt du etwas über deinen Großvater?«

»Nein«, sagte Andy.

»Ich habe leider kein einziges Familienfoto. Nach zwölf Jahren in der Illegalität hat man manches nicht, was zu einem gesitteten Hausstand gehört. Unser Vater war ein großbürgerlich-liberaler Geschäftsmann. Er konnte mit der Gesinnung seiner beiden Söhne nichts anfangen. Er sagte immer: ›Warum wollt ihr mich denn enteignen, ihr könnt mich doch beerben.‹ Er ließ uns gewähren, er war eben ein Liberaler. Er starb kurz vor Kriegsbeginn. Er war zum einen vergrämt über den Tod seiner Frau, zum anderen aber verbittert über die Zustände in Deutschland. Wollen wir noch ein Bier trinken?«

Andy war dafür, und Onkel Walter holte, da ihm das Radeberger ausgegangen war, zwei Flaschen »Ur-Krostitzer«, das sich als trinkbar erwies.

»Mein Vater war Beamter, was hat er getan?«

»Er war in der preußischen Kultusverwaltung tätig. Er war ein kleines Rädchen, er war ja bei der Machtübernahme erst Ende Zwanzig. Er hat sich aber im Rahmen seiner bescheidenen Möglichkeiten für Künstler verwendet, die von den Nazis nicht gern gesehen wurden. Viel konnte er nicht tun, höchstens mal für einen kaum bekannten Mann ein Arbeitsverbot verhindern oder sogar einen kleinen öffentlichen Auftrag beschaffen. Ich kenne allerdings auch einen Künstler, der damals Hitler-Karikaturen verbreitet hatte und den dein Vater vor der Verhaftung gewarnt hat. Ich weiß nicht viele Einzelheiten, ich war ja im Untergrund damals.«

»Würdest du sagen, er hat Widerstand geleistet?«

Onkel Walter dachte eine Zeitlang nach und schenkte dabei frisches Bier ein. Dann sagte er: »Das ist ein großes Wort, das hinterher viele für sich in Anspruch genommen haben, obwohl sie höchstens mal heimlich die Faust in der Tasche geballt hatten. Man kann Horsts hinhaltenden Widerstand auch nicht mit den Aktivitäten meiner Gruppe vergleichen. Aber ich würde ihn, wenn auch sozusagen auf unterster Stufe, als aktiven Antifaschisten anerkennen.«

Andy fühlte sich erleichtert, ja sogar etwas euphorisch. Er hatte gehofft, bei diesem Besuch in Leipzig einen Horst Meyer zu entdecken, dessen man sich nicht schämen mußte. Nun war er einem Horst Meyer auf der Spur, auf den er vielleicht sogar stolz sein konnte.

Noch waren freilich die heiklen Punkte nicht angesprochen, und Andy begann entschlossen damit:

»Warum ist er dann aber sechsunddreißig freiwillig in die Wehrmacht?«

»Um Schutz zu suchen«, antwortete Onkel Walter.

»Um Schutz zu suchen?« fragte Andy verwundert.

»Ja, das verstehst du nicht, oder? Wir haben in unserer Propaganda immer von der faschistischen Wehrmacht gesprochen, und das war auch taktisch richtig. Aber wir wußten natürlich, daß die Wehrmacht keine Nazi-Organisation war, auch wenn immer mehr Nazis hineingeschleust wurden. Wir müssen ja auch anerkennen, daß der einzige erfolgversprechende Umsturzversuch nicht von uns ausging, sondern im wesentlichen aus der Wehrmacht kam. In dieser Wehrmacht haben manche Leute, die sich politisch in Gefahr begeben hatten, Zuflucht gesucht und manchmal auch gefunden. Ich habe meinen Bruder bis zum Jahre dreiundvierzig noch mehrmals heimlich treffen können, und er hat mir immer versichert, er sei freiwillig Offizier geworden, um nicht eines Tages im KZ zu landen. Daß er dann doch dort gelandet ist, das war eine Tragödie für sich.«

»Im KZ?« fuhr Andy auf. »Das weiß ich ja gar nicht!«

»Du weißt überhaupt sehr wenig. Du weißt oder weißt vielleicht auch nicht, daß er noch fünfundvierzig wegen Homosexualität verurteilt wurde. Er kam nach Buchenwald, ich habe das damals schon erfahren, denn unsere Genossen unter den Häftlingen hatten ein gut organisiertes Informationssystem. Ich möchte mir nicht im einzelnen vorstellen, wie er zugrunde gegangen ist, denn ich weiß, daß die SS die Schwulen mit besonderer Grausamkeit gepeinigt hat.«

»War er es denn?« fragte Andy.

Er sagte »es« und versuchte das Wort zu vermeiden, obwohl oder weil er jetzt zum entscheidenden Punkt kam.

»Ja, er war's«, antwortete Onkel Walter. »Zumindest war er beiden Geschlechtern zugeneigt.«

Andy fühlte sich zusammensinken. Er war hierhergekommen, um bestätigt zu finden, daß der Vorwurf des Kriegsgerichts aus der Luft gegriffen war, daß er möglicherweise nichts anderes als eine politisch motivierte Intrige gewesen war. Und nun sagte Onkel Walter: Ja, er war's.

Walter Kowalski schien Andys Betroffenheit zu bemerken und fragte: »Findest du es wichtig?«

»Ja, sehr.«

»Merkwürdig, ich nicht. Wenn ich an meinen Bruder denke und mich frage, wie er war und was er war, denke ich an alles andere zuerst und daran zuletzt.«

»Vielleicht hast du recht«, sagte Andy, »aber darüber muß ich jetzt mindestens eine Nacht lang nachdenken.«

22

Nach dem Frühstück am nächsten Morgen fuhr Onkel Walter seinen Neffen im Wartburg durch Leipzig und bis hinaus vor die Stadt, wo der Braunkohletagebau begann. In den Vororten nahm Andy immer wieder die Bilder der vom Putz entblätterten Fassaden und der vom Rost überzogenen Balkone auf. Er wollte nicht schon wieder diskutieren, zumal ihm genügte, was er sah. Er sagte nur: »Das hat fast den morbiden Charme italienischer Städte.«

»Damit hat das nichts zu tun«, antwortete Onkel Walter und erklärte den Zusammenhang zwischen den sozialpolitisch gewollten niedrigen Mieten und der ungewollten, aber sich automatisch daraus ergebenden Unmöglichkeit, von diesen niedrigen Mieten Reparaturen oder gar größere Renovierungen zu bezahlen.

»Jetzt sind wir schon wieder beim Eingemachten«, meinte Andy, »aber das geht hier wohl nicht anders. Also, warum könnt ihr nicht viel mehr der privaten Initiative überlassen? In aller Welt hat sich erwiesen, daß dieses Prinzip als einziges funktioniert. Jeder für sich und Gott für später. Ihr wißt doch längst, daß euer Prinzip nicht funktioniert, aber ihr könnt es nicht aufgeben.«

Onkel Walter war keineswegs ungehalten darüber, wie sein Neffe aus der BRD an den Grundfesten des Sozialismus rüttelte. Er diskutierte eher amüsiert weiter. »Ich versuch's mal mit einem Gleichnis. Stell dir vor, der Vatikan kommt zu der Überzeugung, Gott sei ein Irrtum. Soll der Papst also vor die Menschheit treten und sagen: Tut uns leid, wir haben unsere Kirche auf einer falschen Annahme aufgebaut, aber im übrigen läuft der Laden weiter wie bisher. Soll er das sagen?«

»Nee, das geht nicht«, gestand Andy, »das wäre geschäftsschädigend.«

»Siehst du! Deswegen dürfen bei uns auch keine Produktionsmittel in private Hand. Aber dennoch bin ich der Überzeugung, daß unser Prinzip, allmählich reformiert, auf lange Sicht bessere Perspektiven hat als euer Prinzip ›Jeder gegen jeden‹.«

Sie fuhren zum Völkerschlachtdenkmal und besichtigten es, ohne allerdings die fünfhundert Stufen zur Aussichtsplattform hinaufzusteigen.

»Heute sieht man sowieso nichts«, meinte Onkel Walter. »Man sieht ohnehin nur noch selten was, weil wir ziemliche Probleme mit der Luftverschmutzung haben.«

Andy fand das Denkmal grauenhaft bombastisch, aber zu seiner Verwunderung verteidigte Onkel Walter das Werk als Ausdruck einer Epoche, die man glücklicherweise überwunden habe, deswegen aber nicht aus der Geschichte streichen dürfe.

Andy hatte nun genug von Politik, und als Onkel Walter vorschlug, einige Gedenkstätten der Arbeiterbewegung zu besuchen, antwortete er: »Na ja, sagen wir mal eine.«

Sie besuchten die »Iskra«-Gedenkstätte unweit des Völkerschlachtdenkmals. In der kleinen Druckerei hatte Lenin im Jahr 1900 die erste Ausgabe seiner revolutionären

Exil-Zeitschrift »Iskra«, »Der Funke«, herstellen lassen. Der Mann, der durch die kleine Ausstellung führte, lobte in routiniertem Überschwang die gesellschaftlichen Errungenschaften und die unbeirrbare Friedensliebe der großen Sowjetunion, wofür sich Onkel Walter nachher halb entschuldigte. »Sie tragen immer zu dick auf. Jeder glaubt, es werde von ihm verlangt. Selbst dieser Rentner, der nichts mehr werden muß.«

Andy sagte diesmal nichts.

Zum Mittagessen in »Auerbachs Keller« hatte Onkel Walter einen Tisch reservieren lassen. Er erklärte Andy die »Faust«-Szenen, mit denen die Wände und Gewölbe bemalt waren, und Andy kamen bruchstückhafte Erinnerungen an die Lektüre des Goethe-Stücks in der Obersekunda. Obwohl die Malerei möglicherweise nur romantisierender Kitsch war, obwohl das Essen mittelmäßig und die Atmosphäre aufdringlich laut war, hatte Andy plötzlich für Sekunden das überwältigende Gefühl, einen Schauplatz von Geschichte zu erleben. Davon gab es ungezählte in dieser fremden DDR, vom mittelalterlichen Zauber der Wartburg bis zum neuzeitlichen Grauen von Buchenwald. Andy nahm sich in diesem Augenblick vor, möglichst oft wiederzukommen.

Er fragte Onkel Walter, ob man nicht heute abend das Gewandhaus besuchen könne. Nach dem Essen gingen sie die wenigen Schritte hinüber zum Vorverkaufsschalter im Messeamt am Markt.

»Wir haben noch ein paar Karten«, sagte die Dame hinter dem Schalter, »aber es ist ein Devisenkonzert.«

»Ein was?« fragte Andy den Onkel.

Der hatte plötzlich einen bösen Gesichtsausdruck, wie ihn Andy in den zwei Tagen noch nicht gesehen hatte. »Ein Devisenkonzert! Unser Orchester spielt heute abend ausschließlich für westliche Messegäste mit westlichen Devisen. Devisenhotels haben wir auch schon, mit Devisenparkplätzen davor und einem livrierten Rentner im Foyer, der dich hochmütig auf die Straße zurückschickt, wenn du bloß DDR-Bürger bist. Zum Kotzen ist das!«

»Komm, ich lade dich zu dem Konzert ein«, schlug Andy vor.

Onkel Walter wurde noch böser. »Darauf kommt's mir nicht an! Ich habe ein Abonnement fürs Gewandhaus. Ich kann nur diese Verlogenheit nicht ausstehen!«

Andy bestand darauf, seinen Onkel ins Devisenkonzert einzuladen, und erreichte am Ende eine mürrische Zusage. Die Karten kosteten fünfzig Mark pro Stück, was Onkel Walter noch mal in Wallung brachte. Dann riß er sich zusammen und entschuldigte sich für sein Aufbrausen, das sonst gar nicht seine Art sei.

»Aber du mußt das verstehen. Wir sagen den jungen Leuten, wir wollten die klassenlose Gesellschaft bauen. Aber wir führen ihnen mit Fleiß eine Gesellschaft vor, in der es eine Klasse mit Lord Extra und Henkell trocken gibt, und eine mit F 6 und Rotkäppchen. Und ich mit meiner Vergangenheit soll das gutheißen oder mindestens dazu schweigen. Weißt du, was das heißt?«

Nach dem Konzert suchten sie vergebens ein Plätzchen an einer Hotelbar und fuhren dann nach Hause, was Andy nicht unrecht war, denn er hatte noch einige Fragen.

»Könnte es sein«, fragte er, »daß sie Horst Meyer aus politischen Gründen kaltmachen wollten und seine Veranlagung nur ein Vorwand war?«

»Kann sein, aber das ist Spekulation.«

»Hat er mal angedeutet«, bohrte Andy, »er sei aus politischen Gründen gefährdet?«

»Als wir uns dreiundvierzig das letztemal heimlich trafen, deutete er mir etwas an, worüber ich oft nachgedacht habe. Er hatte einen Untergebenen vors Kriegsgericht bringen wollen, der sich ganz übel an russischen Zivilisten vergriffen hatte. Das Verfahren war jedoch niedergeschlagen worden, und Horst sagte, er habe seither nicht mehr viele Freunde.«

»Vielleicht war das der Grund«, sagte Andy.

Walter Kowalski sah ihn kopfschüttelnd an: »Was brauchst du unbedingt so ein Motiv? Er war ein anständiger Mensch, und sie haben ihn kaputtgemacht. Genügt das nicht? Brauchst du einen Helden? Dann werde doch selbst einer, Gelegenheit ist immer.«

»Nein, das ist es nicht. Ich will nur Achtung vor ihm haben. Und in dem Urteil steht, er habe seine Position als Vorgesetzter mißbraucht.«

»Ach so, das bedrückt dich? Daran habe ich keine Sekunde geglaubt, und das solltest du auch nicht tun.«

Am letzten Tag in Leipzig war bis mittags wieder Besichtigungsprogramm, so daß Andy das Gefühl hatte, hier inzwischen mehr Sehenswürdigkeiten zu kennen als daheim in Frankfurt. Am frühen Nachmittag packte er seinen Koffer. Er wußte nichts Rechtes zum Abschied zu sagen und fragte: »Soll ich dir noch Geld tauschen?«

Onkel Walter sah ihn, wieder mal, kopfschüttelnd an und sagte nur: »Wo willst du denn das DDR-Geld noch ausgeben?«

»Ich schicke dir mal was«, versprach Andy, »kein Care-Paket, einfach so, von Neffe zu Onkel, als würdest du im Westen leben.« Alles Blödsinn, ärgerte sich Andy.

Onkel Walter ging zu seinem Plattenschrank, holte ein Doppelalbum heraus und reichte es Andy. Es war das Eröffnungskonzert des Neuen Gewandhauses. Beethovens Neunte. »Sie ist inzwischen vergriffen«, sagte Onkel Walter. »In der BRD kann man sie sicher noch kaufen, aber so hast du sie original aus Leipzig.«

Andy wollte nun schnell weg und gab dem Onkel die Hand. »Bis zum nächstenmal.«

»Ich wollte, ich könnte dich noch mal sehen.«

»Kannst du doch. Ich komme wieder.«

»Mach's gut, Andreas.«

Von Lindenau war es, vorbei am Neubaugebiet Grünau, nicht weit bis zur Autobahn. Dort zuckelte Andy mit den vorgeschriebenen hundert Stundenkilometern in Richtung Süden und dachte intensiv nach.

Dieser Walter Kowalski war ihm immer noch ein Rätsel. So hatte er sich einen Funktionär jedenfalls nicht vorgestellt. Wahrscheinlich war Kowalski auch ganz untypisch. Andy hatte begriffen, daß dieser Mann von Mitte Siebzig seit seinen jungen Jahren an einer Idee hing, für die er sein Leben aufs Spiel gesetzt hatte. Nicht begriffen hatte Andy, ob Walter Kowalski die DDR wirklich bejahte. Er hatte den Eindruck, als wisse es Kowalski selbst nicht ganz genau.

Ob Horst Meyer seinem Bruder ähnlich gewesen war? Er war gewiß nicht so mutig und nicht so fanatisch gewesen, deswegen aber auch nicht in der Gefahr, einen Weg zu Ende zu gehen, von dem er nicht mehr überzeugt war. Was wäre aus Horst Meyer geworden, hätte er die Befreiung von Buchenwald noch erlebt?

Andy bemerkte vor sich am Rand der Autobahn etwas Auffälliges und bremste herunter auf achtzig. Im Vorbeifahren sah er, daß es eine Radarfalle war. Einen halben Kilometer weiter wurden auf einem Parkplatz Fahrer westlicher Wagen abkassiert.

An der Ausfahrt Weimar fuhr Andy kurz entschlossen von der Autobahn ab. Er wußte, daß er das mit seiner Aufenthaltsgenehmigung für den Bezirk Leipzig nicht durfte und daß er sich, falls er zufällig angehalten würde, peinlichen Verhören aussetzte.

Er fuhr langsam durch die Stadt, dachte nicht an Goethe und Schiller, auch nicht an die Weimarer Republik, sondern folgte aufmerksam den Wegweisern zur »Nationalen Mahn- und Gedenkstätte Buchenwald«. Die Straße führte aus der Stadt hinaus, dann rechter Hand aufwärts durch einen Wald. Diesen Weg mußten die Weimarer 1945 gelaufen sein, um das befreite Lager anzuschauen.

Links von der Straße erhob sich das turmartige Mahnmal, das Andy schon einmal auf Fotos gesehen zu haben glaubte. Er fuhr jedoch daran vorbei und einige hundert Meter weiter zum Gelände des ehemaligen Lagers und parkte davor zwischen Autos aus Ost und West.

Es war nicht das erste Konzentrationslager, das Andy besuchte. Nachdem er als Sechzehnjähriger im Kino Erwin Leisers Dokumentarfilm »Mein Kampf« gesehen hatte, war er auf eigene Faust den Spuren des Dritten Reiches nachgegangen. So hatte er im benachbarten Elsaß das ehemalige KZ Struthof besucht, nicht mit der Schule, sondern allein auf einer Radfahrt. In der Schule hatte er, wenn er's recht bedachte, so gut wie nichts gehört über diese Zeit. Zu Hause hatte er mit seinem Stiefvater gestritten, der, wie fast alle, felsenfest versicherte, von allen Übeln erst nach Kriegsende erfahren zu haben.

»Was hast du denn gedacht, wenn die Leute abgeholt wurden?« hatte Andy immer wieder gebohrt. »Hast du gedacht, die werden in die Sommerfrische geschickt?«

»Ich habe mir darüber keine Gedanken gemacht«, hatte der Stiefvater versichert, »und es war auch besser, nicht zu fragen. Tun konnte man sowieso nichts.«

Für Andy war damals Greiner, der Lokalredakteur, der einzige Lichtblick gewesen. Greiner gab zu, von Kameraden an der Ostfront über jene Lager gehört zu haben, in denen täglich die Schornsteine qualmten und von denen der bestialische Gestank verbrannten Fleisches ausging. Die Kameraden, die davon Kenntnis hatten, berichtete Greiner, hätten nur unter vier Augen und nur im Flüsterton darüber gesprochen. Er selbst sei erst ungläubig, dann entsetzt gewesen und gleichzeitig bestürzt, daß man nicht das geringste tun konnte. Das bereite ihm bis heute ein schlechtes Gewissen.

Andy empfand, da er erst 1945 geboren war, weder ein schlechtes Gewissen noch gar Schuld, aber er schämte sich und wunderte sich, daß so viele diese Scham immer mehr verloren.

JEDEM DAS SEINE stand in Schmiedeeisen am Tor des Lagers Buchenwald. Der Zynismus des Spruches schlug

Andy förmlich auf den Magen. Er versuchte sich vorzustellen, wie sein Vater, vielleicht unter Schlägen und anzüglichen Rufen, durch dieses Tor getrieben worden war. Schläge und Schikanen, Demütigung, Hunger, Krankheit – Tod. Auf einen Wagen geworfen und in eine Grube gekippt. Mit Kalk bestreut und mit Erde bedeckt.

Wenigstens konnte das Leiden nicht länger als zwei Monate gedauert haben. Andy kannte den Todestag seines Vaters nicht, aber Horst Meyer war Ende Januar verurteilt worden, und am 11. April 1945, las Andy, war Buchenwald befreit worden. 21 000 Häftlinge hatten überlebt. Warum hatte Horst Meyer nicht ein paar Tage länger ausgehalten?

Andy besichtigte die Gedenkstätte, das fächerförmige Feld, auf dem die Baracken gestanden hatten, das Lagermuseum, die Genickschußanlage, das Krematorium, die Todesstätte Ernst Thälmanns. Der KPD-Vorsitzende war 1944 hier umgebracht worden. Die Verantwortlichen lebten angeblich in der Bundesrepublik, und die Juristen stritten, ob der Fall inzwischen verjährt war oder nicht. War es Mord oder nur Totschlag gewesen? Entscheidend war, ob das Opfer arglos war oder wußte, was ihm bevorstand. Im letzten Falle war es Totschlag, und der war längst verjährt. Juristen!

Nichts wies darauf hin, daß Buchenwald bis 1950 sowjetisches Lager gewesen war, daß hier noch einmal Tausende umgekommen waren, weil sie, wirklich oder angeblich, Faschisten und Feinde der Sowjetmacht gewesen waren.

Es geht immer weiter, dachte Andy, und es gibt immer einen Grund. Wir haben seit ein paar Jahrzehnten Ruhe, aber das Eis ist dünn. Die Mörder von damals sind steinalt oder tot, aber der Typ Mensch – oder besser: der Typ Unmensch – ist nicht ausgestorben. Gib ihnen eine Peitsche und eine Pistole und eine Rechtfertigung, und sie fangen an, gleich morgen früh.

Andy fuhr vorsichtig, wie er gekommen war, durch Weimar zurück zur Autobahn. Kurz vor der Auffahrt winkte ihn ein Volkspolizist an den Straßenrand und bat ihn auszusteigen.

Andy war zuerst starr vor Schrecken, dann dachte er: Dem werde ich etwas erzählen!

»Haben Sie noch nicht bemerkt«, fragte der Volkspolizist und machte auch noch eine kunstvolle Pause, »daß Ihr vorderes Kennzeichen runterhängt? Sie haben eine Schraube verloren.«

Andy atmete hörbar aus: »Oje! Das habe ich nicht bemerkt. Und was machen wir nun?«

»Ich seh mal nach, ob ich was Passendes habe«, meinte der Volkspolizist und ging zu seinem Kofferraum. Er kam mit einer Schraube samt Mutter zurück und borgte Andy auch einen Schraubenzieher.

»Gute Fahrt«, verabschiedete sich der Volkspolizist, als alles erledigt war.

23

Es war nach sechs, als Andy die DDR wieder hinter sich hatte. Gleich an der Raststätte Herleshausen telefonierte er. Es war, als sei er wieder an die Welt angeschlossen, und er mußte an Onkel Walters junge Nachbarin denken, die das Fernsehen »die Nabelschnur zur Welt« genannt hatte. Telefon war auch so etwas, aber wenn man viele Stunden auf eine Verbindung warten mußte, war die Nabelschnur so gut wie abgeschnitten.

Andy rief, weil er nicht in der Redaktion nach Veronika fragen wollte, bei Silvia an. Sie sagte, Veronika sei seit vorgestern wegen irgendeiner Geschichte mit irgendeinem Redakteur in Marburg. Wie der Redakteur hieß, wußte sie nicht. Na ja, dachte Andy, um nicht zu sagen: Aha.

Er überlegte lange, ehe er Pia anrief. Seit zwei Wochen hatten sie nicht miteinander gesprochen, die Fahrt nach Leipzig hatte er ihr auf einem Zettel mitgeteilt. Am liebsten wäre er nicht nach Hause gefahren, aber wohin sonst? Wäre Veronika nicht unterwegs gewesen, wäre er gern zu ihr gefahren. Aber so schön eine Nacht mit Veronika war, so reizvoll das Ausbrechen nach so vielen Jahren, so bedrückend schien ihm das Gefühl, irgendwo unterzukriechen und sich morgens mit geborgter Zahnbürste in einem fremden Badezimmer wie ein Mensch ohne festen Wohnsitz zu bewegen.

Da war es, jedenfalls bis auf weiteres, schon besser, in den eigenen vier Wänden getrennt zu leben.

Pia war gleichgültig freundlich: »Bist du schon auf deutscher Seite?«

»Ja, auf westdeutscher. Ich bin in zwei Stunden da.«

»Bis dahin bin ich auch zu Hause. Ich habe noch eine Verabredung, aber die dauert nicht so lange.«

»Gibt's was Neues?« fragte Andy.

»Deine Abwasser-Story macht ziemlichen Wirbel, die Firma verlangt eine Gegendarstellung. Buske hat dich deswegen dringend gesucht. Onkel Ben sucht dich auch, und Karin hat geschrieben.«

Andy fühlte sich plötzlich todmüde. Die Tage in Leipzig hatten ihn sehr angestrengt, die vielen neuen Eindrücke, die langen Gespräche mit Onkel Walter, die Auskünfte über Horst Meyer. Zuletzt der bedrückende Besuch in Buchenwald. Eigentlich war er zwischen den beiden Grenzübertritten bei Herleshausen keine Stunde zur Ruhe gekommen. Er hatte alles andere völlig vergessen in dieser kurzen Zeit.

Mit dem Telefonat brach es wieder über ihn herein. In der Redaktion drohte Ärger, die Erbschaftssache mußte ausgestanden werden, Veronika war nicht da und die Liebelei mit ihr sowieso sinnlos. Es glaubt mir kein Mensch, dachte Andy, aber am liebsten würde ich umkehren.

Pia hatte etwas Abendbrot gerichtet und war ziemlich kühl. Sie gab Andy den Abwasser-Artikel zu lesen, der am Tag nach seiner Abreise erschienen war. Der Artikel war um eine kurze, aber entscheidende Passage gekürzt worden: um den Hinweis, daß die Firma im vorhinein über geplante Kontrollen unterrichtet werde.

»Das ist doch der Witz an der Sache«, regte sich Andy auf, »das hat der Buske überhaupt nicht kapiert.«

Dann las Andy den Brief von Karin, die ihm mitteilte, sie werde nun doch für eine Woche Bob und die Farm verlassen, um in Deutschland die Erbschaftsangelegenheit zu regeln. Sie habe nach Onkel Bens Schilderung den Eindruck, daß Andy einfach alles schleifen lasse. Es gehe ihr nicht ums Geld, aber der Nachlaß ihrer Eltern sei für sie nichts, was man mit der linken Hand betreibe.

»Finde ich auch«, meinte Pia.

»Wie schön, wieder daheim zu sein«, erwiderte Andy.

Nach dem Abendbrot wollte Pia etwas über die DDR wissen.

»Es ist genauso, wie man es immer gelernt hat«, sagte Andy, »graue Fassaden, rote Transparente, grüne Volkspolizisten.«

»Laß den Quatsch!« bat Pia nachsichtig.

Andy berichtete nun ausführlich und sachlich über seine Reise, seine Begegnungen und Gespräche. Er beschrieb seine Verwunderung über Walter Kowalski, den er sich ganz anders vorgestellt habe. Und er gestand seine Erleichterung über Horst Meyer.

»Na, dann ist ja dein Seelenfrieden wiederhergestellt«, bemerkte Pia.

Andy gefiel die Bemerkung nicht, aber er hielt sich im Zaum. »Für mich war das wichtig.«

»Was willst du mit diesem Herrn Meyer, den du nie gesehen hast und der nie etwas für dich getan hat?«

»Das kannst du doch nicht so meinen«, sagte Andy.

»Natürlich«, bekräftigte Pia. »Überleg doch mal genau: Der Mann hatte zu Hause eine schwangere Frau sitzen und hat sich mit irgendwelchen Herren vergnügt, obwohl er wußte, daß er auf diese Weise seine Frau ganz schnell zur Witwe machen konnte. Findest du das verantwortungsvoll?«

»Vielleicht hatte die Verurteilung ja einen anderen Hintergrund.«

»Ja, ja«, erwiderte Pia ein bißchen spöttisch, »bau dir nur deinen Widerstandskämpfer auf. Und selbst wenn es so gewesen wäre, hätte er dennoch mehr an seine Familie als an irgendwelche Prinzipien denken müssen.«

»Wenn alle so dächten«, versuchte Andy zu entgegnen, aber Pia fiel ihm ins Wort: »... dann sähe es auf der Welt besser aus. Wenn jeder zuerst für die Menschen da wäre, die ihm nahestehen, dann könnten wir auf manche Prinzipien verzichten, die angeblich die ganze Menschheit beglücken sollen. Statt dessen führen wir große Ideen im Munde und zermürben uns daheim im täglichen Kleinkrieg.«

»Das siehst du zu einfach«, erwiderte Andy.

»Ach was!« rief Pia ärgerlich. »Damals, achtundsechzig in München, bin ich mit dir mitgelaufen zu den Demos. Da dachte ich, jetzt bewegen wir was. Und was ist herausgekommen? Alles ist wie immer. Und die großen Wortführer von damals haben jedenfalls heute besser bezahlte Jobs als du.«

Andy beherrschte sich nur mit Mühe. »Mußt du jedes Gespräch auf diesen Punkt bringen? Ist das nicht genau der tägliche Kleinkrieg?«

»Wir können ihn ja beenden«, sagte Pia.

24

Wieland Buske war auf neunzig. »Sie haben sich ganz schön in die Scheiße geritten, und ich hänge auch mit drin.«

»Dafür kriegen Sie Ihre Zulage als kommissarischer Redaktionsleiter«, sagte Andy obenhin.

»Mann, kapieren Sie denn nicht«, rief Buske, »daß die Firma Daten auf den Tisch gelegt hat, die wir nicht widerlegen können?«

»Die können wir mit unseren Daten widerlegen«, sagte Andy.

»Ja, unsere Daten! Wo ist denn Ihr Informant? Schaffen Sie mir den Mann doch mal bei. Ich würde furchtbar gern mal mit ihm reden.«

»Ich weiß nicht, wo er ist.«

»Aha, der große Unbekannte. Wissen Sie wenigstens, ob es ein Mann oder eine Frau war?«

»Hören Sie mal«, sagte Andy warnend. »Sie können mich jetzt nicht in die Pfanne hauen. Ich habe Ihnen geschildert, woher die Informationen sind, und Sie haben gesagt: Okay, wir machen die Story. Sie können mich jetzt nicht im Regen stehen lassen.«

Buske verbesserte ihn. »Ich habe gesagt, wenn Sie das Gefühl hätten, der Mann sei okay, dann machen wir die Story. Ich habe mich auf Sie verlassen. Sie haben mir nicht gesagt, daß Sie den Mann überhaupt nicht kennen.«

»Ach, was streiten wir denn hier rum. Nach außen hin müssen Sie das als amtierender Redaktionsleiter verantworten, aber intern können Sie doch immer darauf hinweisen, daß Sie mit journalistischem Fingerspitzengefühl die brisanteste Behauptung herausgestrichen haben.«

»Gott sei Dank!« bekräftigte Buske. »Haben Sie schon mal den Verdacht geschöpft, daß Ihr geheimnisvoller Informant mit den auffallend präzisen Kenntnissen der Firmeninterna jemand sein könnte, den die Geschäftsleitung auf Sie angesetzt hat, um Sie mit falschen Informationen zu leimen?«

»Nein, daran habe ich noch nicht gedacht.«

»Wie lange sind Sie eigentlich schon im Beruf?« fragte Buske höhnisch.

Andy rauschte aus dem Zimmer.

Er versuchte sich zu beruhigen, ehe er den Pressesprecher anrief.

»Oh, Herr Wohlgemuth«, sagte der, fast aufgekratzt, »warum haben Sie sich nicht bei mir kundig gemacht? Ich hatte es Ihnen doch angeboten. Statt dessen haben Sie sich auf einen windigen Zuträger verlassen, den Sie nicht einmal kennen.«

»Ich habe den Eindruck«, antwortete Andy bissig, »Sie kennen den Mann besser als ich.«

»Oh, wenn Sie mir seinen Namen nennen, kann ich Ihnen sagen, ob ich ihn kenne. Wie heißt er denn?«

»Lassen Sie mich doch in Ruhe mit Ihrer Ironie«, schnaubte Andy.

»Oh, lieber Herr Wohlgemuth, wer hier wen nicht in Ruhe lassen wollte, liegt doch auf der Hand, oder? Sie wollten uns öffentlich anklagen. Ich werde dafür bezahlt, daß meine Firma ein gutes Ansehen hat. Dafür tue ich, was ich kann.«

»Bis unter die Gürtellinie«, sagte Andy patzig.

»Herr Wohlgemuth, ich verstehe Ihre Enttäuschung, aber ich kann darauf keine Rücksicht nehmen. Bekennen Sie sich zu Ihrer nachlässigen Recherche, dann lassen wir es bei einer Gegendarstellung bewenden. Andernfalls, meint jedenfalls unser Justitiar, müssen wir weitergehende Schritte erwägen. Wir möchten das lieber vermeiden, denn wir streben ein gutes Verhältnis zur Presse an.«

Andy wurde jetzt aggressiv. »Ich strebe kein gutes Verhältnis zu Kriminellen an.«

»Herr Wohlgemuth, ich danke Ihnen für dieses Gespräch.«

Geleimt, dachte Andy, geleimt haben sie mich. Sie versauen die Umwelt, damit die Kasse stimmt. Wenn ihnen einer auf den Fersen ist, bringen sie ihn öffentlich zur Strecke. Hinterrücks mit einem gekauften Agenten.

Nicht lange nach dem Telefonat wurde Andy zum Chefredakteur bestellt.

Dr. Schmidt-Schulzendorf war nur fünf Jahre älter als Andy und in den Augen altgedienter Redakteure wie Georg Schaaf alles andere als eine Autorität. Zwar hatte er ein leidliches Gespür dafür, was bei den Lesern ankam, aber er wußte nicht, wie es »gemacht« wurde. Er hatte den Journalismus nicht von der Pike auf gelernt, sondern war über verschiedene Industrie-Pressestellen und niemals näher geklärte Beziehungen in seine jetzige Position gelangt.

Dr. Schmidt-Schulzendorf war nach Überzeugung aller seiner Mitarbeiter kein Typ. Man konnte über ihn sagen, daß er immer glatt rasiert, gut gekämmt und unauffällig gekleidet war. Aber niemand konnte ihn sich anderswo als an seinem Schreibtisch vorstellen, nicht bei einer Reportage vor Ort, nicht bei einem Interview, auch nicht bei der »Bonner Runde«.

Der Chefredakteur bot Andy Kaffee und Zigarette an, erkundigte sich nach seinem persönlichen Befinden und kam vorsichtig zur Sache. »Sie sind seit Jahren ein zuverlässiger Mitarbeiter der Lokalredaktion, und ich hatte niemals Anlaß, Sie in mein Büro zu bitten.«

Nein, dachte Andy, auch nicht, um mir ein Lob auszusprechen oder eine Beförderung mitzuteilen.

»Aber jetzt«, fuhr Dr. Schmidt-Schulzendorf fort, »haben Sie sich und uns in Schwierigkeiten gebracht. Verstehen Sie mich recht: Als Chefredakteur habe ich mich, was immer geschieht, nach außen hin vor meine Mitarbeiter zu stellen. Ich tue das und versuche alles, damit wir mit einer Gegendarstellung davonkommen.«

Er machte eine bedeutungsvolle Pause, als erwarte er Andys Dank, dann fuhr er mit schärferer Stimme fort: »Wir können aber nur dann mit einem blauen Auge davonkommen, wenn Sie nicht auf eigene Faust telefonieren und Leute als kriminell bezeichnen. Bitte lassen Sie jetzt die Finger aus der Suppe, die Sie angerührt haben! Über alles andere reden wir zu gegebener Zeit.«

Andy wollte, obwohl er keine Argumente hatte, vom Leder ziehen, aber er wurde verabschiedet, ehe er noch seinen Kaffee ausgetrunken hatte.

Er vergrub sich hinter seinem Schreibtisch und schrieb lustlos ein paar Meldungen um, die ihm ein neuer Volontär hereinreichte. Der OB hatte mal wieder irgendwo mit dem Spaten gestochen, eine Delegation der amerikanischen Partnerstadt war eingetroffen, auf dem Rhein-Main-Flughafen war ein Airbus der Lufthansa getauft worden. Besser als abgestürzt, dachte Andy.

Er hätte gern mit jemandem geredet. Walter Kowalski fiel ihm plötzlich ein. Andy versuchte ihn anzurufen, wählte sicher fünfzigmal die Nummer in Leipzig, kam aber nicht durch. Am Ende fragte er sich, was er Onkel Walter hätte sagen wollen.

Wo waren eigentlich die Freunde, die man anrufen konnte, wenn man ganz tief in den Sielen hing? Wer hörte sich das mit Geduld oder gar mit Teilnahme an und redete so lange, bis man wieder einen Streifen Land im Visier hatte? Ja, man kannte tausend Leute für den Small-talk auf Parties: Nein, St. Moritz ist mir viel zu überlaufen! Sylt ist auch nicht mehr wie früher! Gehen Sie dieses Jahr wieder nach Bayreuth? Wie sind Sie mit Ihrem Quattro zufrieden? Welche Partei soll man überhaupt noch wählen? Die badischen Weine sind trockener als ihr Ruf ...

Früher, zu Studentenzeiten in München, hatte man seine Freunde morgens um drei aus dem Bett klingeln können, um ihnen zu klagen, daß die Freundin mit einem Gebrauchtwagenhändler im gebrauchten Porsche durchgebrannt war. Der Freund, anstatt seinen Rausch auszuschlafen, hörte sich die Tragödie an, brachte zum Vergleich einige Beispiele, die bewiesen, daß alle Frauen gleich waren. Da ging man denn, innerlich aufgerichtet und mit einem geborgten Zwanzig-Mark-Schein stützt, in die »Teng-Stuben«, die um diese Stunde noch offen hatten, und spülte den Ärger über die Dame weg. Wenn der Freund noch laufen konnte, kam er sogar mit und half. Solche Freunde hatte man später nicht mehr. Der einzige dieser Art war vielleicht Rainer Wilke, der Taxi fuhr und Gedichte schrieb und abends immer am selben Tisch in der Stammkneipe saß.

Die Kneipe war, wie jeden Abend, proppenvoll. Andy arbeitete sich zu Rainer vor und stieß auf dem Wege dorthin mit Pit Reimann zusammen, dem Reporter vom Krawallblatt.

»Sieh da«, rief Pit betont laut, »wann kommt denn eure Gegendarstellung?«

Es wurde leiser im Lokal, und einige Augenpaare richteten sich auf Andy, der Pit geringschätzig ansah.

»Du müßtest normalerweise auf jede deiner Stories eine Gegendarstellung kriegen, aber dich und dein Blatt nimmt ja keiner ernst.«

Ein paar Gäste klatschten Beifall, und Pit wandte sich irritiert seinem Bierglas zu.

»Was ist los mit deiner Story?« fragte Rainer Wilke, nachdem sich Andy zu ihm gesetzt und ein Bier bestellt hatte.

»Ich hab danebengehauen«, antwortete Andy. »Ich war unvorsichtig. Ich wollte mich profilieren für den Job vom alten Schaaf, falls der nicht wiederkommt. Wollte die große, ganz heiße Nummer abziehen, damit sie mich nicht übergehen können. Ich hab vergessen, wer die Mutter der Porzellankiste ist.«

Rainer ließ sich alles genau erklären und fragte dann: »Du bist also überzeugt, daß die Firma dich geleimt hat?«

»Ja. Und wenn ich den Kerl zufällig treffe, der mir die falschen Informationen untergejubelt hat, dann erschlage ich ihn mit einem nassen Scheuerlappen.«

»Wer sagt denn«, fragte Rainer, »daß die Informationen falsch sind?«

Andy setzte das Bierglas ab.

»Du meinst ...?«

Rainer hob die Schultern. »Wer weiß? Vielleicht hast du dich nur ins Bockshorn jagen lassen von deinem Buske und euerm Dr. Schmidt-Schwabbel oder wie er heißt und von diesem Pressefritzen.«

Andy dachte nach. Dann fragte er: »Wie soll das gehen? Nehmen wir an, der Mann war koscher, warum läßt er mich dann jetzt hängen?«

»Um nicht selber aufgehängt zu werden«, erwiderte Rainer.

»Versteh ich trotzdem nicht. Nehmen wir an, seine Absichten waren idealistisch und seine Daten realistisch. Aber dann muß er doch jetzt sehen, daß er nichts erreicht hat. Ich stehe mit seinen Daten im Regen, und die Firma ist reingewaschen.«

»Denk doch mal nach«, sagte Rainer ungeduldig. »Der Mann ist jetzt auf Tauchstation, weil er bei dem Wirbel Angst um seine Existenz gekriegt hat. Aber er vertraut darauf, daß trotz der Gegendarstellung genug an der Firma hängenbleibt.«

»Das meiste bleibt jedenfalls an mir hängen«, maulte Andy. »Ich kann mir genau vorstellen, was mir der Chefredakteur und der Verleger und meine Frau demnächst über meine Versäumnisse um die Ohren hauen werden.«

Rainer ließ zwei Korn kommen und stieß mit Andy an.

»Mein Freund, du bist ein Idiot!«

»Das stimmt«, gab Andy zu, »aber das kann ich nicht von heute auf morgen ändern. Wunder dauern etwas länger.«

»Fang mal damit an«, schlug Rainer ihm vor, »dir folgendes vor Augen zu halten: Du hechelst Tag für Tag einem Pöstchen in euerm Blatt hinterher. Hast du das Pöstchen, hechelst du schon wieder dem nächsten hinterher. Und dabei ist euer Blättchen das Vergänglichste, was du dir denken kannst. Die Zeitung von heute ist morgen toter als tot. Und wenn du selbst tot bist, kriegst du eine Anzeige in deiner Zeitung, die morgen tot ist.«

»Und du?« fragte Andy. »Du lebst von der Hoffnung, daß deine Gedichte in hundert Jahren in den Schulbüchern stehen. Noch stehen sie nicht mal in unserer Zeitung. Und in der Buchhandlung wirst du groß angeschaut, wenn du Gedichte von Wilke verlangst. ›Sie meinen Rilke?‹ sagen sie jedesmal. ›Nein‹, sagst du, ›Wilke‹. ›Welcher Verlag?‹ fragen Sie. ›Auch Wilke‹ sagst du, ›Eigenverlag‹. Dann wälzen sie zehn Minuten lang Kataloge und empfehlen dir am Ende doch wieder Rilke. Mein Lieber, du hast noch einen weiten Weg vor dir.«

»Immerhin habe ich mich schon mal auf den Weg gemacht«, erwiderte Rainer gelassen.

»Ich hab mal eine Geschichte gelesen über einen wie dich«, erzählte Andy. »Es war eine amerikanische Kurzgeschichte, den Autor habe ich vergessen. Da wandert ein junger Mann über die Berge und kehrt in einem Bauernhof ein. Beim Abendessen erklärt er dem alten Bauern und seiner Frau, er schreibe Gedichte und einen Roman und wolle damit unsterblich werden. Die Bauersleute sind ehrfürchtig erstaunt, wer Großes da unter ihrem Dach Rast sucht. In der Nacht reißt eine Lawine das Haus zu Tal und tötet alle drei.«

»Und am nächsten Morgen«, fuhr Rainer fort, »findet man das alte Ehepaar, das jeder in der Gegend kennt, und einen fremden jungen Mann, der leider namenlos bestattet werden muß. Ich glaube, die Geschichte ist von Nathaniel Hawthorne.«

»Und?« fragte Andy. »Erschreckt sie dich nicht?«

»Nein, überhaupt nicht. Weißt du, was mich erschrecken würde? Wenn ich mich fragen müßte, was ich eigentlich mit mir selbst vorhabe, und die Antwort lautete: nichts!«

Veronika stand plötzlich neben dem Tisch. Andy sprang auf und küßte sie auf die Wange, dann machte er sie mit Rainer bekannt.

»Wie war's in Leipzig?« fragte sie.

»Du warst in Leipzig?« fragte Rainer.

Andy bestellte einen trockenen Weißwein und zwei Bier. Dann erzählte er die ganze Reise und alle Gespräche mit Walter Kowalski. Darüber vergingen eine Stunde und eine weitere Runde. »Na bitte«, sagte Rainer am Ende, »den Meyer tauschst du doch gern gegen den Wohlgemuth ein.«

Veronika interessierte sich für Rainers Beruf und war enttäuscht, als er lakonisch sagte: »Taxifahrer.«

»Er befaßt sich aber nebenbei noch mit geistigen Dingen«, fügte Andy hinzu.

»Tragen Sie vielleicht unsere Zeitung aus?« fragte Veronika schnippisch.

Andy antwortete für Rainer: »Er ist Lyriker. Manche halten seine Gedichte für Parodien, aber er ist wirklich ein Lyriker. Er ist sogar der Erfinder der unverkäuflichen Lyrik.«

Rainer blieb gelassen. »Ich habe umgesattelt. Ich schreibe einen Roman.«

»In Versen?« fragte Andy.

»Unsinn! Verse will doch keiner lesen. Das weiß ich inzwischen besser als sonst einer. Ich schreibe einen Roman über Leute wie dich.«

»Um Gottes willen!« fuhr Andy auf. »Laß mich da bloß raus, die Leute lesen nicht gern Geschichten, die schlecht enden.«

»Ich finde es toll, wenn jemand ein Buch schreibt«, meinte Veronika.

»Ich finde es hirnrissig«, widersprach Andy, »denn es gibt schon mehr als genug Bücher.«

»Aber meins gibt es noch nicht«, stellte Rainer fest.

»Man braucht viele Bücher«, erklärte Veronika, »weil man nicht alles selbst erleben kann. Man lebt zu kurz, und was man in dem kurzen Leben nicht schafft, das muß man in Büchern lesen.»

»Ein bemerkenswerter Gedanke für dein Alter«, fand Andy.

Später in der Nacht, als Veronika und Andy nebeneinander lagen, fragte sie: »Hat dich der Ärger um deine Abwasser-Story sehr geschlaucht?«

»Im ersten Moment ja«, antwortete Andy, »aber jetzt glaube ich, am Ende werden andere auf dem Bauch liegen als ich.«

Veronika forschte nicht weiter nach, sondern fragte: »Wirst du mich mal in München besuchen?«

»Ich wollte ohnehin mal wieder nach München«, antwortete Andy.

25

Die Redaktion wurde zusammengerufen: Georg Schaaf war tot. Er hatte das Krankenhaus nicht mehr verlassen.

Ich hätte ihn noch einmal besuchen sollen, dachte Andy, das werde ich mir wohl immer vorhalten, da kann ich mich nicht mit eigenen Problemen herausreden.

Der Chefredakteur sagte, er wolle in dieser Stunde nicht die Verdienste des langjährigen Lokalchefs würdigen, denn dies bliebe einer hausinternen Feierstunde am Tag der Beisetzung vorbehalten.

»Es ist auch jetzt nicht der Zeitpunkt«, fuhr Dr. Schmidt-Schulzendorf fort, »sich über die Nachfolge den Kopf zu zerbrechen. Wir werden die Bewerbungen aus dem Haus und von außerhalb des Hauses sorgfältig prüfen und dann in Ruhe entscheiden. Ich versichere Ihnen, daß alles noch völlig offen ist.«

Buske kam anschließend in Andys Zimmer.

»Jetzt werden wir beide gegeneinander gewogen. Und gegen die Bewerber von außen. Ich möchte Ihnen versichern, daß ich Ihre unglückliche Abwasser-Story nicht gegen Sie verwenden will. Ich habe dem Chefredakteur ausdrücklich versichert, daß ich sie mit verantworte.«

Andy erwiderte darauf nichts.

»Nächste Woche«, sagte Buske, »habe ich Sie für eine interessante Story vorgesehen. Die Stadt Frankfurt hat wieder mal ehemalige jüdische Bürger eingeladen. Das muß jemand mit viel Sensibilität machen. Haben Sie Lust?«

»Sie verteilen die Aufgaben«, sagte Andy kurz.

Veronikas Zeit in der Redaktion war abgelaufen.

»Wir haben nicht viel voneinander gehabt«, sagte sie. »Ich wäre so gern mal ein, zwei Tage mit dir ganz allein gewesen.«

Andy hatte eine Idee. »Ich muß am Wochenende diese blöde Erbschaftsangelegenheit regeln. Wir könnten am Samstag zusammen nach Baden-Baden fahren und uns einen schönen Tag und eine schöne Nacht machen. Am Sonntag fährst du nach München und ich zu Onkel Ben.«

Jeder fuhr in seinem Auto nach Baden-Baden, und sie quartierten sich im »Quellenhof« ein. Andy führte Veronika in der Stadt herum, die er von flüchtigen Besuchen ein wenig kannte. Es war ein ganz anderes Gefühl als in Frankfurt. In Baden-Baden kannte er niemanden und niemand kannte ihn. Er konnte mit Veronika umherziehen, als gehöre sie zu ihm. Er genoß es zum erstenmal, ohne Angst vor Entdeckung mit ihr zusammenzusein.

Zum Abendessen gerieten sie ins »Stahlbad«, und Andy merkte zu spät, das das Lokal eine Spur zu teuer für ihn war. Als jedoch der Oberkellner Veronika als »die werte Frau Gemahlin« ansprach, war es Andy nicht mehr leid um die Kosten. Beim Bezahlen kam er mit seinem Bargeld nicht hin, aber er hatte Euro-Cheques bei sich.

Veronika hatte der unbeschwerte Abend übermütig gemacht, sie wollte jetzt in die Spielbank. Andy willigte widerstrebend ein. Er kannte sich mit Roulette nicht aus, was ihm etwas peinlich war. Dennoch tat er so, als sei er hier zu Hause, und verlor viel mehr, als er in diesem Monat verdient hatte. Er ärgerte sich über das vertane Geld und freute sich trotzdem, daß er endlich mal wieder etwas ganz Blödsinniges getan hatte. Morgens um drei fielen Veronika und Andy in ihr Bett im »Quellenhof«. Sie waren für alles zu müde und nahmen es sich für den nächsten Vormittag vor.

Vor dem Frühstück stiegen sie gemeinsam ins Bad und planschten ausgelassen herum, bis Veronika nasse Haare hatte und fragte, wo sie am Sonntag einen Friseur finden sollte, bitteschön.

»Ich wollte immer eine Frau, die ich naßspritzen darf«, sagte Andy, »aber ich habe immer eine gekriegt, die dabei hysterisch wurde.«

Als Veronika nichts dazu sagte, meinte Andy, mehr zu sich selbst: »Irgendwie ist es immer das gleiche mit den

Frauen. Nach einer Woche regen sie sich über deine spießigen Klamotten auf und kaufen dir ein buntes Papageienfräckchen. Nach zwei Wochen machen sie dir einen Termin beim Friseur und sagen ihm, er solle dir was Modisches schneiden. Nach drei Wochen schlagen sie dir eine Diät vor. Natürlich eine gemeinsame Diät, damit der Vorschlag nicht so direkt wirkt. So ist es jedesmal.«

Das Badewasser war lauwarm geworden, und Andy ließ heiß nachlaufen. »Entweder man mag sich so, wie man ist«, fuhr er fort, »oder man läßt die Finger voneinander. Umkrempeln kann man sich gegenseitig nicht.«

»Das Problem gibt's für uns nicht«, erwiderte Veronika, »weil wir nicht zusammenbleiben werden.«

»Warum nicht?«

»Weil die Voraussetzungen nicht stimmen. Wir sind verknallt, aber das genügt nicht. Die gemeinsame Basis muß vorhanden sein, verstehst du? Ich habe bei meinen Eltern erlebt, wie es ist, wenn man nicht zueinander paßt.«

»Wieso passen wir nicht zueinander?« fragte Andy.

Veronika sah ihn lächelnd an. »Ich bin Anfang Zwanzig und habe noch etwas vor. Du bist Ende Dreißig und hast aufgesteckt.«

Andy dachte über den Satz nach.

»Ich mache dir deswegen keinen Vorwurf«, fuhr Veronika fort, »denn ich habe ja in den letzten Wochen gesehen, wie schwer es ist, als Rädchen in so einer Maschinerie nicht aufzugeben. Aber ich bin eben noch nicht so weit wie du.«

Andy lachte über die Bemerkung, aber er vergaß sie nicht.

Der Badeschaum war zerronnen, sie stiegen aus der Wanne und rubbelten sich gegenseitig trocken. Das Rubbeln endete damit, daß sie ins Bett zurückkehrten und das Frühstücksbüfett sausen ließen, obwohl es im Preis eingeschlossen war.

Beim Abschied wollte Andy etwas Grundsätzliches sagen, nahm dazu auch mehrere Anläufe, brachte aber nur

Belangloses hervor. »Es war schön mit dir. Ich hoffe, wir sehen uns wieder.«

»Besuch mit bald in München«, bat ihn Veronika. »Ich fand es nämlich auch sehr schön.«

Zur Stadt hinaus und auf dem Zubringer fuhr Andy vor Veronika, dann bog sie nach Norden auf die Autobahn, Andy nach Süden. Sie winkten sich zu.

Andy fühlte sich mit einemmal leer. Er hatte sich die letzten Wochen nie eingestanden, wie sehr Veronika in beschäftigte. Er hatte sich mit Walter Kowalski und Horst Meyer befaßt, mit dem Tod seiner Mutter und Werner Wohlgemuths, mit der lästigen Erbschaftsfrage und mit seinen offenbar aussichtslosen Ambitionen in der Redaktion. Immer, wenn diese Fragen ihm zu nah aufs Gemüt rückten, hatte er daran gedacht, daß Veronika da war, daß er sie abends treffen und bis zum Morgen bei ihr bleiben konnte.

Nein, Veronika hatte seine Ehe nicht kaputtgemacht. Sie hatte ihn höchstens darauf hingewiesen, daß seine Ehe kaputt war.

Nun fuhr sie nach München, und er konnte sie abends nicht mehr treffen. Künftig konnte er abends entweder arbeiten oder sich zu Hause mit Pia anschweigen oder in seiner Stammkneipe sitzen. Verdammt noch mal, dachte Andy, ich fürchte, ich liebe das Mädchen! Er hatte das Gefühl, er müsse an der nächsten Ausfahrt umkehren, Veronika hinterherfahren, sie irgendwo hinter Karlsruhe einholen, auf einem Parkplatz anhalten, sie umarmen und küssen und ihr sagen, sie solle nach Frankfurt fahren und bei ihm bleiben.

Aber was soll dabei herauskommen? fragte Andy sich. Was soll ich anfangen mit einem siebzehn Jahre jüngeren Mädchen? Und was, vor allem, soll sie mit mir anfangen? Sie hat ihr Studium, ihre Freunde, ihre Pläne und Hoffnungen. Ich habe meinen Beruf, meine Verpflichtungen, meinen täglichen Trott und meine begrabenen Träume. Das geht zusammen wie Feuer und Wasser, das zischt und erlischt.

An der nächsten Ausfahrt kehrte Andy um und jagte, so schnell sein Auto konnte, zurück in Richtung Karlsruhe. In der Gegend von Rastatt gab er jedoch auf, hielt auf einem Parkplatz und beugte sich über sein Lenkrad. Ich bin verrückt! dachte er.

Wie sollte das gehen mit Veronika? Sie würde nicht zu ihm nach Frankfurt kommen. Sie würde ihm vorschlagen, sie sooft wie möglich in München zu besuchen. Das kannte er von früher: Man jagte am Wochenende über die Autobahn für ein paar Stunden Glück. Aber man wurde nicht glücklich dabei.

Wie sollte er Pia diese dauernde Abwesenheit an den Wochenenden erklären? Immer noch hatte sie ein Recht, danach zu fragen. Auch Veronika würde ihm mißtrauen. Was tust du die ganze Woche in Frankfurt? Du kannst mir doch nicht erzählen, daß du nie mit deiner Frau schläfst.

Er selbst würde Veronika mißtrauen. Was tust du die ganze Woche in München? Du bist doch nicht jede Nacht allein. Wer ist es, kenne ich ihn?

Mißtrauen im Dreieck! Wie lange stand man das durch? Und wozu eigentlich?

Andy fuhr zu Onkel Ben, der ihn spürbar nicht mehr so herzlich empfing wie in früheren Zeiten. Auch gab es weder Rotwein noch eine Zigarre bei dem Gespräch.

»Hast du dich entschieden?« fragte Onkel Ben knapp.

»Schon vor Jahren«, erwiderte Andy.

»Bitte, nerv mich nicht schon wieder. Hör endlich auf, so kindisch zu sein, und nimm Vernunft an.«

»Was ist daran kindisch?« fragte Andy. »Ist das denn wirklich so schwer zu begreifen: Ich will nichts weiter sein als das, was ich selbst aus mir gemacht habe. Auch wenn es nicht viel ist. Ich habe mich schon auf der Uni geekelt vor den Typen, die auf Papis Kosten Porsche fuhren. Wenn sie nach den Semesterferien von St. Tropez erzählten, habe ich demonstrativ von meinen Ferien am Fließband berichtet. Das war albern, und heute würde ich sie einfach prahlen lassen. Aber diesen Widerwillen habe ich nach wie vor. Ich will nicht so ein Arndt von Bohlen im Westentaschenformat werden.«

»Davon ist doch keine Rede«, widersprach Onkel Ben. »Zur Debatte stand zunächst, ob du die Firma selbst übernehmen kannst und willst. Das kannst du nicht und willst du nicht. Also sollst du mit dem Erlös etwas Vernünftiges anfangen, das dir und Pia Sicherheit gibt. So einfach ist das.«

»Mir fällt da gerade was ein«, unterbrach Andy. »Ich habe einen Cousin, der Bauingenieur ist. Wenn der einsteigen würde, bliebe die Firma sogar in der Familie.«

Andy erzählte von seinem Besuch in Leipzig, von den Gesprächen mit Walter Kowalski und der Geschichte Jan Kowalskis, der jetzt in Hamburg lebte.

»Ich glaube nicht, daß das eine Lösung wäre«, sagte Onkel Ben, »der junge Mann mag ein guter Bauingenieur sein, aber hier muß man vor allem ein guter Geschäftsmann sein.«

»Vielleicht ist er das«, warf Andy ein.

»Wo hätte er das lernen sollen? In der DDR etwa? Und außerdem: ein Mann aus der DDR, dessen Vater dort Parteifunktionär gewesen ist. Wie sollte der in dieser Stadt Zugang zu den Kreisen finden, die für das Geschäft wichtig sind?«

»Ach so. Ein Fall von Sippenhaftung. Der Mann ist unter Lebensgefahr aus der DDR weg, weil er im Westen leben wollte. Zählt das nicht?«

»Andy! Du kennst doch die Leute hier. Dieser Jan bekäme kein Bein auf die Erde. Außerdem wäre es auch nicht im Sinne Werner Wohlgemuths. Er wollte mit dieser Verwandtschaft seiner Frau nie etwas zu tun haben.«

»Das kann ich mir lebhaft vorstellen«, erwiderte Andy gereizt, »aber immerhin gehört Jan zur Verwandtschaft, er ist mein Cousin.«

»Er gehört nicht zur Familie Wohlgemuth«, widersprach Onkel Ben.

»Ich auch nicht, ich heiße bloß so.«

Onkel Ben wurde unwirsch und wollte nicht mehr diskutieren, sondern nur noch eine Entscheidung hören.

»Also gut«, sagte Andy, »von mir aus kannst du den ganzen Kram verkaufen, wenn du auch von Karin die Zustimmung hast. Dann teilen wir durch zwei und sehen weiter. Was ich damit tue, ist meine Sache, und wenn es nicht im Sinn des Verstorbenen ist, hat er Pech gehabt. Vielleicht verschenke ich alles an ›Terre des hommes‹ oder ›Greenpeace‹, wer weiß?«

Der Abschied von Onkel Ben war noch kühler als die Begrüßung.

Eigentlich hatte Andy noch das Haus seiner Eltern besuchen wollen, um nach Fotoalben und anderen persönlichen Dingen zu suchen sowie die Möbel zu kennzeichnen, die er gern übernommen hätte. Aber ihm war überhaupt nicht nach so einem Besuch zumute. Er redete sich damit heraus, daß er solche Dinge ohnehin gemeinsam mit Karin tun müsse, die sich für die nächsten Wochen angekündigt hatte.

Andy besuchte den alten Greiner in dessen kleiner Lokalredaktion.

»Na, haben Sie sich's überlegt?« fragte Greiner.

»Was denn?«

»Ob Sie meinen Posten übernehmen wollen, wenn ich aufhöre.«

Andy schüttelte den Kopf. »Um Gottes willen! Nicht in dieser Stadt.«

»Ja, ja, die Kollegen aus der Großstadt, die machen den richtigen Journalismus. Wissen Sie eigentlich, daß unser Geschäft hier in der Kleinstadt viel schwieriger ist? In Frankfurt können Sie immer mal wieder beherzt an den Tatsachen und an Ihrem Publikum vorbeischreiben. Da protestieren ein paar, aber das verläuft sich. Hier müssen Sie am nächsten Tag Spießruten laufen. Da werden Sie überall zur Rede gestellt, auf der Straße, im Wirtshaus, beim Bäcker, überall.«

Andy berichtete von seiner Abwasser-Story, mit der er sich in die Nesseln gesetzt hatte.

»Na gut«, erwiderte Greiner, »hat Sie deswegen schon jemand auf der Straße krumm angeredet? Ich habe mal vor ein paar Jahren angeregt, an der Stelle der früheren Synagoge eine Gedenktafel aufzustellen. Was glauben Sie, was da los war? Ich konnte kaum noch auf die Straße gehen. Und die schlimmsten Anwürfe kamen von denen, die damals, achtunddreißig, vor der brennenden Synagoge am lautesten gejohlt haben.«

»Und Wohlgemuth?« fragte Andy. »Wie hat er sich damals verhalten?«

»Wenn Sie achtunddreißig meinen: zurückhaltend. Ein Geschäftsmann exponiert sich nicht, er schweigt und intrigiert. Wenn Sie meinen, wie er sich mir gegenüber verhalten hat: anständig. Die Leute wollen das nicht mehr hören, hat er gesagt, und mit der Gedenktafel machen Sie keinen wieder lebendig. Aber wenn Sie die Tafel durchsetzen, hat er gesagt, spende ich dafür. Sie müssen es ja nicht an die große Glocke hängen.«

»So habe ich mir das gedacht«, sagte Andy. »Und was haben Sie getan?«

»Aufgegeben«, antwortete der alte Greiner.

»Schönen Dank und alles Gutes«, verabschiedete sich Andy.

26

Die Zeitung nahm Abschied von Georg Schaaf.

Alle waren da, Verlag, Redaktion, Technik, Verwaltung, viele Mitarbeiter darunter, die Andy nicht einmal mit Namen kannte. Die Kantine faßte die Belegschaft kaum.

Die Sitzordnung richtete sich nicht nach Rang und Aufgabe, sondern nach Dauer der Zugehörigkeit zur Zeitung.

Andy saß etwa in der Mitte, Buske in der vorletzten Reihe. Leider hat das nichts zu sagen, dachte Andy.

In der ersten Reihe hatten zwischen Verleger und Chefredakteur Frau Schaaf und deren jüngere Tochter Platz genommen. An der Stirnwand der Kantine hing, mit einem Trauerflor versehen, ein großes Schwarzweiß-Foto, das Georg Schaaf im Interview mit dem damaligen hessischen Ministerpräsidenten Georg August Zinn zeigte.

Der Chefredakteur hielt eine erstaunlich gute Rede, die nur wenige der abgegriffenen Formulierungen enthielt, die bei derartigen Anlässen stets zu hören waren. Dr. Schmidt-Schulzendorf sprach von der Zeit nach dem Zusammenbruch, als die Zeitung von der amerikanischen Besatzungsmacht die Lizenz erhalten hatte. Es sei eine schlimme Zeit gewesen, sagte er, aber auch eine Zeit demokratischer Aufbruchstimmung, die man nicht wieder herbeireden könne, aber auch nicht vergessen solle. Georg Schaaf, aus der Kriegsgefangenschaft heimkehrend, habe sich als junger Reporter diesen demokratischen Idealen verschrieben und sie auch nie vergessen, als er sich Stufe für Stufe in der Hierarchie der Zeitung hinaufgearbeitet habe. Man werde diesen Mann niemals vergessen und Frau Schaaf und der Tochter immer die Tür offenhalten, wenn sie Rat oder Beistand nötig hätten.

Nie vergessen! dachte Andy. Georg Schaaf war nicht der erste Kollege, den Andy in den Sielen hatte sterben sehen. Wer erinnerte sich an sie? Manchmal tauchte in irgendeinem Zusammenhang ein Name auf: Richtig, den gab's ja damals auch. Wann ist er eigentlich gestorben? Hatte er Familie? Wollte sein Sohn nicht mal bei uns volontieren?

Georg Schaaf. Was wird übrigbleiben außer ein paar Anekdoten von »Lokales Schaf«? Anekdoten, die nostalgische Erinnerungen auslösten: Ja, das waren noch Zeiten. Was er geschrieben hatte, Tausende von Reportagen und Interviews, Kommentaren und Analysen, das las nie wieder ein Mensch. Es galt die Wahrheit, daß nichts toter sei als die Zeitung von gestern.

Schaaf hatte immer gesagt, er werde eines Tages ein Buch schreiben. Ein Buch über seine dann fast vierzig Jahre beim Lokalen, über den Journalismus, über die Demokratie, über Frankfurt, über die ungezählten Menschen, deren Weg er gekreuzt hatte. Gleich nach der Pensionierung wollte er damit anfangen.

Andy dachte an Rainer Wilke. Lebensphilosophie: etwas schaffen, das dich überlebt. Georg Schaaf hatte es verpaßt. Und alle, die hier saßen und zuhörten, waren dabei, es zu verpassen.

Ich auch, dachte Andy.

Nachmittags erwartete er auf dem Rhein-Main-Flughafen die Ankunft ehemaliger Frankfurter Juden aus dem Ausland, die auf Einladung des Oberbürgermeisters die Stadt besuchten. Die Maschine aus San Francisco hatte Verspätung.

Andy war etwas aufgeregt, wie vor jeder größeren Reportage. Er hatte genug Berufsjahre auf dem Buckel, um jede Art von Story richtig anzupacken. In diesem Fall suchte man sich eine Person heraus, begleitete sie auf ihrem Rundgang durch ihre Vergangenheit, fragte sie nach ihren Erinnerungen an damals und Empfindungen von heute. Vom Konzept her eigentlich eine einfache Story. Aber wie immer war da dieses Lampenfieber, für das es eigentlich keinen Grund gab, denn nur selten war Andy etwas so danebengegangen wie kürzlich die Abwasser-Geschichte. Vielleicht, dachte er, tut es den Stories gut, wenn man nicht so abgebrüht ist, wie manche Kollegen es sind oder wenigsten zu sein vorgeben.

Er hatte sich von der städtischen Pressestelle die Namen und Wohnorte der Gäste geben lassen, die aus verschiedenen Ländern kamen. Er hatte sich für die Gruppe mit der weitesten Anreise entschieden. Wenn sie ankam, mußte er rasch eine Person aus der Gruppe aussuchen, die den Anschein erweckte, eine Story tragen zu können. Das war das Problem, und deswegen war Andy nervös.

Die Maschine aus San Francisco war endlich gelandet, die achtköpfige Gruppe wurde zu einer Begrüßung in einen kleinen Konferenzraum des labyrinthischen Flughafengebäudes geführt, wo Blumen und Erfrischungen aufgebaut waren. Andy sah sich die drei Herren und fünf Damen an, die alle gut über sechzig sein mußten. Ihm fiel eine alte Dame auf, die außerordentlich verschlossen wirkte, als traue sie hier niemandem und nichts. Sie war sehr schlank und hatte ein faltenreiches Gesicht, wie man es bei vielen älteren Amerikanerinnen sah. Im übrigen wirkte sie jedoch nicht ausgesprochen amerikanisch. Ihr weißes Haar war, auch nach dem langen Flug, sehr sorgfältig frisiert, aber es war weder bläulich noch grünlich noch sonstwie getönt. Ihr graues Kostüm war europäisch elegant.

Andy setzte sich neben die Dame, stellte sich vor und bat sie, ihm für einen Artikel zur Verfügung zu stehen.

Sie musterte ihn längere Zeit mißtrauisch, dann fragte sie mit leicht amerikanischem Akzent: »Warum gerade ich?«

»Ich weiß nicht«, erwiderte Andy. »Vielleicht, weil Sie so mißtrauisch sind.«

»Das bin ich in der Tat.«

»Warum?« fragte Andy.

»Das fragen Sie? Ich habe keine guten Erinnerungen an dieses Land. Ich wollte es niemals im Leben mehr betreten.«

»Warum sind Sie trotzdem gekommen?« fragte Andy.

Die alte Dame verlor zum erstenmal ihren abweisenden Gesichtsausdruck, ohne daß man jedoch schon von einem Lächeln hätte sprechen können. »Ihr Reporter! Ihr wollt immer, daß sich die Menschen euch offenbaren. Wofür? Für eure Story, nicht wahr?«

»Wir schreiben unsere Story nicht, damit wir eine Story geschrieben haben, sondern damit die Leute begreifen. Und bei den guten Stories begreifen wir auch selbst.«

Die alte Dame schaute an Andy vorbei, als habe sie seine Worte nicht wahrgenommen. »Also gut, ich sage Ihnen, warum ich hier bin. Deutschland ist für mich ein Trauma, das muß ich Ihnen nicht erklären. Mit dem Namen ›Deutschland‹ verbinde ich immer nur das eine. Aber ich will nicht bis zum Ende mit diesem Trauma leben, verstehen Sie das?«

Andy nickte und wollte etwas sagen, aber die alte Dame fuhr bereits fort: »Sie sind der erste Mensch, mit dem ich nach meiner Ankunft in Deutschland spreche. Als Sie sich neben mich setzten, fragte ich mich sofort: ob er ein Nazi gewesen ist? Aber Sie sind dafür zu jung. Vielleicht war Ihr Vater ein Nazi, ich weiß es nicht, ich will es auch nicht wissen. Ich will versuchen, ganz normal mit Ihnen zu sprechen. Wenn mir schon das nicht gelingt, dann wäre die ganze weite Reise umsonst. Ich heiße übrigens Esther Gruen. Mit ›ue‹, weil es ja im Englischen kein ›ü‹ gibt.«

Die Gäste wurden zum Bus gebeten, der sie ins Hotel »Intercontinental« brachte. Nach der langen Anreise war als einziger Programmpunkt ein gemeinsames Abendessen mit den anderen Gruppen vorgesehen, die aus Brasilien und Israel gekommen waren. Andy bat, Frau Gruen nach dem Essen im Hotel treffen zu dürfen, und sie willigte ein.

Er fuhr zwischendurch in die Redaktion, obwohl er dort heute keine Verpflichtung hatte. Er stellte sich vor, auf seinem Schreibtisch eine Einladung des Chefredakteurs zu finden: »Ich bitte Sie zu einem Gespräch über die Nachfolge von Herrn Schaaf.« Schließlich war Schaaf seit heute mittag unter der Erde, man konnte also darüber reden. Man mußte es auch bald, im Interesse einer geordneten Redaktionsarbeit. Es lag aber keine Einladung vor.

Statt dessen hatte Veronika geschrieben, sie habe große Sehnsucht und erwarte Andy am Wochenende in München, Bussi-Bussi bis dahin. Andy antwortete, er wolle versuchen zu kommen.

Frau Gruen saß in der Lobby des Hotels und begrüßte Andy durchaus freundlich.

»Ich bin in einer merkwürdigen Verfassung«, sagte sie, »und weiß nicht, ob es an dem langen Flug und der Übermüdung und dem Zeitunterschied liegt. Dieses Hotel hier kommt mir ganz vertraut vor, es ist völlig amerikanisch. Aber vorhin habe ich aus dem Fenster meines Zimmers geschaut, und da waren der Main und der Turm des Doms und drüben am anderen Ufer das Städel, wo unsere Lehrerin uns das Goethe-Bildnis von Tischbein erklärt hat. Ich wußte in diesem Moment nicht, ob ich wach bin oder träume.«

»Es ist sicher die Müdigkeit«, meinte Andy.

»Nein, ich bin nicht müde. Ich würde sogar noch einen Spaziergang machen, hinüber nach Sachsenhausen, wo ich aufgewachsen bin. Aber ich traue mich nicht über die Schwelle dieses Hotels.«

»Ich gehe mit Ihnen«, sagte Andy spontan.

Sie liefen den Untermainkai entlang und über die Untermainbrücke zum Schweizer Platz.

»Es ist eine U-Bahn unter dem Main hindurch gebaut worden«, erklärte Andy, der nicht recht wußte, ob er reden oder schweigen solle.

Vor einem Haus in der Oppenheimer Landstraße blieb Frau Gruen stehen.

»Es hat sich nichts verändert«, sagte sie.

»Ich kann morgen gern einmal nachfragen«, schlug Andy vor, »ob wir die Wohnung anschauen dürfen.«

»O nein«, wehrte Frau Gruen ab, »ich will der Vergangenheit nicht zu nahe auf den Pelz rücken.«

Sie gingen, ohne viel zu sprechen, den Weg zurück zum »Intercontinental«, wo Frau Gruen zuvorkommend und auf englisch eine gute Nacht gewünscht bekam.

27

Als Andy am nächsten Morgen zum »Intercontinental« fuhr, um sich dem Tagesprogramm der jüdischen Gäste anzuschließen, sah er plötzlich den Mann, der ihm die Abwasserdaten gegeben hatte.

Der namenlose Informant saß in einem Auto, das neben Andy vor einer roten Ampel bei der Alten Oper halten mußte. Andy sprang aus seinem Wagen, rannte hinüber und riß die Fahrertür auf. »Sie Drecksack! Sie haben mich geleimt! Sie haben mich in die Scheiße geritten und sind anschließend auf Tauchstation gegangen. Sie sind ein gekaufter Lump!«

Der Mann schüttelte den Kopf und versuchte, die Tür zu schließen, aber Andy riß sie wieder auf. »Kommen Sie raus, Sie Strolch! Los, stehen Sie mir Rede und Antwort!«

Ein paar Autofahrer hupten ärgerlich, weil inzwischen die Ampel grün geworden war, aber Andy kümmerte sich nicht und schrie außer sich: »Sie haben mich kaputtgemacht, Sie Schwein! Ich werde Sie auch kaputtmachen!«

Ein Autofahrer, der hinter Andy gewartet hatte, stieg jetzt aus und kam schimpfend auf ihn zu. »Sie Idiot! Können Sie sich nicht anderswo streiten?«

Der Abwasser-Informant nutzte diese Einmischung, riß seine Tür zu und startete mit quietschenden Reifen. Andy sah ihm nach und merkte sich das Kennzeichen. Beim Weiterfahren legte sich seine Erregung langsam, und er begann, sich für den Auftritt zu schämen. Er haßte solche zornigen Auseinandersetzungen, verabscheute lautes Gebrüll und körperliche Gewalt. Er sagte sich, daß dieser Kerl ihm bitter geschadet habe, daß er ihn auch ausfindig machen und zur Rede stellen müsse, daß die Sache aber soviel Haß nicht wert sei.

Die jüdischen Gäste wurden in einem Bus durch die Stadt gefahren, die die meisten seit den dreißiger Jahren nicht mehr gesehen hatten. Andy saß neben Frau Gruen, die aufmerksam aus dem Fenster schaute, manchmal den Kopf schüttelte, aber kaum etwas sagte. Als der Bus am jüdischen Friedhof hielt, ging sie zielstrebig zu einem der Gräber und blieb eine Weile davor stehen. Andy wartete, daß sie ihm etwas erklärte, aber sie tat es nicht.

Beim Mittagessen im Hotel sagte sie: »Die Stadt berührt mich nicht mehr. Ich hatte Angst davor, aber die Stadt berührt mich nicht. Sie hat nichts mehr mit mir zu tun, und ich nicht mit ihr. Ich erkenne manches wieder, aber es ist wie ein Besuch in St. Louis oder Milwaukee. Ich bedaure das nicht, ich halte das für einen ersten Erfolg meiner Reise.«

Wenn am Ende der Reise, dachte Andy, die Stadt sie wieder berührt, dann war der Besuch wirklich erfolgreich.

Er wollte nun etwas über Frau Gruens Geschichte erfahren und fragte vorsichtig danach. Sie nahm sich lange Zeit, bis sie zögernd erzählte: »Eine normale Geschichte, damals. Wir wollten in Frankfurt bleiben. Wir dachten, das geht vorüber. Wir konnten uns nicht vorstellen, was auf uns zukam. Wir kannten so viele anständige Menschen, die konnten doch so etwas nicht zulassen. Ein paar gute Freunde rieten uns: Geht weg, ehe es zu spät ist! Wir meinten, nun verraten uns auch schon die guten Freunde. Wir sind geblieben. Den Rest brauche ich nicht zu erzählen, es ist ja millionenfach bekannt.«

Andy fragte nicht weiter.

Er hatte gelernt zu fragen, auch wenn sich alles in ihm dagegen sträubte. Reporter-Neugier, bis hin zum Voyeurismus. Die Öffentlichkeit hatte schließlich ein Recht, auch intimste Dinge zu erfahren. Und man mußte natürlich auch eine Story nach Hause bringen, die besser war als die der Konkurrenz. Das war kein Geschäft für zartbesaitete Sensibelchen. Ganz am Anfang hatte manchmal Georg Schaaf daneben gesessen, wenn Andy am Telefon recherchierte. Schaaf hatte ihn mit ungeduldigen Gesten gedrängt, nicht lockerzulassen beim Eindringen in das Gespinst tragischer menschlicher Verwicklungen. Bisweilen war Andy buchstäblich in Schweiß gebadet gewesen, wenn er endlich auf Georg Schaafs Kopfnicken hin den Hörer auflegen durfte. Es war eine harte Schule gewesen, von der sich Andy auf dem Zeitungswissenschaftlichen Institut der Universität München nichts hatte träumen lassen. Er hatte also gelernt zu fragen, aber jetzt fragte er nicht weiter. Schaaf hätte gedrängt. In welches Lager ist die Familie gekommen? Wer alles ist vergast worden? Wie ist sie selbst entkommen? Wie nach Amerika? Finde ich nicht so wichtig, würde Andy sagen.

Frau Gruen sagte, sie wolle den Empfang heute nachmittag im Rathaus nicht mitmachen, sondern in dieser Zeit ganz allein ins Städel gehen und Tischbeins Goethe-Bildnis betrachten.

»Gern würde ich mit jemandem reden«, sagte sie, »der so alt ist wie ich, vielleicht auch älter, und immer in Frankfurt gelebt hat. Kennen Sie so jemanden?«

Andy erzählte von Herrn Gutjahr, der kürzlich seinen 90. Geburtstag begangen hatte, und Frau Gruen wollte ihn gern kennenlernen. Von seinem Schreibtisch in der Redaktion aus traf Andy eine Verabredung mit dem alten Herrn, der sogleich sehr interessiert war.

Als nächstes rief Andy die Kraftfahrzeugzulassungsstelle an, um Namen und Adresse des immer noch namenlosen Informanten zu erfahren, den er heute morgen beinahe verprügelt hätte. Aber der Herr von der Zulassung verweigerte die Auskunft unter Hinweis auf den Datenschutz.

»Das müssen Sie doch nicht immer so eng sehen«, drängte Andy, »ich brauche den Mann für eine wichtige Story in unserer Zeitung.«

»Tut mir leid, selbst fürs Fernsehen geben wir nichts heraus.«

»Heiliger Sankt Bürokratismus!« stöhnte Andy.

»Mein lieber Mann, wenn wir unsere Bestimmungen auch nur einmal aus Versehen verletzen, fangen Sie in der Presse das große Gezeter an. Aber jetzt verlangen Sie ein Sonderrecht für sich.«

»Nein, nein, ist ja gut«, resignierte Andy.

»Und außerdem: Wer sagt mir denn, daß Sie mich damit nicht leimen wollen?«

»Leimen?« fragte Andy. »Halten Sie so was für möglich?«

Nicht lange danach rief der Unbekannte selber an. »Tut mir leid, daß Sie sich so aufgeregt haben.«

»Tut mir auch leid«, sagte Andy, »aber trotzdem bringe ich Sie nächstes Mal um. Sie haben mich aufs Kreuz gelegt.«

»Woher wollen Sie das wissen?«

»Na, denken Sie doch mal nach«, erwiderte Andy. »Wenn Sie wirklich anständige Motive gehabt hätten, würden Sie mich nicht hängenlassen. Da Sie mich aber hängenlassen, muß ich annehmen, daß Sie mich im Auftrag Ihrer Firma aufs Kreuz gelegt haben. Sehen Sie eine dritte Möglichkeit?«

»Nein, natürlich nicht. Sie haben völlig recht. Entweder ich habe es ehrlich gemeint oder ich bin gekauft. Aber in beiden Fällen kann ich mich nicht öffentlich dazu bekennen, weil ich sonst in beiden Fällen kaputt bin. Logisch?«

Andy dachte kurz nach, dann sagte er: »Ja, logisch.«

»Sie werden bald wissen, welche Annahme die richtige ist«, versprach der Mann und hängte mit kurzem Gruß ein.

Andy hätte gern noch über die Angelegenheit nachgedacht, aber Buske kam herein. Nanu, dachte Andy, sonst läßt er doch rufen.

»Wie läuft die Juden-Story?« fragte Buske leutselig.

»Gut.«

»Ich hätte was für Sie. Sie waren doch mal Spezialist fürs Bahnhofsviertel, oder?«

»Ja, das war mein Brot der frühen Jahre: Sexhöllen, Spielhöllen, Rauschgifthöllen. Aber ich stecke nicht mehr drin in der Szene.«

Buske schaute Andy herausfordernd an, als habe er ihm eine dreimonatige Weltreise anzubieten. »Wir brauchen wieder so einen Spezialisten. Seitdem der OB mit der

Szene aufräumen will und die Szene sich wehrt, ist das eine heiße Nummer. St. Georgs Kampf gegen den Drachen, eine Geschichte von archaischer Urgewalt, gewürzt mit kleinen Gemälden menschlicher Leidenschaft. Ich würde Ihnen eine ganze Serie einräumen. Wollen Sie?«

Andy schüttelte den Kopf. »Nein, das Thema interessiert mich nicht.»

Buske schien verwundert. »Wohlgemuth, das ist eine Chance. Und Sie haben etwas wiedergutzumachen.«

»Das wird sich erst noch erweisen«, antwortete Andy kühl, »und die Chance erlaube ich mir auszulassen. Nicht weil ich aus Undankbarkeit Ihre große Güte verkenne, nein, weil mich das Thema nicht interessiert. Oder nicht mehr. Es interessiert mich nicht, wenn dort ein Freier ausgeplündert wird. Er muß damit rechnen. Es interessiert mich nicht, wenn ein Zuhälter sein Mädel verdrischt. Sie weiß es vorher. Es interessiert mich nicht, wenn sich einer auf der Toilette den goldenen Schuß setzt. Auch er weiß es vorher. Ich nehme mir die Freiheit, mich für dieses Thema nicht mehr zu interessieren, und bitte Sie um Verständnis. Setzen Sie dafür einen unserer Youngsters ein oder holen Sie sich den Krawallreporter Pit Reimann, aber lassen Sie mich außen vor.«

Buske ging beleidigt.

Bei Schaaf, dachte Andy, hättest du das nicht gewagt. Buske war vorerst nur kommissarischer Lokalchef und außerdem nicht im entferntesten eine Autorität wie Schaaf. Andy versuchte sich zu fragen, ob er auch Schaaf so zurückgewiesen hätte. Er dachte eine ganze Zeitlang darüber nach. Doch, sagte er sich am Ende, ich hätte auch Schaaf einen Korb gegeben. Irgendwann muß man anfangen, nein zu sagen.

Es klingelte mehrmals am Telefon.

Onkel Ben rief an und teilte mit, er habe wenigstens für das Haus einen Käufer an der Hand. Er nannte einen Preis von 1,2 Millionen Mark, der im Gespräch sei, und fragte, ob Andy damit einverstanden wäre.

»Ich bin mit allem einverstanden«, erwiderte Andy.

Als er eingehängt hatte, sagte er den Preis noch einmal laut vor sich hin – und erschrak bei der Vorstellung.

Veronika rief aus München an und wollte wissen, ob Andy am Wochenende komme.

»Ich versuche es«, versprach er.

»Wenn du kommst, dann fahr doch bitte vorher bei Silvia vorbei, wo ich gewohnt habe. Ich habe eine Plastiktüte voll Wäsche bei ihr vergessen, BHs und so Zeug.«

Andy versprach es.

Pia rief an, was sie früher selten und letzthin fast nie getan hatte.

»Man trifft dich ja nur noch am Telefon. Wollen wir am Wochenende zu Onkel Ben und die Dinge endgültig regeln?«

»Erstens«, sagte Andy, »war ich gerade dort und habe geklärt, was im Moment zu klären ist. Zweitens werde ich mit Karin hinfahren, sobald sie kommt. Drittens muß ich am Wochenende nach Berlin, mit der Gästegruppe, verstehst du?«

Berlin, dachte er, das war eine gute Idee. Da kommt sie nicht darauf mitzuwollen. Berlin ist weit, da muß man fliegen, das kostet Geld. Andy fand sich pfiffig, aber gleichzeitig mies, denn er hatte noch nie in seiner Ehe so ein Manöver gemacht.

Silvia rief an und wollte wissen, wann Andy die Tüte holen komme. Er schlug Freitagabend vor.

Hoffentlich ruft jetzt keiner mehr an, dachte Andy. Er hatte die Nase voll. Jeder wollte etwas von ihm. Buske wollte dumme Stories, Frau Gruen eine interessante Begegnung, Pia wollte zu Onkel Ben, Onkel Ben wollte schon wieder eine Entscheidung, Veronika wollte ihre Wäsche, Silvia eine genaue Zeit. Was wollten die denn bloß alle? Und warum alle zur gleichen Zeit?

So müßte man reagieren: Herr Buske, schreiben Sie Ihre blöden Stories selbst. Sie können das sowieso besser, deswegen werden Sie ja wohl auch bald Lokalchef. Frau

Gruen ... nein, das war in Ordnung. Pia, du läßt mich jetzt meiner Wege gehen, sonst ist es gleich und endgültig aus, während anderenfalls noch eine geringe Chance besteht. Onkel Ben, du kannst tun, was du für richtig hältst, aber frag mich um Gottes willen nicht dauernd. Silvia, du kannst die Wäsche samt Tüte verbrennen, wir kaufen neue. Veronika ..., ja, was sollte er Veronika sagen?

Herr Gutjahr begrüßte Frau Gruen mit einem schlichten »Willkommen«, gab auch Andy die Hand und schenkte erst mal drei Gläser Wein ein.

»Ich hoffe«, sagte er zu Frau Gruen, »daß Sie nicht zu sehr vom kalifornischen Wein verwöhnt sind.«

»Woher kennen Sie kalifornischen Wein?« fragte Frau Gruen.

»Ich habe ihn bei meinem Sohn in Atlanta getrunken. Man sagt, am besten schmecke der Wein dort, wo er gedeiht. Aber leider bin ich noch nie bis Kalifornien gekommen. Wo leben Sie dort?«

»In San Francisco.«

»Ein herrlicher Name«, sagte Herr Gutjahr, »man muß ihn sich auf der Zunge zergehen lassen: San Francisco!«

Andy war vor dieser Begegnung, die er spontan vorgeschlagen hatte, etwas bange gewesen. Da war eine Jüdin, die nach Jahrzehnten das Land besuchte, das sie mit knapper Not lebend verlassen hatte. Und da war ein Mann, der bei Hitlers Machtergreifung fast vierzig Jahre alt gewesen war. Jeder Jude rechnete das nach, wenn er einen Deutschen traf.

Mit dem Geplauder über kalifornischen Wein hatte Herr Gutjahr der ersten, entscheidenden Minute die Spannung genommen. Das lernt man nicht auf der Uni, dachte Andy, sondern nur im Leben.

»Ich träume noch immer von einer Reise nach San Francisco«, fuhr Herr Gutjahr fort, »aber ich weiß nicht, ob meine Kräfte das noch zulassen werden. Außerdem fragt man sich in meinem Alter nach dem Sinn einer solchen

Reise, denn allzu lange hätte ich von den Eindrücken nicht mehr zu zehren.«

»Sie widersprechen sich selbst«, unterbrach Andy, »denn Sie haben mir letztes Mal gesagt, man müsse sein Leben so planen, als werde man mindestens einhundertzehn Jahre alt.«

»Gut, junger Freund, Sie haben aufgepaßt. Ungewöhnlich für einen Reporter. Also, vielleicht werde ich San Francisco doch noch besuchen. Ich habe ein paar Freunde dort, genauer gesagt Kinder von Freunden. Mit neunzig hat man nur noch wenige Freunde, und die Kinder der Freunde sind auch schon ergraut.«

»Seit wann leben diese Leute in San Francisco?« erkundigte sich Frau Gruen.

»Sie sind etwa zur gleichen Zeit ausgewandert wie Sie. Und unter den gleichen Bedingungen.«

Frau Gruen unterdrückte ein Erstaunen: »Juden?«

Herr Gutjahr nickte. »Wir haben ihnen damals dringend zur Ausreise geraten. Sie haben das falsch verstanden und gemeint, auch ihre Freunde wollten sie nun verraten. Aber wir konnten sie endlich und beizeiten überzeugen. Sie haben über Marseille diesen unseligen Kontinent verlassen können.«

»Marseille?« fragte Frau Gruen. »Ich bin auch über Marseille gegangen. Es war das Nadelöhr, durch das Tausende gingen. Es war eine böse Zeit, wir hatten Hunger und wir hatten Angst, daß uns die Franzosen an die Nazis auslieferten. Sie haben es oft genug getan. Sagen Sie, Herr Gutjahr, hatten Sie denn viele jüdische Freunde?«

»Ja, einige.«

»Und hat Sie das damals nicht in Schwierigkeiten gebracht?«

»Doch, zumindest einmal. Da hat meine Frau eine befreundete Familie, die nach Palästina auswanderte, demonstrativ mit einem großen Blumenstrauß verabschiedet. Das gab peinliche Verhöre bei der Gestapo, und die Sache verlief nur deshalb im Sande, weil ich zu der Zeit gute Beziehungen zur SS hatte. Ich baute gerade eine Kaserne für sie.«

Andy erschrak, und Frau Gruen schwieg wie versteinert.

»Ja, eine Kaserne«, fuhr Herr Gutjahr fort. »Ich habe mich später gefragt, ob ich als Architekt mitverantwortlich sei für das, was die SS in dieser Kaserne getan hat. Ich könnte mir sagen, die SS hätte ihre Untaten auch anderswo begangen. Ich könnte mir auch sagen, daß ein anderer an meiner Stelle die Kaserne gebaut hätte. Aber ich bin bis heute nicht damit fertig. Deswegen erzähle ich es Ihnen auch.«

Andy fand wieder zu Worten. »Durch so eine Zeit kommt niemand ungeschoren hindurch.«

»Es sei denn mit viel Mut«, erwiderte Herr Gutjahr. »Wir Älteren haben einen Exzeß der Geschichte mitgemacht, und die meisten von uns haben dabei versagt. Und heute habe ich Angst, daß die Jüngeren wieder versagen. Es gibt schon wieder zu viel Haß. Die Rechten brüllen: ›Türken raus!‹ Die Linken brüllen: ›Haut die Bullen!‹ Keiner denkt nach, bevor er brüllt. Es ist nicht sehr viel anders als vor fünfzig Jahren.«

Andy versuchte einen Widerspruch. »Wenn die Obrigkeit mit Hilfe der Polizei einen Unsinn wie die Startbahn West in Frankfurt durchzupeitschen versucht, ist doch Widerstand angebracht.«

»Ich erlaube mir kein Urteil darüber, ob das Ding unsinnig ist«, erwiderte Herr Gutjahr. »Wenn man aber nicht mit demokratischen Mitteln verhindern kann, daß dort Bäume abgehackt werden, dann soll man nicht Brandflaschen werfen und Polizisten verprügeln, sondern an anderer Stelle neue Bäume pflanzen.«

»Als wenn das so einfach wäre«, meinte Andy.

Herr Gutjahr schmunzelte ein wenig. »Ich gebe ja zu, daß das ein bißchen naiv ist, wenn man's wörtlich nimmt. Ich will damit nur sagen, daß Haß und Gewalt der einfachste Weg sind, der aber noch nie zu etwas geführt hat.«

Frau Gruen sah Herrn Gutjahr zustimmend an. »Sie zeigen viel Eifer für Ihr Alter. Ich darf das sagen, da ich selbst nicht mehr jung bin.«

Herr Gutjahr fuhr lebhaft fort: »Ich bin eben ein skeptischer Optimist. Ich bin so skeptisch, daß ich den Menschen jede Schlechtigkeit zutraue, aber so optimistisch zu glauben, daß sie am Ende ihre Erde doch nicht zerstören werden. Solange es die Menschheit gibt, prophezeit sie sich selbst ihren Untergang, meistens sogar mit genauer Vorhersage des Datums. Die Argumente klingen jedesmal sehr überzeugend, jedenfalls für die jeweilige Epoche. Jedesmal sind auch die Schuldigen zweifelsfrei entlarvt: Teufel, Hexen, Juden, Konterrevolutionäre, Sonnenflecken, Erdstrahlen, Mikroprozessoren. Jedes für sich genommen sehr beängstigend, vor allem die Hexen. Aber alle zusammen haben die Erde noch immer nicht zerstört, und ich bin so naiv zu glauben, daß sie es nie schaffen werden.«

Herr Gutjahr schenkte Wein nach und fragte Frau Gruen unbefangen, in welchem Lager sie gewesen sei.

»Buchenwald«, sagte sie.

»Und wie sind Sie herausgekommen?«

»Auf ungewöhnliche Weise«, antwortete Frau Gruen. »Ein Verwandter von mir, ein arischer, hatte einen Draht zur SS. Genau wie Sie.«

Herr Gutjahr schüttelte den Kopf. »Wenn diese Zeit nicht so schlimm gewesen wäre, müßte man sie für total verrückt erklären. Sie sehen, Herr Wohlgemuth, wie einfach es ist, heute zu leben.«

Andy hätte gern gesagt, daß sein Vater, indes Herr Gutjahr SS-Kasernen baute, im selben KZ gesessen hatte wie vor ihm Frau Gruen. Aber er schwieg, um nicht den Anschein von Anbiederung zu erwecken.

Es wurde ein langer Abend, an dem sich die beiden alten Herrschaften sehr offen über ihre Lebenswege austauschten, während Andy vorwiegend zuhörte.

»Sollten Sie tatsächlich die Reise nach Kalifornien machen«, sagte Frau Gruen beim Abschied zu Herrn Gutjahr,

»dann sind Sie in meinem nicht sehr luxuriösen Haus willkommen. Ich lade Sie nicht förmlich ein, denn ich habe noch nie einen Deutschen in mein Haus eingeladen. Aber wenn Sie da sind, sind Sie mir willkommen.«

Andy fuhr Frau Gruen zurück ins »Intercontinental«. Er bat sie, am letzten Tag ihres Besuchs noch einmal mit ihr sprechen zu können, und sie verabredeten eine Zeit.

28

Als Andy am Freitagabend Veronikas Wäschetüte abholen wollte, hatte Silvia in ihrer kleinen Wohnung volles Haus. Aus dem Wohnzimmer drangen Stimmengewirr und Zigarettenqualm in den Flur.

»Macht ihr Revolution?« fragte Andy.

»Nein, bloß eine Bürgerinitiative.«

»Wogegen?«

«Für etwas. Für ein verkehrsberuhigtes Wohnviertel.«

Andy wußte nicht, ob er sich mit seiner Tüte schnell wieder verabschieden oder ein bißchen bleiben und zuhören sollte. Aus dem Lärm im Wohnzimmer hob sich eine Männerstimme lautstark ab. »Das ist doch total beknackt, was ihr hier diskutiert! Wir müssen nicht Plakate anpinnen und Handzettel verteilen, wir müssen Straßensperren bauen!«

Eine Frauenstimme unterstützte die Meinung. »Genau! Argumente sind Scheiße!«

Silvia schob Andy ins Wohnzimmer.

»Wer bist'n du?« wurde er gefragt.

»Das ist Andy«, antwortete Silvia für ihn, »ein Freund.«

Damit war Andy eingeführt, bekam eine Bierflasche gereicht und setzte sich auf den Fußboden. Es sah sich unter den etwa fünfzehn jungen Leuten um, von denen etwas mehr als die Hälfte Mädchen waren. Er sah viele selbstgestrickte Pullover, zahlreiche Nickelbrillen, überwiegend lange Haare und eine Reihe verschiedenartiger Bärte. Keine Vorurteile, dachte Andy, ich gefalle ihnen wahrscheinlich auch nicht, und sie lassen mich dennoch mit hier sitzen.

Die Diskussion ging weiter.

»Du hast doch in Berlin gesehen, daß du Häuser besetzen mußt, damit was passiert.«

»Aber wenn wir hier Zoff machen, haben wir die Nachbarn gegen uns, anstatt daß sie mitziehen.«

»Ach, hör doch auf! Die Spießer kriegen doch so und so ihren Arsch nicht aus dem Fernsehsessel hoch.«

»Genau. Und wenn sie hören, daß ein paar Parkplätze für ihre Blechkisten wegfallen sollen, sind sie sofort dagegen.«

Die etwas radikalere Richtung bekam Oberwasser.

»Wir müssen das allein durchziehen, und zwar nicht mit Gequatsche, sondern mit Aktionen.«

»Und vor allem müssen wir uns 'ne heiße Nummer einfallen lassen, damit die Säcke von der Presse anbeißen.«

»Einer ist schon da«, sagte Silvia und deutete auf Andy.

»Ach so? Du schleichst dich hier ein, ohne was zu sagen?«

»Ich bin privat hier«, erwiderte Andy.

»Andy ist okay«, versicherte Silvia, »der hat vor kurzem den Zoff mit der Abwassergeschichte gehabt, davon habe ich euch doch erzählt.«

Sie wurden sofort geneigter, und Andy dachte: Das ist das erstemal, daß mir diese Story hilft. Er wurde jetzt sogar gefragt, welche Taktik er für die erfolgversprechendere halte, und antwortete: »Wenn ihr euch an euerm eigenen Aktionismus hochziehen wollt, müßt ihr Barrikaden bauen. Wenn ihr was erreichen wollt, müßt ihr mit Geduld die Nachbarn hinter euch bringen.«

»Du bist mir so'n Scheißer!« fuhr ihn ein junger Mann an.

Andy gab zurück: »Wenn man hier nicht mal unbeschimpft seine Meinung sagen kann, dann solltet ihr besser nach Hause gehen. Bei eurem elitären Gehabe gegenüber den Spießern wäre das vielleicht ohnehin das beste.«

Ein junger Mann mit schwarzem Vollbart und dunklen Augen, den die anderen mit dem ganz und gar unpassenden Namen »Fips« anredeten, widersprach Andy mit dröhnendem Baß: »Dieses Gelaber! Bis wir jeder Oma und jedem Türken verklickert haben, was hier passieren soll, vergehen Jahre unseres Lebens. Da wohnen wir schon gar nicht mehr hier.«

»Das ist es ja gerade«, erwiderte Andy. »Wenn ihr fertig studiert und einen Job gefunden habt, zieht ihr in eine bessere Gegend, aber die Omas und Türken bleiben *hier* wohnen. Auf die kommt's euch ja auch nicht an, sondern auf eure Aktion. Augen zu und durch!«

»Oh, diese Presseheinis«, stöhnte Fips, »immer schön abwägen, erst das Einerseits, dann das Andererseits und vielleicht noch ein Dritterseits. Aber in unserer Gesellschaft geht es um Entweder – Oder!«

»Das hab ich schon mal gelesen, und weißt du wo? In ›Mein Kampf‹. Schon mal was davon gehört?«

Ein Tumult brach los, und Andy ärgerte sich, daß wieder mal der Gaul mit ihm durchgegangen war. Immer wenn er mit solchen Leuten zusammen war, konnte er sich nicht im Zaum halten. Er verschaffte sich Gehör, um zu erklären, blieb aber aggressiv dabei.

»Leute, ihr müßt mal aufhören zu studieren und anfangen nachzudenken! Ihr verwechselt doch ständig eure Seminarliteratur mit dem Leben. Ihr glaubt doch, wenn ihr 'ne Parole an die Wand sprüht, habt ihr schon 'ne revolutionäre Situation geschaffen. Und wenn ihr morgen eure Straße verbarrikadiert, kommt übermorgen das Tiefbauamt und macht 'ne verkehrsberuhigte Zone. Ihr führt dauernd die gesellschaftlichen Verhältnisse im Munde und denkt, ihr ändert sie, indem ihr sie ignoriert. Das kann man aber höchstens, wenn man die Macht hat, und die kriegt ihr nie. Ist auch besser so, sonst werden bald wieder abweichende Meinungen verboten.«

Der Tumult hob wieder an, bis sich Silvia durchsetzte. »Ich schlage vor, wir diskutieren das unter uns, und zwar unter Einbeziehung von Andys Argumenten. Und wenn wir zu einem Beschluß gekommen sind, laden wir ihn ein und bitten ihn um seine publizistische Unterstützung.«

Andy verstand die höfliche Ausladung und erhob sich.

»Wir machen lieber 'ne eigene Zeitung«, sagte Fips.

»Ja, macht mal ruhig«, nickte ihm Andy im Gehen zu, »aber verteilt sie nur an Leute, die sowieso schon eurer Meinung sind. Das Schmoren im eigenen Saft bindet ungeheuer.«

Das ist nicht gut gelaufen, dachte er auf dem Heimweg. Warum muß ich immer so polemisch sein? Konnte man mit neununddreißig nicht endlich toleranter werden? War es schließlich nicht gut, daß diese Leute etwas tun wollten, wo alle anderen nur zuschauten? Man mußte sie zur Vernunft bringen, ohne ihren Eifer zu bremsen.

Ich geh da wieder hin, dachte Andy.

Die Wäschetüte hatte er vergessen, aber die konnte Silvia auch mit der Post schicken.

Pia war noch wach und probierte vor dem Fernseher eine neue Wolle aus. Es lief irgendein Hitchcock, der Andy bekannt vorkam.

»Soll ich ausmachen?« fragte Pia.

»Laß mal, ich gehe bald schlafen. Ich muß morgen zeitig zum Flughafen.«

»Soll ich dich hinbringen?«

»Nein, ich stelle den Wagen in die Tiefgarage.«

So waren ihre Dialoge seit Wochen: Organisationsfloskeln des alltäglichen Ablaufs. Keine Anzeichen tiefergehenden Interesses. Andy dachte an das Brecht-Zitat: »Es geht auch anders, aber so geht es auch.«

Andy fühlte sich trotzdem mies mit seiner Lüge von dem Flug nach Berlin. Er nahm sich einen großen Whisky mit ins Bett.

29

Nach zügiger Fahrt über eine nicht sehr belebte Autobahn war Andy schon gegen Mittag in München und klingelte vergeblich an Veronikas kleiner Wohnung im Olympiadorf. Er erinnerte sich: Sie hatte am Samstagvormittag eine Vorlesung und wollte anschließend noch auf dem Viktualienmarkt einkaufen. Andy fuhr zur Emmeramsmühle und genoß in der Mittagssonne zwei Weißwürste und ein Weizenbier.

Als er Veronika später antraf, umarmte sie ihn zärtlich und lange, dann fragte sie nach der Wäschetüte.

»Vergessen«, sagte Andy.

»Vergessen? Im Beruf bist du doch so zuverlässig«, meinte sie etwas ironisch.

»Ich kaufe dir neue BHs.«

»Danke nein, kauf lieber was für deine Frau.«

Na bravo, dachte Andy.

Das Ein-Zimmer-Apartment mit Blick aufs Zeltdach des Olympiastadions war recht komfortabel eingerichtet, hatte Wasch- und Spülmaschine, Farbfernseher und VHS-Recorder. Veronika bemerkte Andys umherschweifenden Blick und sagte: »Ja, hier ist alles vom Besten. Mein Vater entschuldigt sich mit viel Geld dafür, daß er uns hat sitzenlassen.«

Sie hatte Seezungen eingekauft, und Andy sah ihr beim Zubereiten in der Küche zu. Er erzählte vom gestrigen Abend bei Silvia, und Veronika meinte: »Ich kann mit Silvias Freunden nichts anfangen. Sie sind radikale Demokraten, aber wehe, du bist nicht ihrer Meinung! Dann bist du nämlich undemokratisch. Und vor allem mußt du Jeans und einen Schlabberpullover tragen, sonst giltst du als angepaßt. Nur wenn du dich ihrem Schlabber-Look fügst, bist du unangepaßt.«

Bis sie gegessen hatten, war es halb vier, und es sah nach Regen aus. Sie gingen in die Alte Pinakothek, die Andy von früher her sehr liebte, und waren zur Sportschau wieder zu Hause. Für den Abend hatte Veronika eine Verabredung mit Freunden getroffen.

Das Schwabinger Lokal, der »Weinbauer« in der Fendstraße, war Andy von früher gut bekannt und hatte sich seither kaum verändert. Immer noch die blanken Tische und einfachen Stühle, die verräucherten Wandgemälde und der Ludwig-II.-Kitsch, das Publikum aus Kleinbürgern und Studenten, die einfache Speisekarten mit den zivilen Preisen. Nur Anni war nicht mehr da, die deftige Kellnerin, die mal auf Andys Frage, wo er sich denn in dem vollen Lokal hinsetzen solle, geantwortet hatte: »I tat mi am Arsch hiehocke.«

Veronikas Freunde waren alle in ihrem Alter, lockeradrett gekleidet und von selbstbewußtem Habitus. Gerhild und Gaby, Rüdiger und Wolfgang studierten ebenfalls Kommunikationswissenschaft und zogen Andy sofort in ein Gespräch über seinen Beruf. Sie wollten aber nicht wissen, wie man eine Zeitung macht, sondern warum alle Zeitungen falsch gemacht würden.

»Ihr laßt euch dauernd von den Politikern einseifen«, stellte Rüdiger fest.

»Ihr könnt das ja demnächst besser machen. Aber ihr werdet sehen, daß ihr sie auch nicht aufs Kreuz legt.«

»Ihr müßt die Brüder festnageln«, verlangte Rüdiger.

»Nagele mal! Das sind Profis im Ausweichen und Verdrehen. Das ist der Kern ihres Berufs. Du kannst noch so gut vorbereitet sein, sie haben dir immer ein Stückchen Herrschaftswissen voraus. Und die Unverschämtheit, die zu ihrem Gewerbe gehört. Du sitzt da und denkst: Der lügt und lügt. Aber du kannst es nicht beweisen. Du wirst es erleben.«

Bei Schweinsbraten mit Krautsalat zerpflückten sie unnachsichtig die Presse im allgemeinen und Andy im besonderen, obwohl sie noch nichts von ihm gelesen hatten. Er gab gut Kontra und bemühte sich wegen Veronika, nicht zu polemisch zu werden. Erst als ihm Wolfgang vorwarf, er rede ziemlich etabliert daher, ging Andy aus sich heraus. »Wenn ihr euch nicht allzu blöd anstellt, seid ihr in ein paar Jahren auch etabliert. Im Moment seid ihr noch frustriert, weil euch nach dem vierten Semester immer noch keiner eine Planstelle als Redaktionsleiter mit Pensionsanspruch zugesichert hat.«

»Du weißt genau, wie beschissen die Lage heute ist«, sagte Wolfgang.

»Mensch, hört doch auf mit eurer Wehleidigkeit! Mir hat auch keiner einen Job nachgeworfen. Und mein Studium war nicht so gut gepolstert wie eures. Ich bin Taxi gefahren. Hier in dieser Kneipe hatten wir immer Schichtwechsel und Schlüsselübergabe. Morgens um neun oder abends um neun, je nachdem.«

Veronika bog das Thema ab und fragte, welches die nächste Station des Abends sein solle. Die Freunde diskutierten nacheinander eine Disco, ein Jazzlokal, eine Schwulenkneipe und, im Scherz, ein McDonald. Gerhild sagte: »Wenn es nicht regnen würde, könnten wir im Ungererbad über den Zaun klettern und nackt baden.« Dabei sah sie Andy herausfordernd an.

Er schaute ebenso zurück. »Wir haben das damals auch bei Regen getan.«

»Ach ja?«

»Ja. Es ist wahnsinnig schwer, etwas ganz Neues zu erfinden.«

Sie einigten sich aufs »Extrablatt« in der Leopoldstraße, das besonders »in« war. Andy wollte wissen, warum das Lokal so »in« sei, aber keiner konnte er ihm überzeugend beantworten.

»Weiß der Teufels«, meinte Rüdiger. »Warum fahre ich einen Geländewagen? Man fährt eben Geländewagen, wenn man was auf sich hält. Man trägt eben bestimmte Klamotten und geht in bestimmte Skiorte, weil sie ›in‹ sind. Warum, weiß ich auch nicht.«

»Und du hast dabei nie das Gefühl«, fragte Andy, »daß du dich zum Affen machst?«

»Und wenn? Du kannst auch einen Kadett fahren und einen selbstgestrickten Pullover tragen, aber hast du dann mehr Spaß, bloß weil du nicht ›in‹ bist?«

»Du verstehst mich nicht ganz«, sagte Andy. »Ich frage mich seit ein paar Jahren immer öfter, ob ich Dinge tue, weil ich sie tun will oder weil andere sie von mir erwarten. Kapierst du? Ich meine, du mußt irgendwann so weit kommen, daß du sagst: Ich will das und das, und was ihr davon haltet, ist mir scheißegal.«

Veronika lächelte ihn freundlich an. »Das klingt ganz prima, aber wo tust du denn, beruflich oder privat, was du willst?«

Offensiv bleiben, dachte Andy und sagte: »Immerhin bin ich heute deinetwegen in München. Weil ich es will.«

Veronika versuchte, dem Gespräch wieder eine heitere Note zu geben. »Wenn du vom Fernsehen wärst, würde sogar morgen in der Zeitung stehen, daß du heute in diesem Lokal warst. Weil das Lokal ›in‹ ist.«

»Um Gottes willen, das fehlte mir noch!«

»Wegen deiner Frau? Es würde ja nur in München in der Zeitung stehen.«

Der Abend zog sich bis in den frühen Morgen, und dann wollte Gerhild nicht mehr nach Hause nach Grünwald fahren, sondern bei Veronika übernachten, auf der Luftmatratze in der Küche. Andy hätte sie dafür auf den Mond schießen mögen und Veronika gleich hinterher.

Gerhild ging zuerst ins Bad und sprang dann noch einmal neckisch und nackt durchs Zimmer. »Treibt's nicht so wüst, ich habe einen leichten Schlaf.«

Andy war unlustig, und Veronika merkte es. »Sei kein Frosch! Gerhild weiß, wie's geht.«

»Vielleicht«, maulte Andy, »hat sie sogar Spaß beim Zuhören.«

»Und wenn? Solange sie nicht mitmachen will ...«

»Vielleicht will sie ja.«

»Komm, sei nicht albern«, bat Veronika, »habt ihr das etwa früher auch so eng gesehen?«

Andy dachte an ein paar Situationen von früher und mußte lachen. »Nein, ich habe ja heute schon einmal gesagt, daß man so leicht nichts Neues erfindet.«

Er mußte dennoch an Gerhild nebenan denken und war anfangs ziemlich vorsichtig.

Beim Frühstück fiel Andy ein, seinen alten Studienfreund Tim anzurufen, der in München beim Fernsehen arbeitete.

»He, du Starreporter«, rief Tim erfreut, »wo bist du, was machst du?«

»Täglich Sensationsberichte«, antwortete Andy, »und laufend Interviews mit Spitzenpolitikern.«

»Und? Weichen sie bei dir auch immer allen Fragen aus? Ich habe seit Jahren keine ehrliche Antwort mehr bekommen, aber wir haben alles gesendet. Du bist auch einer Frage ausgewichen: Wo bist du?«

»In München. Sehen wir uns?«

Sie trafen sich, da der Sonntag wieder schönes Wetter gebracht hatte, am Chinesischen Turm im Englischen Garten. Tim bewunderte unverhohlen Veronika und fragte, warum Andy sie nicht heirate. Andy antwortete nicht, sondern fragte Tim, ob er abgenommen habe.

»Sehe ich so aus?« strahlte Tim.

»Eher im Gegenteil«, fand Andy, »aber das kann auch an deiner ungeschickten Kleidung liegen.«

Tim war in einen sehr erlesenen, sandfarbenen Sommeranzug mit dunkelbraunem Seidenhemd gekleidet und trug, wie früher, zum gelockten dunklen Haar einen sorgfältig gestutzten Schnurrbart.

»Sag an, wie geht's?« fragte Andy.

»Glänzend. Immer mit Volldampf auf der Stelle. Fernsehen macht so viel Spaß, daß man einfach nicht kündigen mag. Der Apparat wird immer bürokratischer, die Parteibuchwirtschaft immer grotesker, der Einsatzwille der Mitarbeiter immer unbändiger.«

»Komm doch zur Zeitung«, schlug Andy vor. »Bei uns gibt es keine Parteibuchwirtschaft, wir können noch hart und kompromißlos kritisieren, ohne Rücksicht auf einen Rundfunkrat. Wir müssen immer nur eine Kleinigkeit beachten: Unsere Kritik muß auf der Linie des Verlegers liegen. Aber die Linie kriegst du ganz leicht raus.«

Tim bekam ganz verklärte Züge. »Weißt du noch, damals, im Seminar für Zeitungswissenschaft? Da hatten wir Kommunikationsmodelle, die funktionierten völlig reibungslos. Verleger und Rundfunkräte kamen da überhaupt nicht vor. Man hätte an der Uni bleiben und noch ein Kommunikationsmodell erfinden sollen. Darüber hätte man ein Buch schreiben und mit anderen Wissenschaftlern diskutieren können.«

»Das hätte man«, bestätigte Andy, »aber statt dessen machen wir unerbittlich weiter, die Nase im Wind, den Hintern auf der Planstelle, die Augen auf die Pension gerichtet.«

»Und die Prinzipien im Safe«, ergänzte Tim.

Während Andy und Tim ihr zweites Weizenbier leerten und das dritte bestellten, hörte Veronika schweigend zu.

»Ich könnte ja meinen Job an den Nagel hängen«, erklärte Andy in der Mitte des dritten Bieres, »ich könnte nämlich viel Geld erben.«

»Wann, von wem und vor allem: wieviel?« fragte Tim.

»Bald, von meinem Stiefvater, ziemlich viel. Wenn ich wollte.«

Tim biß sofort an. »Mensch, Andy, wir könnten 'ne Firma aufmachen. Ich warte schon lange auf jemanden mit Geld für meine Ideen.«

»Und was soll die Firma produzieren?«

»Na, Fernsehfilme. Da gibt's einen unheimlichen Markt.«

Andy winkte ab. »Nee, dafür wäre mir das Geld zu schade. Würstchen ja, aber so was nicht. Außerdem kriege ich das Geld nicht, weil ich es nicht will.«

Er erklärte den Zusammenhang genauer, aber Tim verstand Andys Motive nicht und begeisterte sich an der künftigen gemeinsamen Filmfirma.

»Bist du noch verheiratet?« fragte Andy gegen Ende des letzten Biers.

»Wieder«, antwortete Tim, »und du?«

»Noch«, sagte Andy.

Sie verabredeten, sich bei nächster Gelegenheit wieder zu treffen und auf keinen Fall noch einmal soviel Zeit verstreichen zu lassen.

Auf dem Weg zu Veronikas Wohnung fragte Andy, warum sie so schweigsam gewesen sei.

»Ach, ich mag das nicht, wenn so mittelalterliche Typen mit Planstelle und Pensionsanspruch sich gegenseitig was vorheulen. Ihr könnt doch kündigen, wenn alles wirklich so beschissen ist.«

»Sagtest du ›mittelalterlich‹?« fragte Andy.

»Ja. Rechne doch mal nach. Du mußt schon fast achtzig werden, um noch mehr als die Hälfte vor dir zu haben.«

Andy nahm sich vor, seine Jugendlichkeit nicht länger mit Worten zu beweisen. Sie hatten noch einen Nachmittag miteinander und verbrachten ihn überwiegend im Bett. Veronika gestand, daß sie Andy in bestimmten Situationen ganz und gar nicht mittelalterlich finde. Sie bat ihn, jedes Wochenende zu kommen, damit sie nicht so einsam sei. Andy hätte eigentlich glücklich sein müssen.

»Ich kann mir nicht vorstellen«, sagte er dennoch, »daß du ohne mich in München völlig einsam bist.«

»Du wohnst bei deiner Frau«, erwiderte Veronika.

»Entschuldige bitte, aber ich bin verheiratet.«

»Das ist natürlich ein starkes Argument«, spottete sie. »Zieh dich mal schön aufs Formale zurück. Nee, mein Schatz, nicht bei mir. Entweder – oder. Du muß dich entscheiden. Du kannst nicht zum Absprung ansetzen und gleichzeitig auf der Stelle treten. Angst vorm Fliegen zählt bei mir nicht.«

»Das heißt, du würdest mit mir ...?« Andy wußte nicht, wie er den Satz beenden sollte.

»Ich mag dich ziemlich sehr«, antwortete Veronika leise. »Eines mache ich jedoch nicht mit, das, was ihr Typen so unheimlich schlau findet: zu Hause die Frau und woanders die Freundin. Ein bißchen kompliziert wegen des Terminkalenders, aber die Freundin hat ja Verständnis, denn die Frau geht vor und darf vor allem nichts erfahren. Irgendwo ist es ja auch ganz reizvoll, insbesondere wenn beide gut kochen und gut im Bett sind. Ich kenne genug Mäuschen, die das mit sich machen lassen, manchmal jahrelang, aber bei mir läuft das nicht.«

Andy fühlte sich plötzlich so mies wie vorgestern abend zu Hause bei Pia. Er mußte zugeben, daß er tatsächlich fürs erste an die Lösung gedacht hatte, die Veronika beschrieb. Fürs erste natürlich, nicht auf Dauer. Mußte man sich nicht erst besser kennen, ehe man eine so weitreichende Veränderung wie eine Scheidung nach langen Ehejahren auf sich nahm?

»Ich kann das nicht aus dem Stand entscheiden«, sagte Andy. »Du kannst einfach deinem Freund sagen, daß du ihn nicht mehr sehen willst, aber ich müßte mein halbes Leben rückgängig machen.«

»Ich weiß«, sagte Veronika nur.

Auf der Heimfahrt gingen Andy tausend Gedanken durch den Kopf. Und hinter Würzburg passierte es: Im Regen fuhr er zu dicht auf einen Bus auf, erschrak, bremste zu scharf, schleuderte auf die Standspur und knallte in die Leitplanke. Sein erster Gedanke, als das Auto stand, war: Um neun kommt meine Maschine aus Berlin zurück. Es war kurz nach acht.

Ein Autofahrer hielt an und fragte, ob jemand verletzt sei; Andy verneinte und bedankte sich für die Hilfsbereitschaft. Sein Wagen ließ sich nicht mehr lenken, und die Leitplanke war reif für eine Reparatur. Andy trabte im Regen zur nächsten Notrufsäule und ließ Polizei und Abschleppwagen anfordern, dann wartete er rauchend in seinem Wagen und überlegte, wie er sich bei Pia wegen der

Verspätung herausreden sollte. Es kam ihm auch der Gedanke, alles zuzugeben und zu fragen, was willst du, warum soll ich mich nicht mal verlieben dürfen? Er verwarf diesen Gedanken jedoch rasch.

Der Polizei gegenüber gab Andy zu, unaufmerksam gefahren zu sein. So ging alles schnell über die Bühne. Ein Abschleppwagen nahm sein Auto huckepack und brachte es bis vors Tor einer Werkstatt in Würzburg. Andy hinterließ im Briefkasten der Werkstatt den Autoschlüssel und die Nachricht, er werde Montag früh anrufen. Dann nahm er ein Taxi zum Bahnhof und rief von dort aus Pia an. »Wir sind zurück aus Berlin, aber wir wollen noch zusammen zu Abend essen. Es wird spät.«

»Kann ich nicht dazukommen?« fragte Pia, »ich würde die Leute auch gern mal kennenlernen.«

Andy redete sich heraus. »Ich weiß noch nicht, wo wir hingehen. Ich habe keine Groschen mehr zum Einwerfen.«

Er hängte schnell ein.

Der letzte Intercity ging kurz nach zehn, und als Andy nach Hause kam, schlief Pia schon.

30

Andy hatte das Gefühl, es müsse etwas Dramatisches geschehen. Aber die Woche begann mit Routine in der Redaktion und gleichgültiger Kühle zu Hause. »Business as usual«, obwohl ihm zum Platzen war.

Er traf, wie verabredet, Frau Gruen vor deren Rückreise nach San Francisco und fragte sie, was sie mitnehme von ihrem Besuch in Frankfurt. Sie lächelte und sagte, viel unbefangener als bei ihrer Ankunft: »Ihr Reporter. Immer diese einfachen Fragen, auf die man mit einem Buch antworten müßte.«

Sie überlegte lange, ehe sie sagte: »Als ich mich zu dem Besuch entschloß, hatte ich Angst, mich würde hier ein

Gefühl von Heimat überkommen. Ich wollte das nicht, weil dieses Land nicht mehr meine Heimat sein kann, weil ich es seit meiner Emigration als feindselig empfunden habe. Jetzt, nach diesem Besuch, empfinde ich es als ein Land wie jedes andere. Ich habe freundliche Menschen getroffen wie Sie und Herrn Gutjahr, ich habe haßvolle Parolen an Häuserwänden gesehen. Ich würde mich nicht wundern, wenn die Deutschen eines Tages mit den Türken machten, was sie mit uns Juden gemacht haben. Ich würde mich aber ebensowenig wundern, wenn sie große Werke der Versöhnung täten. Mit anderen Worten: Das Land macht mir nicht mehr nur Angst, sondern auch ein bißchen Mut.«

Andy zitierte das in seinem Artikel, der am selben Morgen erschien, an dem Frau Gruen und ihre Gruppe abflogen. Andy war zur Verabschiedung am Flughafen, und auch ihm versicherte Frau Gruen, wie schon Herrn Gutjahr, daß er ihr in San Francisco willkommen sei. Andy wollte sagen, daß er mit Amerika nicht viel im Sinn habe, aber er unterdrückte die Bemerkung.

Buske schickte ihn zu einer Pressekonferenz des Umweltministeriums, bei der es um Abwasserfragen gehen sollte.

»Sie sind ja unser Experte«, meinte Buske, und Andy verkniff sich eine gereizte Antwort.

Der Sprecher des Ministeriums legte Ergebnisse von Untersuchungen und Kontrollen vor, die in den letzten Wochen angestellt worden waren, und zwar teilweise »überfallartig«, wie der Sprecher betonte. Andy traute seinen Ohren nicht: Es waren, fast aufs Komma genau, die Daten, die ihm der Unbekannte gegeben hatte.

»Diese Angaben«, sagte der Sprecher, »sind schon einmal durch die Presse gegangen, konnten aber seinerzeit nicht belegt werden. Der Verursacher hat die Angaben damals dementiert, aber wir sind jetzt in der Lage, sie zu bestätigen. Die notwendigen rechtlichen Schritte sind in Vorbereitung.«

Andy war fassungslos.

Nach der Pressekonferenz kamen ein paar Kollegen auf ihn zu. »Glückwunsch! Wo hattest du denn damals die Angaben her? Jetzt bist du aber fein raus.«

Nachmittags wurde Andy zum Chefredakteur gerufen, der wieder weitschweifig nach dem Befinden fragte, ehe er sich dem eigentlichen Thema auf Umwegen näherte.

»Ihre Story über die alte Dame aus San Francisco, also, ich muß sagen, das war hautnah und menschlich. Kompliment. So etwas wünsche ich mir öfter in unserem Blatt. Sensibilität, verstehen Sie, Sensibilität!«

Andy mochte keinen Schmus und sagte: »Das war gutes Handwerk, so was hat man eben gelernt.«

»Bitte keine falsche Bescheidenheit, lieber Kollege. Professionell war das, hochprofessionell! Und was die Abwasser-Story angeht, so haben wir Ihnen Abbitte zu leisten.«

»Das finde ich auch«, meinte Andy.

Dr. Schmidt-Schulzendorf hob den Zeigefinger. »Aber nur bis zu einem gewissen Grade. Zugegeben, Sie hatten die richtigen Daten. Aber Sie konnten es nicht beweisen. Und das hat uns in außerordentliche Schwierigkeiten gebracht.«

Andy wischte den Einwand mit einer Handbewegung weg. »Ich hatte recht, und das ist die harte Münze in unserem Geschäft. Das Problem war, daß Sie mir nicht vertraut haben. Ich hoffe, Sie haben daraus gelernt.«

Der Chefredakteur sah Andy erstaunt an, als habe dieser eine ganz ungeheuerliche Taktlosigkeit begangen.

»Bei dieser Gelegenheit«, fuhr Andy fort, »möchte ich Ihnen gern sagen, daß ich mich durchaus für einen geeigneten Nachfolger des Kollegen Schaaf halte.«

Dr. Schmidt-Schulzendorf nahm augenblicklich eine noch reserviertere Miene an. »Wir werden ab kommender Woche Bewerbungen einholen, und selbstverständlich sollten auch Sie eine solche einreichen.«

Dieses blasierte Nichts, dachte Andy, als er wieder draußen war.

Pia empfing ihn abends mit außerordentlich frostigem Gesicht.

Andy hatte eine Ahnung und wollte nicht mehr um den heißen Brei reden. »Komm, was ist los?« fragte er.

»Du warst am Wochenende in Berlin?« fragte sie.

»Offensichtlich hast du Zweifel daran.«

»Heftige sogar. Ich habe eine Münchener Zeitung in die Hände bekommen, da ist ein Foto drin aus einem gewissen ›In‹-Lokal an der Leopoldstraße, und auf diesem Foto sitzt ein gewisser Andreas Wohlgemuth froh und wohlgemut beim Bier. Was fällt dir dazu ein?«

Endlich, dachte Andy. Endlich war der Anlaß da, der Vorwurf, dem man nicht mehr ausweichen konnte. Endlich Farbe bekennen.

»Das Lokal heißt ›Extrablatt‹«, antwortete er ruhig, »aber fotografiert werden da nur Leute von Film und Fernsehen. Kann ich das Bild mal sehen?«

Pia hielt ihm die Zeitung hin, gab sie aber nicht aus der Hand, so als habe sie Angst, Andy könne das Beweismittel an sich reißen und schnell aufessen. Das Foto zeigte im Vordergrund einen Mann, den Andy vom Bildschirm zu kennen glaubte. Am Tisch dahinter war in der Tat er selbst recht deutlich zu erkennen, neben ihm Veronika, Gerhild und Rüdiger.

»Ich war in München«, bestätigte Andy, »ich wollte mal raus und etwas allein machen, deswegen habe ich die Story mit Berlin erfunden.«

»Sauber. Und wer sind die Damen?«

Andy war nicht bereit, auf einen Schlag alles zuzugeben, und fand an dem Verhör auch beinahe so etwas wie Vergnügen. »Die Damen? Keine Ahnung. In so einem Lokal triffst du tausend Leute und kommst mit Ihnen ins Gespräch. Du kennst doch die Münchner. Die linke hieß Gerhild und die rechte Vreneli oder so ähnlich. Wie sie halt in Bayern heißen.«

»Lüg nicht. Du hast etwas mit diesen Damen.«

»Glaubst du, ich hätte mich, wenn es so wäre, einfach fotografieren lassen? Ich habe doch den Fotografen mit seinem

Blitzlicht herumfuhrwerken sehen. Ich hätte doch unter die Tischkante tauchen können. Nein, es war nur ein kleiner Ausflug. Das braucht man mal bei unserem Trott. Was haben wir denn noch an Privatleben? Du hast deinen Laden, ich meine Redaktion. Und morgens und abends legen wir uns gegenseitig Zettel mit Nachrichten auf den Küchentisch.«

»Du weißt genau, warum ich arbeiten muß«, gab Pia zurück.

Da ist es wieder, dachte Andy. Das war der Punkt. Wo immer die Auseinandersetzung begann, sie endete hier: Du bist nicht gut genug.

Andy stand auf und ging zur Tür. Er war nicht erregt, sondern dachte sich einfach, er könne den Rest des Abends in angenehmerer Gesellschaft verbringen. Er warf auch die Tür nicht aus Wut krachend ins Schloß, sondern mit wohlabgewogener Bewegung, mit bewußtem Genuß.

Rainer Wilke saß an seinem Stammplatz in der Ecke des Lokals.

»Wie geht's?« fragte er, als Andy sich setzte.

»Frag mich bitte was Leichteres.«

»Also: Was trinkst du?«

»Ein Bier und einen doppelten Korn.«

»Hast du Ärger mit deiner Frau?« fragte Rainer.

»Wer hat den nicht?«

»Ich. Ich habe keine. Komm, erzähl.«

Andy erzählte, denn er wußte, daß Rainer es wirklich wissen wollte. Es war gut, einen Freund zu haben, der alles anhörte und nichts davon wieder hergab. Auch wenn dieser Freund mal keinen Rat wußte und nur verständnisvoll bestätigte, alles sei ziemlich schwierig, selbst dann sah man den Dingen gestärkter entgegen.

»Ganz schön schwierig«, meinte Rainer.

»Was macht dein Buch?« fragte Andy, um endlich von sich und seinen Problemen wegzukommen.

»Es wird immer dicker, aber ich weiß nicht, ob es dabei auch besser wird. Jedenfalls macht es Spaß. Das Schöne ist, du kannst mit den Leuten machen, was du willst. Gestern abend habe ich einen Kerl sterben lassen, den ich so unsympathisch beschrieben hatte, daß ich einen unbezwingbaren Widerwillen gegen ihn bekam. Jetzt ist er tot, und ich fühle mich richtig erleichtert.«

»Sag mal«, fragte Andy vorsichtig, »ich komme doch auch drin vor?«

»Ja«, bestätigte Rainer, »du bist im Moment ziemlich von der Rolle. Du fühlst dich von allen Seiten bedrängt und stehst so unter Druck, daß du wahrscheinlich bald explodierst.«

»Glaubst du wirklich?« fragte Andy.

»Ich rede von der Figur in meinem Roman. Ich weiß noch nicht, wie es am Ende mit ihr ausgeht. Aber so, wie ich die Figur verstehe und angelegt habe, ist eine positive Entwicklung nicht ausgeschlossen.«

»Zwei Bier, zwei Korn!« rief Andy in Richtung Tresen.

31

Die Maschine aus San Francisco war pünktlich, dafür kam Andy zu spät zum Flughafen, so daß Karin mit ihrem Koffer bereits hinter der Gepäckausgabe in Halle B wartete.

Andy lief auf sie zu und drückte ihr einen Strauß Alpenveilchen in die Hand. »Schwesterchen, du bist um zehn Jahre hübscher geworden.«

Karin lachte. »Und du wirkst inzwischen beinahe erwachsen.«

Sie umarmten sich lange, dann schauten sie sich an.

»Ehrlich«, bekräftigte Andy, »du bist hübscher als früher, auch schlanker. Und glücklicher.«

Karin war genauso groß wie Andy und hatte immer eine auffallend gute, ja aufregende Figur gehabt. Etwa seit ihrem sechzehnten Lebensjahr hatten daher viele Jungen nicht nur ihre Nähe, sondern auch, aus wohlkalkulierten Gründen, die Freundschaft ihres älteren Bruders gesucht. Andy war stets stolz auf seine Schwester gewesen und sah, daß er auch jetzt noch allen Grund dazu hatte.

»Du siehst ein bißchen abgekämpft aus«, sagte sie, »hast wohl einiges um die Ohren?«

»Oh, laß uns später davon reden. Bist du müde, hast du Hunger? Oder Heimweh nach Modesto?«

»Lästere bitte nicht schon wieder über unser Modesto«, bat sie.

»Um Gottes willen, nie!« gelobte Andy. »Modesto in Kalifornien, das Paris des platten Landes, zentral hinterm Mond gelegen.«

»Okay, Modesto ist keine Weltstadt, aber wir wohnen ja auch außerhalb«, ulkte Karin.

Sie stiegen in Andys Auto, das in Würzburg eine neue Schnauze bekommen hatte, und fuhren nach Frankfurt. Sie kamen unterwegs bald auf New York zu sprechen, auf »diese Sache«, wie Karin sagte. »Diese Sache«, dachte Andy, auch Karin kann es nicht beim Namen nennen und sagt »diese Sache«.

»Du hast es durch Onkel Ben erfahren«, sagte Andy, »obwohl ich es vor ihm wußte. Aber ich habe mich nicht getraut, dich anzurufen.«

»Das kann ich verstehen.«

»Nein, ich kann es nicht verstehen«, widersprach Andy, »oder nicht mehr. Deswegen erzähle ich es dir auch.«

Zu Hause wollte Karin sich nicht ausruhen, sondern den Tag durchstehen, um den Zeitunterschied zu bewältigen. Sie packte ihren Koffer aus und überreichte Andy einen Wecker mit einer Micky-Maus, deren Arme die Zeiger bildeten. »Hier, das ist eine kleine Rache für die Kuckucksuhren und Hummel-Figuren, die uns die Deutschen immer als Geschenk mitbringen.«

Andy bedankte sich artig und meinte, er habe mit Schlimmerem gerechnet.

Er servierte zwei Martini on the Rocks, weil er das für typisch amerikanisch hielt, und Karin fragte, wie es ihm denn nun wirklich gehe.

»It could me better go«, blödelte Andy in verballhorntem Englisch.

Er berichtete von den unerfreulichen Rivalitäten in der Redaktion, von der Gleichgültigkeit zwischen ihm und Pia, von der aussichtslosen Beziehung zu Veronika, von der Entdeckung Horst Meyers und der Reise nach Leipzig, schließlich von der zähen Auseinandersetzung um die Erbschaft.

Karin griff diesen letzten Punkt auf. »Ich habe selten gehört, daß jemand darum kämpft, nichts zu erben. Aber ich kann dich ein bißchen verstehen, denn ich kenne ja dein Verhältnis zu unserem Vater. Und mein Bob ist auch so einer, der nichts annehmen und alles allein schaffen will. Er hat diese Pfirsichfarm als kleine Klitsche übernommen, und du solltest mal sehen, was er daraus gemacht hat. Ich habe viel mitgearbeitet, aber ich bin froh, daß ich jetzt auch etwas Geld mit einbringen kann. Wir brauchen dringend eine neue Verpackungsanlage.«

»Du kannst meinen Teil dazubekommen«, sagte Andy.

»Das hat mir Onkel Ben schon gesagt. Weißt du wirklich nichts Besseres damit anzufangen?«

Andy schüttelte den Kopf. »Ich könnte irgendeine Unternehmung starten, eine Filmfirma oder so, aber wie ich mich einschätze, würde ich dabei das Geld in den Sand setzen. Ich könnte es an die Armen verschenken, aber damit wäre denen auch nur kurzfristig geholfen. Ich könnte es auf den Kopp kloppen, aber davon bekäme ich nur ein schlechtes Gewissen. Wenn ich es bei euch mit einbringe, dann werden vielleicht eure Kinder eines Tages in dankbarer Erinnerung an den lieben Onkel eine neue Pfirsichsorte ›Andys Delight‹ nennen. So würde ich wenigstens eine bescheidene Spur auf der Erde hinterlassen.«

Am Nachmittag besuchten sie Pia in ihrem Laden.

Karin und Pia waren Schulfreundinnen gewesen, und Andy hatte seine spätere Frau erst dadurch näher kennengelernt. Nach der Schulzeit hatten sich die beiden Mädchen aber nur noch selten gesehen, und seit zehn Jahren war Karin nicht mehr in Deutschland gewesen. So begrüßten sich die beiden Frauen freundlich, aber nicht sonderlich herzlich.

Karin sah sich in dem Laden um, der nicht groß, aber fast immer voll Kundinnen war. Pia hatte sehr viel Geschmack und Geschick investiert, so daß man sich nicht wie in einem Verkaufsraum fühlte, sondern wie in einer Wohnung, in der man auch etwas kaufen konnte. Pia nahm sich Zeit für ihre Kundinnen, besprach mit ihnen Strickmuster und bot, wenn es länger dauerte, Kaffee an. Für die Stammkundinnen war der Laden eine Art Treffpunkt, wo sie sich für ein Viertelstündchen vom Streß ihrer Einkäufe erholten. Vor allem aber demonstrierte Pia Tag für Tag selbst, wie gut einer schönen Frau schöne Pullover stehen.

Karin erkundigte sich, wie das Geschäft laufe und was in Deutschland gerade »in« sei. Pia gab alle Auskünfte, aber ein richtiges Gespräch wurde nicht daraus. Andy stand überflüssig dabei.

»Ich mochte Pia immer gern«, sagte Karin nach dem Besuch, »aber ich habe dir damals schon vorausgesagt, daß ihr auf die Dauer nicht zusammenpaßt.«

»Das beweist sich ja gerade«, bestätigte Andy, »aber warum ist es so?«

»Ich sag's dir mal ganz ehrlich, auch wenn du es nicht gern hörst: Pia ist eine eigenwillige Persönlichkeit und braucht einen entsprechenden Partner. Und du bist leider nur ein lieber Junge, der sich herumschubsen läßt.«

»Platsch!« sagte Andy. »Das hat gesessen.«

Karin legte die Arme um seinen Hals und küßte ihn auf die Stirn. »Wer soll's dir denn sagen, wenn nicht deine Schwester?«

Nach ein paar Minuten fuhr sie fort: »Pia drängt dich, diese Erbschaft anzunehmen. Aber nicht, weil sie das Geld will, sondern damit du etwas daraus machst.«

Am folgenden Tag fuhren Karin und Andy zu Onkel Ben. Bevor sie ihn aufsuchten, gingen sie auf den Friedhof und legten Blumen nieder.

Onkel Ben hatte Wein bereitgestellt und begrüßte Karin nach über zehn Jahren mit großer Herzlichkeit. Sie mußte ausführlich über ihre Familie und ihr Leben in Kalifornien berichten. Sie zeigte Fotos, die auch Andy noch nicht kannte, und am Ende konnte Onkel Ben nur zusammenfassend feststellen: »Du hast es genau richtig getroffen.«

Dann kam er aufs Geschäft zu sprechen und legte dar, welche Kauf- und Übernahmeangebote es für das Haus und die Firma gab.

»Mit dem Haus«, erklärte er, »ist es noch vergleichsweise einfach. Die Lage ist erstklassig, aber die Interessenten versuchen den Preis mit dem zweifellos richtigen Hinweis zu drücken, daß vieles renovierungsbedürftig sei. Mit der Firma wird es um so schwieriger, je länger es dauert. Die Kapazitäten sind im Moment noch ausgelastet, aber niemand kümmert sich mit Nachdruck um neue Aufträge. Es fehlt der Chef. Die qualifizierten Mitarbeiter tragen sich mit Kündigungsabsichten und fragen mich täglich, wie es weitergehen soll.«

Andy hatte eine Idee: »Kann man die Firma nicht den Mitarbeitern übereignen?«

Onkel Ben sah ihn kopfschüttelnd an. »Dann kannst du sie auch gleich verschenken. Wenn keiner das Sagen hat, wenn alles mit Mehrheit beschlossen werden muß, geht die Sache unweigerlich den Bach hinunter. Und ihr schaut dabei in die Röhre.«

Andy hatte den Vorschlag spontan gemacht und ärgerte sich, daß er nicht besser vorbereitet war. Vielleicht gab es funktionierende Modelle, aber Andy kannte keines.

Onkel Ben konnte es nicht lassen, Andy zu attackieren: »Ihr Journalisten wißt eben immer alles nur ungefähr. Nein, mein Lieber, wir müssen sobald wie möglich und so günstig wie möglich verkaufen. Mir gefällt der Gedanke gar nicht, daß die Firma meines ältesten Freundes nicht oder zumindest nicht unter seinem Namen weiterbestehen wird, aber Werner Wohlgemuth hat nun mal keine Erben im üblichen Sinne.«

Andy zuckte die Schultern.

»Wenn nun aber«, sagte Karin, »der Erlös aus dem Verkauf in unsere Farm eingeht, dann ist es ja doch irgendwie, als würde etwas weiterleben. Ich weiß nicht, ob ihr mich versteht, aber dann wäre eben nicht alles ...«

»... vom Winde verweht«, ergänzte Onkel Ben. »Ja, das ist ein guter Gedanke. Und dein Vater hat immer mit großer Hochachtung von Bob und dessen unternehmerischem Geschick gesprochen.«

Andy schlug noch einmal vor, seinen Anteil ebenfalls in die Farm einzubringen. Onkel Ben meinte, das sei nicht mehr seine Sache, und hielt als Ergebnis des Gesprächs fest, daß er verkaufen und jedem die Hälfte überweisen werde.

Er lud Karin und Andy zum Essen in den »Ratskeller« ein und begleitete sie anschließend ins Haus ihrer Eltern, wo sie übernachten sollten. Seine Putzfrau habe nach dem Rechten geschaut und zwei Betten bezogen.

Karin und Andy waren beklommen, als sie das Haus betraten. Andy war mit fünf Jahren hier eingezogen, Karin war von Anfang an hier aufgewachsen. Sie hatten hier Weihnachten gefeiert und Kindergeburtstage mit Topfschlagen und Sackhüpfen, später erste Parties mit Andys Freunden und Karins Freundinnen, darunter Pia. Jeder Winkel des Hauses barg eine kleine Erinnerung.

Onkel Ben war um Ablenkung bemüht. »Kommt, ihr beiden, wir steigen in den Keller und holen uns die beste Flasche Wein herauf, ehe sie in falsche Hände gerät.«

Sie fanden einen Spätburgunder aus Karins Geburtsjahr, der schon fast wie Likör schmeckte und nur in kleinen Schlucken zu genießen war. »Hättest du lieber eine Coca-Cola?« fragte Onkel Ben, der keine Melancholie aufkommen lassen wollte.

Karin wies ihn freundschaftlich zurück. »An dir ist wohl

die Zeit völlig vorbeigegangen. Hast du schon mal von kalifornischem Wein gehört?«

»O ja, dein Vater hat nach jedem Besuch davon geschwärmt. Aber laß uns europäischen Hinterwäldlern doch das bißchen Spott über den American way of life, dem wir nur diese paar lächerlichen Jahrtausende Kultur entgegensetzen können.«

Karin antwortete kampfeslustig. »Die Europäer, zumal die jungen, tragen Levis Jeans, trinken Coca-Cola, essen McDonalds Hamburger, rennen zu Joan Baez, heulen über E.T., lassen keinen Western aus und sagen alle Verabredungen ab, wenn ›Dallas‹ läuft. Wenn sie bei all dem noch Zeit finden, demonstrieren sie gegen den Amerikanismus. Kann mir das mal einer erklären?«

Onkel Ben und Andy schüttelten die Köpfe.

Später am Abend schlug Onkel Ben vor, gemeinsam durchs Haus zu gehen und eine Liste der Gegenstände anzulegen, die jeder behalten wollte. Karin entschied sich für Porzellan, Tischwäsche, einige Ölbilder und zwei Pelzmäntel. Die Dinge dürften ja nicht zu schwer für den Transport nach Amerika sein, meinte sie. Andy wollte, neben Büchern und Schallplatten, die alten Möbel aus dem großen Wohnzimmer haben. »Ich weiß nicht, wo ich sie unterbringe, aber Pia will sowieso eine größere Wohnung.«

Gegen elf verabschiedete sich Onkel Ben, da dies seine Zeit war. Karin und Andy blieben allein.

»Er hat uns so lange Gesellschaft geleistet, damit wir nicht das heulende Elend kriegen«, vermutete Andy.

»Ich verspreche dir, daß ich es nicht kriege. Andererseits möchte ich aber auch schnell wieder weg aus dieser Stadt.«

»Morgen keine alten Freundinnen mehr besuchen?« fragte Andy.

»Nein. Was soll ich Ihnen erzählen? Daß es mir gutgeht mit Bob und Jessica und Patrick? Das will doch keiner hören, das ist doch beinahe anstößig. Man muß Probleme haben, eine zerrüttete Ehe, Frustration im Beruf, Angst vor der Apokalypse. Man muß pessimistisch sein, das ist die Mode. Wenn ich ihnen morgen sage: Mir geht es gut, dann werden sie antworten: Warte ab, du wirst schon sehen! Nein, ich will das nicht.«

»Hast du gar nichts auszusetzen an deinem Leben?« fragte Andy.

»Doch, das eine oder andere. Manche Eintönigkeit zum Beispiel. Aber ich habe mich entschieden. Vielleicht habe ich irgendwo anders ein anderes Leben versäumt, aber man hat nur einmal die Wahl, und ich habe sie getroffen.«

Andy holte eine weitere Flasche Wein aus dem Keller, diesmal einen weniger edlen, von dem man jedoch größere Schlucke trinken konnte.

»Ich habe manchmal das Gefühl«, meinte Andy, »ich müsse mich erst noch entscheiden. Daß es so weitergeht wie bisher, das kann einfach nicht alles sein. Irgendwann muß ich mich entscheiden.«

»Dann tu es bald!«

»Herzlich gern, aber wofür?«

Karin lachte. »Komm zu uns, wenn dir nichts Besseres einfällt.«

»Um Pfirsiche zu pflücken?«

»Nein, dafür haben wir eine Maschine.«

»Siehst du. Für mich gibt es nichts. Wenn ihr so groß wärt wie ›United Fruit‹, dann könnte ich eure Pressestelle übernehmen. Aber so? Ich muß Lokalredakteur in Frankfurt bleiben.«

Sie kamen auf früher zu sprechen, hüteten sich aber vor der Nostalgie und trieben sie, wenn sie sich anschlich, mit fröhlichen Anekdoten zurück in ihren Winkel. »Weißt du noch, wie Bob zum erstenmal hier war und nachts mein Zimmer suchte?«

Andy erinnerte sich. »Er hat das Zimmer unseres Vaters erwischt und hat es im Dunkeln erst gemerkt, als ihm die Hand so behaart vorkam.«

»Hast du Zeit«, fragte Karin, »mit mir zwei Tage nach München zu fahren? Ich würde lieber mit Bob hinfahren, denn ich habe ihn ja dort kennengelernt. Aber du wärst immerhin zweite Wahl.«

»München? Nach München fahre ich immer gern.«

32

»Aha, nach München wollt ihr morgen«, meinte Pia am Vorabend der Reise, »da kennt Andy ein tolles Lokal, wo besondere Gäste sogar für die Zeitung abgelichtet werden.«

»Ach, hör doch auf!« bat Andy.

Aber Pia hörte nicht auf, sondern legte statt dessen los und ließ ihrem bisher unterdrückten Zorn freien Lauf. »Er betrügt mich in München mit irgendeinem Flittchen. Wußtest du das? Er hat mir vorgegaukelt, er müsse dienstlich nach Berlin. Berlin! Wie raffiniert! Zu weit und zu teuer. Damit ich nicht auf die Idee kommen sollte, mal mitzufliegen. In München war er, bei irgendeinem Straßenmädchen. Und ich hab's zufällig aus der Zeitung erfahren.«

Karin blieb ruhig. »Wie ich meinen Bruder kenne, hat er kein Interesse an Straßenmädchen.«

Pia schrie sie jetzt an: »Was weißt denn du? Du hast ihn zehn Jahre lang nicht gesehen, aber ich mußte jeden Tag mit ihm leben. Du weiß ja nicht, wie heruntergekommen er ist. Schreibt belanglose Stories und hockt abends mit hirnlosen Trinkern in der Kneipe. Er müßte längst Lokalchef sein, aber er wird eines Tages als Würstchen in Pension gehen. Kann noch nicht mal allein diese Wohnung hier finanzieren. Und ›Bett‹ findet nicht mehr statt, jedenfalls nicht zu Hause.«

»Hast du dich schon mal gefragt, warum das so ist?« fragte Karin.

»O ja, halte nur zu ihm! Gleiches Blut muß zusammenhalten.«

»Mir ist das ein bißchen zu blöd«, meinte Karin und stand auf, »ich möchte gern im Hotel übernachten.«

Andy telefonierte eine Weile herum, ehe er im »Intercontinental« ein Zimmer für Karin fand. Er brachte sie hin und hätte sich am liebsten auch dort einquartiert, aber es war ihm zu teuer. Die Autoreparatur hatte sein Konto schwer geschröpft. Er verabredete sich mit Karin für acht Uhr morgens.

Auf dem Heimweg versuchte er, nüchtern den Zustand seiner Ehe zu überdenken. Ein Miteinander gab es längst nicht mehr, nicht mal ein Nebeneinander, nur noch ein Gegeneinander. Es wurde nur dadurch gemildert, daß sie sich aus dem Weg gingen. Die gemeinsame Wohnung war bloß noch Kriegspfad, wo man morgens und abends mit gespitzten Ohren darauf achtete, sich nicht versehentlich in die Arme zu laufen. Dabei erinnerten überall stumme Zeugen an schönere Zeiten und an vergebliche Versuche der Gemeinsamkeit: Fotoalben, die seit langem nicht mehr ergänzt wurden, Tennisschläger, seit langem unbenutzt, im Keller die Skier mit angerosteten Stahlkanten und die Fahrräder mit schlaffen Schläuchen.

»Wenn ich aus München zurück bin«, sagte Andy zu Hause, »packe ich meine Koffer und ziehe aus.«

Pia nickte nur dazu.

In München besuchten Karin und Andy zuerst Veronika, die unsicher war, wie sie sich in Karins Gegenwart verhalten sollte. Aber Andy sagte ihr, daß seine Schwester über alles unterrichtet sei. Dennoch blieb Veronika zurückhaltend. Sie mußte nachmittags in die Uni, und Andy begleitete seine Schwester durch München.

Karin wollte kein großes Programm, nur in Ruhe die Wege abgehen, die sie vor mehr als zehn Jahren mit diesem netten Touristen aus Kalifornien gegangen war, den sie bald darauf geheiratet hatte. Sie erzählte fröhlich von damals und beteuerte mehrmals, wie glücklich sie sei, daß sich alles so ergeben habe.

Abends trafen sie Veronika und deren Freunde im »Weinbauern», den auch Karin von früher her kannte. Die

Freunde mokierten sich über Modesto und zogen überhaupt, wie es Mode war, ein wenig über Amerika her, und Karin parierte es mit selbstbewußtem Spott. Sie übernachtete im Hotel »Auer« in der nahen Hohenzollernstraße, während Andy mit zu Veronika fuhr.

»Hast du dich inzwischen entschieden?« fragte Veronika.

Andy wollte zuerst von seinem Entschluß reden, nach der Rückkehr die Wohnung in Frankfurt zu verlassen. Aber dann regte sich sein Widerspruchsgeist: »Was stellst du dir eigentlich vor? Hast du mir schon einmal mehr versprochen, als daß ich dich am Wochenende besuchen darf? Hast du mir ein einziges Mal erklärt, daß dies alles ernst gemeint ist? Erwartest du, daß ich auf vage Andeutungen hin eine Beziehung aufgebe, die immerhin schon ein Drittel meines ganzen Lebens dauert?«

»Ja, ja, und die Wohnung und die Möbel.«

»Du verstehst mich nicht. Möbel habe ich gerade geerbt, so daß das wichtigste Problem gelöst wäre. Jetzt geht es nur noch um die belanglose Frage, ob du und ich miteinander leben wollen. Und, wenn ja, wo und wovon.«

Veronika wurde ungeduldig. »Mein Gott, wie können's doch mal probieren. Du kannst in München arbeiten oder ich kann in Frankfurt studieren. Und über Geld brauchst du dir ja nach deiner Erbschaft keine Sorgen mehr zu machen.«

»Kommst du auch schon damit?« fragte Andy gereizt.

Veronika rückte näher und legte den Arm um Andy. »Nein, das meine ich nicht. Ich meine nur, daß du doch jetzt unabhängig bist und zu mir kommen kannst. Ich will endlich nicht mehr zweite Wahl sein.«

Immer wenn Veronika ihm so nahe kam, konnte Andy nicht mehr zornig sein. Er küßte sie und sagte: »Ich verspreche dir, heute nacht bist du erste Wahl.«

Veronika sah ihn traurig an. »Es tut mir leid, aber heute geht es nicht. Du verstehst schon.«

»Auch das noch!« stöhnte Andy.

Karin entschloß sich, am nächsten Tag von München aus nach Hause zu fliegen. Sie erklärte, sie müsse dringend Bob und Jessica und Patrick wiedersehen. Andy brachte sie nach Riem und wartete mit ihr auf die Maschine.

»Mit Pia bist du meiner Ansicht nach am Ende«, meinte Karin, »aber Veronika ist auch kein neuer Anfang. Ich will ja nicht jedesmal die alte Unke sein, aber ich habe das Gefühl, ihr seid zwar verknallt, aber da ist keine Harmonie. Sie will dich haben, aber nicht für längere Zeit.«

»Du solltest Eheberaterin werden«, entgegnete Andy.

Der Flug wurde aufgerufen. Andy brachte Karin zur Sperre.

»Ich weiß wirklich nicht, was ich jetzt tun soll«, sagte er.

»Mach einen Strich unter alles. Sag einfach: Jetzt reicht's! Sag es Pia und sag es Veronika und sag es deinem Chefredakteur. Und wenn du es allen gesagt hast, dann komm ein paar Wochen zu uns. Da bist du weit weg von allem und kannst Pfirsiche pflücken und nachdenken.«

»Dafür habt ihr doch eine Maschine«, meinte Andy.

»Nicht fürs Nachdenken, das geht auch bei uns noch von Hand.«

33

In die routinemäßige Redaktionssitzung kam unerwartet der Chefredakteur. Er brachte Pit Reimann mit, den Reporter vom Krawallblatt, und jeder wußte, was die Stunde geschlagen hatte.

»Wir haben alle Bewerbungen sorgfältig geprüft«, sagte der Chefredakteur, »und wir haben uns die Entscheidung wirklich nicht leicht gemacht, wirklich nicht ... Wir haben uns schließlich für Herrn Peter Reimann entschieden, weil wir uns von ihm neuen Schwung und neue Ideen versprechen.«

Jetzt hat die Stunde geschlagen, dachte Andy. Er fragte, ohne sich zu Wort gemeldet zu haben, dazwischen: »Sollen wir ab sofort so schreiben wie Herr Reimann?«

Dr. Schmidt-Schulzendorf sah ihn überrascht und etwas ungnädig an. »Wie verstehe ich Ihren Einwurf?«

Andy antwortete, ohne Rücksicht auf Verluste: »Sie verstehen genau, aber ich sag's gern noch mal langsam zum Mitschreiben. Ich frage, ob wir es künftig mit der Wahrheit nicht mehr so genau nehmen und lieber ein paar Gegendarstellungen riskieren sollen. Ich frage das in vollem Ernst, denn wir kennen Herrn Reimann und das Blatt, für das er bisher tätig war. Ich frage, was diese Berufung für unsere Arbeit bedeutet. Personen sind ja doch immer auch ein Programm.«

Der Chefredakteur atmete tief durch, ehe er antwortete: »Das Programm einer Zeitung leitet sich zunächst aus ihrer Tradition ab und wird im übrigen von der Chefredaktion bestimmt. Da hat sich jeder Mitarbeiter einzupassen.«

»Hört, hört!«, rief jemand von hinten.

Dr. Schmidt-Schulzendorf fuhrt unbeirrt fort: »Mit dem Vorwurf mangelnder Wahrheitsliebe sollte man einem Kollegen gegenüber sehr vorsichtig sein. Aber wenn Sie Ihren Vorwurf belegen können, dann kommen Sie bitte damit zu mir.«

Andy nahm den Chefredakteur jetzt richtig an. »Für diesen Beweis brauche ich nur einen Tag ins Archiv zu steigen. Wenn Sie Ihre Aufforderung ernst gemeint haben, dann bitte ich um einen entsprechenden Auftrag.«

»Wir wollen die Diskussion doch bitte nicht so formalistisch führen«, bat der Chefredakteur.

Wieland Buske, der bisherige kommissarische Lokalchef, war der Auseinandersetzung mit steinerner Miene gefolgt, aber jetzt meldete er sich überraschend temperamentvoll zu Wort: »Herr Schmidt, es geht ja um etwas anderes. Es geht darum, daß Sie uns im Handstreich und ohne jede Konsultation jemanden vor die Nase setzen, mit dem wir nun gefälligst zusammenarbeiten sollen, und zwar gefälligst vertrauensvoll. Sie scheinen dabei vergessen zu haben, daß Sie es mit Erwachsenen zu tun haben.«

»Herr Buske, Sie sind ...«, wollte der Chefredakteur unterbrechen, aber Andy fuhr sofort dazwischen: »Sie vergessen, daß wir hier keine Gartenzwerge produzieren, sondern eine Zeitung, und das ist, entgegen anderslautenden Auffassungen, immer noch ein geistiges Produkt.«

»Aber ein geistiges Produkt, das sich verkaufen muß«, entgegnete der Chefredakteur, »und die Geschäftsleitung hat dafür nach bestem Wissen und Gewissen die geeignetsten Mitarbeiter einzustellen.«

Andy gab zurück: »Zeitung ist Teamwork, und wenn Sie durch falsche Personalentscheidungen ein Team sprengen, haben Sie für die Folgen einzustehen.«

Dr. Schmidt-Schulzendorf zog, ziemlich überheblich, die Augenbrauen hoch: »Ich kann mir solche Folgen nicht vorstellen, denn jedes Mitglied der Redaktion wird entweder weiterhin sein Bestes geben oder persönliche Konsequenzen ziehen müssen.«

Diese Äußerung löste lauten Protest aus, der sich fast zum Tumult steigerte, als der Chefredakteur seine Auffassung bekräftigte.

Pit Reimann hatte die ganze Zeit über mit einer Mischung aus Fassung und Betretenheit zugehört. Andy fragte ihn jetzt: »Vielleicht sagt uns Herr Reimann mal, mit welchem Programm er antreten will.«

Der Chefredakteur erteilte Pit Reimann das Wort.

»Ein Programm bringe ich nicht mit«, sagte Reimann leise. »Ich übernehme schließlich eine funktionierende Redaktion, in die ich mich behutsam einfädeln will. Ein neuer Redaktionsleiter sollte um Gottes willen nicht den Journalismus neu erfinden wollen. Langfristig möchte ich mit den Kollegen über ein paar Verbesserungen und neue Akzente diskutieren, aber zunächst arbeiten wir in bewährter Weise.«

Butterweich ist der, dachte Andy und fügte laut hinzu: »Wir werden Spaß miteinander haben.«

Der Chefredakteur beendete die aufgeregte Sitzung mit einem Appell an die Kollegialität.

Wieland Buske trat in Andys Zimmer, sichtbar mit den Nerven fertig, und ließ sich auf den Besucherstuhl fallen. Andy holte die Whiskyflasche aus der untersten Schublade und schenkte ein.

»Wie ist der Kerl an diesen Job gekommen?« fragte Buske ratlos.

Andy stieß mit ihm an und versuchte eine Erklärung: »Ich vermute, Reimann kennt jemanden, der jemanden kennt. Vielleicht kennt er sogar den Verleger oder den Chefredakteur. Vielleicht kennt er auch nur einen Bridge-Partner des Verlegers oder einen Golf-Partner des Chefredakteurs. Vielleicht kennt er aber auch die Tochter eines der beiden Herren. Was hilft es uns aber, wenn wir es herauskriegen? Wir könnten es Reimann um die Ohren schlagen, und er würde sagen: Na und?«

Buske starrte verärgert in sein Glas und murmelte: »Da hat man sich nun die Beine ausgerissen ...«

»Na, so wild war's ja nun auch nicht. Hast du wirklich geglaubt, du kriegst den Job?«

Buske sah überrascht Andy an: »Wir waren bisher nicht per du, aber ich habe nichts dagegen. Prost! Ja, ich war ziemlich sicher, daß ich den Job kriegen würde, zumal Schaaf mich empfohlen hatte. Dabei hatte ich aber dir gegenüber ein ziemlich schlechtes Gewissen.«

»Sag mal ganz ehrlich: Hast du mich mit der Abwasser-Story bewußt ins Messer laufen lassen?«

»Nein! So nicht. Aber ich gebe zu, daß ich nicht unfroh war, als du damit auf die Nase fielst.«

Reimann rief an und bestellte Andy zu sich. Andy sagte, er werde kommen, sobald er Zeit habe.

»Wie du den Chefredakteur angenommen hast«, wunderte sich Buske, »das war doch sonst nie deine Art.«

»Das ist ganz einfach«, antwortete Andy. »Mir reicht's!«

Reimann residierte schon in Schaafs Büro. Er hatte bereits alle Fotos von der Wand genommen, die Buske als kommissarischer Leiter zunächst hatte hängen lassen. Der Schreibtisch war fast leer, eine paar Papiere lagen säuberlich ausgerichtet.

Andy stand, an den Türpfosten gelehnt, und sah auf Reimann hinab. Wie komisch, dachte er: Da sitzt einer, dem der Anzug zu weit ist. Ein ziemlich junger Mensch, vierunddreißig vielleicht, schmächtig und mausgesichtig, aufgeputzt mit einem Schnurrbart und einer etwas zu bunten Krawatte. Er saß da und versuchte, Eindruck zu machen. Vor nicht langer Zeit hatte sich noch hinter diesem Schreibtisch ein Klotz von Mann aufgetürmt, mit kantigem Schädel und breitem Kreuz, vor dem man unbewußt ein wenig in der Hüfte einknickte. Oft und oft hatte sich auch Andy hier mit hängenden Schultern seine Gardinenpredigten abgeholt.

»Sie haben mich bestellt«, sagte Andy.

Reimann schaute ihn an: »Wir waren bisher per du.«

Andy schaute teilnahmslos zurück. »Das ist richtig. Was wünschen Sie?«

»Ich wünsche, daß wir vernünftig zusammenarbeiten.«

»Das habe ich auch schon mit Ihrem Vorgänger getan. Etwas Besonderes wollten Sie nicht von mir?«

»Nein«, antwortete Reimann, einigermaßen verwirrt.

Andy trank anschließend noch einige Whiskys mit Wieland Buske, weil sie beide den Eindruck hatten, es sei nötig. Später nahm Andy den Kollegen mit in seine Stammkneipe, wo sie sich laut und abfällig über den abwesenden neuen Lokalchef äußerten. Als Andy endlich zu Hause ankam, war er geladen mit Wut und Schnaps, aber noch nicht richtig betrunken.

»Wir haben einen neuen Lokalchef«, verkündete er Pia, »aber ich bin es nicht.«

»Das habe ich auch nicht erwartet«, erwiderte sie gelangweilt.

»Ich denke, du hast es von mir seit Jahren erwartet?«
»Vielleicht. Aber zugetraut habe ich es dir nicht.«
Jetzt reicht's endgültig! dachte Andy.
Er stand auf und ging hinaus in den Flur, nahm vom Schlüsselbrett neben der Wohnungstür den Kellerschlüssel, stieg hinunter und holte den größten Koffer herauf. Er öffnete seinen Kleiderschrank und begann zu packen. Er versuchte sich auf den Gedanken zu konzentrieren, welche Stücke man für die erste Zeit am dringendsten benötigte und welche man später holen konnte. Er erinnerte sich, daß er vor Dienstreisen merkwürdigerweise jedesmal einen Schlafanzug einzupacken vergaß. Er befahl sich, nur ans Packen zu denken und nicht daran, was in diesem Augenblick zu Ende ging. Er spürte plötzlich sein Herz bis zum Hals klopfen.
Pia stand in der Tür. »Was hast du vor?«
»Das siehst Du doch!«
Andy schichtete mechanisch Kleidungsstücke in seinen Koffer. »Es reicht mir«, sagte er leise, »ich hab's nicht im Scherz gesagt, letzte Woche. Ich gehe. Ich beantworte auch keine Fragen mehr. Warum bist du nicht Lokalchef geworden? Warum nimmst du die Erbschaft nicht an? Warum spionierst du diesem Horst Meyer hinterher? Warum trägst du immer noch dieses karierte Jackett? Warum mußt du immer kurz vor der Ausfahrt noch überholen? Warum mußt du jeden Sonntag diese blöde Sportschau sehen?«
»Das ist doch kindisch«, widersprach Pia, »das sind doch alles Nebenkriegsschauplätze.«
»Kann ja sein«, erwiderte Andy, »aber ich habe das Gefühl, unser Leben spielt sich nur noch auf Nebenkriegsschauplätzen ab. Und ich für meinen Teil tue jetzt was dagegen.«
Er packte zu Ende und schloß seinen Koffer. Als er damit zur Tür wollte, stellte sich ihm Pia in den Weg. »Wo willst du denn überhaupt hin?«
»Weg!« Es klang so energisch, als habe er damit gemeint: Geh mir aus dem Wege!

»Wie: weg?« fragte Pia.
»Ich gehe weg. Den Rest regeln wir später.«
Pia sah ihn sekundenlang ungläubig an, dann rief sie: »Du kannst doch nicht einfach weggehen!«
Andy schob seine Frau beiseite.
Er fuhr in seine Stammkneipe, um Rainer Wilke zu treffen, aber der war nicht da. Hugo, der Wirt, wußte jedoch die Telefonnummer. Rainer begriff sofort und lud Andy zu sich ein.
Es war beschwerlich, zu Rainer zu gelangen. Er wohnte mitten im berüchtigten Frankfurter Bahnhofsviertel, wo um diese Abendstunde kein Parkplatz frei war. Andy mußte seinen schweren Koffer drei Häuserblocks weit schleppen und wurde unterwegs immer wieder von wortgewaltigen Türstehern in Etablissements eindeutigen Charakters eingeladen. Beim fünften- oder sechstenmal wurde es ihm zu dumm: »Mensch, glaubst du, ich will mit dem Koffer in den Puff?«
Er keuchte, da es keinen Aufzug gab in dem alten Haus, vier Treppen hoch, bis fast unters Dach.
Rainer hielt schon ein Bier bereit und fragte: »Heute war also der große Knall?«
Andy nickte.
»Erzähl mir davon, sobald du Lust hast«, meinte Rainer.
Die Wohnung war überraschend groß, hatte neben Küche und Bad vier Zimmer und wirkte wie ein Dschungel. Sie war regelrecht zugewachsen mit alten Möbeln, Teppichen, Bildern, Krempel, Nippes und bestimmt mehreren tausend Büchern. Nichts paßte im einzelnen zueinander, aber das Durcheinander ergab einen eigenen Stil. Man konnte überall, indem man etwas beiseite räumte, Platz nehmen und den Blick über Dutzende, manchmal originelle Details wandern lassen.
»Was machst du, wenn dir jemand was schenkt?« fragte Andy.
Rainer verstand die Anspielung. »Ich bringe alles unter. Notfalls parke ich es in der zweiten Reihe.«

Andy fiel auf, daß in allen Räumen Bronzeplastiken standen, die offenkundig von ein und demselben Künstler stammten und von ferne an Ernst Barlach erinnerten.

»Ist die Wohnung teuer?« fragte Andy.

»Es geht. Die meisten meinen ja, es sei keine gute Gegend, aber für mich ist sie ideal. Wenn ich aus der Tür trete, kommen mir meine Romanfiguren entgegen.«

»Man sollte mal eine Story über dich machen. Der Taxifahrer mit dem Ewigkeits-Tick! Heute hinterm Steuer, morgen im Olymp der Dichter. Wenn die Kollegen am Halteplatz BILD lesen, skizziert er menschliche Schicksale von leidenschaftlicher Wucht, um sie nachts in seinem einsamen Vier-Zimmer-Flohmarkt in eine alte Schreibmaschine zu hämmern, bei der ausgerechnet immer das kleine ›e‹ versagt, weswegen er am liebsten Wörter ohne ›e‹ verwendet, was den Kritikern so rätselhaft ist, daß sie ihm eine Revolution der Dichtkunst unterstellen. Soll ich mal was in dieser Art schreiben, vielleicht für unsere Serie über Frankfurter Spinner und Originale?«

Rainer fand, Andys loses Maul sei ein erfreuliches Zeichen dafür, daß er den schlimmsten Abend bisher heil überstanden habe.

»Wie geht's mir übrigens?« fragte Andy. »Ich meine in deinem Buch.«

»Miserabel«, gestand Rainer. »Aber das hat nichts zu sagen. Am Ende der Geschichte werden sich alle über dich wundern. Du selbst auch. Ich habe noch einiges mit dir vor.«

»Und wenn ich nicht mitspiele?«

»Das ist dein Problem. Für mich bist du eine Romanfigur, mit der ich von jetzt an mache, was ich will. Und bei mir geht es mit dir gut aus.«

Andy besah sich einige der Bronzeplastiken, die in allen Räumen der Wohnung standen, und erkundigte sich, ob sie Rainer selbst angefertigt habe.

»Nein, die sind von meinem Vater«, erwiderte Rainer.

»Ist er Bildhauer?«

Rainer nickte. »Ja, er war Bildhauer. Kein besonders guter. Wahrscheinlich muß man sagen, er hat so Bilder gehauen wie ich Gedichte dichte. Aber er hat sich nicht davon abbringen lassen, nicht mal von den Kunstkritikern.«

»Auf die sollte man nie hören«, meinte Andy. »Unsere Kritiker schreiben immer nur, wie sie es gemacht hätten, wenn man sie hätte machen lassen. Es läßt sie aber keiner, weil sie es nicht können.«

Er betrachtete eine knapp meterhohe Figur, eine zerrissene menschliche Gestalt mit schmerzvoll schreiendem Mund und einer erhobenen Faust. Die Gestalt schien zusammenzusinken, sich aber gleichzeitig aufzubäumen.

»Das hat er achtunddreißig gemacht«, erläuterte Rainer, »es stellt Spanien im Bürgerkrieg dar.«

»Achtunddreißig?« wunderte sich Andy. »Das paßte aber nicht so ganz in die Zeit damals.«

»Er paßte selbst nicht in die Zeit, deswegen durfte er eigentlich gar nicht mehr arbeiten. Aber er hat sich eben nicht abbringen lassen, von niemandem.«

Andy ließ sich von Rainers Vater erzählen, der das Dritte Reich und den Zweiten Weltkrieg, aber nicht die Gefangenschaft in Rußland überlebt hatte. Das Gespräch kam wie von selbst auf Andys Vater.

»Ich glaube«, sagte Rainer, »unsere beiden alten Herren waren sich etwas ähnlich. Wie immer man's nennt: eigensinnig oder charakterfest, störrisch oder prinzipientreu. Jedenfalls ließen sie sich nicht abbringen.«

»Was lehrt uns das?« fragte Andy.

»Mich hat's was gelehrt, ich laß mich nicht mehr abbringen.«

»Wenn ich bloß wüßte«, meinte Andy, »wovon ich mich nicht abbringen lassen soll.«

Rainer lud Andy ein, bei ihm zu wohnen, solange er wolle. Es sei genug Platz in der Wohnung, zumal er derzeit keine Freundin habe, jedenfalls keine feste. Andy quartierte sich in einem Zimmer ein, das die gleiche Flohmarktatmosphäre wie die anderen hatte und überdies von einem riesigen Bett mit Baldachin beherrscht wurde. Als er zwischen Bücherbergen und Bronzeplastiken lange wach lag, überlegte er, wie es nun weitergehen solle, nachdem der erste Strich unter sein bisheriges Leben gezogen war. Er konnte es sich noch nicht vorstellen. Er versuchte alles mögliche, um sich vom Gedanken an Pia abzulenken, aber alles mündete immer wieder bei ihr und der Frage, ob es so richtig sei. Andy war an diesem Abend sehr verzweifelt.

34

Andy saß vor einer angefangenen Story an seinem Schreibtisch und überlegte, ob er Pia anrufen sollte, denn der Zustand ging ihm auf die Nerven.

Was war eigentlich der Zustand? Andy hatte die gemeinsame Wohnung verlassen, die nötigsten Gegenstände für die erste Zeit mitgenommen und Unterkunft bei einem Freund gefunden. Am liebsten hätte er sofort und gänzlich reinen Tisch gemacht, seine restliche Habe abgeholt und die Scheidung eingereicht. Aber für die Habe hätte er eine andere Wohnung gebraucht und für die Scheidung den Nachweis einjährigen Getrenntlebens. Also war der Zustand ein Provisorium ohne Aussicht auf ein rasches Ende, und dies ging Andy auf die Nerven. Im übrigen hätte er gern gewußt, ob Pia mit der Trennung einverstanden sei. Nach so vielen Jahren war ihm das nicht gleichgültig, und es wäre ihm wohler gewesen, sie hätte es ihm bestätigt.

Das Telefon klingelte, Silvia war am Apparat und wollte über den Fortgang der Bürgerinitiative für eine verkehrsberuhigte Zone berichten. »Wir haben alles noch mal ausführlich diskutiert, und deine Argumente haben im nachhinein ganz schön gewirkt. Jetzt wollen sie alle mit Geduld die Nachbarn überzeugen.«

»Na siehste«, meinte Andy, den die Angelegenheit im Augenblick nicht sehr interessierte.

»Für Samstag haben wir die Nachbarschaft zu einem Straßenfest eingeladen. Kannst du kommen und was drüber schreiben?

Andy sagte, er wolle eigentlich übers Wochenende mal wieder zu Veronika nach München, aber dann versprach er, doch zu kommen. Veronika konnte ruhig mal warten.

Das Straßenfest war, genaugenommen, ein Hoffest. Die Wohnstraße im Westend hatte für das Fest nicht gesperrt werden dürfen, so daß Silvia und ihre Freunde die Aktion in zwei benachbarte Hinterhöfe verlegt hatten. Es waren lange Tische und Bänke aufgestellt, es gab gegrillte Rippchen und Apfelwein, dazu Schallplattenmusik progressiver Liedermacher, deren Texte aber wegen der schlechten Lautsprecher meist unverständlich blieben. Andy fand die Veranstaltung auf den ersten Blick furchtbar miefig, nahm sich aber vor, unvoreingenommen zu beobachten und zu berichten.

Er beobachtete, daß die Nachbarn zunächst sehr zurückhaltend waren, wortkarg ihr Grillrippchen mit dem Plastikbesteck bearbeiteten, nach dem zweiten oder dritten Apfelwein zögernd neugierig wurden, schließlich auftauten und ihre Meinungen austauschten. Alle waren gegen den rücksichtslosen Durchgangsverkehr in ihren eng zugeparkten Wohnstraßen. Sie schimpften, daß der Lärm ihre Balkone fast unbewohnbar mache und man kaum die Fenster öffnen könne. Ihre Kinder, aber auch die Hunde seien bei jedem Schritt vor die Haustür Gefahren ausgesetzt. Die meisten begrüßten, daß sich endlich jemand der Sache annahm, aber sie waren skeptisch, ob sie bei der Stadt Gehör fänden.

Silvia saß mittendrin. »Alle müssen unterschreiben, daß das so nicht weitergeht. Dann kann sich die Stadt nicht einfach taub stellen.«

Die meisten an ihrem Tisch meinten, das könne die Stadt sehr wohl, sie habe es oft genug bewiesen.

»Wir müssen uns trotzdem wehren«, forderte Silvia engagiert, »viele kleine Leute können auch etwas bewirken.«

»Mer waases net«, fand auf frankfurterisch ihr Gegenüber, »mer sollte en Stadtrat hier wohne habbe.«

Alle fanden dies die aussichtsreichste Lösung, entzweiten sich jedoch über die Frage, ob man einen Nachbarn zum Stadtverordneten wählen oder einen solchen zum Nachbarn machen solle, bis Silvia den unsinnigen Disput unterbrach: »Wir müssen uns wehren, damit nicht weiterhin die Stadt für Autos gebaut wird und die Menschen sich vor den Autos verkriechen müssen, am besten unter die Erde.«

Ihr Gegenüber riet ihr, sie solle, selbst wenn sie keines besitze, um Gottes willen nicht das Auto verteufeln. Er zeigte in die Runde: »Die habbe all Angst um die Parkplätz für ihr Blechspielzeich.«

»Die Straße frei von Autos«, schlug jemand vor, »aber für jeden einen Parkplatz direkt vorm Haus.«

Während Silvia versuchte, das Gespräch wieder aus der Lächerlichkeit zu führen, besuchte Andy die Türken, die sich an zwei Tischen gesammelt hatten.

»Was halten Sie von der Aktion?« fragte er.

»Sehr gut«, antwortete man ihm, »gut Rippchen.«

»Ich rede von dem Plan, den Autoverkehr aus der Straße zu verbannen.«

»Ich hab kein Auto«, bekam er zur Antwort.

»Es ist wegen der Kinder«, versuchte Andy zu erklären, aber er merkte, daß er sich immer noch nicht verständlich machte.

»Ich hab keine Kinder«, sagte der Türke.

»Wieso?« wunderte sich Andy. »So was gibt's doch gar nicht.«

Er war jetzt richtig verwirrt und konnte nur noch fragen: »Aber es ist doch ein schönes Fest, oder?«

»Ja, wie in Türkei!«

Schlechtes Interview, dachte Andy und überlegte: Bist du schon so auf die Rituale mit den Politikern eingespielt, daß du nicht mehr mit normalen Menschen reden kannst?

Abends machte die Gruppe in Silvias Wohnung Manöverkritik. Sie waren ganz zufrieden mit dem Start und fanden, nun müsse nur noch Andy für die nötige Propaganda sorgen.

»Ich werde berichten«, korrigierte Andy, »aber Propaganda mache ich nicht.«

Fips, der stämmige, vollbärtige Bursche mit dem unpassenden Namen, suchte wieder die Auseinandersetzung. »Du mußt erst wieder abwägen, ob wir vernünftig oder unvernünftig handeln, was?«

»Das ist mein Job«, bestätigte Andy.

»Und wer gibt dir das Recht dazu? Und die Maßstäbe? Die Kompetenz? Wer hat dich gewählt oder beauftragt?«

Das fragte sich Andy bisweilen selbst, aber er trumpfte auf: »Das ist die Rolle der Presse in einer Demokratie.«

»Und wer hat bestimmt«, fragte Fips weiter, »daß ausgerechnet du diese Rolle wahrnimmst?«

»Ich habe sie gelernt, und meine Zeitung hat sie mir übertragen.«

»Und wer kontrolliert, ob du sie richtig spielst?«

»Die Leser.»

»Und wer hat die Leser dafür ausgebildet, daß sie dich kontrollieren können?«

Es waren tatsächlich die Fragen, die sich Andy in manchen Momenten selber kritisch vorlegte, aber ausgerechnet in diesem Kreis mochte er das nicht eingestehen. Er fragte zurück: »Wer hat die Bürger dafür ausgebildet, daß sie die richtige Partei wählen?«

»Niemand«, antwortete Fips, »und deswegen wählen sie dauernd falsch.«

»Und wer hat dich ausgebildet«, fragte Andy, »daß du das beurteilen kannst? Etwa die Uni?«

Silvia unterbrach den Streit mit einem pragmatischen Vorschlag: »Andy, du schreibst nett über uns, nicht wahr?«

Dabei lächelte sie ihn an, und er dachte: Wenn sie so lächelt, ist sie gar nicht mehr die graue Maus.

Andy legte Pit Reimann am Sonntag die Story für montags vor.

Reimann war mißtrauisch. »Was ist das für eine Truppe?«

»Junge Leute mit ganz vernünftigen Ideen«, erwiderte Andy.

»Studenten?«

»Zum großen Teil.«

Reimann nahm eine geringschätzige, fast angewiderte Miene an. »Weißt du – Entschuldigung: Wissen Sie, diese Studenten-Stories hängen mir langsam zum Hals heraus. Bloß weil Sie und ein paar andere Kollegen selbst mal auf der Uni waren, sollen wir uns pausenlos mit dieser Minderheit befassen, die sich selbst für die Elite des Landes hält.«

»Ich verstehe Sie nicht, Herr Reimann«, erwiderte Andy sehr förmlich und mit kühler Ironie. »Sie selbst haben doch in den letzten Jahren sehr viel über Studenten geschrieben. All die Demonstrationen, die Straßenschlachten mit der Polizei, das war doch ihr wichtigstes Thema. Sie haben da geradezu Großartiges geleistet, immer im Einklang mit dem gesunden Volksempfinden. Ich weiß wirklich nicht, warum Sie sich plötzlich gegen eine Story sträuben, nur weil darin Studenten vorkommen. Hat es damit zu tun, daß diese Studenten keine Steine schmeißen?«

Reimanns Miene war jetzt nur noch Mißbilligung. »Sie wissen genau, wovon ich rede.«

»Das«, entgegnete Andy, »sagt jeder, der selbst nicht genau weiß, wovon er redet. Also, wo liegt das Problem?«

»Wenn ich unseren Chefredakteur richtig verstanden habe«, erklärte Reimann, »dann möchte er in unserem Blatt ein wenig mehr über normale Leute lesen und etwas weniger über Demonstranten und andere wichtigtuerische Aktionisten.«

»Ich verstehe. Wir werden endlich das Positive hervorheben, also den Bürger, der nicht auffällt. Dagegen stellen wir Studenten, Demonstranten, Terroristen, Fixer, Penner und Türken. Ich habe von Anfang an vermutet, daß das Ihr Redaktionsprogramm ist, aber ich prophezeie Ihnen, daß Sie damit ziemlich allein stehen werden.«

»Sie überzeichnen etwas«, sagte Reimann.

»Das ist mir egal. Kaufen Sie meine Story oder nicht?«

»Ich würde lieber abwarten, wie sich die Sache entwikkelt.«

Andy knallte sein Manuskript auf Reimanns Schreibtisch und schnaubte ihn mit Verachtung an: »Wenn Sie's nicht nehmen, haben Sie ab morgen Zoff. Und zwar bis zur Kündigung.«

Als er die Tür hinter sich zuschlug, fragte sich Andy: Liegt es nun daran, daß Reimann nicht Schaaf ist, oder daß Wohlgemuth nicht mehr Wohlgemuth ist? Außerdem mußte er plötzlich an Horst Meyer denken, den Beamten im Preußischen Kultusministerium. Ob die Szene eben, dachte Andy, meinem alten Herrn gefallen hätte?

Silvia rief am Montag in der Redaktion an und fragte, wo denn ihr Artikel über das Straßenfest geblieben sei. Andy schilderte ihr offen, wie er bei Reimann auf Granit gebissen hatte.

»Na prima!« meinte Silvia. »Wenn ich das meinen Leuten erzähle, dann werden sie sagen: Das haben wir ja gleich gewußt, daß wir mit der zarten Tour nicht in die Zeitung kommen, wir müssen eben Rabatz machen. Mensch, was seid ihr bloß für kurzsichtige Knacker!«

»Es liegt doch nicht an mir«, verteidigte sich Andy.

»Doch, es liegt an dir!« widersprach Silvia. »Warum gehst du nicht stante pede zu deinem Chefredakteur und haust ganz fürchterlich auf den Putz?«

»Das bringt nichts. Pit Reimann ist die Erfindung vom Chefredakteur, er ist seine linke Hand, Reimann muß recht haben, sonst ist er ein Fehlkauf.«

»Ach, hör doch damit auf«, erwiderte Silvia herablassend, »ihr könnt euch ja untereinander verarschen und verarschen lassen, aber ihr könnt doch wegen eurer hausinternen taktischen Spielchen nicht die ganze Öffentlichkeit verarschen. Du weißt, daß unsere Gruppe was Vernünftiges will, und du hast die verdammte Pflicht, das deinem Chefredakteur und deinem komischen Reimann zu verklickern. Hast du mich verstanden?«

»Du redest ja mit mir wie meine Frau«, stöhnte Andy.

»Sie wird schon wissen, warum sie so mit dir redet.«

»Im Augenblick«, sagte Andy, »redet sie überhaupt nicht mit mir, weil ich nämlich ausgezogen bin.«

»Ach, du armes Schwein!« rief Silvia durchs Telefon. »Das habe ich auch schon mal mitgemacht. Wenn dir die Decke auf den Kopf fällt, dann komm zu mir. Aber geh vorher zu deinem Chefredakteur!«

Der Chefredakteur hörte sich Andys Argumente für die nicht gedruckte Story an, verteidigte dann jedoch den neuen Lokalchef: »Ich will Herrn Reimann nicht in sein Geschäft hineinreden, er ist der neue Chef und muß seine Linie finden.«

»Ihre Linie«, verbesserte Andy, »er muß Ihre Linie finden.«

Dr. Schmidt-Schulzendorf ließ sich nicht irritieren. »Es muß die Linie des Blattes sein. Wenn Herr Reimann diese Linie nicht findet, werde ich eingreifen, aber zunächst müssen sie Ihre Differenzen unter sich ausmachen, verstehen Sie, unter sich ausmachen.«

Der Chefredakteur erkundigte sich nach Andys Befinden und stellte fest: »Sie sind letzthin ein wenig unausgeglichen, Sie sollten sich vielleicht mal verändern.«

»Ich bin dabei«, sagte Andy.

Silvia hatte ein Abendessen vorbereitet, Matjes nach Hausfrauenart mit Pellkartoffeln. Andy genoß diese Aufmerksamkeit. Vor langer, langer Zeit hatte ihn Pia jeden Abend mit einem Essen empfangen, damals, als sie noch nicht das Wollgeschäft hatte. Es war meistens sehr spät gewesen, selten vor elf Uhr, aber das Abendessen mit einer Flasche Wein und den Gesprächen über den Tag hatte zu ihrem Leben gehört. In den letzten Jahren hatte es das jedoch nur noch alle paar Wochen gegeben, zum Schluß gar nicht mehr, und seitdem er zu Hause ausgezogen war, war Essen für Andy nur noch unregelmäßige Nahrungsaufnahme, die meistens im Stehen vor sich ging.

Silvia servierte ihm und schenkte Bier nach. Andy fühlte sich wohl und bedauerte nur, daß sie dieses unvermeidliche formlose Schlabberkleid trug.

Sie sprachen über die abgeschmetterte Story und den wachsweichen Chefredakteur. Silvia machte keine Vorwürfe, sondern bestärkte Andy darin, es ein weiteres Mal zu versuchen. Dann fragte sie nach Pia: »Bist du darüber hinweg?«

»Nein, aber auf dem besten Wege dazu.«

»Und was ist mit Veronika?« fragte sie.

»Nichts. Ich glaube, das ist nichts.«

»Das ist gut. In deiner Lage muß man sich den Kopf frei machen.«

»Wofür?« fragte Andy.

»Für dich selbst. Du mußt für dich selbst da sein. Die meisten haben die fixe Idee, sie müßten für jemand anderen da sein. Das führt dann meistens zu gemeinsamer Mittelmäßigkeit. Aber du mußt erst mal so werden, wie du wirklich sein willst, und dann jemanden finden, der zu dir paßt.«

Andy goß schnell ein Bier in sich hinein und schüttelte sich. »Das ist mir alles zu philosophisch. Ich denke im Augenblick sowieso zuviel nach, ich möchte mal was ganz Einfaches machen.«

Silvia lächelte wieder einmal auf jene Weise, die Andy neuerdings sehr anziehend fand, und fragte: »Denkst du an etwas Bestimmtes?«

Andy lächelte, schon etwas biertrunken, zurück: »Wenn du denkst, ich dächte an das, wovon du denkst, daß ich daran dächte, dann muß ich dir widersprechen.«

Silvia lächelte fragend.

»Es hat nichts mit dir zu tun«, beteuerte Andy, »es ist dieses Schlabberkleid. Ich weiß, es ist Ausdruck einer kollektiven fortschrittlichen Gesinnung. Aber es ist so trostlos unerotisch, daß mir angesichts dieses Kleides auch zum Inhalt desselben nichts einfällt. Tut mir wirklich leid.«

»Wenn es dich so stört ...«

Silvia zog das furchtbare Kleid aus, und Andy schaute sie an. »Warum um Gottes willen«, fragte er, »verbirgst du das alles hinter so einem entsetzlichen Fummel?«

Silvia lächelte nur.

»Trägst du nie einen BH?« fragte Andy.

»Früher ja«, antwortete sie, »aber im Zuge meiner Emanzipation habe ich sie alle verbrannt.«

»O Boy!« rief Andy beeindruckt.

»Girl!« verbesserte Silvia.

»Stimmt, unübersehbar«, gab Andy zu, »ich muß wohl ein bißchen angeheitert sein.«

Silvia nahm ihn in die Arme und legte seinen Kopf dorthin, wo der BH fehlte. »Mein Lieber, du bist herzhaft besoffen. Aber du hast ja auch Gründe dafür. Laß uns diesmal besser einfach schlafen gehen.«

35

Die Erbschaftsfrage hatte Andy fast vergessen, als sich Onkel Ben mit der Nachricht meldete, der Verkauf des Hauses sei nur noch eine Frage der Zeit. Auf jeden Fall müsse man endlich das Anwesen räumen, also die Möbel und den übrigen Hausrat abtransportieren. Mit hörbarem Vorwurf meinte Onkel Ben: »Ich werde auch das für dich und Karin organisieren, denn die Erben wollen ja nur haben, aber nichts damit zu tun haben.«

»Du hast mir etwas aufgedrängt«, widersprach Andy, »also beklag dich bitte nicht.«

»Gut, gut, ich schweige dazu. Wohin darf ich dir dein Erbteil liefern lassen?«

Andy nannte die Anschrift von Rainer und bat darum, vor der Anlieferung beizeiten informiert zu werden.

»Ich hab noch ein Problem«, druckste Onkel Ben.

»Sei froh, daß du nur eins hast«, antwortete Andy.

»Mach mal keine Witze«, bat Onkel Ben. »Ich wollte es Karin bei ihrem Besuch letzthin sagen, aber ich war, ehrlich gesagt, zu feige. Irgendwann muß sie es jedoch erfahren.«

»Was denn? Daß sie unehelich ist?«

Onkel Ben reagierte erst nach einer Pause. »Woher weißt du das?»

Andy war seinerseits verblüfft. »Das habe ich nur so dahergesagt. Stimmt das etwa?«

Onkel Ben bestätigte es und erzählte ohne Umschweife die Geschichte von Anfang an. In der Ehe der Wohlgemuths hatte es nicht lange nach der Hochzeit eine Krise gegeben. Onkel Ben hatte sie aus nächster Nähe verfolgt und auch den Mann kennengelernt, der damals für Andys Mutter eine Rolle gespielt hatte.

»Mich werfen ja im Moment solche Kleinigkeiten nicht mehr um«, meinte Andy, »aber wie bringen wir es Karin bei?«

»Vielleicht hast du den Mut, wenn du sie demnächst besuchst.«

»Müssen wir es ihr überhaupt sagen?«

»Auf jeden Fall«, sagte Onkel Ben energisch. »Jeder hat ein Recht, über sich selbst Bescheid zu wissen.«

Andy hätte am liebsten mit der Sache nichts zu tun gehabt. Aber irgend etwas trieb ihn plötzlich, dieses Problem, das nicht groß, aber ein wenig unangenehm war, anzupacken und aus der Welt zu schaffen.

»Weißt du noch, wie der Knabe damals hieß?« fragte er.

Onkel Ben erinnerte sich nur, daß der Mann Karl-Heinz Küchenmeister geheißen habe, aus Hamburg gewesen sei und in irgendeiner Weise mit Möbeln zu tun gehabt habe.

Andy gab sich abgeklärt. »Die Suche nach verschollenen Vätern ist seit neuem meine Spezialität. Ich werde Karin fragen, ob sie mir einen Auftrag gibt.«

Onkel Ben schien erleichtert und bemerkte beim Abschied: »Du hast dich jedenfalls verändert, mein Junge. Geht es dir eigentlich gut?«

»Jedenfalls nicht schlecht«, erwiderte Andy.

Es war tatsächlich so, daß sich Andy in seinen provisorischen Zustand eingelebt hatte. Er dachte noch oft an Pia, die, wie er selbst auch, nichts von sich hören ließ. Er vermißte sein langjähriges Zuhause und war in Rainers Wohnung noch immer nicht heimisch. Wenn er morgens aufwachte, mußte er nach wie vor überlegen, wo er eigentlich war. Besondere Schwierigkeiten hatte er, nachts im Halbschlaf die Toilette zu finden. Die Wege in der Wohnung und die Handgriffe zu Türklinken und Lichtschaltern gingen noch nicht automatisch, sondern erforderten jedesmal Überlegung.

Aber der Gedanke an Pia und die gemeinsame Wohnung wurde von Tag zu Tag weniger schmerzhaft.

Veronika rief manchmal an und fragte nach dem nächsten Besuch in München, aber Andy hielt sie hin. Vor nicht langer Zeit war er verliebt gewesen und abhängig wie alle Verliebten, aber jetzt sagte er sich, er könne Veronika mal wieder besuchen, müsse es aber nicht. Er ging, wenn es sich ergab, zu Silvia. Sie drängte ihn zu nichts, war einfach da, sorgte für schöne Abende mit gutem Essen. Andy fand sie von Mal zu Mal attraktiver und fragte sich, ob er das sich einbildete oder sie sich verändert hatte. Wenn sie miteinander schliefen, ergab es sich wie zufällig und niemals unter irgendeinem Anflug von Erwartung oder Zwang. Andy hatte nur Angst, Silvia werde ihn eines Tages nach seinen Absichten fragen. Er wollte bis auf weiteres keine Absichten haben.

Ein wenig störte ihn manchmal, daß Silvia danach, anstatt friedlich einzuschlafen, Diskussionen anzettelte.

»Meine Freunde sind sauer, daß du nichts über unsere Aktionen in deinem Blatt unterbringst. Sie reden schon wieder über härtere Bandagen.«

»Mein Gott«, meinte Andy müde, »sie sind doch nicht der Nabel der Welt. Wenn jeder, der nicht in die Zeitung kommt, deswegen Putz machen wollte, hätten wir den immerwährenden Bürgerkrieg.«

»Wenn jeder, wenn jeder!« äffte ihn Silvia putzmunter nach. »Es gibt ja nur ein paar, die was tun. Warum müßt ihr die paar so unterbuttern?«

Andy hätte jetzt gern endlich geschlafen, aber er antwortete: »Ich hab's doch versucht. Soll ich wegen deiner Freunde meinem Blatt mit Kündigung drohen? Die lachen sich tot und engagieren sofort einen anderen, der nicht solche Zicken macht. Es gibt tausend Leute, die für Geld alles schreiben, was verlangt wird.«

»Und du läßt dir für Geld ausreden, wovon du eigentlich überzeugt bist«.

»Warum müssen wir *danach* bloß immer noch diskutieren«, stöhnte Andy.

Er trat am nächsten Tag, noch aufgehetzt, vor Reimann und verkündete, er würde am Wochenende eine Story über diese Bürgerinitiative für eine verkehrsberuhigte Zone machen. Reimann wollte weder ja noch nein dazu sagen, sondern hinhalten, aber Andy ließ nicht mit sich spaßen. »Die Story kommt ins Blatt. Nicht weil mein Herz daran hängt, sondern weil sie wichtig ist. Sie können sie verhindern, aber bedenken Sie dabei bitte folgendes: Die Redaktion kann auch ohne Sie, aber Sie nicht ohne die Redaktion. Dreispalter mit Foto, okay?«

Pit Reimann nickte widerwillig, und Andy dachte: Das hätte ich mal mit Schaaf machen sollen.

»Schaaf hätte mich in der Luft zerrissen«, meinte Andy, als er abends Rainer von dem Auftritt erzählte, »mit einem einzigen scharfen Blick hätte er mich zerrissen.«

»Allmählich näherst du dich meiner Romanfigur«, lobte

Rainer. »Du hast offenbar doch etwas von diesem Horst Meyer.«

Andy meinte, das könne man nicht vergleichen, das sei eine ganz andere Zeit, aber Rainer widersprach ihm. »Okay, damals war Widerspruch nicht nur karrierebedrohend, sondern lebensgefährlich. Aber es sind immer die gleichen paar Figuren, die widersprechen. Horst Meyer und mein verkrachter Bildhauer brauchten viel mehr Mut als wir und haben's trotzdem getan. Heute ist es ungefährlich, und trotzdem mümmeln die meisten nur stumm ihren Frust in sich hinein, anstatt zu widersprechen. Du fängst endlich damit an.«

»Mir reicht's eben«, meinte Andy.

Es klingelte, und unangemeldet stand Silvia in der Wohnungstür. »Ich wollte bloß mal sehen, wie ihr haust.«

Andy machte sie mit Rainer bekannt, der sie herzlich begrüßte, und ihr eine »Schloßführung« anbot. Dann saßen sie bei einer Flasche Rotwein und klönten.

Merkwürdig, dachte Andy, wie das alles zusammengeht. Die beiden kennen sich nicht und reden miteinander wie alte Freunde. Es war genau der richtige Mittelweg zwischen konventioneller Förmlichkeit und kumpelhafter Anbiederung. Es war ungezwungene Offenheit und Bereitschaft zur Sympathie. Andy liebte das an Menschen wie Rainer. Es setzte wohl voraus, daß man mit sich selbst im reinen war.

»Deine Gruppe«, teilte Andy mit, »macht am Wochenende wieder eine Aktion.«

»Davon weiß ich noch gar nichts«, gestand Silvia.

»Bisher wissen es nur Reimann und ich. Reimann möchte, daß ich darüber berichte, also müßt ihr was machen.«

Später, im Bett unter dem großen Baldachin, fragte Andy, warum Silvia gekommen war.

»Nur so«, sagte sie, »um euren Bau mal zu sehen.«

Andy nahm sie in die Arme und fragte nichts weiter.

Später meinte sie: »Ich weiß, du willst danach immer schlafen und nicht diskutieren. Aber eines mußt du mir noch beantworten.«

»Bitte nichts Grundsätzliches!«

»Nein. Ich möchte nur wissen, wo du hier in diesem Flohmarkt noch deine geerbten Möbel unterbringen willst.«

»Das weiß ich auch nicht«, sagte Andy im Einschlafen.

36

Pia wollte am Montag Andy zu einer Aussprache treffen. Er hatte Angst davor, mochte aber nicht ausweichen. Er wollte Pia auf keinen Fall in der Wohnung besuchen, deshalb verabredeten sie sich im »Mövenpick« an der Alten Oper.

Pia trat großartig auf, sah glänzend aus, begrüßte Andy mit einem lässigen Wangenkuß und nahm mit damenhafter Gelassenheit Platz. Ein Wahnsinnsweib, dachte Andy unwillkürlich, ich hatte damals wirklich einen guten Geschmack.

Pia kam schnell zum Geschäftlichen. »Hier sind ein paar Briefe für dich. Du solltest endlich einen Nachsendungsantrag stellen.«

»Ich hab's vergessen«, entschuldigte sich Andy.

»Du hast außerdem noch ganze Schränke voll Sachen bei mir. Mein Telefon läuft noch auf deinen Namen. Ich will auch nicht, daß du meine Miete zahlst. Ich habe dir alles, was zu erledigen ist, auf einen Zettel geschrieben.«

Pias Kühle überraschte Andy, sie kränkte und erleichterte ihn. Er fühlte sich behandelt wie ein Liebhaber, der lästig geworden war. Gleichzeitig war er froh, daß sie ihn nicht zur Rückkehr drängte. Er sah sie an und dachte: Wenn sie mich jetzt bitten würde ...

»Du hast noch einen Wohnungsschlüssel«, sagte Pia.

»Ja, und?«

»Den hätte ich gern.«

»Ich würde nicht unangemeldet kommen«, versicherte Andy.

»Wenn du angemeldet kommst, kann ich dir ja aufmachen.«

Andy legte den Schlüssel auf den Tisch.

Sie sprachen über Pias Laden, der immer besser lief, und über Andys Redaktion, die unter Reimann litt.

»Ich verstehe nicht«, bekannte Pia, »daß du unter einer Witzfigur wie Reimann arbeitest, anstatt dir umgehend etwas anderes zu suchen.«

Andy verteidigte sich. »Der Markt ist gesättigt, die Jobs liegen nicht auf der Straße.«

»Es ist nicht mehr mein Problem«, meinte Pia. »Aber falls du dich wirklich verändern willst: Ich habe jemanden aus der Werbebranche kennengelernt, der sucht einen pfiffigen Texter.«

Andy wehrte überheblich ab. »Ich möchte keine albernen Texte über Babywindeln schreiben.«

Pia sah ihn spöttisch an. »Ich habe heute deine Story über diese Bürgerinitiative gelesen. Also mal ganz ehrlich: Findest du es nicht albern, Autos mit Ketchup zu bespritzen, als Symbol für das Blut von Unfallopfern?«

»Ich habe ja geschrieben, daß ich es albern finde«, wehrte sich Andy. »Aber immerhin hat es einen ernsten Hintergrund, und der liegt mir eben näher als Babywindeln.«

»Also willst du einfach weitermachen?« fragte Pia.

»Erstens bin ich dir dafür keine Rechenschaft mehr schuldig. Und zweitens: nein. Ich werde übrigens demnächst ein paar Wochen zu Karin reisen, um bei Hamburgern und Coke darüber nachzudenken, wie ich weitermachen werde.«

»Erinnerst du dich, daß wir mal zusammen nach Amerika wollten?«

»Ja, aber ich habe nie genug Geld dafür verdient. Jetzt reise ich auch nur im Vorgriff auf die Erbschaft.«

Beim Abschied hatte Pia plötzlich Tränen in den Augen. Andy hatte das die ganze Zeit über befürchtet. Er wandte sich rasch ab. Aber dann schaute er Pia lange nach.

Die Mittwochskonferenz der Gesamtredaktion war über Andys Story geteilter Meinung. Die Kollegen der Wirtschaftsredaktion waren, wie immer, gegen linke Töne oder was sie dafür hielten. Die Kollegen der Kulturredaktion waren, wie immer, für linke Töne, ohne es begründen zu können. Die Kollegen der Außenpolitik schwiegen, wie immer, vornehm zur Auseinandersetzung über lokale Niederungen. Die Kollegen vom Sport nickten, als hätten sie alles durchschaut. Die Lokalredaktion unterstützte Andy, denn sie war gegen Reimann und gegen den Chefredakteur, der Reimann eingesetzt hatte.

Dr. Schmidt-Schulzendorf bemühte sich um Sachlichkeit. »Die Forderung nach einer verkehrsberuhigten Zone ist nach meinem Dafürhalten eine unpolitische. Sie ist pragmatisch und im Grunde vernünftig. Ob man Ketchup als Symbol für das Blut überfahrener Kinder einsetzen soll, scheint mit allenfalls eine Frage des Geschmacks zu sein. Aber wenn Ihre Leutchen, Herr Wohlgemuth, die Straße auch in einem Aufwasch zur atomwaffenfreien Zone erklären, dann hat das natürlich eine andere Qualität.«

Andy antwortete gelassen: »Erstens sind das nicht meine Leutchen, sondern ich habe nur über sie berichtet. Zweitens gehört es nach journalistischen Regeln zu einem vollständigen Bericht, alles zu erwähnen, was da verlangt wurde, auch wenn es Ihnen oder mir oder sonst jemandem absurd erscheint. Und drittens war die Sache mit der atomwaffenfreien Zone ein spontaner Gag, den ich auch als solchen beschrieben habe. Viertens und grundsätzlich: Kritisieren Sie bitte künftig meine Manuskripte und nicht Ihre Interpretation meiner Manuskripte.«

Pit Reimann meldete sich zur Unterstützung des Chefredakteurs zu Wort: »Ich hatte Herrn Wohlgemuth ausdrücklich gebeten, einseitige Propaganda zu vermeiden.«

Das rief Wieland Buske auf den Plan: »Herr Reimann, Sie haben als Redaktionsleiter die Story abgezeichnet, also stehen Sie gefälligst dazu! Entweder Sie sind stark genug, unsere Artikel zu verhindern, oder Sie sind stark genug, dafür den Kopf hinzuhalten. Mir scheint, Sie sind zu schwach für beides.«

»Meine Herren!« rief der Chefredakteur beschwichtigend. »So kommen wir doch nicht weiter.«

Wieland Buske war ausreichend in Fahrt, um zu sagen: »Uns war von Anfang an klar, daß wir so nicht weiterkommen. Wir wollten Herrn Reimann nicht, Sie wollten ihn, und jetzt müssen Sie damit leben, daß er es nicht kann.«

Dr. Schmidt-Schulzendorf erwiderte mit Nachdruck: »Herr Reimann hat bisher gute Arbeit geleistet!«

Buske war jedoch nicht mehr zu bremsen. »Sie müssen sich irgendwann entscheiden, ob Sie Herrn Reimann austauschen wollen oder die Redaktion.«

Der Chefredakteur war jetzt auch ziemlich aufgebracht. »Diese Entscheidung wird mir nicht schwerfallen!«

Buske stand auf und verließ die Sitzung. Andy folgte ihm, und auch andere erhoben sich von ihren Stühlen.

»Die Sitzung ist beendet!« rief überflüssigerweise der Chefredakteur.

Als Andy in sein Büro kam, stand dort ein großer, schlanker Mann von etwa Ende Dreißig und stellte sich vor: »Ich bin Jan Kowalski.«

»Lieber Cousin«, erwiderte Andy geistesgegenwärtig, »du triffst mich mitten in einer revolutionären Situation.«

»Das paßt ja gut«, gab Jan Kowalski zurück, »denn ich habe auf der Karl-Marx-Universität alles über Revolutionen gelernt.«

»Laß mal«, meinte Andy, »wir machen keine theoretische, sondern eine praktische Revolution.«

Sie begrüßten sich erst mal richtig, und Jan erklärte, er habe geschäftlich in Frankfurt zu tun und die Gelegenheit nicht versäumen wollen, seinen Cousin kennenzulernen.

Mitten in die Begrüßung platzte störend Pit Reimann, nickte Jan Kowalski flüchtig zu und sprach Andy geschäftsmäßig an. »Herr Wohlgemuth, Sie sollten noch mal beim Umweltministerium nachfassen wegen der Abwassergeschichte neulich. Wir können nicht so tun, als sei mit der Erklärung vom vorigen Monat alles in Butter.«

Andy nahm Reimann entsprechend an: »Ich werde auftragsgemäß handeln. Wie soll ich die Story diesmal anlegen? Unterhaltsam oder eher streng folkloristisch?«

Reimann rauschte erbost davon, und Jan Kowalski schmunzelte: »Das ist eine typisch bürgerlich-dekadente Revolution. Im Sozialismus würdet ihr euch wenigstens noch per du beschimpfen.«

Andy nahm seinen Cousin mit zu Rainer, der wiederum keine Umstände machte, so daß sie bald zu dritt über Gott und die Welt redeten, vor allem aber über Väter.

»Aus meinem Onkel Walter bin ich nicht schlau geworden«, gestand Andy. »Er kam mir vor, als wolle er nicht zugeben, daß er am Ende aller Hoffnungen sei.«

»Das ist er auch«, bestätigte Jan, »und zwar buchstäblich. Wie ich ihn kenne, hat er dir nicht gesagt, wie krank er ist. Ich rechne jedenfalls nicht damit, daß ich ihn noch mal sehe.«

»Ich hätte noch eine Menge Fragen an ihn«, sagte Andy.

»Zu spät«, stellte Jan fest.

Andy berichtete jetzt von seiner flüchtigen Idee, Jan in die Tiefbaufirma Wohlgemuth einzuführen.

»Um Gottes willen!« rief Jan entsetzt.

»Wieso?« fragte Andy. »Nachdem du einmal zum Klassenfeind übergelaufen bist, ist es doch Wurst, wo du deine Brötchen verdienst.«

»Nein, ganz und gar nicht! Der alte Kommunistenfresser Wohlgemuth hat mit Fleiß verhindert, daß mein Vater mit dir Kontakt aufnahm. Und ich soll jetzt seinen Schreibtisch besetzen? *Njet*!«

Rainer erhob sein Glas. »Konsequente Menschen sind etwas furchtbar Ungemütliches.«

Andy stimmte mit erhobenem Glas zu. »Wir haben alle drei den falschen Vater gehabt. Lauter sture Typen, die ihr Leben mit Grundsätzen ruiniert haben. Meiner hätte mit etwas weniger Charakter eine hohe Position in der NS-Kulturkammer erreichen können, und nach dem Krieg hätte sich bestimmt etwas Angemessenes in Bonn finden lassen. Rainers Vater hätte anstelle entarteter Kunst ein paar germanische Recken für die Reichskanzlei meißeln können, und nach dem Krieg hätte er ganz gewiß für teures Geld den einen oder anderen Versicherungspalast ausschmükken dürfen. Und Jans Vater hätte seinen Marx nicht so tierisch nehmen dürfen, dann hätte er vielleicht heute einen Karl-Marx-Orden. Alle drei haben versagt, und wir müssen uns mit dem beschädigten Erbgut herumplagen.«

Andy notierte sich Jans Adresse, während Rainer Notizen machte: »Für mein Buch.«

37

Kurz entschlossen flog Andy nach Amerika.

Da ihn seine eigene Spontaneität verwirrte, sagte er sich zur Rechtfertigung, er müsse die Pfirsichfarm besichtigen, ehe er dort sein Erbteil einbringe. Das Mädchen im Lufthansa-Büro am Hauptbahnhof rechnete ihm vor, um wieviel das Ticket billiger sei, wenn man es dreißig Tage vor dem Abflug buche. Andy erwiderte, das sei nun nicht mehr möglich, und im übrigen sei ihm der Preis egal.

Wenigstens dieses Ticket, dachte er, will ich von der Erbschaft abzweigen.

Reimann meinte zunächst, er könne einen so kurzfristigen Urlaubsantrag nicht unterschreiben.

Andy sah ihn durchdringend an: »Wetten daß?«

Reimann unterschrieb, und Andy sagte: »Wetten, daß Sie froh sind, mich drei Wochen los zu sein?«

Silvia fuhr ihn zum Flughafen.

»Du wirst mir fehlen«, sagte sie, als der Koffer aufgegeben war und sie noch etwas Zeit hatten.

»Vertreib dir die Zeit mit ein paar Aktionen«, riet er ihr.

Silvia schmollte ihn an. »Sei nicht so garstig! Ich hab nicht gewollt, daß du mir fehlst, aber nun ist es so.«

Andy war es nicht recht, daß es mit ihm und Silvia schon so stand, und er versuchte ihre und seine Rührung zu überspielen. »Jahrelang habe ich nur eine Frau gehabt, und jetzt häufen sie sich. Pia hat am Telefon plötzlich geheult. Veronika hat mir am Telefon eine Szene gemacht, und jetzt hast du feuchte Augen. Wenn ich mich nicht genau kennen würde, müßte ich glauben, ich sei ein ganz toller Typ.«

»Tolle Typen mag ich nicht. Anfangs wolltest du einer sein, und ich fand dich ziemlich uninteressant. Aber du hast dich verändert.«

»Interessant. Wahrscheinlich geht's mit mir bergab, da wird man verträglicher.«

»Du bist ein Quatschkopf!« Silvia küßte ihn. »Flieg vorsichtig, nicht so dicht auf, und überhol nicht immer so hektisch!«

Andy versprach es.

Von seinem Fensterplatz aus sah er nach dem Start Frankfurt unter den Wolken versinken. Er hatte das Gefühl, mit der Stadt auch alles andere hinter sich zu lassen, was da aus dem Lot geraten war.

Nachdem die Stewardessen ihre Freiübungen mit Schwimmweste und Sauerstoffmaske beendet hatten, begann Andy zu überlegen, was eigentlich sein derzeitiger Zustand sei. Er hatte eine Karriere angestrebt, sie war ihm mißlungen. Er hatte eine harmonische Ehe führen wollen, sie war gescheitert. Er hatte sich, vielleicht, Kinder gewünscht, er hatte keine. Er hatte irgendwann etwas Ungewöhnliches tun wollen, gar etwas Bedeutendes, ihm war nichts eingefallen. Er war ein solider Lokalredakteur, der auf den Sprung nach oben wartete, aber außer solider Arbeit nichts dafür tat. Das war zu wenig. Er hatte seine Frau verlassen und lebte provisorisch in angenehmer, aber fremder Umgebung. Er mochte verschiedene Frauen, ohne daß er mit einer davon eine Zukunft sah. Das Fazit nach neununddreißig Lebensjahren war unbefriedigend, wenn nicht gar niederschmetternd

Trotzdem fühlte sich Andy seit kurzem freier. Kein Schaaf kommandierte ihn mehr herum, Reimann faßte ihn inzwischen mit Samthandschuhen an, sogar der Chefredakteur war nicht mehr ganz so von oben herab. Pia, Veronika, Silvia – keiner war Andy verpflichtet. Er konnte einfach nach Amerika fliegen, ohne beleidigte Fragen anhören zu müssen: Warum nimmst du mich nicht mit? Warum fliegst du nicht erst in dreißig Tagen? Was willst du überhaupt dort? Keine Fragen, keine Antworten.

Amerika!

Natürlich hatte Andy Karl May gelesen, den sächsischen Lügenbold, der sich alles nur angelesen hatte. Western hatte Andy dutzendweise angeschaut und irgendwann begriffen, daß sie nicht alle nur albernes Kasperltheater waren, sondern mit der aufregend rauhen Geschichte eines jungen Landes zu tun hatten. »Die Faust im Nacken« hatte ihn begeistert, ebenso »Verdammt in alle Ewigkeit« und »Jenseits von Eden«. Jazz, Jeans und Coca-Cola hatte er konsumiert. Traumland Amerika. Aber dann hatten ihn der schreckliche Leutnant Calley, der in Vietnam mordete, und der schreckliche Präsident Nixon, der in Washington log, aufs äußerste alarmiert. Er hatte aber, da gegen dieses übergroße Land kein Kraut gewachsen schien, einfach den Gedanken an Amerika gemieden.

Aber dann Karin. Sie liebte ihr neues Land, und sie war keine, die sich blenden ließ.

Die Lufthansa zeigte über dem Atlantik einen ziemlich blödsinnigen Agenten-Thriller. Andy schloß die Augen und ließ sich über seinen Kopfhörer mit Country-Music berieseln. Ein Gefühl von »Stuyvesant« überkam ihn plötzlich, große weite Welt. Non-stop von Frankfurt nach San Francisco. Im Jumbo. Es war noch gar nicht so lange her, daß die Super Constellation zwischen Frankfurt und New York zweimal auftanken mußte, in Shannon und in Gander. Heute düste man im Sauseschritt, hob vormittags in Frankfurt ab und landete mittags in der Sonne Kaliforniens. Richtig Stuyvesant. Andy mußte plötzlich an die Nachbarin von Onkel Walter in Leipzig denken: West-Fernsehen als Nabelschnur zur Welt. Und im Sommer, wenn's mal klappte, ein Platz im FDGB-Ferienheim an der Ostsee. Amerika? Das war von Leipzig so weit weg wie der Mond.

Schon immer hatte sich Andy eines gewünscht: genug Geld zu verdienen, um heute sagen zu können, ich fliege morgen nach Amerika. Keine Immobilien, keine Papiere, kein Gold im Safe – Flugtickets waren der Maßstab. Andy hatte es bisher nicht aus eigener Kraft geschafft, er flog auf Kosten der noch nicht verkauften Tiefbaufirma Walter Wohlgemuth nach Amerika.

Unter sich sah Andy gelbgraue Wüsten, von schnurgeraden Straßen durchschnitten, dann wieder kahle Höhenzüge, von Erosionsfalten zersägt, dazwischen manchmal kreisförmige Grünflächen, offenbar künstlich bewässert. Er las in seinem Baedeker über den Westen der USA und wünschte sich, endlich zu landen und auszusteigen und dieses merkwürdige Amerika zu betreten und zu begreifen.

Karin war mit den beiden Kindern zum Flughafen gekommen. Jessica, acht, und Patrick, fünf Jahre alt, probierten ihr Deutsch aus: »Guten Tag, Onkel Andy. Willkommen in Amerika.«

Andy versuchte sein einstudiertes Amerikanisch aus: »Hi! How are you doing!«

Es dauerte endlos, bis der Koffer kam, und noch einmal endlos, bis die Einreiseformalitäten erledigt waren. Andy erzählte, wie er im Frankfurter Generalkonsulat innerhalb einer Stunde sein Visum erhalten hatte. »Ich habe gesagt, ihr liegt alle im Sterben. Pilzvergiftung! Falls mal jemand danach fragt.«

Endlich stiegen sie in einen riesigen Ford Station Car und bogen mit blubberndem Achtzylinder gemächlich auf einen achtspurigen Highway ein. Andy sog jedes neue Bild in sich auf. Die großen Autos, die Dinosaurier, die er für ausgestorben hielt, beherrschten die Straßen. Blaue Nummernschildern registrierte er, mit gelben Buchstaben und Zahlen. Die Straßenschilder auf dem Highway trugen weiße Schrift auf grünem Grund. Andy speicherte alle Informationen und fing gleichzeitig zu fragen an: »Sind die alle besoffen, oder warum fahren die so langsam?«

Karin lachte: »Wir dürfen nur fünfundfünfzig Meilen fahren, und unsere Polizei fackelt nicht lange.«

Sie überholten einen trödelnden Porsche, und Andy fragte, was man denn hier mit einem solchen Geschoß anfange, wenn man nur trödeln dürfe. Karin erzählte von einem Bekannten, der am Wochenende mit seinem Porsche 928 stundenweit bis in die Wüste von Nevada fahre. »Und wo es keinen Baum und keinen Strauch und keinen Polizisten mehr gibt, da tritt er das Gaspedal bis zum Anschlag durch. Das ist für ihn Wochenende.«

Die Kinder, die nach der Begrüßung verstummt waren, stellten jetzt erste neugierige Fragen an den unbekannten Onkel. Jessica, in ganz gutem Deutsch: »Hast du ein Auto?«

»Ja.«

»Einen Porsche?«

»Nein.«

»Ein Mercedes?« Sie sagte: *Mörssiedes*.

»Nein, einen Datsun.«

Jessicas Miene zeigte Enttäuschung, aber sie meinte höflich: »Oh, good car.«

Patrick fragte in ganz leidlichem Deutsch: »Hast du ein Tie-Wie?«

»Einen Fernseher? Ja.«

»Und ein Frigidaire?«

»Er meint einen Kühlschrank«, übersetzte Karin.

Andy wurde die Fragerei zuviel. »Sag mal, hast du deinen Kindern erzählt, ihr Onkel haust in einem Erdloch und reitet auf einem Esel?«

»Nein, ich habe ihnen alles erzählt. Aber die anderen Kinder in der Schule fragen sie immer, ob es in Deutschland auch Autos gibt und Häuser aus Stein und elektrischen Strom. Sie können sich das nicht vorstellen.«

Andy drehte sich zu Jessica um. »Soll ich dir etwas sagen? Bei uns gibt es sogar McDonald's.«

Jessica war nicht sehr beeindruckt, sondern erwiderte: »Burger King ist viel besser.«

»Den gibt's bei uns auch«, trumpfte Andy auf, und diesmal war Jessica richtig beeindruckt.

Patrick wollte jetzt wissen, ob Onkel Andy eine Frau habe, und Andy hätte ums Haar gesagt: mehrere. Jessica belehrte ihren kleinen Bruder, daß es eine Tante Pia gebe, aber Patrick glaubte zu wissen, daß es diese Tante Pia inzwischen nicht mehr gebe.

»Hast du Kinder?« fragte Jessica.

»Zum Glück nicht, aber vielleicht kriege ich noch welche.«

»Du nicht«, belehrte ihn Jessica, »dazu brauchst du eine Frau.«

Andy schaute schon wieder auf die Autos vor und neben ihm und versuchte, die Typenschilder zu entziffern. Es machte ihn nervös, daß er die Fords und Chevrolets und Buicks und Dodges und Oldmobiles nicht auseinanderhalten konnte, und er war froh, wenn mal ein Käfer kam.

Karin bog in San Mateo von dem Highway 101 ab und überquerte auf einer endlos langen Brücke die Bucht von San Francisco. Dann ging es meilenweit durch flaches Land. Die Kinder fragten, ob es im deutschen Fernsehen »Dallas« und »Sesamstraße« zu sehen gebe, und da Andy ihnen das bestätigen konnte, schienen sie nach etwa einer

Stunde Fahrt überzeugt, daß dort auch eine Art Menschen lebe.

Nach zwei Stunden Fahrt fragte Andy: »Ich denke, ihr lebt in der Nähe von San Francisco?«

»Ja, und?« fragte Karin zurück.

»Wenn ich von Frankfurt aus zwei Stunden fahre, bin ich nicht mehr in der Nähe von Frankfurt, sondern in Köln.«

»Oh, weißt du, für uns liegt ganz Deutschland in der Nähe von Frankfurt.«

Hinter Modesto waren es nur noch wenige Meilen bis zur Pfirsichfarm. Die sauber ausgerichteten Baumreihen erinnerten Andy an angetretene Soldaten, aber er sah ein, daß es so am besten war, weil der Traktor nicht Slalom fahren mußte.

Das Farmhaus lag etwas abseits von der Straße und hatte eine Fassade aus imitierten Marmorsäulen. Zwischen zwei Säulen stand Bob und begrüßte die Ankommenden mit großer Geste: »Welcome in unser gemutlickes home!«

»Ich hab dir den Satz doch aufgeschrieben«, sagte Karin wie händeringend.

Bob grinste. »Ich bin das dummy von der family, you know? Ich kann bloß business und a little English. Für Deutsch bin ich zu blöd.«

Andy mochte den gutmütigen Kerl mit den bulligen Schultern und dem verschmitzten Lächeln auf Anhieb.

»Ich habe euch was mitgebracht«, sagte er.

»Noch eine Kuckucksuhr?« fragte Bob grinsend. »In der Garage wir haben noch keine, sonst überall.«

Andy holte ein flaches Paket aus dem Koffer.

»Oh, how nice!« riefen Karin und Bob wie aus einem Mund, als sie das Paket ausgepackt hatten.

Jessica und Patrick wollten neugierig wissen, was es sei.

»Munich«, erklärte Karin, »es ist ein Bild von München, wo Daddy und ich uns kennengelernt haben.«

Bob hatte richtig feuchte Augen, als er Andy zum Dank herzhaft die Hände schüttelte.

»Willst du dich ein bißchen ausruhen?« fragte Karin.

Andy widersprach heftig. »Ausruhen kann ich mich, wenn ich tot bin. Ich will jetzt die Farm sehen.«

Karin übernahm die Führung. Für Andy war es ungewöhnlich, einfach in einen Jeep umzusteigen und meilenweit zwischen Pfirsichbäumen herumzufahren. Es war beginnende Erntezeit.

»Was sind das alles für Leute?« fragte Andy.

»Mexikaner«, erklärte Karin. »Sie sind nur zur Ernte hier. Sie arbeiten illegal. Wir sind froh, weil sie billig arbeiten, und sie sind froh, weil sie arbeiten können.«

»Aha«, meinte Andy.

Karin sah ihn mild spöttisch an. »Schreib ruhig eine Story darüber für dein Blatt. Hier stört es keinen, wenn sich die Leser in Frankfurt aufregen.«

Das Dinner wurde von einer freundlichen Mexikanerin aufgetragen. Es bestand aus Spare ribs, Maiskolben und süßen Kartoffeln. Dazu gab es kalifornischen Rotwein und für die Kinder Coca-Cola. Andy fand, für amerikanische Verhältnisse habe er ein gutes oder sogar sehr gutes Essen vorgesetzt bekommen.

Als die Kinder im Bett waren, kam das Gespräch auf die Erbschaft. Bob war es offensichtlich gar nicht angenehm, mit fremdem Geld zu rechnen. Er sprach über den Vorgang in New York, den auch er nicht richtig beim Namen nennen wollte. »The incident«, sagte er, »der Unfall«. Er habe seine Schwiegereltern sehr gemocht, die Schwiegermutter sowieso, aber auch den alten Wohlgemuth, der ein guter *business man* gewesen sei.

»Habt ihr etwas erfahren«, fragte Andy, »hat man den Täter gefunden?«

»In New York findet man selten einen Täter«, antwortete Karin. »Und wenn, was wäre der Unterschied?«

Über den Winter, sagte Karin, wollten sie den Betrieb ausbauen. Sie hätten eine neue Verpackungsmaschine bestellt und Pläne für die Erweiterung des Kühlhauses machen lassen. Das Geld aus der Erbschaft müsse ja irgendwann flüssig werden.

»Vati hat uns schon vor zwei Jahren angeboten, Geld in unseren Betrieb zu stecken«, berichtete Karin, »aber Bob wollte das nicht. Jetzt ist es eine andere Situation.«

»Ihr müßt euch nicht dauernd entschuldigen«, sagte Andy, »daß ihr die Erbschaft vernünftig einsetzen wollt. Und ich sage noch mal, daß ich meinen Teil mit bei euch einbringen will. Mir gefällt das hier. Ich esse zwar lieber Birnen als Pfirsiche, aber vielleicht pflanzt ihr ja mir zuliebe zwei Birnenbäume.«

»Wir sind nicht scharf auf dein Geld«, versicherte Karin. »Ich weiß nicht, wieviel es überhaupt sein wird, was wir bekommen. Warum willst du nicht selbst etwas damit machen? Zum Beispiel in Kalifornien?«

Andy winkte ab. »Ich habe doch nichts gelernt. Ich kann Stories schreiben über Abwasser-Skandale und Bürgerinitiativen und neunzigjährige Mitbürger. Das kann ich, und das muß ich weiter machen.«

»Du mußt?« fragte Bob.

»Ja, ich muß.«

Bob regte sich auf. »Du mußt nicht. Du kannst etwas Neues machen. In California, tausend Leute machen etwas Neues. Neunhundert fallen auf die Schnauze. Sagt man so? Aber hundert fallen auf die Beine.«

»Auf die Füße«, verbesserte Karin.

»Okay, auf die Füße. Wir haben ein Wort hier: Fly with the eagle or scratch with the chickens! Kapierst du das?«

»Noch mal bitte!« bat Andy, aber Karin übersetzte schon: »Flieg mit dem Adler oder scharre mit den Hühnern.«

»Aber erst mal mußt du fliegen können«, wandte Andy ein.

»Wir haben ein anderes Wort«, erwiderte Bob, »das geht über die Vögel: They fly because they believe they can.«

Karin übersetzte: »Sie können fliegen, weil sie glauben, daß sie es können.«

»Das habe ich verstanden«, sagte Andy, »aber wenn du nun Angst vorm Fliegen hast?«

»That's it!« meinte Bob.

Andy nahm einen letzten Schluck kalifornischen Rotweins. »Das ist mir alles zu dynamisch nach dem langen Flug.«

38

Die Zeitumstellung ließ Andy, ganz gegen seine Gewohnheit, kurz vor Sonnenaufgang wach werden. Er setzte sich in der Morgenkühle auf die Terrasse hinter dem Haus, lauschte der Stille und sah zu, wie die schnurgeraden Reihen der Pfirsichbäume nach und nach aus dem Grau der Nacht auftauchten. Er versuchte sich vorzustellen, dies alles gehöre ihm: ein Stück Erde, das er gestalten und über die Jahre verändern könne nach seinem Willen.

Man müsse etwas schaffen, das von Dauer ist, hatte Werner Wohlgemuth immer als Maxime seines Lebens verkündet. Sein Schwiegersohn Bob hatte es ihm daher besonders angetan. Artikel für den nächsten Tag zu schreiben, war dem alten Wohlgemuth immer als Tätigkeit minderen Ranges erschienen. Merkwürdig, dachte Andy, aber das trifft sich irgendwie mit den Ideen meines Freundes Rainer.

Zum Frühstück gab es dicke Pfannkuchen mit süßem Sirup, in dem salzige ausgelassene Speckstreifen schwammen. Andy sah seine Schwester irritiert an, aber sie zuckte nur die Schultern: »Spezialität! Hab mich auch dran gewöhnen müssen.«

Karin trug das Programm für die nächsten Tage vor: natürlich erst mal San Francisco, dann Sacramento, dann Yosemite Park, schließlich Reno und auf dem Wege dorthin Lake Tahoe.

»Also ungefähr nach euerm Motto: Europa in fünf Tagen«, stellte Andy fest.

San Francisco war unbeschreiblich schön und total verrückt. Eilige Geschäftigkeit und fröhlicher Müßiggang schienen sich zu überschneiden. Die Fahrer der Cable Cars hatten offensichtlich Spaß an ihrer Arbeit, die Jogger im Golden Gate Park arbeiteten hart an ihrem Spaß.

Karin hatte großen Spaß daran, ihren Bruder ohne Atempause durch die unbeschreibliche Stadt zu schleifen. Sie zeigte ihm die futuristische Architektur im Embarcadero Center und die enge Chinatown, die Läden und Kneipen der Union Street und das Hafenviertel an Fisherman's Wharf, die hypermoderne Kathedrale und die alte Mission Dolores. Andy mußte ein ums andere Mal versichern, daß ihn alles sehr beeindrucke, und er tat es gern.

Als sie spätnachmittags endlich einmal saßen, in einem Restaurant am Hafen mit Blick auf die Golden Gate Bridge, begann Andy das Gespräch, das er hinter sich bringen mußte. »Karin, ich habe dir eine unangenehme Eröffnung zu machen.«

»Willst du ganz bei uns bleiben?« scherzte sie.

»Nein, im Ernst, es ist sehr unerfreulich. Ich muß es dir sagen, und ich will es dir gleich zu Anfang sagen, damit wir noch Zeit haben, darüber zu reden.«

»Also sag's«, forderte ihn Karin auf.

Andy holte Luft. »Dein Vater ... war jemand anderes.«

Karin sah ihn verständnislos an. »Wieso?«

Andy berichtete, was Onkel Ben kürzlich am Telefon erklärt hatte, Karin hörte wie abwesend zu, schien aber jedes Wort zu verstehen, denn sie fragte manchmal präzise nach.

»Und was soll ich jetzt damit anfangen?« meinte sie am Ende.

»Ich weiß nicht. Ich war der Ansicht, du solltest es wissen.«

Andy bot nicht an, diesen Herrn Küchenmeister aus Hamburg, sollte er noch am Leben sein, ausfindig zu machen. Karin mußte selbst entscheiden, ob sie diesen Mann sehen wollte.

»Tut mir leid«, sagte Andy, »aber ich wollte es dir nicht schreiben. Ich wollte bei dir sein, wenn du mit dieser Sache fertig werden mußt.«

Karin bat ihn, den Wagen nach Hause zu steuern, und war still auf der Heimfahrt.

Am nächsten Tag fuhr Andy allein in Karins »Rabbit« nach San Francisco, parkte in der Tiefgarage am Union Square und ließ sich durch die Stadt treiben. In Chinatown suchte er sich das Lokal aus, das am chinesischsten wirkte. Er war der einzige Weiße und kämpfte unter belustigten Blicken einen zähen Stäbchen-Kampf gegen ein Nudelgericht. Er war der Ansicht, Ente bestellt zu haben, aber es ließ sich nicht klären. Anschließend durchstöberte er ein Dutzend Läden voller Ramsch aus Hongkong, fand darunter ein angeblich handgemaltes Väschen, das ihm gefiel, und kaufte es. Er überlegte, ob es für Silvia, für Pia oder für Veronika sein sollte, konnte sich aber nicht entscheiden.

Am Nachmittag rief er Frau Gruen an. Sie brauchte etwas Zeit, um den Anrufer einzuordnen: Frankfurt, Reporter, Besuch bei Herrn Gutjahr? »Das ist ja eine Überraschung!« rief sie dann. »Kommen Sie zu mir!«

Ihr Häuschen war nicht weit vom Golden Gate Park. Es war ebenerdig, nicht sehr komfortabel, aber mit Geschmack eingerichtet. Andy fiel auf, daß mehrere Bilder von Max Beckmann als Reproduktionen an der Wand hingen, Bilder von Frankfurt mit dem Dom und dem »Eisernen Steg« über den Main. Beckmann hatte damals auch Deutschland verlassen.

»Ich freue mich wirklich über Ihren Besuch«, versicherte Frau Gruen zum wiederholten Male. Andy mußte erzählen, was ihn so überraschend nach Kalifornien hatte reisen lassen, was seine Verwandten hier machten, ob ihm San Francisco gefalle.

»Ein hübsches Häuschen haben Sie«, sagte Andy.

»Bescheiden, aber mein eigen. Ich habe hart dafür gearbeitet.«

Sie erzählte von der Zeit, da sie als Modeverkäuferin nur das Nötigste zum Leben verdient habe – bis sie endlich zur Einkäuferin aufgestiegen sei. Für das Häuschen habe sie zwanzig Jahre lang jeden Dollar zweimal umgedreht. In der Fremde, meinte sie, sei das eigene Haus viel wichtiger als in der Heimat.

»Schade nur«, sagte Frau Gruen, »daß es niemanden gibt, der es später mal übernimmt.«

Andy erkundigte sich, ob sie wieder einmal nach Frankfurt wolle.

Herr Gutjahr, antwortete sie, habe ihr eine Einladung geschickt. »Ich solle mich beeilen, denn er habe seine statistische Lebenserwartung schon weit überschritten. Vielleicht komme ich, denn diese Begegnung ist mir sehr wichtig.«

»Meinst du, dieser Mensch ist noch am Leben?« fragte Karin abends, als Andy zurück war.

»Welcher?«

»Na, dieser Küchenmeister.«

»Ich weiß nicht«, erwiderte Andy.

39

In Karins gelbem »Rabbit« fuhr Andy von Modesto südwärts in Richtung Los Angeles.

Ein paar ruhige Tage lang hatte er die Farm kennengelernt, die Erntearbeit beobachtet, mit Bob Freundschaft geschlossen und mit Karin lange Gespräche geführt. Sie hatte dabei niemals wirklich zu erkennen gegeben, in welchem Maße Andys Eröffnung sie getroffen hatte. Noch hatte sie ihn auch nicht gebeten, nach diesem Herrn Küchenmeister zu suchen.

Nun war Andy unterwegs, auf eigene Faust in einem fremden Land. Der Highway 99 war bei 55 Meilen pro

Stunde endlos lang, aber Andy hatte viel Zeit. Niemand drängte ihn, kein Georg Schaaf oder Pit Reimann mit Aufträgen, keine Pia oder Veronika mit Forderungen. Andy ließ sich im Strom der Straßenkreuzer und Trucks treiben und hatte ein überwältigendes Gefühl von Unabhängigkeit.

Nach Stunden und Stunden stieß er hinein in den Häuserbrei von Los Angeles.

Der Highway wurde sechs- und acht- und zehnspurig, Schilder wiesen zu Orten mit klangvollen Namen: Beverly Hills, Santa Monica, Redondo Beach, Long Beach. Andy schwamm weiter im Strom. Irgendwo, dachte er, stoße ich ans Meer oder an ein Gebirge oder an eine Grenze, aber das will ich jetzt noch nicht wissen.

Irgendwo bog er dann doch von dem Highway ab, und plötzlich lag der breite, weiße Strand vor ihm, gegen den das Meer in hohen Wogen anschäumte. Surfer versuchten auf den Kämmen zu reiten, Pelikane flogen im Geleitzug niedrig über das Wasser. Andy setzte sich in den Sand, schaute aufs Meer und dachte an nichts.

Nach einer Stunde etwa fiel ihm ein, daß schon später Nachmittag war und er sich um eine Bleibe für die Nacht kümmern mußte. Er ging zurück zu seinem Auto, das er neben einem flachen Wohnhaus direkt am Strand geparkt hatte. Ein Mann von etwa Mitte Fünfzig in einem Micky-Maus-T-Shirt sprach ihn aus einem Fenster des Hauses heraus an und zeigte auf den »Rabbit«. »Your car?«

Blöde Frage, dachte Andy und antwortete: »Yes«, obwohl der Wagen seiner Schwester gehörte.

»Where are you from?«

Was geht denn dich das an, dachte Andy und antwortete: »Frankfurt.«

»Frankfort, Kentucky?«

»No, Frankfurt, Germany.«

Der Mann strahlte ihn freudig an: »Oh, Apfelwein, Rippchen mit Kraut, Henniger Pils, Hessegebabbel.«

»Waren Sie mal dort?« fragte Andy, obwohl er es sich hätte denken können.

»Ja, vier Jahre, mit der Army. Schöne Stadt!«

»Da sind Sie aber der erste, der das behauptet.«

Andy mußte sofort ins Haus kommen und ein Bier trinken, ein eiskaltes »Budweiser« aus der Dose.

»Mein Name ist Don«, erklärte der Mann im Micky-Maus-Hemd, »wie Donald Duck, verstehst du?«

»Andy«, stellte sich Andy vor.

Don rief seine Frau Linda herbei und erklärte, er habe gerade durch einen unglaublichen Zufall einen Freund aus Frankfurt, Germany, getroffen. Andy mußte eine Stunde lang erzählen, über sich und über Frankfurt, über seine Verwandten in Modesto und über seinen Eindruck von Amerika: »Sehr schön, aber ein bißchen groß.«

Don lachte. »Ja, wenn du in Frankfurt Gas gibst, schießt du gleich in die Schweiz.«

Linda servierte als Vorspeise Hummerschwänze, danach Steaks mit Salat, anschließend Eiskrem. Während der beiden ersten Gänge überlegte Andy noch, wo er heute schlafen sollte. Später, auch unter dem Einfluß des kalifornischen Weines, wurde ihm dies völlig gleichgültig. Er ließ den restlichen Abend und die Nacht und den nächsten Tag und alles andere einfach auf sich zukommen. Nach der Eiskrem gab es im Fernsehen Football. Don erregte sich furchtbar, Andy verstand die Regeln nicht und hatte den Eindruck einer zwar amüsanten, aber gänzlich unsinnigen Balgerei.

Später bekam er ein Gästezimmer zugewiesen. Durch das offene Fenster hörte er den Pazifik rauschen. Er überdachte den Tag und sagte zu sich: Die Amis sind wirklich irre.

Vor dem Frühstück sprang Andy ins Meer. Er ließ sich von den Wellen peitschen und dann von der schon recht kräftigen Morgensonne am Strand trocknen und wärmen. Er war gespannt auf den neuen Tag, der alles mögliche bringen konnte. Gleichzeitig war er so entspannt wie seit vielen Jahren nicht mehr.

Don schlug Disneyland vor.

Andy hatte schon davon gehört und sich einen Freizeitpark mit Buden und Rutschbahn vorgestellt. Disneyland war aber viel mehr. Don führte seinen Gast zu einer Attraktion, die »Space-Mountain« hieß und äußerlich einer großen Kuppelhalle ähnelte. Am Eingang fragte Don mit treuherziger Besorgtheit, ob Andy auch kein schwaches Herz habe, in diesem Fall dürfe er nämlich auf keinen Fall hier hinein. Derartig beruhigt, stieg Andy in ein raketenförmiges Wägelchen, das sich im Schneckentempo hinauf in die Spitze der Kuppel bewegte. Es war stockfinster, und aus Lautsprechern tönten Sphärenklänge. Andy wäre gern ausgestiegen. Mit einemmal raste das Wägelchen los. Es stürzte sich beinahe kopfüber in die dunkle Tiefe, wurde in eine unvorhersehbare Rechtskurve gerissen, schoß wieder nach oben, kippte magenaushebend in eine steil abfallende Linkskurve. Von diesem Augenblick an registrierte Andy die einzelnen Bewegungen nicht mehr, sondern konzentrierte sich aufs Überleben.

Beim Aussteigen strahle Don ihn an: »Isn't it great? Wie Autofahren in Deutschland, nicht wahr?«

Andy hatte noch keine Luft für eine Antwort.

Draußen begegneten sie Micky-Maus. Andy, als erwachsener Mensch von einiger Vernunft, hatte Berührungsängste. Micky-Maus als Märchenfigur die Hand schütteln? Diese Micky-Maus war ein Arbeitnehmer, der in gewerkschaftlich ausgehandelter Arbeitszeit als kostümierter Grußonkel Shake-hands-Dienst schob. Don hatte diese Skrupel nicht und arrangierte ein Foto zu dritt, bei dem Andy etwas gequält lächelte.

Don stieß ihn in die Rippen: »Come on, it's fun!«

Andy sagte sich selbstkritisch, er sei zu deutsch und zu ernst und müsse dieses Spektakel lockerer sehen. Mit diesem Vorsatz verfolgte er die Darbietung in der »Hall of Presidents«, ein vaterländisches Schauspiel mit Sternenbanner, getragener Musik und den lebensgroßen Plastikfiguren aller amerikanischen Präsidenten, die sich menschenähnlich bewegten und zum Teil sogar sprachen. Andy kicherte, bis ihn Don mit dem Ellenbogen anstieß.

Links und rechts neben Andy schauten Amerikaner in tiefer Ergriffenheit auf ihre Plastik-Präsidenten. Andy erschrak und schluckte sein Lachen hinunter.

»Wonderful!« sagte Don, als sie wieder draußen waren.

»Unheimlich wonderful«, bestätigte Andy schnell.

Don war noch immer verzückt. »Wir lieben unser Land und unsere Fahne. In Deutschland verbrennen sie unsere Fahne.«

Bloß keine Politik, dachte Andy, ich bin im Urlaub.

»Ein paar Idioten verbrennen eure Fahne«, sagte er, »weil sie nichts verstehen.«

»Vielleicht hast du recht. Ich war in Deutschland, mich haben sie angespuckt, weil ich Amerikaner war. Mein Großvater ist aus Deutschland ausgewandert, mein Vater ist fünfundvierzig in Deutschland gefallen, mich haben sie in Deutschland angespuckt. Komisch, was? Schau, dort ist Goofy. Willst du noch ein Foto?«

»Unbedingt«, sagte Andy.

Andy blieb zwei weitere Tage bei Linda und Don, badete und faulenzte, ließ sich in Los Angeles herumfahren und dachte nicht an morgen.

Als er aufbrach, fragte er Don, warum sie ihm so viel Freundschaft erwiesen hätten.

»Du bist ein Gast«, antwortete Don.

Andy versprach, eines Tages wiederzukommen.

Er fuhr den herrlichen Highway Nr. 1 entlang der kalifornischen Küste nach Norden. Immer wieder hielt er an und schaute aufs Meer und auf die Berge, die sich am Horizont in einem Schleier von Gischt und Dunst vereinigten. Er beobachtete die Drachenflieger, die sich von steilen Klippen stürzten, um in langsamen Schleifen auf die Küste zuzuschweben und kurz vor der wilden Brandung auf dem steinigen Strand aufzusetzen. Er fuhr bis nach Einbruch der Dunkelheit und nahm ein Zimmer in einem einfachen Motel. Er wußte nicht einmal, wie der Ort hieß. Er ging einen Hamburger essen, lief ein wenig durch das ausgestorbene Städtchen, kehrte in sein Zimmer zurück und schaltete alle Fernsehkanäle durch, bis er einen Western erwischte. Andy fühlte sich wohl. Es gefiel ihm, sich treiben zu lassen, ohne Ziel und ohne Verabredung. Menschen zu treffen wie Linda und Don, ein paar Tage zu bleiben und Adieu zu sagen, wenn die Zeit um war. So ließ es sich leben. Man müßte viel Geld erben, dachte Andy, und sich freimachen von Reimännern, die einem den Tag vorzuschreiben versuchten. Frei auch von Frauen, die etwas aus einem machen wollten: etwas Großes im Beruf und etwas Kleines daheim.

Wieviel braucht man, dachte Andy, um zu leben wie im Augenblick? Zweitausend Mark im Monat müßten reichen, selbst wenn man ein wenig beweglich bleiben wollte. Das waren vierundzwanzigtausend im Jahr. Wenn man noch vierzig Jahre vor sich hatte, brauchte man demnach neunhundertsechzigtausend Mark. Rund eine Million also.

Andy sah ohne besondere Aufmerksamkeit dem Fernseh-Western zu, der dem großen Shoot-out zusteuerte, und dachte zum erstenmal richtig darüber nach, wie hoch die Erbschaft im günstigsten Fall sein konnte. Eine Million für Karin und eine Million für ihn selbst schienen ihm nicht zu hoch gegriffen. Mit der Erbschaftssteuer kannte er sich nicht aus, die Frage stellte er einfach mal zurück. Es konnte also reichen für ein Leben ohne Reimänner und Schmidt-Schulzendorfs. Ein Häuschen irgendwo, vielleicht sogar in Kalifornien, und ein alter Käfer, was brauchte man mehr? Ein Risiko bestand darin, daß man vielleicht unprogrammgemäß neunzig Jahre alt wurde wie Herr Gutjahr. Dann mußte man sich nach der letzten Abhebung vom Konto erschießen, am besten spektakulär in der Schalterhalle der Bank.

Auf dem Bildschirm sank einer der Bösewichte, leicht erkennbar am dunklen Bart, tödlich getroffen in den Staub vorm Saloon. Er wurde an den Füßen weggezerrt und hinterließ eine Schleifspur, die sogleich von Pferdehufen zertrampelt wurde. Gute Symbolik! dachte Andy.

Er schaltete auf ein anderes Programm und versuchte, den Sinn von Baseball zu ergründen. Auch hierbei war er nicht sehr aufmerksam, weil ihm in diesem Motel am Pazifik, zehntausend Kilometer von Frankfurt entfernt, plötzlich der Abend mit Jan und Rainer durch den Kopf ging, mit den Gesprächen über die alten Herren Kowalski, Wilke und Meyer, denen man nichts ausreden konnte.

Andy trat hinaus, wo der Wind vom Ozean her wehte, und schnupperte die Salzluft. Die Sache mit der Million, dachte er, ist nicht die Lösung. Beruf: Erbschaftsverzehrer? Nee, mein Lieber!

Auf dem Heimweg nach Modesto machte Andy Station in der hübschen Hafenstadt Monterey und besuchte die Cannery Row, die »Straße der Ölsardinen«. Schullektüre der fünfziger Jahre war das gewesen, John Steinbeck und seine teilnahmsvoll-farbige Schilderung des Kleine-Leute-Milieus. Die Cannery Row mit ihren Restaurants und Boutiquen erinnerte in nichts mehr an den Roman, aber sie dankte mit einer kleinen Bronzebüste dem Autor, der sie weltberühmt gemacht hatte.

Andy kaufte eine Postkarte davon und schickte sie an Rainer: »Kollege Steinbeck läßt grüßen!«

40

Zurück in Modesto, erzählte Andy so begeistert von seiner knapp einwöchigen Tour, daß ihn Karin mit großen Augen ansah. »Brüderchen, vergiß nicht, daß du Amerika nicht magst!«

»Ach Quatsch!« sagte Andy wie jemand, der sich ertappt fühlt.

Karin beharrte darauf. »Du hast immer gesagt, du willst es einmal anschauen, damit du es abhaken kannst.«

Andy wand sich ein wenig. »Ja, das ist wahr. Aber wer rechnet denn mit so verrückten Typen wie diesem Don und seiner Linda? Du stehst zufällig vor ihrem Haus, und plötzlich bist du ihr Gast für drei Tage. Das gibt's in Deutschland nicht.«

Jessica hatte das Gespräch verstanden und fragte: »Onkel Andy, bleibst du für immer in Amerika?«

»Nein, ich muß wieder nach Hause, ich muß doch Geld verdienen.«

»Du hast doch Geld von Opa«, hielt ihm Jessica vor.

»Das brauchen wir für was anderes. Ich kann hier kein Geld verdienen.«

»Du kannst bei uns Pfirsiche sortieren, wie die Mexikaner«, schlug Jessica vor.

Karin lachte. »Onkel Andy hat einen wichtigen Beruf. Er muß in seiner Zeitung schreiben, wenn ein Haus abgebrannt ist oder ein Baum umgefallen.«

Jessica gab nicht auf. »Bei uns ist letztes Jahr auch ein Baum umgefallen.«

»Aber von dem einen Baum kann Onkel Andy nicht leben«, erklärte Karin.

Andy gab zu, daß ihn der Gedanke reizte, in einer schönen verrückten Stadt wie San Francisco zu leben und ein wenig mehr als bislang Herr seiner Entschlüsse zu sein. Aber da er außer Schreiben nichts gelernt hatte, fragte er sich, was und vor allem für wen er schreiben sollte. Und wo er fürs erste unterkommen würde.

»Genug Geld hast du bald«, erinnerte ihn Karin.

»Darauf will ich nichts aufbauen«, erwiderte Andy, »damit verfahren wir wie besprochen.«

Er fuhr noch einige Male nach San Francisco, das immer neue und oftmals auch häßliche Seiten zeigte, im Ganzen jedoch mit jedem Besuch einnehmender wirkte.

Frau Gruen empfing ihn wie einen vertrauten Bekannten und versprach fürs kommende Jahr einen weiteren Besuch in Frankfurt.

Am Wochenende vor Andys Abflug luden ihn Karin und Bob zu einem Ausflug nach Nevada ein.

Reno war alles andere als schön. Man hatte diese Stadt geradezu lieblos mitten in die endlose Wüste geworfen und schillernd aufgeputzt, um möglichst vielen Menschen mit Hilfe des Glücksspiels möglichst viel Geld aus der Tasche zu ziehen. Die Stadt gab sich nicht die geringste Mühe, diese Absicht zu verbergen. Sie schenkte sich das vornehme Getue von Monte Carlo oder Baden-Baden und gab sich unverblümt als rücksichtslose Beutelschneiderin zu erkennen, grell geschminkt und aufdringlich wie eine Nutte.

»Ich glaub, mich knutscht ein Elch!« entfuhr es Andy, als sie die Halle des »MGM Grand Hotel« betraten.

Unter dem gedämpften Licht schwerer Lüster standen in Reihen Spielautomaten zu Hunderten und grün bezogene Spieltische zu vielen Dutzenden. Die ebenfalls gedämpfte Musik mischte sich mit dem scheppernden Geräusch der Automaten, wenn sie Münzen ausspuckten, und den Stimmen Tausender Gäste, die sich ohne Eile zwischen den Objekten ihrer Spielleidenschaft bewegten. Freizügig gekleidete junge Mädchen servierten Drinks. Wie im Film! dachte Andy.

Er fragte Karin und Bob, ob sie oft hierherkämen, und sie sagten, ungefähr einmal im Monat.

»Und gewinnt ihr oft?« fragte Andy.

»No, never«, antwortete Bob, »it's just for fun.«

Andy verstand nicht, wo der Spaß liegen sollte, aber Karin drückte im zwei Rollen 25-Cent-Münzen in die Hand und riet ihm, es selbst zu probieren. Er warf einen Quarter ein, zog an dem Hebel, die Walzen setzten sich in Bewegung, stoppten nacheinander, drei bunte Bildchen blieben stehen, die Maschine spuckte drei Münzen aus.

Jetzt sollte man aufhören, dachte Andy, bei zweihundert Prozent Gewinn. Aber er machte weiter.

Neben ihm stand eine ungemein dicke Frau in viel zu enger Freizeitkleidung mit rosa Shorts. Sie mümmelte mechanisch Kaugummi und bediente ebenso mechanisch den Automaten. Dieser klingelte plötzlich aufgeregt, und ein Sturzbach von Münzen ergoß sich mit Getöse. Die Frau verlor keinen Moment ihren stumpfen Gesichtsausdruck, schaufelte den Gewinn mit teilnahmsloser Langsamkeit in einen großen Plastikbecher und begann von vorn.

Andy spielte weiter, bis seine Quarters alle waren, dann suchte er Karin und Bob beim Roulette.

»Ganz schön blödsinnig«, bemerkte er.

Karin hatte gerade etwas gewonnen und konnte nicht sofort antworten, aber dann sagte sie: »Natürlich ist es Blödsinn, völliger Blödsinn. Aber warum denn nicht? In Amerika mußt du nicht von einem gewissen Einkommen ab den Anschein erwecken, nur noch Dinge von hohem Niveau zu tun.«

»Okay, okay, ich gewöhne mich ja schon dran. Auch an die dicken Frauen in den rosa Shorts. Ich muß mir nur einreden, das sei schön.«

Karin wurde ein bißchen ärgerlich. »Die deutsche Hausfrau in der geblümten Kittelschürze oder der deutsche Autotourist im weißen Unterhemd kommen auch in keinem Modejournal vor. Laß die Leute, schau drüber weg oder dran vorbei!«

Er nahm sich's vor. Dann holte er sich zwei weitere Rollen 25-Cent-Münzen und spielte, bis sie alle waren. Er redete sich ein, es habe großen Spaß gemacht.

Zum Dinner sahen sie eine Show. Andy hatte von dem jungen Entertainer, der singen, tanzen, steppen, jonglieren und die Conférence machen konnte, noch nie gehört und wunderte sich: »Warum war der noch nie bei uns im Fernsehen?«

»Vielleicht ist er zu gut«, vermutete Karin.

»Der singt ja live«, staunte Andy.

»Nun stell dir vor«, meinte Karin, »der tritt damit bei euch auf. Das bringt doch alles durcheinander, wenn sie plötzlich merken, wie man es richtig macht.«

Andy mußte seiner Schwester recht geben. »Dann müßten viele große Playback-Stars ihr Geld künftig mit Bäder-Tourneen auf den friesischen Inseln verdienen.«

Um Mitternacht sahen sie eine weitere Show mit viel Flitter und einem Ballett von dreißig Mädchen, die mit maschinenartiger Präzision die langen Beine warfen. Vor allem aber zeigten sie dreißig Paar blanke Busen. Andy hatte so etwas nicht erwartet in einem Land, das ihm als eher puritanisch beschrieben worden war und in dem man selbst in der Sauna die Badekleidung anbehielt.

Karin amüsierte sich. »Dachtest du, diese große Nation erhält sich durch Händchenhalten oder Jungfernzeugung?«

»Nein, aber nun gleich so was! Und vor allem sind es sechzig genau gleich große Brüste. Das ist einmalig!«

»Es sind sechzig gleich kleine«, verbesserte Karin. »Wenn sie groß wären, kämen sie ständig aus dem Takt bei dem Gehüpfe.«

Auf dem Heimweg wurde in Virginia City Station gemacht, der ehemaligen Goldgräberstadt, die nach jahrzehntelangem Dämmerschlaf aufgepäppelt worden war zu einer Attraktion für Touristen. Obwohl noch sehr vieles echt war, wirkte das Ganze ein wenig wie Disneyland. Immerhin konnte man in einer wirklichen Goldmine umherkriechen und sich ein Bild von der Buddelei machen, mit der mancher kaum das Geld für den abendlichen Whisky verdient hatte. Letzteren konnte man sich in einem Original-Saloon über die lange Theke schubsen lassen. Auch war noch die Druckerei zu besichtigen, die Mark Twains erste Stories über das rauhe Leben im Goldrausch in Blei gesetzt hatte.

Twain! dachte Andy, Lokalreporter von Virginia City. Dieser Kollege hatte es irgendwie hingekriegt, daß man ein Dreivierteljahrhundert nach seinem Tod immer noch wußte, wer er gewesen war. Aber man durfte, wenn man Vergleiche anstellen wollte, nicht als erstes nach den Stars der journalistischen Zunft greifen.

Auch das alte Bordell der Stadt wurde liebevoll erhalten.

»Kennst du in Deutschland ein Bordell«, fragte Karin, »das als Museum gepflegt wird?«

»Nee.«

»Siehste!«

Am letzten Tag, Bob war mit dem Jeep auf der Plantage unterwegs, saßen Karin und Andy auf der Terrasse, tranken Kaffee und rauchten.

»Dieser Küchenmeister«, begann Karin, »der angeblich mein Vater ist ...« Sie sprach nicht weiter, und Andy fragte: »Den willst du gern mal kennenlernen, oder?«

»Das weiß ich eben nicht.«

»Gib mir einen Auftrag«, sagte Andy, »und ich suche ihn. Ich bin nicht unbegabt, Kowalski habe ich auch gefunden. Wenn ich Küchenmeister finde und er mir gefällt, schleppe ich ihn hierher. Wenn er ein Stinkstiefel ist, sage ich dir, ich hätte ihn nicht gefunden. Ganz einfach, oder?«

»Ich weiß es nicht«, meinte Karin noch einmal.

»Du wirst ewig darüber nachdenken«, sagte Andy ihr voraus, »also gib dir einen Ruck – und mir den Auftrag.«

»Okay, du hast recht.«

Auf diesen Entschluß hin holte sie einen kalifornischen Champagner vom Eis und reichte ihn Andy zum Öffnen.

»Bob muß ich es noch beibringen«, meinte sie. »Du kennst ihn ja inzwischen: alles allein machen, nichts geschenkt bekommen. Was habe ich geredet, bis er bereit war, von meiner Erbschaft unsere neue Verpackungsanlage zu finanzieren. Wenn ich ihm jetzt erzähle, daß die Erbschaft gar nicht von meinem richtigen Vater ist ... Um Gottes willen! Wenn ich das nicht vorsichtig mache, nimmt er seinen Bulldozzer und rasiert die ganze Plantage ab.«

Sie tranken Champagner und dachten, jeder für sich, eine Zeitlang nach.

»Du kannst deinen Vater vielleicht noch kennenlernen«, sagte Andy dann. »Ich kann mich über meinen nur noch erkundigen. Soviel ich bisher weiß, war er ziemlich mutig und konsequent. Ich frage mich neuerdings manchmal, warum ich in einer Zeit, in der das viel einfacher ist, nicht so bin.«

»Dann sei es doch mal!«

»Kürzlich habe ich unserem neuen Lokalchef gesagt: Dieses Thema bearbeite ich nicht, weil ich nicht will. Ein andermal habe ich ihm gesagt: Diese Story mache ich, weil ich es will, und sie kommt ins Blatt. Sie kam ins Blatt. Merkwürdig, nicht?«

»Nee, gar nicht merkwürdig«, widersprach Karin. »Im Gegenteil, ganz normal. Es probiert nur kaum mal jemand aus.«

»Ich werde das Experiment fortsetzen«, versprach Andy.

Andy flog mit gemischten Gefühlen von San Francisco ab. Er wäre gern geblieben, vielleicht für dauernd, aber er freute sich auch darauf, zu Hause manches anders zu machen als bisher.

41

Am Rhein-Main-Flughafen wartete Rainer mit seinem Taxi, und Andy war richtig gerührt. »Das nenne ich einen Freund!«

»Wieso?« fragte Rainer. »Ich bin nur hier, damit kein anderer die teure Fuhre in die Stadt macht.«

»Das nennt man nun einen Freund!« schimpfte Andy.

»Also gut, halber Preis«, schlug Rainer vor.

»Gut, dann bekommst du auch nur das halbe Geschenk.« Daraufhin war Rainer bereit, auf das Fahrgeld zu verzichten.

»Gibt's was Neues?« fragte Andy auf dem Weg in die Stadt.

»Ja, jeden Tag. Steht alles in eurer Zeitung, aber ich habe nichts behalten.«

»Haben wir noch denselben Kanzler?« fragte Andy weiter, denn er hatte in Kalifornien nicht eine einzige Meldung über Deutschland in der Zeitung gefunden.

»Ich weiß nicht, ob es dich deprimiert«, antwortete Rainer, »aber es ist noch derselbe.«

»Hat jemand für mich angerufen?«

»Ja, das Finanzamt. Sie fordern vier Jahre rückständige Hundesteuer.«

»Aber ich hatte nie einen Hund.«

»Das habe ich ihnen auch gesagt, aber in ihrem Computer ist einer. Du sollst dienstags oder donnerstags zwischen acht und zwölf hinkommen und den Hund mitbringen.«

»Aber ich habe keinen!«

»Dann kauf dir einen!«

»Gab es auch vernünftige Anrufe?« fragte Andy.

»Ja, das Kanzleramt hat abgesagt. Sie brauchen keinen neuen Regierungssprecher, der jetzige macht schon genug Ärger.«

»Rainer, du nervst!« warnte Andy.

»Warum muß ich auch immer deine Gespräche annehmen? Den ganzen Tag ging es, Pia, Veronika, Silvia, alle verzehren sich vor Sehnsucht.«

»Bist du besoffen?« erkundigte sich Andy besorgt.
»Wieso?«
»Erstens fährst du so und zweitens redest du so.«
Rainer gab sich schmollend. »Kaum hat man mal gute Laune, schon fällt man unangenehm auf.«
»Nun sag schon, was dir die schlechte Laune verdorben hat.«
Rainer bremste und fuhr rechts heran. Er nahm die Hände vom Steuer und sah Andy feierlich an. »Ich habe einen Verlag.«
»Das ist ein Scherz!«
»Nein, kein Scherz, ich habe einen Verlag, der sich für meinen Stoff interessiert.«
Das müsse begossen werden, erklärte Andy, und er habe Whisky aus dem Duty Free Shop mitgebracht. Sie eilten nach Hause, wo Rainer zuerst sein Geschenk auspackte. Es war ein Buch mit dem Titel »How to write a Bestseller«.
»Hast du nichts Vernünftiges mitgebracht?« fragte Rainer.
Andy überreichte ihm das chinesische Väschen, das er in San Francisco gekauft hatte.
»Was hast du eigentlich für die Dame deines Herzens mitgebracht?« fragte Rainer weiter.
Andy zeigte auf die Vase. Dann wollte er Näheres über den Verlag erfahren.
»Es ist ein kleinerer Verlag«, erklärte ihm Rainer, »aber er hat einen großen Konzern im Rücken. Deswegen können sie es riskieren, sich mit Nachwuchsförderung einen progressiven Anstrich zu geben. Sie finden mein Manuskript im Moment zu wenig literarisch, mit anderen Worten: zu verständlich. Aber die Story gefällt ihnen. Vor allem diese blödsinnige Figur mit der Erbschaft und den drei Weibern, die soll ich unbedingt weiterentwickeln.«
»Um Gottes willen! Damit bürdest du mir ja die Verantwortung für dein Werk auf.«
»Natürlich«, bestätigte Rainer. »Und du mußt dich beeilen mit deiner Entwicklung, denn der Lektor wartet schon auf die nächsten fünfzig Seiten. Wenn du dich

nicht ranhältst, muß ich dir vorgreifen, aber dann beschwer dich nicht, wenn du in meinem Buch nicht mehr stimmst.«

»Gut, gut«, sagte Andy mit inzwischen whiskyschwerer Zunge, »morgen gehe ich in die Redaktion und entwickle mich.«

Dann erzählte er von Amerika, und der Pegel der Flasche sank wie ein rasch abfließendes Hochwasser.

Später kam unangemeldet Silvia vorbei, begrüßte Andy zärtlich und beklagte, daß sie nicht mal eine Ansichtskarte bekommen habe.

»Ich habe an überhaupt niemanden geschrieben«, verteidigte sich Andy.

Rainer zeigte die Karte aus Monterey. »Stimmt nicht, ich habe eine gekriegt. Und die chinesische Vase da drüben, die hat er für seine Frauen mitgebracht. Er konnte sich aber nicht entscheiden, für welche, deswegen habe ich sie gekriegt.«

Andy wiegelte ab. »Das mußt du literarisch nehmen, Schriftsteller brauchen viel Phantasie, um ihre Schriften zu stellen.«

»Ihr habt getrunken«, stellte Silvia fest.

Andy und Rainer sahen sich groß an. »Wir? Es ist ja überhaupt nichts im Haus. Sogar die Whiskyflasche ist leer.«

»Wir haben wieder eine Aktion vor«, berichtete Silvia.

Andy schaute auf die leere Flasche. »Wir haben gerade eine hinter uns.«

»Mit dir kann man heute nicht reden«, schimpfte Silvia.

»Dann laß uns sofort was anderes machen«, schlug Andy vor.

»Das kannst du heute erst recht nicht. Ich komme morgen wieder.«

»War das jetzt eine Drohung?« fragte Rainer, nachdem Silvia hinausgerauscht war.

Andy brach die zweite Flasche aus dem Duty-Free-Shop an.

»Silvia ist ein liebes Mädchen«, sagte er, »und wenn ich mir nicht geschworen hätte, kein zweites Mal zu heiraten ...«

Rainer sah ihn entgeistert an. »Andy, wenn ich nicht die ganze Zeit dabeigewesen wäre, würde ich sage, du hast was getrunken.«

»Außerdem kann ich ja nicht heiraten«, fuhr Andy fort, »weil ich verheiratet bin. Aber Silvia ist in Ordnung. Sie hat mich noch nie nach dieser blöden Erbschaft gefragt. Sie sagt immer nur: mach mal, was du für richtig hältst!«

»Und wenn du was für richtig hältst, was sie nicht für richtig hält?«

»Das haben wir noch nicht ausprobiert.«

Als Andy in sein Zimmer mit dem Baldachinbett wollte, glaubte er selbst, betrunken zu sein. Er machte die Tür wieder zu und versuchte nachzudenken, was ihm aber mißlang. Er sah noch einmal nach und hatte wieder die gleiche Erscheinung. Er rief Rainer herbei und zeigte stumm auf das Zimmer.

»Ja, ja«, sagte Rainer schwerzüngig, »die Möbel aus deinem Elternhaus sind gekommen.«

»Und wie soll ich in mein Bett?« fragte Andy.

»Unter dem Schreibtisch durch«, erklärte Rainer, »dann über die Polstermöbel und durch die Schrankwand.«

Andy dankte und machte sich auf den Weg.

42

Beim Frühstück waren Rainer und Andy ziemlich schweigsam. Sie bekämpften stöhnend ihren Kater mit sprudelndem Alka-Seltzer, tiefschwarzem Tee und sauren Rollmöpsen, die Andy, da sie ihm nicht schmeckten, nur in Augenblicken tiefster Not aß. Er würgte an einem halben Knäckebrot und murmelte: »Daß man immer wieder so blöd ist.«

»Pst! Schrei doch nicht so rum!« ermahnte in Rainer.

Der Alltag hatte Andy wieder, wenn auch der Kater glücklicherweise nicht alle Tage vorkam. Aber das Frühstück mit

Rainer und die Lektüre der Morgenzeitung waren Rituale des Alltags, die Andy genoß. Er war froh, nach langer Zeit wieder mit jemandem zu frühstücken, auch wenn er es lieber mit einer Frau getan hätte.

Rainers Flohmarkt-Wohnung war für Andy inzwischen eine Art Zuhause geworden. Er hatte es mit Rücksicht auf Pia vermieden, irgendwelche Gegenstände aus der ehemals gemeinsamen Wohnung zu holen, obwohl es ihm schwergefallen war, auf alles zu verzichten. Aber das sollte der Abrechnung nach der endgültigen Scheidung vorbehalten bleiben, wenn hoffentlich auf beiden Seiten Gelassenheit eingezogen wäre. Fürs erste war Andy froh, die paar Möbel und Bücher und Schallplatten aus dem Haus seiner Eltern zu haben, um sich bei Rainer noch heimischer zu fühlen. Bei Rollmops und Tee überlegte er, wie er die Möbel aufstellen wollte, für die es im Grunde in der Wohnung keinen Platz gab.

Es war, trotz allem, ein merkwürdiges Gefühl, plötzlich wieder an diesem Küchentisch zu sitzen. Die paar Wochen in Amerika waren für Andy eine befreiende Erfahrung gewesen, die erste dieser Art seit vielen Jahren. Die Reise hatte ihm erst richtig vor Augen geführt, wie eng sein Dasein in den Jahren seiner Ehe und seines Berufs geworden war. Daß er Pia verlassen hatte und in der Redaktion größeres Selbstbewußtsein hervorkehrte, war ihm schon als Wende erschienen. War er so zaghaft geworden, daß ihm das schon als Wende erschien, oder war der Begriff der Wende schon so abgewirtschaftet?

Amerika war aller Voraussicht nach nicht die Alternative, aber die kurze Zeit dort drüben hatte Andy erkennen lassen, wie ganz anders es unter Umständen auch ging.

Rainer ließ die Zeitung sinken. »Deine Freunde, die Chemiefritzen, wollen ein Zweigwerk schließen und vierhundert Mann freisetzen. Heute heißt es ja nicht mehr rausschmeißen, sondern freisetzen.«

»Dann weiß ich schon, was meine erste Story sein wird«, meinte Andy.

Auf dem Weg in die Redaktion ging Andy zum Paketpostamt, um ein Päckchen abzuholen, das während seiner Abwesenheit nicht hatte zugestellt werden können. Das Postamt lag in einer nicht gerade anziehenden Gegend hinter dem Hauptbahnhof. Auf dem Wege überholte Andy einen Mann, der mit einem weißen Stock unsicher die Bordsteinkante abklopfte. Er fragte ihn nach seinem Ziel, und da der Blinde benfalls zum Paketpostamt wollte, nahm ihn Andy am Arm.

»Wahrscheinlich sind meine Schallplatten gekommen«, sagte der Mann, »sonst werden sie immer bei der Nachbarin abgegeben, aber heute muß ich zum erstenmal zu diesem Paketpostamt. Ich habe gedacht, ich finde es allein, aber plötzlich wußte ich nicht weiter.«

»Leben Sie allein?« fragte Andy.

»Ja.«

»Und wie geht das?« fragte Andy neugierig weiter.

»Oh, ganz gut. Tagsüber rede ich viel mit Menschen. Ich bin nämlich nach meiner Erkrankung Telefonist geworden. Und abends zu Hause habe ich meine Schallplatten und mein Radio und mein Fernsehen.«

»Fernsehen?« wunderte sich Andy.

»Ja, ich höre jeden Abend Fernsehen. Alle reden am nächsten Tag über Report und Denver-Clan und Sportstudio, da muß man doch mitreden können.«

»Und wer kocht für Sie?«

»Ich selbst. Ich koche auch für Gäste. Ich koche nämlich gut. Manchmal verwechsle ich was, aber es schmeckt immer interessant.«

Andy hatte solch einen Menschen noch nicht kennengelernt und erkundigte sich nun auch, was er zum Beispiel im Urlaub tue.

»Wandern«, sagte der Mann. »Natürlich nicht allein. Letztes Jahr sind wir fast zweihundert Kilometer durch den Schwarzwald gewandert.«

»Aber Sie sehen doch gar nichts davon.«

»Ich lasse mir alles genau beschreiben. Und ich höre und rieche es. Und ich spüre es unter den Stiefeln. Sie können sich das alles nicht vorstellen, nicht wahr?«

Andy mußte das zugeben.

Es waren wirklich Schallplatten, die für den Mann bereitlagen.

Andys Päckchen war von Veronika. Es enthielt ein gerahmtes Foto, das er sogleich erkannte: München, Leopoldstraße, »Extrablatt«, eine Ausschnittvergrößerung des Fotos, das Pia damals in der Zeitung entdeckt hatte.

Was hat sich das Mädchen dabei gedacht? fragte sich Andy.

Er begleitete den Blinden bis zu dessen Dienststelle, dem Büro einer Fluggesellschaft, und fragte ihn unterwegs noch alles mögliche.

Reimann begrüßte den zurückkehrenden Urlauber aufgeräumt. »How do you do, wie war's?«

»Bärenstark! Ich werde den Chefredakteur fragen, ob er einen Korrespondenten in San Francisco braucht.«

»Braucht er nicht«, prophezeite Reimann, »aber Sie können es ja als Freier versuchen, mit einem Bauchladen von Zeitungen. Sie werden dabei verhungern, aber als freier Mann.«

Andy nahm unaufgefordert Platz und zündete sich eine Zigarette an. »Darf ich aus Ihrer Bemerkung schließen, daß ich hier nicht mehr gebraucht werde?«

Reimann hob beschwörend die Hände. »Im Gegenteil, im Gegenteil! Wir brauchen Sie dringender denn je. Buske sollte mein Stellvertreter werden, aber er hat lieber gekündigt. Jetzt sollen Sie es werden.«

»Ach so?« Andy war wirklich verblüfft. Er hatte einmal Schaafs Stellvertreter werden wollen, dann sogar dessen Nachfolger, dann wenigstens Stellvertreter von Schaafs Nachfolger. Er hatte jedesmal gemeint, daß er eigentlich erste Wahl sei. Nun sollte er es werden und war völlig überrumpelt. Aber er fing sich rasch.

»Vielleicht will ich gar nicht«, sagte er.

»Aber Sie wollten doch immer unbedingt.«

»Stimmt«, bestätigte Andy, »aber das war etwas anderes. Stellvertreter oder Nachfolger von Schaaf zu sein, das ist etwas anderes als die linke Hand von Reimann zu werden. Sie verstehen?«

Reimann verstand sehr gut. Überhaupt hatte Andy den Eindruck, daß Reimann innerlich geschrumpft war. Seine Augen blickten nicht mehr herausfordernd ironisch, sondern eher vorsichtig taxierend, als sei Gefahr im Verzug. Sogar der Schnauzbart über dem schmalen Mund schien einen Hang zu trostlosem Hängen angenommen zu haben, aber das war möglicherweise ein subjektiver Eindruck. Auf jeden Fall war Reimann nicht mehr der kesse Newcomer, sondern von den Strapazen des Amtes, in dem er ungeliebt war, deutlich gezeichnet.

Andy erzählte von der Begegnung mit dem Blinden und seiner Absicht, darüber eine Story zu schreiben. Reimann wollte wissen, was an diesem Mann bemerkenswert sei.

»Nichts«, antwortete Andy, »aber wir schreiben dauernd über Leute, denen es gut geht, die sich jedoch lauthals beklagen. Ich will über einen Mann schreiben, der sich beklagen müßte, es aber nicht tut. Ich fand den Mann hochinteressant und denke deshalb, die Leser werden es genauso sehen. Wir werden das veröffentlichen, nicht wahr?«

Reimann nickte etwas resignierend, da berichtete er Andy von der geplanten Stillegung des Chemiewerks und bat ihn, sich ab sofort um das Thema zu kümmern. »Der Chefredakteur hat dabei die dringende Bitte, daß angesichts der landläufigen Klagen über Betriebsstillegungen nicht vergessen wird ...«

»... auch die Argumente der Unternehmensleitung darzustellen«, ergänzte Andy, »das wollten Sie doch sagen, nicht wahr? Teilen Sie bitte unserem Chefredakteur mit, ich hätte meinen Beruf gelernt. Empfehlen Sie ihm, ein Handbuch für Volontäre zu verfassen: ›Wie recherchiere ich umfassend?‹ Empfehlen Sie es ihm, im Ernst!«

Dieser Reimann ist ein Würstchen, dachte Andy, während er an seinem Schreibtisch die Post sichtete, die sich in seiner Abwesenheit zu einem kleinen Stapel getürmt hatte. Reimann mußte in letzter Zeit tolle Böcke geschossen haben. Verschiedene Kollegen hatten Andy heute grinsend davon erzählt. Mehrmals hatte Reimann Themenvorschläge großspurig als »nicht relevant« abgetan, und am nächsten Tag war die Konkurrenz mit eben diesen Themen groß herausgekommen.

Dieser Reimann, dachte Andy, ist und bleibt ein kleiner Krawallreporter, aber mein Chefredakteur besitzt die Unverschämtheit, mich zum Stellvertreter dieses Mannes machen zu wollen. Nein, danke! Aber irgendwann würde Reimann aus den viel zu großen Schuhen kippen, und dann ...

Veronika rief an und erkundigte sich, ob ihr Päckchen angekommen sei. Andy bestätigte es und bedankte sich, sagte jedoch, er habe den Symbolwert des Geschenks noch nicht ganz begriffen.

»Sei doch nicht so unwirsch«, bat sie, »es soll doch nur eine schöne Erinnerung an einen schönen Abend sein.«

»Das Foto hat, wie du weißt, meine Trennung von Pia eingeleitet.«

»Die war doch wohl überfällig«, erwiderte Veronika.

»Vielleicht war sie das. Aber ich werde nicht gern daran erinnert, ich stecke nämlich noch mittendrin.«

»Wieso? Du bist doch schon vor Monaten ausgezogen.«

»Oh, was bist du ahnungslos! Du kennst bisher nur deine Kinderfreundschaften an der Uni, die man durch kurze mündliche Mitteilung beendet. Aber nach so vielen Jahren Ehe ist es nur der erste Schritt, wenn man seine Koffer packt und auszieht, verstehst du das? Ich frage mich immer noch jeden Tag, ob es richtig war. Ich frage mich jeden Tag, wie es ihr geht. Und ich weiß immer noch nicht, wie es eigentlich mir geht, ohne sie. Ich kratze ständig alle Argumente zusammen, die gegen Pia sprechen, und frage mich am Ende: Reicht das aus? Und wie und mit wem soll es besser werden? Mit dir? Oder mit Silvia?«

»Wieso Silvia?« fragte Veronika erstaunt.

»Ja, Silvia. Wir sehen uns bisweilen.«

Veronika verstummte für eine kurze Weile, dann lachte sie. »Ausgerechnet Silvia mit den alternativen Schlabberkleidern und den zotteligen Schnittlauchhaaren.«

»Längst vorbei. Sie ist zwar immer noch nicht das, was man landläufig als elegant bezeichnet, aber sie hat sich sehr gemacht.«

»Als Konzession an deinen bürgerlichen Geschmack?« fragte Veronika.

Andy ging das Gespräch jetzt ein wenig auf die Nerven. Er fühlte keine Veranlassung, sich gegenüber Veronika, in die er kurze Zeit verliebt gewesen war, dafür zu rechtfertigen, daß er jetzt für kurze Zeit in eine andere Frau verliebt war. Wenigstens in diesem Punkt, wenn schon noch nicht im Beruf, glaubte er erreicht zu haben, niemandem mehr Rechenschaft zu schulden.

»Außerdem«, fuhr Veronika fort, »ist Silvia doch mit ihren chaotischen Freunden verheiratet.«

»Deine Freunde haben mir auch nicht gefallen«, erwiderte Andy scharf, »denn ich habe nun mal kein Verhältnis zur Münchner Schickimicki-Szene. Und nun gar noch ihr, als Nachwuchs, der sich sichtbar abmüht, genauso borniert zu sein wie die langjährigen Stammkunden der verschiedenen Klatschspalten ...«

Veronika unterbrach ihn mit einem milden »Mach's gut, Andy!« und hängte ein.

Das war's dann wohl, dachte Andy. Schade eigentlich, denn Veronika war wirklich ein Schatz. Diese rauhen Worte waren ein bißchen ungerecht gewesen und taten ihm leid. Andererseits: Sollte er wieder anfangen, nur für das nächste freie Wochenende und den Besuch in München zu leben? Andy wollte wenigstens dort, wo es ging, reinen Tisch.

43

»Ich freue mich, daß Sie mich diesmal vorher besuchen, ehe Sie etwas über uns schreiben«, sagte der Pressesprecher der Chemiefirma mit gewinnendem Lächeln. Er komplimentierte Andy zu der ledernen Sitzgarnitur mit Rauchglastisch in der Ecke seines Büros und fragte: »Kaffee? Cognac?«

»Erstens gern, zweites nicht im Dienst«, erwiderte Andy.

Während der Pressesprecher die Bestellung an sein Sekretariat weitergab, sah sich Andy flüchtig in dem Büro um: großer Schreibtisch mit wenigen und wahrscheinlich entsprechend wichtigen Papieren, Telefon mit auffallend vielen Knöpfen, an den Wänden farbige Fotos der in- und ausländischen Zweigwerke des Unternehmens, auf dem Rauchglastisch eine Auswahl gängiger Zigarettenmarken mit Ausnahme von »Roth-Händle« sowie Zigarren verschiedener Fabrikate, allerdings keine »Davidoff«. Also betont gediegen, nicht übertrieben, eigentlich wie das Büro des Chefredakteurs. Leute mit solchen Büros verstehen sich untereinander, dachte Andy.

Der Pressesprecher kam zurück und nahm Platz. Andy sah ihn an und sagte: »Ich habe mal gelesen, Führungskräfte in der Wirtschaft müßten ein bestimmtes Erscheinungsbild haben: nicht zu klein, nicht zu dick, nicht zu auffällig gekleidet, nicht zu extravagant frisiert.«

»Demnach müßte ich eine Führungskraft sein, nicht wahr? Aber ich muß Sie enttäuschen, ich habe nur die bescheidene Aufgabe, die Ansichten und Absichten unserer Führungskräfte mehr oder weniger verschleiert in die Öffentlichkeit zu bringen. Und wenn ich dabei einen Fehler mache, bin ich sehr schnell weg vom Fenster, und zwar sehr weit weg. Denn eine andere Firma will mich dann nicht mehr, und zur Zeitung kann ich kaum zurückkehren, nachdem ich so lange auf der anderen Seite gestanden habe.«

»Mit einem Wort«, meinte Andy, »Sie sind zu bedauern.«

»Nicht, solange Sie mich nicht aufs Kreuz legen.«

»Letztes Mal haben Sie *mich* aufs Kreuz gelegt«, entgegnete Andy, »denn dieser große Unbekannte mit den Abwasserdaten, der war doch von Ihnen gekauft, oder etwa nicht?«

Der Pressesprecher lächelte etwas hintergründig. »Das hätte keine Logik. Wir hätten jemanden mit *falschen* Daten auf Sie ansetzen können, aber leider waren die Daten richtig. Eins zu null für Sie!«

»Leider hat es mich damals eine Chance gekostet«, meinte Andy.

Der Kaffee wurde serviert und das eigentliche Thema der Unterredung angeschnitten. »Warum schließen Sie?« fragte Andy.

»Weil das Werk seit Jahren Verlust macht.«

»Also ist es schlecht gemanagt?«

»Nein, aber die Produkte verkaufen sich nicht mehr. Ich weiß nicht, ob Sie sich schon ein wenig über Ihr Thema informiert haben. Die Produkte verkaufen sich nicht mehr, weil sie sich als schädlich für die Umwelt erwiesen haben.«

Andy hatte sich in der Kürze der Zeit noch nicht ausreichend informiert, was ihn jetzt ärgerte. Er wollte sich nicht die Blöße geben, nach der Art der Produkte zu fragen. Jedenfalls sah er, daß es schwierig wäre, einfach den Fortgang der Produktion zu fordern. »Was soll mit den Leuten werden?« fragte er daher.

»Gegenfrage: Sollen unsere Leute in den anderen Betrieben dafür arbeiten, daß ein unrentables Werk wider wirtschaftliche Vernunft erhalten wird?«

»Aber wenn Sie die staatliche Hilfe bekommen, nach der Sie verlangt haben, dann finden Sie es wieder vernünftig, das Werk zu erhalten?«

Der Pressesprecher setzte erneut sein überlegenes Lächeln auf. »Nein, es ist in jedem Fall unvernünftig. Betriebswirtschaftlich gesehen. Volkswirtschaftlich mag das anders sein, aber das ist eben das Problem des Staates.«

Obwohl sich Andy mit seinen Informationen nicht auf der Höhe seines Gegenübers fühlte, reizte ihn die Provokation. »Dennoch bleibt festzuhalten, daß Sie, wenn es Ihnen gutgeht, den Staat zum Teufel wünschen. Geht es Ihnen schlecht, rufen Sie nach seiner Hilfe. Was ist das für eine Moral?«

Der Mann lächelte schon wieder. »Uns geht es nicht schlecht, nur einem unserer Zweigbetriebe. Wenn es uns und unseren Arbeitnehmern gutgehen soll, müssen wir solche vertrockneten Äste absägen. In Ihrer Branche mag das anders sein. Da gibt es Verleger, die mit Gewinnen aus erfolgreichen Blättern ein anderes Blatt über Wasser halten, in dem sie ihre Weltanschauung propagieren wollen. Wir haben nicht solche messianischen Triebe, wir verkaufen ganz profane Dinge.«

Andy bat jetzt um einige Zahlen und Daten, die die Notwendigkeit der Schließung belegen konnten. Er wurde reichlich bedient, meldete jedoch unverblümt Zweifel an der Stichhaltigkeit des Materials an.

»Lesen Sie unsere Bilanzen«, empfahl ihm der Pressesprecher, »dann wird Ihnen alles klar.«

»Ehrlich gesagt, mir ist beim Lesen Ihrer Bilanzen noch nie etwas klargeworden.«

Der Mann lächelte. »Das ging mir anfangs auch so.«

Andy verließ das Büro mit dem Gefühl, nicht wesentlich klüger zu sein als vorher.

Am Tor des Zweigwerks, das stillgelegt werden sollte, standen etwa fünfzig Menschen und protestierten stumm mit Plakaten und Transparenten. Die wenigen Passanten, die es in diesem Industrieviertel gab, gingen uninteressiert vorbei. Andy gab sich als Pressevertreter zu erkennen und war bald von einem guten Dutzend Protestierer umringt, die ihn mit Stellungnahmen überschütteten. Er hatte sein kleines Tonbandgerät in der Tasche, holte es aber nicht hervor, da dieser unscheinbare Apparat erfahrungsgemäß den Redefluß der Leute hemmte. Andy versuchte, sich die Argumente der Arbeiter zu merken.

»Die haben seit Jahren nichts mehr investiert, weil sie den Betrieb abgeschrieben haben.«

»Die haben uns bis vor zwei Monaten hoch und heilig versprochen, wir würden hier andere Produkte herstellen.«

»Wir haben denen seit Jahren gesagt, daß es mit unseren bisherigen Produkten nicht weitergeht.«

»Wir haben selbst immer wieder Vorschläge gemacht, wie man wenigstens mit der halben Belegschaft weiterfahren kann.«

»Die haben ja nie auf uns gehört, für die sind wir doch der letzte Dreck.«

Diese Äußerung wurde von allen lautstark bekräftigt.

»Wer sind denn ›die‹?« fragte Andy.

»Na, die da oben. Die mit dem Schlips und der eigenen Kantine. Pardon: Kasino. Das sind die, die nichts einbüßen werden. Die werden irgendwo im Konzern untergebracht. Die haben ja bewiesen, daß sie gut sind. In der Hochkonjunktur, als man jeden Dreck verkaufen konnte, da haben sie bewiesen, wie gut sie sind. Und als noch keiner gemerkt hat, daß unsere Produkte schädlich sind, da waren sie die großen Umsatzmacher. Jetzt haben sie die Entwicklung verpennt, und wir fliegen auf die Straße.«

Der Mann von etwa fünfzig Jahren, der das gesagt hatte, aber auch die anderen, schienen so zornig, daß Andy nur ungern seiner journalistischen Pflicht nachkam und fragte: »Aber wenn nun dieser Betrieb hier Verluste erwirtschaftet, ist es dann richtig, daß die Kollegen in den anderen Betrieben mit ihrer Arbeit dafür geradestehen?«

Der Mann von etwa fünfzig Jahren wurde von dieser Vorhaltung keineswegs überrascht. »Was Sie da sagen, unterschreibe ich sofort, aber nur unter der Bedingung, daß die Schlipsträger auch gefeuert werden. Denn die haben unseren Betrieb zugrunde gewirtschaftet, nicht wir.«

Getreu dem Grundsatz, daß ein Reporter immer »gegen den Strich bürsten« soll, brachte Andy den Gesichtspunkt ins Spiel, daß die Marktwirtschaft nun einmal zwangsläufig einen mehr oder weniger rücksichtslosen Ausleseprozeß darstelle.

»Das erleben wir ja gerade«, sagte der Wortführer der Gruppe. »Wer gut ausgebildet ist, nicht älter als fünfunddreißig, selten oder nie krank ist, möglichst familiär beweglich – der hat jede Chance. Der Rest geht auf den Müll. Was kann unserer Geschäftsleitung Besseres widerfahren als eine hohe Arbeitslosigkeit? Schreiben Sie das in Ihrem Bericht, wenn Sie sich trauen. Aber schreiben Sie auch dazu, daß noch kein Manager, wie unfähig er auch immer war, aufs Arbeitsamt geschickt wurde.«

Andy verließ das Werkstor in dem Gefühl, wiederum nicht wesentlich klüger geworden zu sein.

Abends sprach er mit Rainer über das Problem, ein ums andere Mal mit gegensätzlichsten Argumenten konfrontiert zu sein, von denen die meisten als einsehbar erschienen. Und über die Schwierigkeit, daraus für die Leser ein Bild zu formen, das sie nicht völlig ratlos ließ.

»Wenn du nicht weißt, wer recht hat«, sagte Rainer, »dann mußt du dich immer für die Schwächeren entscheiden.«

»Warum?« fragte Andy. »Haben sie mehr recht, weil sie schwächer sind, oder weil sie in der Mehrzahl sind?«

»Sie haben überhaupt nicht mehr recht«, erklärte Rainer, »aber sie haben dich nötiger als die anderen.«

»Ich weiß nicht, wie das mein Chefredakteur sieht.«

»Bestimmt falsch«, vermutete Rainer.

44

Die Aktion, die Silvia gleich nach Andys Rückkehr aus Amerika angekündigt hatte, verlief außerordentlich chaotisch.

Andy hatte noch am Abend vorher mit der Gruppe zusammengesessen und dringend gewarnt: »Leute, bleibt bei euerm Thema! Wenn die Stadt keine verkehrsberuhigte Zone einrichten will, dann stellt in Gottes Namen Blumenkübel auf, damit die Autos Slalom fahren müssen. Aber fangt nicht an, in eurer Straße Weltpolitik zu spielen. Atomwaffenfreie Zone! Die Leute lachen sich tot oder verprügeln euch.«

Als sich nun am Samstagvormittag ungefähr zwanzig junge Leute mit bleichgeschminkten Gesichtern auf die Straße legten, um die Minute nach dem Atomschlag darzustellen, brach binnen kurzem im ganzen Viertel der Verkehr zusammen. Die zum Stehen gebrachten Autofahrer hupten eine Zeitlang ungeduldig, dann stiegen sie aus und beschimpften die Demonstranten. Andy ließ sein Tonband mitlaufen und schnitt erregte und teilweise haßerfüllte Sätze mit.

»Haut ab, ihr verluderten Gestalten, ehe ich euch über die Knochen fahre!«

»Wenn ihr arbeitslos seid, dann verdrückt euch und haltet nicht anständige Menschen von der Arbeit ab!«

»Haare ab, duschen, ins Arbeitslager!«

»Demonstriert mal auf dem Roten Platz, da werden sie euch Bescheid stoßen!«

Ein Autofahrer mit Hut stieg in seinen Wagen, gab Gas und machte Anstalten, die Demonstranten zu überrollen. Er stoppte jedoch kurz davor, stieg wieder aus und schrie: »Kommunistengesindel!«

Andy hatte es kommen sehen, versuchte jetzt aber zu vermitteln. »Die Leute wollen auf ein Problem aufmerksam machen. Da kann man doch mal ein paar Minuten warten und sich die Argumente anhören.«

»Bist du auch einer von den linken Vögeln?« schrie der Mann mit Hut.

»Sie dürfen Sie zu mir sagen.«

In diesem Augenblick trafen Polizisten ein. Sie begannen, als sei es ihr tägliches Geschäft, die Demonstranten an allen vieren aufzuheben und auf den Bürgersteig zu tragen. Die Demonstranten wehrten sich nicht, und die Szene schien beruhigt. Da trat der Mann mit Hut einem der noch liegenden Demonstranten voller Zorn in die Rippen. Andy sah ein Unheil kommen, wollte sich dazwischenwerfen, aber die Prügelei hatte schon begonnen. Demonstranten schlugen auf den Mann mit Hut ein, dem andere Autofahrer zu Hilfe kamen. Bald schlug jeder auf jeden ein und die Polizei auf alle zugleich, um sie auseinanderzubringen. Andy spürte plötzlich einen heftigen Schlag überm linken Ohr, ging kurz in die Knie, fühlte warmes Blut sickern. Dann wurden ihm mit hartem Griff seine Arme auf den Rücken gedreht.

Andy wollte protestieren und sich als Pressevertreter ausweisen, aber es ließ es sein. Mal sehen, dachte er, was passiert.

Auf dem Revier wurden die Streithähne sortiert, und da Andy keine Schminke im Gesicht trug, wurde er den Autofahrern zugeteilt. Aber der Mann mit Hut, der denselben offenbar im Getümmel eingebüßt hatte, erkannte Andy und beschimpfte ihn erneut, bis ein Beamter ihn energisch zurechtwies. Während die Personalien aller Beteiligten aufgenommen wurden, gab es noch verschiedene erregte Wortwechsel. Andy sah die Sache, nachdem sein Zorn abgeklungen und sein Kopf verpflastert worden war, wieder von der journalistischen Seite. So viel primitiver Haß! dachte er verwundert.

Bei Silvia trafen sich die geschlagenen Bürgerinitiativler wieder, zeigten ihre Blessuren vor und erregten sich noch nachträglich über die erkennungsdienstliche Behandlung, die man sonst nur Verbrechern angedeihen lasse.

Silvia war ungeschoren davongekommen und hatte vom Schlachtfeld Andys Tonbandgerät aufgeklaubt, unversehrt, wie sich erwies. Andy spulte auf den Anfang zurück und ließ die Äußerungen der Autofahrer laufen. Alle hörten schweigend zu.

»So, liebe Freunde«, sagte Andy am Ende, »das sind Frankfurter Bürger, die ihr überzeugen wolltet. Ich gebe zu, es waren nicht die intelligentesten, aber es waren ganz normale Frankfurter Bürger.«

»Faschistoides Gesindel!« rief jemand dazwischen.

»Vielleicht sogar das«, sagte Andy, »aber ihr wolltet für den Frieden demonstrieren und konntet euch nicht zusammenreißen, als es ans Prügeln ging. Ihr wollt die Leute für friedliche Ziele gewinnen, aber das mit Gewalt. Ihr habt keine Geduld mit denen, die noch nicht im Besitz der höheren Einsicht sind. Vielleicht fangt ihr mal, über eure Taktik nachzudenken.«

Andy wurde daraufhin als »liberaler Scheißer« verspottet, aber im Laufe einer längeren Diskussion setzten sich seine Argumente immer mehr durch, so daß schließlich Fips, der in jeder Richtung vorneweg marschierte, eine neue Parole ausgab: »Wir müssen Überzeugungsarbeit leisten. Wir müssen endlich unseren Plan verwirklichen und eine eigene Zeitung herausgeben. Andy, wir haben schon mal überlegt, ob du das nicht in die Hand nehmen kannst.«

»Ich?« fragte Andy. »Das würde sich gut machen: Andreas Wohlgemuth, Chefredakteur des Monatsblatts ›Studentische Arbeiterfaust‹. Da hätte ich eine Menge zu verantworten: flammende Aufrufe zu unsinnigen Aktionen, frontale Angriffe auf alles, was die Leute mögen. Liebe Freunde, ich habe Journalismus gelernt und nicht Agitation.«

Da ihm seine Worte etwas barsch vorkamen, fügte er mit selbstironischem Grinsen hinzu: »Agitation ist außerdem eine genehmigungspflichtige Nebentätigkeit, und die würde mir mein Chefredakteur nicht gestatten.«

»Genehmigung!« spottete Fips. »Wer genehmigt, bitte schön, den Krieg?«

Sie einigten sich, daß Andy bei dem Blättchen, sollte es je das Licht der Welt erblicken, ehrenamtlich beratend tätig sein würde.

Am Abend, als Andy mit Silvia allein war, brachte sie ihm einen Eisbeutel für den Kopf und ein Bier für die Kehle. »Mein tapferer Krieger! Den ersten Tag an der Front und schon ein Loch im Kopf.«

»Alles Idioten!« schimpfte Andy. »Auf beiden Seiten Idioten. Ich halte bestimmt nicht viel von Polizisten, aber heute hatte ich den Eindruck, sie waren die einzigen vernünftigen Menschen. Beängstigend, nicht wahr?

Andy sah sich die »heute«-Sendung an, die über eine weit bedeutendere Demonstration in Berlin berichtete und darüber hinaus die üblichen unbedeutenden Wochenend-Stellungnahmen verschiedener Politiker wiedergab. Silvia machte sich in der Küche zu schaffen, und Andy dachte: Familienleben! Beinahe jedenfalls.

Er war froh, jederzeit zu Silvia kommen zu können. Er war allerdings auch froh, jederzeit nicht kommen oder einfach gehen zu können. Er fragte sich manchmal, wie abhängig er von ihr oder sie von ihm war. Vielleicht schon viel abhängiger, als sie es sich eingestanden. Noch taten sie aber, als könne jeder ungehindert seiner Wege gehen. Ja, es war schön, daß es Silvia gab, aber bisweilen nahm sich Andy vor, für eine gewisse Zeit ganz unabhängig zu sein. »Die Stunde Null«, dachte er manchmal, das ist es, was ich brauche.

Silvia servierte Krautrouladen, von denen Andy einmal gesagt hatte, daß er sie möge. Zum Essen hatte sich Silvia umgezogen, sie trug ein hübsches Seidenkleid, das Andy noch nie an ihr gesehen hatte. Er schmunzelte darüber, und sie meinte etwas verschämt: »Die Dienstkleidung für die Demo paßt nicht zu einem netten Abendessen.«

»Deine Freunde würden dich bezichtigen, zum Klassenfeind übergelaufen zu sein«, hielt Andy ihr vor. »Sie sehen immer so trostlos aus, als sei ihnen jedes bißchen Lebensfreude der ideologischen Abweichung verdächtig. Und mit ihrem wuchernden Kopf- und Barthaar muten sie mich furchtbar altmodisch an, wie übriggeblieben von achtundsechzig.«

Silvia widersprach nicht. Sie aßen die Krautrouladen und sprachen über Alltägliches, bis Andy fast zufällig auf die Frage kam, ob es gut sei, so beiläufig miteinander zu leben, wie sie es seit einiger Zeit taten.

»Ich suche keinen Ernährer«, erwiderte Silvia ein wenig schroff.

»Ich will auch keiner sein«, sagte Andy. »Jeder soll auf eigenen Füßen stehen, das ist die beste Grundlage. Es sei denn, man hat Kinder.«

»Kinder?« fragte Silvia erstaunt.

»Ja, Kinder. Ich frage mich immer häufiger, ob man Kinder haben sollte. Ich weiß, sie werden niemals so, wie man sie sich ausgemalt hat. Aber soll man wirklich durchs Leben tingeln und eines Tages den Löffel weglegen, ohne daß es jemand bemerkt? Ich frage mich immer häufiger, warum ich dieses oder jenes tue. Für wen? Für mich?«

Silvia widersprach ihm. »Ich finde, die Welt, wie sie sich entwickelt, kann man Kindern nicht mehr zumuten.«

»Diese These ist so alt wie die Menschheit«, entgegnete Andy. »Weißt du, wann ich geboren bin? Im Frühjahr fünfundvierzig. In Deutschland. Da gab's ja nun wohl gar keinen einsehbaren Grund, Kinder in die Welt zu setzen. Damals hätte man konsequenterweise in ganz Mitteleuropa die Nachwuchsproduktion einstellen müssen. Komm, sag was dazu!«

Silvia versuchte, die Diskussion ins Heitere zu ziehen. »Ich bin ja froh, daß du produziert wurdest und daß dir in dem ersten kalten Winter nichts abgefroren ist.«

Aber Andy war die Diskussion ernst. »Mich ödet es an, immer wieder zu hören, am dreißigsten Mai ist der Weltuntergang. Am einunddreißigsten Mai, wenn die Welt sich noch dreht, gucken die Propheten des Untergangs einen neuen Termin aus, und alle starren wieder darauf wie das Kaninchen auf die Schlange. So geht das seit zehntausend Jahren, und jeder Untergangsprophet glaubt, er habe eine völlig neue Idee geboren. Ich, Andreas Wohlgemuth, widerspreche ihnen allen und prophezeie: Die Welt wird nicht untergehen. Was sagst du nun?«

»Du kannst es nicht beweisen«, erwiderte Silvia nüchtern.

Andy wischte den Einwand beiseite. »Bis jetzt haben wir recht behalten, die Optimisten. Ich habe am Montag einen Mann kennengelernt, der ist geradezu unanständig optimistisch. Er hat überhaupt keinen Grund dazu, denn er ist blind. Er hat mich sehr beeindruckt. Ich habe eine kleine Story darüber geschrieben, sie wird gedruckt, obwohl Reimann nicht begriffen hat, was daran eigentlich die Story ist.«

Silvia nahm das Stichwort »Reimann« auf und fragte, wie es in der Redaktion weitergehen werde. Andy sagte, daß er das auch nicht wisse, daß es ihn aber auch nicht mehr übermäßig interessiere. »Ich will im Moment nichts werden, ich will was tun.«

Silvia räumte den Tisch ab und verbot Andy, ihr dabei zu helfen, da er verwundet sei.

»Dann beschimpf mich aber bitte nicht als ›Pascha‹«, bat er, »denn alle Frauen beschimpfen alle Männer als Paschas. Selbst wenn sie gerade eigenhändig die ganze Wohnung renoviert haben, am Ende aber irgendwo eine leere Bierflasche stehenlassen, dann sind sie Paschas. Am besten akzeptierst du den unvermeidlichen Vorwurf und rührst wirklich keine Hand mehr.«

Silvia lachte. »Darf ich dir die Schuhe ausziehen, damit du es bequem hast?«

»Wenn es wirklich bei den Schuhen bleibt.«

»Vermutlich nicht.«

45

Die montägliche Redaktionssitzung begann launig, wurde bald darauf ungemütlich und endete außerordentlich gereizt, wenn nicht gar feindselig.

Zuerst wurde Wieland Buske, der zum kommenden Wochenende das Blatt verließ, mit ein paar freundlichen Worten des Chefredakteurs verabschiedet. »Ich verstehe Ihren Drang zu neuen Ufern, wer von uns hätte den nicht! Aber einige müssen schließlich hierbleiben und sich der Fron unterziehen, die Seiten unseres bescheidenen Blattes Tag für Tag mit schwarzen Buchstaben zu füllen.«

»Ich werde täglich verfolgen, womit Sie die Seiten füllen«, versprach Buske, »und mich täglich grämen, daß ich nicht mehr dazu beitragen darf.«

Wer wollte, konnte aus dieser Entgegnung eine gewisse Schärfe heraushören.

Anschließend ging man zur Tagesordnung über, und es wurde ein Artikel kritisiert, in dem sich Frank Weicher mit der Sanierung der Altstädte in der DDR befaßt hatte. Der Chefredakteur fand den Bericht nicht kritisch genug im Grundsätzlichen.

Frank Weicher widersprach. »Es ging nicht um eine grundsätzliche Auseinandersetzung mit dem real existierenden Sozialismus, sondern um die Rekonstruktion der Altstädte in der DDR. Ich habe dargestellt, daß es auf diesem Gebiet langsam erkennbare Fortschritte gibt, und habe zu erklären versucht, warum diese Fortschritte so lange auf sich haben warten lassen. Punkt !«

Früher hätte Frank Weicher ein Statement niemals so beendet: Punkt! Aber die Stimmung in der Redaktion hatte sich verändert.

Andy sprang dem Kollegen bei. »Sollen wir bei jedem DDR-Bericht die große Abrechnung mit dem System vollziehen? Dann müßten wir auch bei jedem Bericht über die Slums in Harlem oder der Bronx die große Abrechnung mit dem Kapitalismus vollziehen.«

»Das kann man ja wohl nicht vergleichen«, fand Dr. Schmidt-Schulzendorf, »denn wir sind uns ja wohl einig, welches System wir bevorzugen.«

»Eben deshalb«, erwiderte Andy, »ist es überflüssig und geradezu lächerlich, bei einem Bericht über Altstadtsanierung in der DDR bis zu Marx und Lenin auszuholen.«

Der Chefredakteur bog die Diskussion ab, indem er auf den Bereich des Lokalen überleitete. »Herr Wohlgemuth, Sie waren sehr fleißig in den paar Tagen seit Ihrem Urlaub. In einem Fall haben Sie, wie sogar die Polizei bestätigt, Ihre journalistische Berichterstattungspflicht sehr weitherzig ausgelegt und aktiv bei einer Aktion mitgemacht, nicht wahr?«

»Ich habe diese Aktion kritisch beobachtet und, als es mir nötig erschien, zu schlichten versucht.«

Der Chefredakteur nahm eine ironische Miene an. »Den Erfolg Ihres Versuchs tragen Sie unübersehbar über dem linken Ohr.«

Andy fühlte plötzlich Galle aufsteigen, zwang sich aber, seinen Chefredakteur kühl anzuschauen. »Wenn Sie so eine Verletzung hätten, würde man allenfalls vermuten, Sie seien von einem Golfball getroffen worden.«

Die Redaktion lachte, und der Chefredakteur wurde ärgerlich. Er verbat sich energisch derartige anzügliche Hinweise auf seinen Lebensstil und fragte Andy: »Waren Sie an der chaotischen Aktion beteiligt und sind Sie Mitglied dieser sogenannten Bürgerinitiative?«

»Nein.«

»Was heißt: nein?«

»Das heißt: Ich diskutiere gelegentlich mit der Gruppe, um ihren Elan in sinnvolle Bahnen zu lenken, und ich war nicht an der Aktion beteiligt. Alles übrige entnehmen Sie freundlicherweise meinem Bericht.«

Es gab jetzt vorsichtige Schützenhilfe seitens einiger Kollegen, von denen es Andy kaum vermutet hätte, und der Chefredakteur wich auf das nächste Thema aus. »Herr Wohlgemuth, Ihre Story über die geplante Betriebsstilllegung enthält einige ungewöhnlich starke Worte gegen die Firmenleitung.«

»Ich habe zitiert«, erwiderte Andy, »und außerdem ist die Stillegung auch ein ungewöhnlich starker Einschnitt für die entlassenen Mitarbeiter.«

»Dennoch frage ich mich, ob wir verantworten können, daß jemand in unserem Blatt dem Management seiner Firma totales Versagen vorwirft.«

Es entspann sich eine längere Diskussion, in der sogar die Kollegen der Wirtschaftsredaktion, die ganz sicher keiner linken Tendenzen verdächtig waren, übereinstimmend bestätigten, daß Andy sowohl den verständlichen Zorn der Arbeiter als auch die Argumente der Geschäftsleitung wiedergegeben habe.

Der Chefredakteur, auf dem Rückzug, sagte: »Aber wenn Sie die Story lesen, wissen Sie genau, auf welcher Seite der Autor steht.«

Andy spürte Rückenwind. Die Redaktion, in der er nie eine besondere Rolle gespielt hatte, schien plötzlich hinter ihm zu stehen. Er wagte sich weit vor. »Sie haben recht, Herr Dr. Schmidt-Schulzendorf, die Leute am Werkstor stehen mir näher als die auf der Vorstandsetage. Und die Leute am Werkstor haben uns auch nötiger als die Vorstandsetage. Es ist wahr, sie formulieren recht plastisch, und ich habe das wiedergegeben. Leider kann ich nicht zitieren, was die Herren aus der Vorstandsetage über die armen Irren am Werkstor so sagen. Ich habe da leider keinen Zugang. Vielleicht könnten Sie in Ihrem Golfclub mal ein bißchen rumhören?«

Die Redaktion lachte erneut, und der Chefredakteur mußte jetzt einfach seine Autorität in Frage gestellt sehen. Er wandte sich in ungewohnt strengem Ton an Reimann, den er sonst immer behutsam ansprach, und fragte ihn, warum er diese rührselige Story über den Blinden gekauft habe.

Reimann, der dem Chefredakteur gegenüber sonst auch immer sehr behutsam war, gab klare Auskunft. »Erstens hat mir die Story gefallen, und zweitens sehe ich meine Aufgabe nicht darin, meinen Mitarbeitern Stories abzuschmettern.«

Ein cleverer Bursche! dachte Andy erstaunt. Tatsächlich schien Reimann zu spüren, daß in diesem Augenblick nicht der Chefredakteur, sondern die Redaktion die Oberhand hatte.

Dr. Schmidt-Schulzendorf schien nicht so gut zu begreifen, sondern trumpfte noch einmal auf: »Herr Reimann, es geht mir um die Linie, Protest gegen Atomtod, Protest gegen Stillegung, Sozial-Schnulze über einen Behinderten – das kommt alles aus einer Ecke. Ich kann so eine einseitige Linie nicht dulden.«

»Welche könnten Sie denn dulden?« fragte Wieland Buske, der sich trotz der Verabschiedung noch zugehörig fühlte.

»Sie wissen genau«, erwiderte der Chefredakteur, »daß ich in diesem Sinne überhaupt keine Linie verfolge.«

Buske antwortete genußvoll: »Es sei denn, man hält äußerste Vorsicht gegenüber dem Verleger für eine Linie.«

Reimann ging – zum erstenmal, seitdem er Lokalchef war – aus sich heraus. »Ich finde diese Diskussion beschissen. Ich will einen guten Lokalchef machen, aber das kann ich nicht, wenn bestimmte Themen von oben abgewürgt werden. Ich habe, vor allem wenn Buske geht, kaum noch gestandene Leute zur Verfügung. Wenn wir die auch noch einengen wollen, können wir gleich dichtmachen. Dann soll die Chefredaktion die entsprechenden personellen Konsequenzen ziehen.«

Andy war plötzlich in der ungewohnten Lage, Pit Reimann unterstützen zu müssen. »Wir haben ja alle, wie es zu Beginn der Sitzung so schön hieß, den Drang zu neuen Ufern. Wenn es hier so weitergeht, könnten wir dem Drang ja nachgeben. Die Chefredaktion findet bestimmt genug Volontäre, die an unserer Stelle gern ein bißchen in unserem Blatt herumprobieren würden.«

Andy fand seine Drohung ziemlich hohl, aber erstaunlicherweise antwortete der Chefredakteur in beschwichtigendem Ton: »Davon kann doch nun wirklich keine Rede sein.« Dann beendete er die Sitzung.

»Eigentlich schade«, meinte Wieland Buske später zu Andy, »daß ich gekündigt habe. Jetzt wird's nämlich lustig bei euch.«

46

Pia und Andy waren zum Mittagessen im »Mövenpick« verabredet. Der Vorschlag war von Pia gekommen, aber auch Andy war es sehr recht, sie nach längerer Zeit wieder einmal zu sehen. Schließlich lagen die häßlichen Wortwechsel, die zu seinem Auszug aus der Wohnung geführt hatten, schon so lange zurück, daß es möglich schien, vernünftig miteinander zu verkehren und ein Mindestmaß gegenseitiger Sympathie für die Zukunft zu bewahren.

Mit einem raschen Blick bemerkte Andy, als Pia eintrat, daß sie schlanker geworden war. Außerdem trug sie ihre schwarzen Haare wieder etwas länger. Beides stand ihr ausgesprochen gut, und Andy sagte es ihr.

»Grundsätzliche Aussprache?« fragte er dann.

»Nein, einfach nur so«, antwortete sie.

Pia erkundigte sich eingehend nach Andys Befinden, ließ sich über die Reise nach Kalifornien berichten und fragte, wie er mit dem neuen Lokalchef zurechtkomme.

»Gut, sehr gut«, sagte Andy. »Ich mache meine Stories, und er kauft sie widerwillig. Ich soll sein Stellvertreter werden, aber ich habe ihm gesagt, daß ich das für eine Zumutung halte. Auf dieser Basis kommen wir gut miteinander aus.«

»Deine Artikel sind pfiffiger geworden«, stellte Pia fest. »Und überhaupt mimst du nicht mehr so den Frustrierten.«

»Völlig untypisch für meine bescheidene Position, nicht wahr?«

Pia machte eine Geste, als wolle sie einen großen Sack beschreiben: »Na ja, mit einer Millionenerbschaft im Rücken!«

Der Ober brachte die beiden Hauptgerichte, und Andy hatte Zeit, über Pias Bemerkung nachzudenken.

»Ich glaube, es ist etwas anderes«, sagte er dann. »Ich erkläre es dir mal mit meinen einfachen Worten, sozusagen populärwissenschaftlich. Du darfst nicht unbedingt was werden wollen. Du mußt dir sagen, daß du schon was bist. Du mußt deiner Umgebung zu erkennen geben, daß du dir nicht durch Wohlverhalten einen Aufstieg erkaufen willst. Sobald sie das begriffen haben, behandeln sie dich ganz anders als vorher. Vielleicht schreibe ich mal ein Buch darüber: ›Wie werde ich jemand, ohne etwas zu sein‹.«

Pia beharrte auf ihrer Meinung, daß Andys gewachsenes Selbstbewußtsein und seine spürbare Gelassenheit mit der Aussicht auf viel Geld zu tun hätten.

»Nein, es hat nichts damit zu tun«, widersprach Andy. »Ich habe niemals ernsthaft daran gedacht, mich mit diesem Geld zu polstern. Karin wird es bekommen.«

»Du bist ja verrückt«, meinte Pia, »wenn du dir jetzt nicht deine Unabhängigkeit schaffst. Ich habe dir doch mal von dem Werbemenschen erzählt, der einen guten Texter sucht.«

»Danke, ich mache keine Gebrauchslyrik über Babywindeln!«

»Unsinn, er sucht einen Teilhaber, der Geld einbringt.«

»Geht es ihm so schlecht?« fragte Andy.

»Im Gegenteil, er hat so viele Aufträge, daß er vergrößern will.«

Andy schüttelte den Kopf.

Beim Dessert erwähnte Pia, daß sie sich entschlossen habe, einen zweiten Wolladen zu eröffnen, diesmal in der Schweizer Straße in Sachsenhausen. »Auch wir beide könnten etwas zusammen machen«, sagte sie.

»Um Gottes willen, ich kann doch eine Rolle Bindfaden nicht von Angorawolle unterscheiden.«

Pia bat ihn, über beide Vorschläge noch einmal nachzudenken, und Andy versprach es ohne Überzeugung.

»Laß uns die zwölf Monate Trennung abwarten und dann die Scheidung beantragen«, sagte er beim Abschied, »und ab und zu treffen wir uns und reden miteinander.«

Pia gab ihm die Hand. »Genauso machen wir das, mein Lieber.«

Auf Andys Schreibtisch lag ein Brief seines Vetters Jan Kowalski aus Hamburg. Jan teilte mit, sein Vater sei nach langer, schwerer Krankheit in Leipzig gestorben.

Andy rief sofort in Hamburg an, um Jan zu sagen, wie sehr er es bedauere.

»War er also schon krank, als ich ihn in Leipzig besucht habe?«

»Ja, natürlich. Er war sehr froh, dich wenigstens einmal gesehen zu haben.«

Jan wollte zur Beisetzung nach Leipzig. Er fahre nicht gern, sagte er, obwohl es keine Gefahr mehr für ihn bedeute, denn seine Republikflucht falle unter die letzte Amnestieverfügung. Andy hatte die Idee, ebenfalls zur Beisetzung zu fahren, aber Jan hielt ihm vor, daß er als Neffe kein schnelles Visum wegen dringender Familienangelegenheit bekommen werde.

Jan hatte noch eine Neuigkeit für Andy. »Mein Vater hat mir im letzten Brief etwas geschrieben, was er am Ende wohl doch nicht für sich behalten wollte. Einer der Männer, die vorm Kriegsgericht gegen Horst Meyer ausgesagt haben, lebt noch. Ich habe die Adresse, er lebt in Ost-Berlin.«

Nach einigen Schrecksekunden sagte Andy: »Der wird sich freuen, wenn ich bei ihm auftauche.«

Jan fand, darauf könne man keine Rücksicht nehmen, denn die Sache sei für Andy zu wichtig. Auf dem Rückweg von Leipzig habe er in West-Berlin zu tun, dort könne man sich treffen und gemeinsam den unangenehmen Besuch in Ost-Berlin machen. Andy nahm dieses Angebot sofort an und trug bei Reimann für die kommende Woche drei freie Tage ein.

Kaum daß Andy sich wieder seiner Arbeit zugewandt hatte, rief Onkel Ben an und beschwerte sich, so lange nichts von ihm gehört zu haben. Andy entschuldigte sich gebührend und versprach Besserung, dann kam Onkel Ben zum Grund seines Anrufs. »Ich muß dir leider eine unangenehme Eröffnung machen. Das Finanzamt hat bei der Firma Wohlgemuth eine Nachprüfung vorgenommen, offensichtlich aufgrund eines anonymen Hinweises. Es wurden, sagen wir mal, gewisse Unregelmäßigkeiten aufgedeckt. Sie reichen mehr als ein Jahrzehnt zurück und müssen im Detail geprüft werden. Und wenn das Finanzamt prüft, dann dauert das seine Zeit.«

»Aber wenn sie was zu kriegen hoffen«, meinte Andy, »geht es doch dreimal so schnell, als wenn der Bürger was zu kriegen hätte.«

Onkel Ben berichtete, das Haus sei so gut wie verkauft und für die Firma gebe es jetzt immerhin zwei ernsthafte Interessenten. Über die mögliche Höhe des Erlöses wolle er sich aber zu diesem Zeitpunkt noch nicht äußern.

Andy kam noch einmal auf die »Unregelmäßigkeiten« im Steuergebaren der Firma Wohlgemuth zurück.

»Hältst du es für möglich, daß wir am Ende draufzahlen müssen?«

»Unsinn!« Onkel Ben lachte. »Mach dir keine Sorgen!«

»Ich mache mir höchstens Sorgen um Karin und Bob. Sie haben schon alle möglichen Maschinen bestellt, die sie von der Erbschaft bezahlen wollen.«

Onkel Ben beruhigte ihn und riet, Karin bis auf weiteres nicht zu beunruhigen.

Es wurde spät an diesem Tag, denn Andy mußte mehrere Artikel junger Kollegen überarbeiten. Buskes Weggang machte sich bemerkbar, die Lokalredaktion wirkte ausgeblutet, man hätte mindestens zwei gestandene Redakteure einkaufen müssen. Aber der Chefredakteur wich diesem Thema aus und verwies immer wieder nur auf den Zwang zur Sparsamkeit.

Rainer saß an seiner Schreibmaschine, als Andy nach Hause kam, stand jedoch auf und schenkte den zur Gewohnheit gewordenen abendlichen Begrüßungstrunk ein.

Andy ließ sich in einen Sessel fallen. »Laß die Flasche gleich hier. Heute komme ich mit einem Whisky nicht aus.«

Er erzählte von seinen Gesprächen mit Pia, Jan Kowalski und Onkel Ben. »Eine Menge neuer Stoff für dein Buch, oder?«

Rainer schenkte nach und griff als erstes die Sache mit dem Finanzamt auf. »Das ist doch ganz hervorragend. Deine schlechte Meinung über den alten Wohlgemuth wird bestätigt, und das Geld, das du sowieso nie haben wolltest, geht ans Finanzamt.«

»Glaubst du wirklich?« fragte Andy erschrocken. »Ich meine: das ganze Geld?«

»Da liegt also der Hase im Pfeffer. Du spekulierst doch auf die Erbschaft.«

Andy wies diesen Verdacht weit von sich, gab aber zu: »Es hat mich die letzte Zeit sehr beruhigt, sagen zu können: Ihr könnt mich mal!«

»Na gut, dann hat die Erbschaft ja ihren Dienst getan. Schade nur, daß du sie gebraucht hast, um selbstbewußter zu werden. Es hätte nämlich völlig gereicht, wenn du dir ein paar Leute mal genauer angeschaut hättest. Alle haben sie vor irgend etwas Angst. Reimann hat Angst, daß das ganze Ausmaß seiner Unfähigkeit offenkundig wird. Dein Chefredakteur hat Angst, daß der Verleger merkt, was in euerm Laden wirklich los ist. Dieser Pressefritze von der Chemie hat Angst, daß du ihm auf die Schliche kommst und seine Geschäftsleitung ihn fragt, wie das passieren konnte. Sogar die Politiker haben Angst. Sie behandeln dich beim Interview von oben herab, allenfalls jovial, wie man eben ein kleines dummes Werkzeug der eigenen Macht behandelt. Aber sie weichen ängstlich deinen Fragen aus, weil eine ehrliche Antwort ihr bißchen Macht gefährden würde.«

»Jetzt hast du mich aber mächtig aufgebaut«, fand Andy, »jetzt gehe ich gleich einen Baum ausreißen.«

»Sobald du davon zurückkommst, erzähle ich dir was über deine Frauen«, drohte Rainer.

»Oh, da kannst du mir sicher wertvolle Hinweise geben«, spottete Andy, »du hast ja auf diesem Feld immer so beneidenswerte Erfolge.«

Rainer ließ sich durch den Spott nicht beirren. »Du solltest wissen, mein lieber Freund, daß Mißerfolg weise macht und nicht Erfolg.«

Andy wappnete sich mit einem weiteren Whisky gegen Rainers gnadenlose Enthüllungen.

»Also, fangen wir an mit Veronika. Du hast sie noch nicht ganz vergessen. Aber du kannst nichts mit ihr anfangen. Sie nervt dich nur. Sie findet alles toll: ihre Münchner Möchtegern-Schickeria von unreifen Bürgerkindern, ihr Verhältnis mit einem verheirateten Mann, ihre kleinen wichtigtuerischen Auftritte in eurer Redaktion. Nichts für dich!«

»Okay, und jetzt Silvia.«

»Ja, Silvia. Sie braucht jemanden, und weil sie jemanden braucht und denkt, du könntest dieser Jemand sein, paßt sie sich an. Aber sie tut es gegen ihre wirkliche Überzeugung. Irgendwann merkt sie, daß sie sich völlig umgekrempelt hat, und dann ist es aus mit euch beiden.«

»Gut, und jetzt Pia.«

»Pia will etwas anderes aus dir machen, und das macht dich krank. Denn wenn irgend jemand, dann willst du selbst etwas anderes aus dir machen. Neuerdings jedenfalls. Im übrigen kommst du nicht von ihr los, weil du ein schlechtes Gewissen hast und dir jeden Abend ausmalst, wie sie sich allein zu Hause grämt. Sie hat sich aber längst getröstet.«

»Wieso?« fuhr Andy auf.

Rainer lachte. »Ja, das magst du nicht hören. Ich habe sie vorige Woche abends mit einem Taxi aus ihrer – Pardon: eurer – Wohnung abgeholt und zur Alten Oper gefahren. Ich war sehr neugierig auf die Fuhre, als ich den Namen ›Wohlgemuth‹ hörte und deine alte Anschrift. Ich muß sagen, Pia sieht hervorragend aus. Aber ihr zärtlicher Begleiter war auch eine beachtliche Erscheinung. Ich habe dem Gespräch, das mich ja nichts anging, beiläufig entnommen, daß der Herr in der Werbebranche tätig ist.«

Andy kippte wütend seinen Whisky in einem Zug hinunter, aber Rainer lachte wieder. »So ist's recht! Mit dramatischer Geste die eheliche Wohnung verlassen, aber wie von Sinnen in den Teppich beißen, wenn die Dame einen anderen Herrn hat.«

Andy spülte seinen Zorn hinunter und fragte dann: »Wie geht es deiner Ansicht nach weiter?«

»Ich habe eine Lösung für dich vorgesehen«, sagte Rainer, »und du wirst staunen, wenn es soweit ist.«

»Ich finde es unfair«, schimpfte Andy jetzt, »daß ich in einem Buch verwurstet werde und überhaupt keinen Einfluß mehr auf meine Zukunft habe. Machst du das mit den anderen auch so? Wer kommt überhaupt alles darin vor?«

»Du bist nur einer von vielen«, beruhigte in Rainer, »und wenn du mir Schwierigkeiten machst, kann ich dich auch weglassen.«

»Nee«, widersprach Andy, dem inzwischen die Zunge schwer war, »ich mache doch den ganzen Zauber nicht für den Papierkorb!«

47

Jan erwartete Andy am Flughafen Berlin-Tegel. Er hatte ein Auto gemietet, mit dem sie zunächst zur Mauer am Potsdamer Platz fuhren.

»Ich muß jedesmal erst an die Mauer«, erklärte Jan, »das ist sozusagen mein Trauma. Früher habe ich oft dort drüben auf der anderen Seite gestanden und überlegt, wie ich rüberkommen könnte.«

Eine Busladung Touristen, offenbar aus den USA, erstieg die Aussichtsplattform und wurde vom Reiseleiter in die Örtlichkeiten eingewiesen. Die Einöde vor ihnen sei vor fünfzig Jahren der verkehrsreichste Platz in ganz Europa gewesen. Jetzt hoppelten Kaninchen darüber, und eine schwarze Katze schlich sich durch Spanische Reiter an die Kaninchen an. Die Touristen amüsierten sich darüber, wurden aber wieder ernst und aufmerksam, als ihnen der Reiseleiter mit ausgestrecktem Arm erklärte: »Dort drüben stand die Reichskanzlei. Im Keller begingen Hitler und Eva Braun Selbstmord.«

Dann beschrieb er in seinem routinierten Englisch mit deutschem Akzent, wie am 17. Juni 1953 dort drüben vor dem großen grauen Gebäude die Arbeiter gegen ihre Regierung demonstriert hatten und wie am 13. August 1961 diese Mauer errichtet worden war. Die Besucher schienen beeindruckt, und einer fragte, warum sich die Menschen dort drüben dies alles gefallen ließen.

»They must«, antwortete der Reiseleiter. Genauer konnte er es auf englisch nicht erklären.

»Sie werden zu Hause von den Kaninchen erzählen«, meinte Jan, als die Gruppen abgefahren war. »Was haben sie auch in Oklahoma mit dieser Mauer zu schaffen, für die sich schon bei uns in Hamburg kaum jemand interessiert.«

Sie schauten eine Zeitlang auf die Einöde zu ihren Füßen, dann fragte Andy nach der Beerdigung in Leipzig.

»Kleiner Kreis«, erzählte Jan, »ein Dutzend Leute vielleicht. Die Nachbarin war da, berichtete von deinem Besuch während der Messe. Ein paar frühere Kollegen, ein paar Funktionäre, die nicht mit mir redeten. Einer hielt eine kurze Ansprache, würdigte den verdienten Sozialisten Walter Kowalski, erprobt im Widerstand gegen den Hitler-Faschismus, unermüdlich beim Aufbau des ersten Arbeiter- und Bauernstaates auf deutschem Boden. Und so weiter. Natürlich kein Wort über seine späten Zweifel und kritischen Fragen. Kurz und schmerzlos. Ein kritischer Sozialist ist am besten tot zu ertragen.«

»Wofür hat er nun eigentlich gelebt?« fragte Andy, vielleicht eine Spur zu pathetisch.

»Für eine große Idee«, antwortete Jan. »Das können wir beide nicht von uns behaupten.«

»Aber sie haben ihm seine Idee kaputtgemacht.«

»Das geht dir mit jeder großen Idee so«, erwiderte Jan. »Jede große Idee gerät irgendwann in die Hände der kleinen Geister. Sie nageln die große Idee als Türschild an ihre Büros, und hinter der Tür rangeln sie um ihr bißchen Einfluß und persönliches Wohlergehen. Siehst du da drüben den großen grauen Klotz mit den vielen Fenstern, früher Görings Reichsluftfahrtministerium? Hinter jedem Fenster sitzt ein Genosse und rangelt um seinen Wagen mit Chauffeur, um die Baugenehmigung für seine Datsche, um den Studienplatz für seine Kinder. Offiziell kämpft er natürlich für die Weltrevolution, auch wenn sie ihm schnurz ist.«

»Hast es dein Vater nicht genauso gemacht?« fragte Andy.

»Nein, hat er nicht. Sonst hätte er ja eine Villa und einen Chauffeur gehabt, bei seiner antifaschistischen Vergangenheit. Er hat nur einmal gerangelt: als es darum ging, ob ich trotz meiner kritischen Haltung studieren dürfe. Ich habe es ihm zu verdanken, daß ich heute mit einem qualifizierten Job, aber ohne große Idee in Hamburg sitze und besser lebe, als er jemals gelebt hat. Ist das nicht komisch?«

Sie fuhren in ihr Hotel, machten später einen Ku'damm-Bummel, aßen bei »Hardtke« ein Eisbein und hatten plötzlich die Idee, morgen eine Busfahrt nach Potsdam mitzumachen, wo ihre beiden Väter aufgewachsen waren. Jan kannte Potsdam ganz gut, Andy war noch nie dort gewesen und wußte nur ein paar Daten: Residenz Friedrichs des Großen, »Tag von Potsdam« 1933 mit Hindenburg und Hitler, Potsdamer Konferenz 1945. Das war nicht viel, aber mit Sicherheit mehr, als heutzutage ein normaler Abiturient herzusagen wußte.

Jan und Andy bekamen am nächsten Vormittag kurzfristig zwei Plätze in einem Bus nach Potsdam, denn es war keine ausgesprochene Touristen-Saison. An der Glienicker Brücke, der Grenze zwischen West-Berlin und Potsdam, stieg eine ältere Dame zu, die sich mit ihrem Namen und ihrer Funktion als »Stadtbilderklärerin« vorstellte. Sie wünschte den Gästen einen angenehmen Aufenthalt in der Deutschen Demokratischen Republik.

Andy erkundigte sich bei Jan, wo denn das Haus ihrer gemeinsamen Großeltern gewesen sei, und Jan beschrieb es ihm. Es liege sicher nicht an der Route, fügte Jan hinzu.

Erster Halt war das Schloß »Cecilienhof«, wo 1945 die Sieger Deutschlands Teilung besiegelt hatten. Die Teilung war mit einem Blick aus den Fenstern des Schlosses zu besichtigen: der Metallgitterzaun, der Potsdam vom Wasser und von West-Berlin abschnitt.

Andy näherte sich der Stadtbilderklärerin und sprach sie unter vier Augen an. »Ich hätte eine Bitte. Mein Vater ist in Potsdam aufgewachsen, und ich würde gern sein ehemaliges Wohnhaus sehen. Nur von außen.«

»Das geht nicht.«

»Natürlich geht es. Sie brauchen bloß unserem West-Berliner Busfahrer zu sagen, es gebe eine Umleitung.«

»Das geht auf keinen Fall«, wehrte sich die Dame.

Andy nannte ihr die Anschrift, die ihm Jan gesagt hatte, und betonte noch einmal, daß es ganz sicher einzurichten wäre.

»Aber behalten Sie es bitte für sich«, flüsterte die Dame, »damit ich keine Schwierigkeiten bekomme.«

Als sie an dem Haus vorbeifuhren, zeigte Jan nach oben und flüsterte: »Zweiter Stock rechts.«

Wenigstens, dachte Andy, habe ich es mal gesehen.

Sanssouci wurde besichtigt und der »Alte Fritz« nicht unkritisch, aber insgesamt wohlwollend gewürdigt. Die Dame erwähnte in diesem Zusammenhang mehrfach das »nationale Erbe« und die Verpflichtung zu dessen Bewahrung. Andy war aber in Gedanken beim jungen Horst Meyer, der vielleicht an Sommerabenden mit seiner viel jüngeren Freundin Gerda, die seine Frau werden wollte, im Park von Sanssouci spazierengegangen war. Andy stellte sich vor, er könne Potsdam noch mit seiner Mutter besuchen und sich berichten lassen: von Spaziergängen und Ausflügen, von Feiern mit Freunden, von der Hochzeit ... Ja, wo war die Hochzeit eigentlich gewesen? Und wo hatte das junge Paar anfangs gewohnt? Jan wußte darüber auch nichts.

An der Grenze verabschiedete sich die Stadtbilderklärerin mit der Bitte, die Deutsche Demokratische Republik recht bald wieder zu besuchen. Als sie ausstieg, nickte ihr Andy zu, und sie nickte, fast unmerklich, zurück.

Nachmittags fuhren sie mit Jans Mietwagen nach Ost-Berlin. Am Übergang Heinrich-Heine-Straße mußten sie etwa zwanzig Minuten auf ihr Tagesvisum warten, und Jan sinnierte: »Ich habe noch erlebt, wie man von Potsdam mit der S-Bahn durch West-Berlin einfach zum Alex fahren konnte. So alt bin ich schon, daß ich mich daran erinnern kann.«

Andy fragte ihn, ob ihm nicht mulmig sei an dieser Grenze.

Jan zeigte ihm seine Handflächen. »Hier, feucht! Aber ich habe diese Grenze schon einmal in umgekehrter Richtung geschafft, was soll mir also noch passieren?«

»Mir ist mulmig wegen diesem alten Mann, den wir besuchen wollen«, gestand Andy. »Vielleicht regt den unser Besuch so auf, daß er uns aus den Latschen kippt.«

Gustav Schell wohnte im dritten Stock einer Mietskaserne im Ostberliner Bezirk Prenzlauer Berg. Er sah die beiden Besucher über seine randlose Brille hinweg fragend an.

»Wir sind aus der BRD«, begann Jan.

»Das sehe ich«, sagte der Mann, »was wollen Sie?«

»Es geht um eine unangenehme Geschichte, die lange zurückliegt, die aber für meinen Cousin aus persönlichen Gründen wichtig ist.«

Der alte Mann nickte ohne große Überraschung. »Ich weiß. Walter Kowalski hat mir geschrieben, daß diese Sache noch einmal auf mich zukommt.«

»Sie kennen meinen Vater?« fragte Jan erstaunt.

»Ja, flüchtig. Er hat mich nach dem Krieg hier ausfindig gemacht, und ich habe ihm damals alles über die Sache mit seinem Bruder erzählt. Also kommen Sie in Gottes Namen rein.«

Gustav Schell mußte hoch in den Siebzigern sein. Er sah nicht gesund aus, hatte eine hagere, leicht gebeugte Gestalt und dünnes, nach hinten gekämmtes Haar. Er führte seine Besucher über einen dunklen Flur in eine Wohnküche, wo er ihnen Stühle zurechtrückte. Als er umständlich Platz nahm, merkte Andy, daß Gustav Schell eine Beinprothese trug.

»Ich kann Sie nicht in die gute Stube lassen«, entschuldigte sich Schell, »da liegt tagsüber meine Frau. Sie ist nämlich krank. Sie würde sich außerdem aufregen über die alte Geschichte. Sie würde mir sagen, ich soll Sie rausschmeißen. Aber ich will Ihnen die Geschichte erzählen. Ich hoffe, es ist das letztemal. Wollen Sie ein Bier?«

Andy wollte, Jan lehnte ab, da er fahren mußte.

Schell stand mühsam auf und ging zum Kühlschrank. »Ich habe nur Berliner Pils da. Gestern gab es in der Kaufhalle Radeberger, aber bis ich mit meinem Holzbein da war, war es ausverkauft.«

Nachdem er eingeschenkt hatte, wandte er sich an Andy und fragte, ob er der Sohn von Oberleutnant Meyer sei. Andy bejahte und erklärte, wieso er nicht mehr den Namen seines Vaters trage.

»Diese Geschichte hat mich lange verfolgt«, begann Schell. »Nicht nur das Schuldgefühl gegenüber Oberleutnant Meyer, sondern auch der dunkle Punkt in meinen Papieren. Die Sache war ja registriert. In jeder Dienststelle, in die ich nach dem Krieg versetzt wurde, hieß es: Kollege Schell, Sie haben damals vor einem Kriegsgericht der faschistischen Wehrmacht als Zeuge ausgesagt, können Sie dazu bitte mal Stellung nehmen.«

»Aber wenn Sie vor dem Gericht die Wahrheit gesagt haben ...«, wandte Andy ein.

»Die Wahrheit? Ich habe eben nicht die Wahrheit gesagt. Die Wahrheit war, daß es damals kurze Zeit diese, wie soll ich sagen, diese Beziehung zu Oberleutnant Meyer gab. Wie soll ich Ihnen das erklären? Ich habe es nach dem Krieg meiner Frau erklären müssen, sie hat es auch nicht verstanden. Keiner versteht es, der nicht selbst in diesem lausigen Krieg war. Wenn du Monat für Monat mit der Schnauze im Dreck steckst und ringsum krepieren die Kameraden und du hast keine Hoffnung mehr, da wirst du plötzlich ein anderer Mensch. Da suchst du einfach eine Nähe.«

Schell machte eine Pause und trank einen Schluck Bier, wischte sich mit dem Handrücken den Mund ab und fuhr fort: »In einer so hoffnungslosen Lage entdeckst du plötzlich ganz unerwartete Züge an den Menschen. Schlechte wie gute. Oberleutnant Meyer hat mich mit ein paar Ohrfeigen davon abgehalten, mitten im gegnerischen Feuer durchzudrehen und loszurennen. Er hat es auch ein paarmal mit anderen gemacht. Ihr habt kein Recht, euch umzubringen, hat er die Leute angeschrien, ihr habt die Pflicht, heil nach Hause zu kommen. Aber das können Sie sich alles nicht vorstellen.«

Wieder machte Schell eine Pause, die Andy mit einer vorsichtigen Frage beendete. »Es stimmt also nicht, daß Horst Meyer Sie zu irgend etwas gezwungen hat?«

Schell schüttelte energisch den Kopf.

»Warum haben Sie's dann vor Gericht behauptet?«

»Er sollte verurteilt werden. Sie brauchten eine Handhabe. Sie haben mich und Ohlmeier, den anderen Zeugen, regelrecht erpreßt. Sie haben uns Straffreiheit zugesichert.«

»Aber warum sollte er unbedingt verurteilt werden?« fragte Andy.

»Weil er ein paar Leuten nicht paßte. Jeder wußte, er war gegen Hitler. Nein, kein Verschwörer, kein Widerstandskämpfer. Aber er hat im kleinen etwas getan. Er hat ein paarmal der SS Leute vor der Nase weggeschnappt. Juden zum Beispiel. Wie das ging, wollen Sie wissen? Sie wurden als sogenannte Hilfswillige in unsere Kompanie gesteckt. Oder sie wurden zu Kriegsgefangenen erklärt, so daß sie noch eine Chance zum Überleben hatten. Aber, wie gesagt, ein paar Leuten paßte das nicht.«

Die Küchentür öffnete sich, und Frau Schell trat im geblümten Morgenmantel ein. »Was ist hier los? Was sind das für Leute?«

Andy stellte sich rasch vor. »Mein Name ist ... Meyer.«

»Meyer?« Frau Schell fuhr ihren Mann an: »Ist das wieder deine alte Geschichte, wo dir dieser Kowalski geschrieben hat?«

»Ja, aber misch dich bitte jetzt nicht ein. Es ist das letztemal, und es ist wichtig für den jungen Mann hier. Er ist der Sohn von Oberleutnant Meyer.«

»Wichtig?« fragte Frau Schell. »Weißt du, was wichtig ist? Daß endlich mal Schluß ist!« Sie wandte sich an Andy: »Immer wieder quälen sie ihn damit. Vorm Kriegsgericht haben sie ihn gequält, damit er entsprechend aussagt. Nach dem Krieg haben sie ihn gequält, warum er einen Hitler-Gegner ans Messer geliefert hat. Immer hing ihm das nach, nichts konnte er werden. Jetzt kommen Sie und machen weiter.«

»Ich habe Ihrem Mann keinen Vorwurf gemacht«, sagte Andy, »ich habe nur wissen wollen, was mit meinem Vater war.«

»Nun wissen Sie es ja«, erwiderte Frau Schell mit mühsam unterdrückter Erregung, »also gehen Sie bitte! Sie sind aus der BRD, nicht wahr? Gehen Sie und suchen Sie dort nach Schuldigen für das alles, da sitzen noch genug herum.«

Andy stand auf und gab Gustav Schell die Hand. »Tut mir leid.«

Frau Schell drängte die Besucher hinaus und schlug hinter ihnen die Wohnungstür zu.

»Das arme Schwein kriegt jetzt was zu hören«, meinte Andy.

»Macht nichts«, antwortete Jan, »du mußt immer daran denken, daß er damals seinen Kopf gerettet hat, indem er deinen Vater ins Messer laufen ließ.«

Vom Prenzlauer Berg, wo die Häuser ähnlich heruntergekommen aussehen wie in Walter Kowalskis Straße in Leipzig, fuhren Andy und Jan zurück in Richtung Stadtmitte. Wie um abzulenken von dem Besuch bei Schell, gab Jan unterwegs eine »Stadtbilderklärung«. Andy hatte nur einmal vor zwanzig Jahren mit der Schulklasse Ost-Berlin flüchtig besucht. Damals waren ihm einige repräsentative Gebäude aufgefallen, viele freie Flächen und immer noch zahlreiche Trümmer. Jetzt war er überrascht von dem Fortschritt, den die Stadt äußerlich genommen hatte, auch wenn ihm manche Neubauten gar nicht gefielen.

Jan fuhr einen Umweg durch die Frankfurter Allee, die Anfang der fünfziger Jahre als Stalinallee im »Moskauer Zuckerbäckerstil« errichtet worden war. Jan fand, die Straße wirke inzwischen gar nicht mehr wie ein Fremdkörper in dieser Stadt; indem sie seit dreißig Jahren die Prognose widerlege, sie werde bald von selbst einstürzen, habe sie sowohl Patina als auch ein Gewohnheitsrecht der Zugehörigkeit erworben.

Der Alexanderplatz, obwohl ziemlich belebt, schien Andy von einer ungemütlichen Weitläufigkeit. Das moderne »Palast-Hotel« gefiel ihm gut, weniger gut der »Palast der Republik«, der nach Andys Geschmack auf etwas zu plumpe Art eindrucksvoll wirken wollte. Unter den Linden warteten Touristen auf den Wachwechsel vor der »Neuen Wache«, Jan und Andy fuhren daran vorbei, parkten in der Nähe des Bahnhofs Friedrichstraße und gingen ins Hotel »Metropol«, wo sie von ihrem umgetauschten Geld zu Abend essen wollten. Vorher führte Jan seinen Vetter durch den »Intershop« des Hotels, der als einer der größten und bestsortierten der Republik gelte, wie Jan betonte. In der Tat war das Angebot westlicher Waren ziemlich komplett.

»Wenn ich das sehe, muß ich immer an Ulbricht denken«, sagte Jan, »und an sein Versprechen, sie würden den Westen in ein paar Jahren wirtschaftlich überholen.«

»Hast du's damals geglaubt?« fragte Andy.

»Ja.«

»Und dein Vater?«

»Weiß ich nicht. Er hat jedenfalls gesagt, ich müsse es glauben.«

Das Abendessen war gut, aber so teuer, daß sie mit dem umgetauschten Geld nicht hinkamen und D-Mark dazulegen mußten.

Am nächsten Vormittag flog Andy von Tegel wieder ab, Jan brachte ihn hin. Sie tranken noch ein Bier zusammen und versprachen sich häufigeren gegenseitigen Kontakt.

»Ich habe noch eine Bitte«, fiel Andy ein, als gerade sein Flug aufgerufen wurde. »Meine Schwester ist auf der Suche nach ihrem Vater.«

Jan sah ihn ungläubig an, dann lachte er: »Sag mal, was seid ihr denn für eine Sippschaft?«

»Es ist bei uns ein bißchen wie im Kino«, gab Andy zu, dann erklärte er kurz den Zusammenhang und bat Jan, in Hamburg doch einmal nach diesem Karl-Heinz Küchenmeister zu forschen.

48

Andy erhielt in der Redaktion einen merkwürdigen Anruf. Es war nicht selten, daß sich Menschen mit der Bitte um Rat oder Beistand bei der Zeitung meldeten, aber dieser Anruf verblüffte Andy zunächst sehr.

Ein Mann, der seinen Namen anfangs nicht nennen wollte, berichtete in großer Konfusion über einen Raubüberfall auf ein Juweliergeschäft im Bahnhofsviertel, bei dem der Inhaber zu Tode gekommen sei. Andy dachte anfänglich, der Überfall sei gerade eben geschehen, aber es stellte sich heraus, daß die Sache schon ein Vierteljahr zurücklag. Andy erinnerte sich, darüber geschrieben zu haben, und fragte den Anrufer, was er damit zu tun habe.

»Ich bin es gewesen«, antwortete der Mann.

»Was! Sie haben den Juwelier erschlagen?«

»Ja, aber ich wollte es nicht. Es war ein Unfall oder so was Ähnliches. Er kam plötzlich auf mich zu. Es war ...«

Der Mann sprach nicht weiter, so daß Andy fragen konnte: »Und warum rufen Sie jetzt mich an?«

»Ich will mich stellen.«

»Dann gehen Sie zur Polizei.«

»Nein, es geht um etwas anderes. Können Sie zu mir kommen?«

Andy überlegte kurz, dann sagte er zu und ließ sich Namen und Anschrift geben. Er versprach, allein und ohne Polizei zu kommen.

Die Wohnung im Bahnhofsviertel war klein und ärmlich, aber aufgeräumt und sauber. Der Mann war allein zu Hause. Er war vielleicht Anfang Vierzig, untersetzt,

Aber nicht dick, hatte lockiges schwarzes Haar und einen buschigen Schnurrbart. Er rauchte nervös und bot Andy einen Kaffee aus der Thermoskanne an.

»Also, Herr Weinhold«, begann Andy, »warum wollen Sie nicht zur Polizei?«

»Ich will ja. Ich kann nicht weiterleben mit der Sache. Ich will mich ja stellen. Aber es geht um die Belohnung, die zehntausend Mark, die ausgesetzt sind, verstehen Sie?«

»Nein, verstehe ich nicht.«

Weinhold drückte seine Zigarette aus und versuchte, ruhig zu sprechen: »Ich möchte, daß jemand die Belohnung kriegt und sie meiner Frau weitergibt. Meine Frau hat mit der Sache nichts zu tun, sie weiß bis heute nicht, was ich da angestellt habe. Wenn ich in den Bau gehe, sitzt sie auf der Straße. Wir haben ein Kind. Ich habe Schulden, verstehen Sie? Ich kann mich nur stellen, wenn sie das Geld bekommt.«

Weinhold ließ sich auf seinem Stuhl zurückfallen, als sei er völlig erschöpft von seinem Geständnis. Er steckte sich eine neue Zigarette an. Andy hatte jetzt begriffen und sagte: »Sie haben ein schweres Verbrechen begangen und wollen, daß ich Ihnen jetzt aus der Patsche helfe.«

»Nein, nicht mir! Meiner Familie sollen Sie helfen. Ich habe wochenlang überlegt, ob ich Sie anrufen soll. Ich wußte, daß Sie damals den Artikel geschrieben haben.«

Andy schwankte, ob er sich auf einen derartigen Handel einlassen sollte. »Mal was ganz Praktisches«, sagte er, »wo ist denn der Schmuck?«

»Ich habe ihn weggeworfen. Es war alles so entsetzlich, ich war in Panik. Ich habe ihn im Stadtwald unter einen Busch geworfen.«

Andy schlug vor, als erstes den Schmuck zu suchen. Sie fuhren auf den Parkplatz am »Monte Scherbelino«, gingen einen Weg parallel zur Autobahn und begannen nach etwa zweihundert Metern unter Brombeerbüschen zu stöbern. Wie im Krimi, dachte Andy. Fehlt nur, daß jemand ruft: »Danke, das war's, Kamera aus!«

Sie fanden schließlich den Schmuck, und Andy erinnerte sich sogar vage einzelner Stücke, von denen er damals bei der Kripo Fotos gesehen hatte. Er brachte Weinhold zurück in die Wohnung und fuhr mit dem Schmuck zur Polizei, wo er den ganzen Vorgang zu Protokoll gab.

Weinhold wartete unterdessen ergeben an seinem Küchentisch und ließ sich apathisch abführen. Er gab Andy die Hand und bat ihn, sich um seine Familie zu kümmern.

Andy wartete vor der Wohnungstür, bis Frau Weinhold mit der kleinen, etwa vierjährigen Tochter nach Hause kam. Er stellte sich vor und versuchte, so schonend er nur konnte, der Frau das Geschehene beizubringen. Frau Weinhold brach fassungslos in Tränen aus. Andy blieb so lange bei ihr, bis sie sich einigermaßen beruhigt hatte. Er gab ihr seine Visitenkarte und bat sie um einen Anruf, wenn sie Hilfe benötige.

In der Redaktion schrieb Andy die Story, allerdings ohne den Namen Weinhold zu nennen. Er überlegte lange, ob er den Plan mit der Belohnung erwähnen sollte, und entschloß sich dann zu folgender Formulierung: »Der Täter wird seine verdiente Strafe erhalten, aber seine Familie braucht Hilfe. Die Belohnung ist dem Reporter in den Schoß gefallen. Er wird sie bekommen, aber er hat sie nicht verdient und braucht sie auch nicht. Er würde selbstverständlich auch ohne Belohnung ein Verbrechen anzeigen. Was spricht also dagegen, der Familie zu helfen?«

Reimann fand die Story »super«, hatte allerdings Bedenken, die Belohnung wie vorgesehen zu verwenden.

»Soll ich das Geld mit der Redaktion vertrinken?« fragte Andy.

»Unsinn! Ich meine, wir müssen das mit dem Chefredakteur besprechen.«

»Ich denke, Sie sind Lokalchef?« fragte Andy.

Reimann ließ die Story durchgehen.

Am nächsten Tag wurden Andy und Reimann zum Cheffredakteur gebeten, der eine ungnädige Miene machte. »Ich hatte schon zwei Dutzend Anrufe, die Leute sind empört, daß unsere Zeitung Kriminelle unterstützt.«

Andy ahnte, daß das Gespräch unfriedlich verlaufen würde, und wappnete sich mit kühler Zurückhaltung. »Frau Weinhold ist nicht kriminell.«

»Aber Sie wollen mit Ihrer Belohnung die Schulden eines Kriminellen begleichen.«

»Soll die Frau auf den Strich gehen, um die Schulden ihres Mannes zu bezahlen?«

»Sie werden unsachlich!« fuhr Dr. Schmidt-Schulzendorf auf.

»Überhaupt nicht«, widersprach Andy. »Wenn eine Frau mit Kleinkind und schlecht bezahlter Arbeit für zehntausend Mark Schulden aufkommen muß, dann kann sie nur auf den Strich gehen. Sie hätte das Geld bald verdient, denn sie ist ziemlich hübsch. Soll ich es ihr vorschlagen?«

Der Chefredakteur verwahrte sich gegen diesen Vorschlag, beharrte jedoch darauf, daß der Artikel ein Skandal sei. »Ein Skandal, sage ich, das Telefon steht nicht still.«

»Mich haben ein paar angerufen, die die Sache prima finden«, erwiderte Andy.

»Aber mich«, konterte der Chefredakteur, »haben einige Leute empört angerufen, die nicht ganz unwichtig sind.«

»Aha! Wer denn?«

Der Chefredakteur überging die Frage und wandte sich an Reimann. »Sie hätten das nicht durchgehen lassen dürfen. Ich war heute mehrfach in der unangenehmen Situation, mich für meinen Lokalchef entschuldigen zu müssen.«

Reimann hatte plötzlich eine steinerne Miene und betonte jedes Wort seiner Erwiderung. »Ich weiß nicht, bei wem Sie sich entschuldigt haben. Wahrscheinlich bei den vorhin zitierten, nicht ganz unwichtigen Leuten. Ich habe mal gelernt, daß sich ein Chefredakteur nicht für seine Mitarbeiter zu entschuldigen, sondern daß er sich vor sie zu stellen hat. Anschließend kann er ihnen den Kopf waschen, unter vier Augen oder in der Redaktionskonferenz. Aber nach außen hin hat er sich vor sie zu stellen, dafür wird er bezahlt. Moment, lassen Sie mich bitte ausreden! Da Sie sich bei nicht ganz unwichtigen Leuten für mich entschuldigen mußten, können Sie natürlich nicht mehr mit mir zusammenarbeiten. Und ich nicht mit Ihnen.«

»Herr Reimann, ich nehme ihre Kündigung an. Und für Sie, Herr Wohlgemuth, überlege ich mir eine geeignetere Verwendung. Wir haben eine schöne Lokalredaktion vierzig Kilometer von Frankfurt, die gerade unbesetzt ist.«

Andy nahm die Drohung nicht ernst. »Strafbataillon in der Provinz? Da bin ich aber gespannt, mit wem Sie dann hier noch Ihre Zeitung machen wollen.«

Dr. Schmidt-Schulzendorf erhob sich und deutete damit an, daß seine Besucher gehen durften.

»Hochachtung!« sagte Andy draußen zu Reimann. »Pit, ich ziehe den Hut vor dir. Aber was machst du jetzt?«

»Erst mal Urlaub«, antwortete Pit, »und dann findet sich schon was. Ich habe einen Ruf als guter Reporter bei schlechten Zeitungen, damit geht man so schnell nicht unter. Und du?«

»Vielleicht werde ich Lokalchef«, sagte Andy. »Vielleicht gehe ich in die Werbung. Vielleicht mache ich eine Woll-Kette auf. Vielleicht gehe ich als freier Journalist nach San Francisco. Vielleicht gehe ich auf eine Pfirsichfarm in Kalifornien. Vielleicht mache ich was völlig Blödsinniges. Jedenfalls habe ich mehr Möglichkeiten als der

Chefredakteur, denn der kann es unter einem Chefredakteursposten nicht mehr machen.«

Die Oberstaatsanwaltschaft meldete sich bei Andy wegen der Belohnung im »Fall W.«, der sehr kompliziert sei. »Die Belohnung soll der Ergreifung des Täters dienen und nicht der Versorgung seiner Angehörigen.«

»Herr Oberstaatsanwalt«, sagte Andy, »sehen Sie die Sache doch einfach ganz formal, was Ihnen bestimmt möglich ist. Der Täter wurde durch meinen Hinweis gefaßt, ich bekomme die Belohnung und mache damit, was ich will.«

»Leider haben Sie schon öffentlich ausposaunt, was Sie damit machen wollen. Wenn wir jetzt einen Präzedenzfall schaffen, sucht sich künftig jeder Verbrecher einen Strohmann und kassiert die Belohnung für seine eigene Ergreifung ab.«

»Wissen Sie, Herr Oberstaatsanwalt, Sie machen es am besten genauso, wie Sie es für richtig halten. Und ich mache folgendes: Bekomme ich die Belohnung, gebe ich sie ohne Aufhebens an Frau Weinhold weiter. Bekomme ich sie nicht, werde ich einen Kredit aufnehmen und Frau Weinhold das Geld geben. Dann werde ich allerdings großes Aufhebens machen, damit öffentlich über Ihre Entscheidung diskutiert wird.«

»Sie werden von mir hören«, versprach der Oberstaatsanwalt.

Dann rief Iris Weinhold Andy an und sagte, sie könne im Augenblick ganz schwer allein sein. Andy holte sie und ihre kleine Tochter abends ab und nahm sie mit zu Silvia, wo wieder einmal die inzwischen etwas geschrumpfte Bürgerinitiative tagte. Iris Weinhold war zunächst sehr zurückhaltend, regelrecht gehemmt, aber als sie anstelle von Mißtrauen Sympathie zu spüren begann, lebte sie auf und erzählte von ihrer Ehe und ihrem Mann. Er sei kein schlechter Mensch und ein guter Familienvater, aber er habe unvorsichtig Schulden gemacht und bald darauf seine Arbeit verloren. So habe er wohl keinen Ausweg gesehen als einen Überfall auf das Juweliergeschäft.

»Und dabei hat er einen Menschen erschlagen«, erinnerte Andy.

»Ein armer Mann hat einen reichen Mann erschlagen«, hielt ihm Fips entgegen.

»Jetzt mach mal einen Punkt!« rief Andy. »Ihr seid ja wohl nicht mehr ganz dicht. Ist jetzt das Opfer schuld, weil es mehr Geld hatte als der Täter?«

Fips widersprach: »Weinhold hat versucht, die Ungerechtigkeit auszugleichen; aber leider ist es schiefgegangen.«

Andy schüttelte den Kopf. »Du hast wirklich eine Meise. Kein Wort über den Toten, kein Wort über die Witwe. Blanker Sozialneid, erbarmungslos, zynisch und selbstgerecht.«

Protestgeschrei erhob sich, aber Andy verschaffte sich wieder Gehör. »Schreit nicht rum, tut lieber was! Bis die Belohnung ausgezahlt wird, braucht die Frau was zum Leben. Gebt ein paar Mark. Ich gebe einen Hunderter, ihr könnt eure Finanzkraft selbst einschätzen.«

Ein Teller ging herum und füllte sich mit noch einmal zweiundsiebzig Mark.

»Ein tolles Ergebnis«, spottete Andy, »aber ihr habt ja schon genug Sprüche beigesteuert, von denen die Familie leben kann.«

Die Stimmung rief nach Aufbruch, und Andy fuhr Frau Weinhold in ihre Wohnung. Er kehrte zu Silvia zurück, die ihm Vorwürfe wegen seiner Heftigkeit machte.

»Ach, hör doch auf«, sagte Andy ungnädig, »deinen Leuten ist doch nicht zu helfen. Wenn die mal das Sagen bekommen, wird es Zeit zum Auswandern. Soviel Borniertheit kann man nur bekämpfen.«

»Dann mußt du mich auch bekämpfen«, erwiderte Silvia.

»Na gut«, sagte Andy und ging.

49

Onkel Ben bat dringend um Andys Besuch, da man die in Frage stehende Angelegenheit nicht am Telefon erörtern könne.

»Jetzt ist der Hammer gefallen«, sagte Andy, »jetzt hat sich die Erbschaft in Luft aufgelöst.«

Rainer sah ihn nachdenklich an. »Eigentlich müßtest du darüber froh sein, denn jetzt brauchst du dich nicht mehr zu entscheiden, ob du das Geld annimmst oder nicht.«

»Ich habe mich längst entschieden«, widersprach Andy.

»Das nehme ich dir nicht ganz ab. Du hast dich zwar gegen die Erbschaft gewehrt, aber du hattest immer im Hinterkopf, daß dir mit so viel Geld im Rücken keiner mehr was anhaben kann. Deswegen hast du dich so verändert.«

Andy überlegte lange, ehe er darauf antwortete. »Vielleicht hat es eine Rolle gespielt. Vielleicht war auch die Geschichte mit Horst Meyer wichtig. Vielleicht hatte ich auch einfach nur die Nase voll. Vielleicht kam alles zusammen. Jedenfalls brauche ich die Hilfe vom alten Wohlgemuth nicht mehr.«

Andy schätzte und fürchtete zugleich diese Art von Gesprächen mit Rainer, der für alles Verständnis hatte, dem aber auch nichts verborgen blieb.

»Wenn dich dein Chefredakteur wirklich aufs Land schickt, wirfst du ihm dann den Kram vor die Füße? Kannst du dir das wirklich leisten?«

»Es wird nicht soweit kommen«, entgegnete Andy, »denn er hat kaum noch Leute.«

»Du weichst aus«, erkannte Rainer treffsicher. »Du hast in deinem Job zur Zeit Oberwasser, weil sie auf dich angewiesen sind. Aber das kann sich ändern. Ich will auf folgendes hinaus: Wo ist dein zweites Bein, wenn das erste mal einknickt? Was kannst du, außer Artikel schreiben? Warum versuchst du nicht, die Geschichte von Horst Meyer und Walter Kowalski aufzuschreiben? Und wo ist dein Privatleben, das dir Ausgleich gibt? Etwa in dieser Rumpelkammer hier, in der dich wechselnde Freundinnen besuchen kommen?«

»Wieso wechselnde?« fragte Andy dazwischen.

»Na ja, nach dem Krach mit Silvia wird wohl bald eine andere kommen. Aber du weichst schon wieder aus. Wo ist dein zweites Bein?«

»Rainer, du überforderst mich«, sagte Andy seufzend. »Das kannst du mit deinen Romanfiguren machen, aber nicht mit lebendigen Menschen. Ich denke über alles nach, was du mich gefragt hast, aber ich bin noch nicht am Ende, sondern mittendrin.«

»Entschuldige bitte«, lenkte Rainer ein, »in meinem Buch bist du eben schon weiter. Ich kann nicht auf dich warten, der Verleger hat mir einen Ablieferungstermin gesetzt.«

Andy fuhr gefaßt und ohne Aufregung zu Onkel Ben, der ihn mit ernstem Gesicht empfing und nach kurzem Gespräch über allgemeine Dinge zur Sache kam. »Es ist viel schlimmer gekommen, als ich für den ungünstigsten Fall angenommen habe.«

»Also alles futsch?« fragte Andy unbeeindruckt.

»Futsch? Was für ein Wort! Du kannst die Sache ruhig etwas ernster nehmen.«

Andy bemühte sich, die Sache ernster zu nehmen, und fragte, was wirklich geschehen sei.

Onkel Ben sah ihn traurig an. »Die voraussichtlich nachzuentrichtende Steuer ist fast so hoch wie der Erlös aus dem Verkauf der Firma und des Hauses.«

Diese Eröffnung hätte wie ein Keulenschlag wirken müssen, aber Andy sagte geradezu erleichtert: »Also müssen wir nicht draufzahlen.«

Onkel Ben sah ihn entgeistert an. »Du machst mir Spaß! Ich denke, ihr wolltet etwas übrigbehalten.«

»Wenn genug übrigbleibt, damit Karin und Bob ihre bestellten Maschinen bezahlen können, dann ist es in Ordnung.«

Onkel Ben schien gleichzeitig empört und erleichtert, daß Andy die ganze Erbschaftsangelegenheit so auf die leichte Schulter nahm. Aus seinem Aktenschrank holte er einen dicken Ordner und schlug ihn auf, um Einzelheiten des unangenehmen Vorgangs zu erläutern.

»Laß das lieber«, bat Andy, »ich verstehe davon nichts und will es auch nicht wissen. Sei so lieb und überweise alles, was am Ende übrigbleibt, an Karin. Ich will jetzt endlich nichts mehr damit zu tun haben. Ich will nur noch eines wissen: Wie hat der alte Wohlgemuth das Finanzamt betrogen? Zugetraut habe ich's ihm immer, aber wie hat er's hingekriegt?«

Onkel Ben dämpfte die Stimme, als sei ein Dritter mit im Raum. »Es sieht nach Bestechung aus. Der Leiter des Finanzamtes und ein Sachbearbeiter haben offenbar beim Bau ihrer Eigenheime kräftige Rabatte erhalten.«

Andy mußte lachen. »Das ist gut! Das kommt viel billiger als Zuwendungen in bar. Was man an Rabatt gibt, schlägt man ja normalerweise vorher drauf. Und man spart noch Steuern, weil man ja weniger einnimmt. Rundherum tüchtig, der alte Herr! Weißt du, was er mir immer gepredigt hat? Junge, hat er gesagt, werde nicht Journalist, ergreife einen anständigen Beruf!«

»Mach bitte keine Witze bei dem ernsten Thema«, bat Onkel Ben.

»Kein Witz, Onkel Ben, kein Witz! Der Mann war wirklich gut. Er kann nicht mal nachträglich zur Rechenschaft gezogen werden. Eigentlich müßte er postum verurteilt und mein Vater postum rehabilitiert werden. Ohne Witz: Er hat es fabelhaft hingekriegt. Er hat das Finanzamt ausgetrickst, er hat die ganze Stadt ausgetrickst, die ihn für einen honorigen Unternehmer hielt, er hat am Ende sogar seine Erben ausgetrickst. Jetzt sitzt er oben auf seiner Wolke und lacht sich scheckig über uns.«

Onkel Ben machte ein betrübtes Gesicht. »Ich habe noch mehr über meinen ältesten Freund erfahren. Nachdem er tot ist, wird alles mögliche an mich herangetragen.«

»Ich will nichts davon wissen«, sagte Andy. »Mir tut im nachhinein meine Mutter leid, aber im übrigen will ich nichts weiter wissen, kein Geld haben und nicht mehr in diese Stadt zurückkehren. Ich habe den alten Wohlgemuth gebraucht. Ich habe bei allem, was ich vorhatte, gefragt: Was würde er dazu sagen? Und wenn ich sicher war, er würde es verurteilen, dann habe ich es getan. Aber das brauche ich nicht mehr, ich habe jetzt meinen eigenen Willen. Ich denke höchstens mal darüber nach, was Horst Meyer dazu sagen würde.«

Onkel Ben kredenzte erst jetzt den gewohnten Rotwein und wurde etwas zugänglicher. Andy mußte ausführlich von seinem Besuch bei Karin erzählen.

»Besuch mich mal, wenn du in Frankfurt bist«, sagte Andy beim Abschied, »ich glaube nämlich, ich komme nicht mehr hierher.«

Den alten Greiner besuchte er noch, den Lokalredakteur, der nun unmittelbar vor der Pensionierung stand.

»Fragen Sie mich bitte nicht wieder, ob ich Ihren Posten will«, bat Andy. »Ich will ihn nicht, erstens sowieso, und zweitens müßte ich dann womöglich Enthüllungsstories über den alten Wohlgemuth machen.«

»Da bahnt sich was an«, bestätigte Greiner nachdenklich, »da haben ein paar Leute schon eiskalte Füße. Ich bin froh, daß ich das Thema meinem Nachfolger übergeben kann. Er ist ein junger Mann, den sie hierher versetzt haben, weil er in der Zentrale zu oft eine Lippe riskiert hat. Jetzt fragt er sich, wie man sich hier am besten bewährt: indem man auffällt oder indem man nicht auffällt.«

»Vielleicht, indem man einfach gut ist«, schlug Andy vor.

Greiner lächelte, wie man nur kurz vor der Pensionierung lächeln kann. »Ach, wissen Sie, Wohlgemuth, was heißt das schon? Ein Bäcker ist gut, wenn sich die Leute um sein Brot reißen. Ein Klavierspieler ist gut, wenn sich die Leute um die Eintrittskarten zu seinen Konzerten reißen. Ein Journalist ist gut, wenn sich die Leute über seine Artikel die Mäuler zerreißen. Und wenn sich vor allem hochgestellte Persönlichkeiten über ihn ärgern müssen. Aber wenn er nicht aufpaßt, dann wird er so gut, daß sich auch sein Verleger über ihn ärgern muß. Ich bin froh, daß ich Ende des Monats aufhören kann. Dann lese ich noch mal alles, was ich über diese Stadt geschrieben habe, und vielleicht wird daraus ein Buch.«

»Ich werde es lesen«, versprach Andy, »obwohl ich hier nichts mehr zu suchen habe.«

Als er schon abfahren wollte, fiel ihm ein, daß er doch noch etwas in dieser Stadt hatte: Seine Geburtsurkunde war auf dem Standesamt hinterlegt. Er ging sie holen.

»Warum brauchen Sie die Urkunde?« fragte ihn das junge Mädchen hinter dem Schalter.

»Ich will mich vergewissern, ob ich wirklich geboren bin.«

»Sie müssen das schriftlich beantragen«, belehrte ihn das Mädchen.

Andy ließ sich einen Bogen Papier geben und schrieb darauf: »Ich will meine Geburtsurkunde zurück. Andreas Wohlgemuth.«

»So geht das nicht«, belehrte ihn das Mädchen, »Sie müssen mir einen formlosen Brief schreiben.«

»Formloser kann ich's nicht.«

Das Mädchen sah ratlos aus, und Andy formulierte ihr zuliebe auf einem anderen Bogen neu. »Sie süße Sachbearbeiterin! Wenn Sie nicht umgehend meine Geburtsurkunde herausrücken, bestelle ich das Aufgebot für Sie und mich. Hochachtungsvoll! Andreas Wohlgemuth.«

Das Mädchen las es und sagte verwirrt: »Das kann unmöglich in die Ablage.«

»Aha, Sie brauchen das formlose Schreiben nur für die Ablage? Ich mache Ihnen einen Vorschlag: Sie geben mir meine Urkunde, und ich schreibe keine Glosse über das hiesige Standesamt.«

Er bekam seine Urkunde, deren Empfang zu quittieren war, und fragte noch: »Wo muß ich eine Namensänderung beantragen?«

»Beim Standesamt.«

»Das ist ein erster wichtiger Hinweis, aber ich meinte natürlich: bei welchem Standesamt?«

»Beim Standesamt des Wohnorts.«

Andy verließ die Stadt in dem Gefühl, zum Abschluß noch eine nette Begegnung gehabt zu haben.

50

Jan rief an und teilte mit, er habe in Hamburg zwei Herren mit Namen Karl-Heinz Küchenmeister ausfindig gemacht und geprüft, daß sie beide dem Alter nach Karins Vater sein könnten. Er gab Andy die beiden Telefonnummern.

»Wenn einer der richtige ist«, sagte Andy, »komme ich noch diese Woche nach Hamburg.«

Andy wählte sofort eine der beiden Hamburger Nummern.

»Küchenmeister«, meldete sich eine weibliche Stimme.

»Hier ist Wohlgemuth, kann ich bitte Ihren Mann sprechen?«

»Küchenmeister«, meldete sich nach einiger Zeit eine männliche Stimme.

»Hier ist Wohlgemuth«, sagte Andy noch mal, »sagt Ihnen der Name etwas?«

»Nee, sollte er das?«

»Denken Sie mal gut dreißig Jahre zurück. Waren Sie da mal im Schwarzwald?«

»Nee, wir fahren seit vor dem Krieg immer an die Ostsee.«

Andy setzte noch mal an: »Hatten Sie mal mit Möbeln zu tun?«

»Ich habe welche in der Wohnung stehen, falls Sie das meinen. Aber darf ich mal 'ne Gegenfrage stellen: Hatten Sie mal was mit der Psychiatrie zu tun?«

Andy entschuldigte sich und hängte ein.

»Küchenmeister«, meldete sich beim zweiten Versuch eine männliche Stimme.

»Hier ist Wohlgemuth«, sagte Andy und machte eine Pause.

»Moment mal! Wohlgemuth? Wollen Sie mich auf den Arm nehmen?«

»Nein, keineswegs. Sie hatten mal mit Möbeln zu tun?«

»Ja, und mit einer Frau Wohlgemuth auch. Sind Sie etwa...«

»Ich bin der Sohn von Frau Wohlgemuth.«

»Um Gottes willen! Sind Sie etwa mein Sohn?«

»Nein, viel komplizierter. Kann ich Sie treffen?«

»Ja, sicher. Sagen wir in einer Stunde?«

Andy erklärte, daß er in Frankfurt sei und es in einer Stunde nicht schaffen werde. Er schlug vor, sich am Sonntag Punkt zehn im »Alsterpavillon« zu treffen.

»Ausgezeichnet«, sagte Herr Küchenmeister, »Sie erkennen mich ganz leicht, ich bin mittelgroß und unauffällig. Wenn Sie wollen, kann ich ja ... ich wollte gerade sagen: ein Möbelstück unter dem Arm tragen. Nein, sagen wir, ich lese den SPIEGEL verkehrt herum, auf dem Kopf.«

Es war nicht schwer, Karl-Heinz Küchenmeister zu entdecken, denn die meisten Gäste im »Alsterpavillon« lasen die BILD-Zeitung, richtig herum. Küchenmeister war ein sehr gepflegter älterer Herr, eher schlank, weißhaarig, sonnengebräunt. Er wirkte ein wenig altmodisch oder, besser gesagt, wie »alte Schule«.

Kaum daß Andy ihn begrüßt hatte, fragte Küchenmeister. »Erzählen Sie, wie geht es Ihren Eltern?«

»Sie sind tot.«

»Oh, das tut mir leid. Obwohl mir Ihr alter Herr sicher oft den Tod gewünscht hat. Ich habe ihn dementsprechend wenig geschätzt, aber Ihre Frau Mutter mochte ich außerordentlich gern.«

»Und das nicht ohne Folgen«, sagte Andy geradeheraus, »Sie haben eine Tochter hinterlassen.«

»Was?« rief Küchenmeister entgeistert.

»Ja, sie heißt Karin, ist sehr wohlgeraten, lebt in Amerika und möchte gern wissen, wer ihr Vater ist.«

Küchenmeister war völlig verwirrt. »Moment, jetzt müssen wir was bestellen. Nicht zum Feiern, sondern auf den Schrecken. Oder doch zum Feiern. Herr Ober, zwei Cognacs! Doppelte! Oder dreifache, wenn Sie haben.«

»Sie streiten also nichts ab?« fragte Andy.

»Nein, warum sollte ich? Ich habe Ihre Frau Mutter damals sehr geliebt. Sie entschuldigen, wenn ich das so einfach sage. Es war keine flüchtige Bettgeschichte, es war ernst, von beiden Seiten. Ich hätte sie gern zur Frau genommen, aber sie wollte ihren Mann nicht verlassen. Und ihr Sohn aus erster Ehe, sagte sie, habe sich gerade an den Stiefvater gewöhnt. Ja, das müssen demnach Sie sein, heißen Sie Andreas?«

»Sie haben ein gutes Gedächtnis.«

Der Ober brachte, da es keine dreifachen Cognacs gab, vier doppelte, während Küchenmeister in groben Zügen erzählte, daß er bald darauf hier in Hamburg geheiratet und zwei Töchter bekommen habe. Seine Frau sei inzwischen tot, die Töchter außerhalb Hamburgs verheiratet. »Und Karin«, fragte er dann aufgeregt, »weiß sie von mir? Geht es ihr gut? Kann ich sie sehen? Haben Sie ein Foto von ihr?«

»Foto habe ich vergessen«, gab Andy zu, »hätte nicht passieren dürfen. Aber darf ich Ihnen mal was sagen? Ich hatte ziemlichen Bammel vor dieser Begegnung. Ich wußte ja nicht, wen ich treffe. Konnte ja sein, dieser Karl-

Heinz Küchenmeister ist ein Penner auf St. Pauli. Oder ein ehrpusseliger hanseatischer Kaufmann, der alles abstreitet.«

»Was hätten Sie dann gemacht?«

»Ich hätte Karin gesagt: Fehlanzeige, der Kerl ist verschollen. Aber ich glaube, ich kann Sie meiner Schwester vorführen, ohne daß sie zusammenbricht.«

Küchenmeister hatte tausend Fragen, und Andy erzählte sicher zwei Stunden lang von Karin und Bob und den Kindern und der Farm bei Modesto. Dann fragte er: »Und wer sind nun eigentlich Sie?«

»Wissen Sie was«, erwiderte Küchenmeister, »wir sollten du zueinander sagen. Schließlich stehen wir irgendwie in einem Verhältnis zueinander. Ich bin der Vater von Karin, du bist der Sohn von Wohlgemuth ...«

»Falsch! Ich bin der Sohn von Meyer.«

»Jetzt frage ich besser nicht weiter«, meinte Karl-Heinz Küchenmeister, »das zeichnest du mir später mal auf. Also, zu deiner Frage: Ich war Reisender in Möbeln, Teak, Nußbaum, Eiche furniert, Chromstahl, Kunststoff, was eben die Zeit erforderte. Habe leidlich verdient, so daß die Töchter studieren konnten. Habe ein Reihenhaus in Langenhorn, das durch unseren ehemaligen Kanzler Schmidt eine ganz gute Adresse ist. Habe genug auf die hohe Kante gelegt, um nicht Penner auf St. Pauli sein zu müssen. Genügt das fürs erste?«

Dann fragte Karl-Heinz wieder nach seiner Tochter, und die Zeit verflog.

»Wir besuchen sie zusammen, ich lade dich dazu ein, wann fliegen wir los?« fragte er am Ende.

»Nicht so hektisch«, bremste Andy, »nach über dreißig Jahren kommt's auf ein paar Wochen nicht an.«

»Endlich mal was Erfreuliches von der Väter-Front«, berichtete Andy, als er bei Jan eintraf.

Jan wohnte mit seiner Frau Kerstin und dem kleinen Sven in einer Altbauwohnung in Eimsbüttel. Kerstin duzte

Andy sofort, Sven sowieso, da er noch nicht siezen konnte. Kerstin sah aus, wie man bei diesem Namen auszusehen hatte: blond, blauäugig, fröhlich. Sie fragte Andy unbekümmert nach seinem Liebesleben, und er gestand, daß dieses zur Zeit mehr als verworren sei. Dann mußte er ausführlich die Begegnung mit Karl-Heinz Küchenmeister schildern, was ihm großen Spaß machte. »Das ist nämlich ein Typ, sage ich euch. Da hat Karin noch mal Glück gehabt.«

Andy wartete, bis es in Kalifornien früher Morgen war. Dann rief er an. »Karin, ich habe einen Vater für dich.«

Karin schlief noch halb. »Wieso?«

»Er ist in Ordnung, ich bringe ihn dir bald rüber, er wird dir gefallen.«

Andy erzählte von der heutigen Begegnung, wobei ihn Karin mit häufigen Fragen unterbrach. Sie gestand, sie habe höllische Angst vor diesem Anruf gehabt. Bob habe sie von der ganzen Angelegenheit noch nichts gesagt, aber jetzt werde sie es ihm beibringen. »Wir knabbern gerade an der entschwundenen Erbschaft, da erledigen wir den neuen Schwiegervater in einem Aufwasch mit.«

Die Nachricht von Onkel Ben, daß von der Erbschaft wenig übrigbleibe, hatte nach kurzem Erschrecken sogar eine Art Erleichterung ausgelöst, die Karin so beschrieb: »Bob hat sich grimmig darauf besonnen, daß er ja eigentlich alles lieber aus eigener Kraft macht. Und ich hatte zuletzt auch nichts mehr mit dem Geld zu tun haben wollen. Kannst du das verstehen?«

»Ich schon«, antwortete Andy.

Kerstin, Jan und Andy saßen beisammen, bis es früher Morgen war. Sie sprachen über Walter Kowalski, Horst Meyer, Werner Wohlgemuth, Karl-Heinz Küchenmeister. Da sie aber die Erörterung all dieser alten Herren nicht recht froh werden ließ, kamen sie bald auf andere

Themen. Jan erzählte, wie er Kerstin kennengelernt hatte. Das war auf Sylt gewesen. »Mein erster Urlaub als BRD-Bürger, verstehst du? Aus dem West-Fernsehen wußte ich: Sylt ist in! Also habe ich mein erstes sauer verdientes Geld zusammengekratzt und bin auf die Insel. Es war eine schicksalhafte Reise, denn eines Tages stand diese junge Dame hier vor mir. Und jetzt rate mal, wo und wie.«

»Ich ahne was«, meinte Andy.

»Richtig! Am FKK-Strand und splitternackt haben wir uns kennengelernt. Und weiß du, was ich die ganze Zeit über gedacht habe? Ich habe gedacht: Wie mag sie wohl aussehen, wenn sie angezogen ist?«

51

Unmittelbar nach der Rückkehr aus Hamburg wurde Andy zum Chefredakteur gerufen, der das Gespräch freundlich einleitete. »Unser letzter Gedankenaustausch war etwas heftig, nicht wahr? Das gehört offensichtlich zu unserem manchmal etwas aufgeregten Geschäft.«

Er ließ den üblichen Kaffee kommen und erkundigte sich nach Andys Befinden, über das dieser nur allgemein die Auskunft gab, es sei alles in Ordnung.

»Übrigens«, fügte Andy hinzu, »die Sache mit der Belohnung geht klar. Leider dauert es seine Zeit, bis ich die zehntausend Mark bekomme, aber Frau Weinhold kann geholfen werden.«

Das Gespräch plätscherte anschließend über ein paar Belanglosigkeiten des Tages hinweg, ehe sich Dr. Schmidt-Schulzendorf dem eigentlichen Thema näherte. »Wir befinden uns mit der Lokalredaktion in einem Engpaß. Reimann ist seit heute nicht mehr da, und ich habe jetzt nur noch drei erfahrene Leute, nämlich Sie, Huhnke und Paulat. Alle anderen lernen noch, müssen betreut und überwacht werden, verursachen also fast mehr Arbeit, als sie selbst leisten.«

Andy nickte bedauernd. »Ja, eine prekäre Situation. Personalpolitik ist aber auch was Schwieriges«, fügte er mit treuherzigem Blick hinzu.

»Vor allem brauche ich einen Redaktionsleiter«, fuhr der Chefredakteur, die Bemerkung überhörend, fort.

»Brauchen wir dringend«, bestätigte Andy. Vielleicht, dachte er, will er jetzt eine Bewerbung hören.

»Haben Sie schon mal daran gedacht, daß Sie es werden könnten?« fragte der Chefredakteur.

Andy versuchte, möglichst gleichgültig zu wirken. »Ja, früher wollte ich das mal unbedingt.«

Früher, dachte er, wäre ich bei so einem Angebot an die Decke gesprungen. Dr. Schmidt-Schulzendorf schien von Andys Zurückhaltung überrascht, versuchte sie jedoch schnell ins Positive zu wenden:

»Ich sehe, Sie lechzen nicht danach. Vielleicht sind Sie gerade deswegen der Richtige, denn wer mit allen Mitteln etwas werden will, entpuppt sich oftmals als der Falsche.«

»Wollten Sie eigentlich unbedingt Chefredakteur dieses geschätzten Blattes werden?«

»Meinen Sie, ich sei der Falsche?«

Andy lächelte seinen Chef an. »Das haben nicht die Mitarbeiter zu beurteilen, das entscheidet der Verleger nach dem Studium der Auflagezahlen.«

Dr. Schmidt-Schulzendorf wurde jetzt konkret. »Ich möchte, daß Sie als inzwischen dienstältester Lokalredakteur ab sofort die Leitung der Lokalredaktion übernehmen.«

»Ich weiß nicht«, antwortete Andy, »ob ich das will. Es ist wirklich ein ehrenvoller Antrag, aber er kommt zur falschen Zeit. Ich überlege, ob ich nicht etwas völlig anderes machen soll. Ich möchte Ihnen jetzt nicht eine Zusage machen und sie in ein paar Wochen zurücknehmen. Auf der anderen Seite will ich die Redaktion jetzt auch nicht hängenlassen.«

Der Chefredakteur überlegte kurz, dann sagte er: »Ich verstehe Sie zwar nicht, aber Sie werden Ihre Gründe haben. Ich werde Sie daher nicht beknien, mein Angebot anzunehmen, aber ich erwarte von Ihnen, daß Sie die Redaktion bis auf weiteres kommissarisch leiten.«

Andy fand dies einen Vorschlag, der ihm vorerst jeden Weg offenhielt, und er stimmte zu. »Gut, aber ich werde nicht anders arbeiten als bisher.«

»Dann haben wir eben weiterhin Streit«, erwiderte der Chefredakteur mit einem Anflug von Lächeln.

Die Verabredung wurde mit Handschlag besiegelt.

»Übrigens habe ich wegen unserer Personalnot noch mal diese Studentin aus München für zwei Monate engagiert«, bemerkte der Chefredakteur beim Abschied, »sie müßte heute kommen. Damals sind Sie doch gut mit ihr ausgekommen, oder?«

»O ja«, bestätigte Andy schnell. Im Gehen überlegte er, ob Dr. Schmidt-Schulzendorfs Frage zweideutig gemeint war.

Andy versammelte die geschrumpfte Lokalredaktion in seinem Büro, das er auch in seiner neuen Funktion nicht aufzugeben gedachte. Er beschrieb den Kollegen die Vereinbarung mit dem Chefredakteur, und Guido Paulat platzte heraus: »Du bist ja wohl besoffen gewesen! Sollst den Job kriegen und handelst den Alten auf ›kommissarisch‹ runter!«

Andy wollte diese Frage nicht in diesem Kreis diskutieren, sondern gab eine Art Parole für die gemeinsame Arbeit aus. »Ich bin lange genug im Geschäft, um zu wissen, wie man eine Story gut schreibt. Aber ob die Story stimmt, das weiß nur der Autor. Ich muß mich also auf euch verlassen. Ich bitte darum, daß ihr ehrliche Stories schreibt. Ich vertrete sie dann nach oben, bis ich rausgeschmissen werde.«

Veronika trat in Andys Zimmer und strahlte ihn an: »Da bin ich. Bringst du mir wieder was bei?«

Sie hauchte ihm einen Kuß auf die Wange, nahm auf dem Besucherstuhl Platz und strahlte ihn weiter an.

»Hast du inzwischen etwas hinzugelernt?« fragte Andy.

»Meinst du beruflich? O ja, ich war vier Wochen beim Fernsehen. Die erste Woche durfte ich nur recherchieren, aber es war ganz anders als bei eurer Zeitung. Wenn du dich am Telefon mit ›Fernsehen‹ meldest, erzählen sie dir alle gleich die tollsten Sachen. In der zweiten Woche durfte ich schon mit Kamerateams rausfahren und Filme machen, kleine wenigstens.«

»Und woher wußtest du, wie man das macht?«

»Das geht ganz von selbst. Du hängst ein paar schöne Bilder hintereinander, knallst einen Text drauf, und der Rest versendet sich.«

»Ich hab mir schon manchmal gedacht, daß das so einfach sein muß«, sagte Andy. »Wann sieht man dich zum erstenmal auf dem Schirm?«

»Von hinten war ich schon mal zu sehen, nächstes Mal schaffe ich es auch von vorn.«

»Muß man das nicht erst lernen?« fragte Andy.

»Nein, die haben das alle nicht gelernt. Sie machen es einfach, und irgendwann klappt's auch halbwegs. Dann bist du Moderator.«

Andy erkundigte sich, wer denn eigentlich Veronika die Tür zum Fernsehen geöffnet habe, die angeblich so fest verschlossen ist.

»Rat mal!« antwortete sie. »Du kennst ihn.«

»Vielleicht mein Freund Tim?«

»Erraten! Und rat mal, wo er jetzt ist!«

»Keine Ahnung. Im Dienst oder bei seiner Frau.«

»Nicht doch. Er sitzt unten in der Kantine. Er hat mich nach Frankfurt mitgenommen, weil er zufällig hier zu tun hatte.«

»Zufällig«, meinte Andy, und Veronika nickte heftig.

Andy ließ seinen alten Freund in der Kantine ausrufen, und kurz darauf stand Tim mit einer Flasche Sekt in der Tür. »Glückwunsch, alter Junge! Die Kantine kennt heute nur ein Thema, nämlich Wohlgemuths Karrieresprung.«

Veronika fragte neugierig. Andy mußte erklären, dann ließ Tim den Sektkorken knallen. Sie tranken und pflaumten sich ein bißchen an, wie es so geht, wenn sich Kollegen von Presse und Fernsehen begegnen.

»Womit wühlst du gerade deine Leser auf?« fragte Tim.

»Mit dem heroischen Kampf unseres OB gegen die vielköpfige Hydra der Verderbtheit im Frankfurter Bahnhofsviertel. Und womit schläferst du deine Zuschauer ein?«

»Zur Zeit mit unserem Jahrhundertbauwerk, dem Rhein-Main-Donau-Kanal. Deswegen mußte ich auch nach Frankfurt, um mir mal den Main richtig anzuschauen.«

Andy erkundigte sich, was Tim von dem Kanal halte.

»Nun, er ist so überflüssig wie ein Kropf. Aber wenn unsere bayerische Staatsregierung der Ansicht ist, man müsse einen Kropf haben und sei ohne einen solchen ein Krüppel, dann müssen wir natürlich unseren Zuschauern diese höhere Einsicht vermitteln. Schließlich ist es die höchste Einsicht des gesamten Freistaats.«

»Das heißt«, stellte Andy fest, »ihr seid, wie wir, völlig unabhängig, solange ihr euch der höheren Einsicht beugt.«

Tim bestätigte das. Dann wollte Andy wissen, wann denn Veronika mal von vorn auf dem Bildschirm zu sehen sein werde.

»Das wird schwierig«, bekannte Tim. »Zwar wollen unsere Zuschauer immer wieder Tiere, Kinder und hübsche Frauen sehen, aber die Frauen dürfen nicht zu aufregend sein, weil es sonst vor dem Fernseher Familienkrach gibt. Veronika könnten wir nur hoch geschlossen und streng frisiert auftreten lassen.«

Andy hatte eine Frage, von der er aber nicht wußte, ob er sie wirklich meinte: »Könnte ich eigentlich auch beim Fernsehen arbeiten?«

»Kannst du lesen, schreiben und telefonieren?« fragte Tim.

»Ja, ich habe sogar zweimal ein Auslandsgespräch geführt.«

»Dann bist du schon überqualifiziert. Hast du schon mal eine Filmkamera aus der Nähe gesehen?«

»Nein«, mußte Andy zugeben.

»Dann bist du karriereverdächtig. Kannst du frei formulieren?«

»Nicht besonders gut«, gestand Andy.

»Sehr gut! Alles andere würde dich bei uns suspekt machen. Aber jetzt kommt die entscheidende Frage: In welcher Partei bist du?«

»In keiner.«

»Aus!« sagte Tim. »No chance! Selbst wenn du in der falschen Partei wärst, wäre es noch besser. Nicht einmal berufliche Qualifikation ist so schädlich wie Parteilosigkeit, verstehst du?«

Wenig später ging Tim, um seine Dienstreise zu rechtfertigen, den Main anschauen. Veronika und Andy saßen noch etwas zusammen.

»Weißt du noch, wie es mit uns angefangen hat?« fragte Veronika.

»Ja, ich weiß. Aber das läßt sich nicht wiederholen.«

»Wer weiß ...«

Abends war Andy zu Besuch bei Pia. Sie hatte ihn schon vor zwei Wochen dazu eingeladen, aber er hatte sich lange um eine Zusage gedrückt. Er hatte sich seine Gefühle beim Betreten der Wohnung vorzustellen versucht, die einmal auch seine Wohnung gewesen war und noch vieles enthielt, das er bei sich bietender Gelegenheit abzuholen gedachte. Vor allem hatte er sich vorzustellen versucht, wie ein solcher Abend verlaufen würde mit der noch nicht geschiedenen Ehefrau in den vormals gemeinsamen vier Wänden. Beinahe hoffte er, es werde noch jemand anwesend sein, vielleicht der

Werbemensch, damit das Beisammensein keine zu trauliche Note bekäme.

Andy klingelte an der Wohnungstür und erschrak darüber, wie vertraut ihm der Klang noch war. Pia öffnete. Sie trug ein unverschämt schönes, beigefarbenes Seidenkleid, schlicht, aber hinreißend. Andy reichte ihr den Blumenstrauß, in durchsichtiger Folie, wie es jetzt die Mode war, und sagte: »Guten Abend.«

»Guten Abend. Schönen Dank für die Blumen! Es sind die schönsten seit zehn Jahren. Stellst du sie bitte ins Wasser? Du weißt ja, wo die Vasen sind. Ich muß schnell in die Küche.«

Andy tat, wie ihm geheißen. Dann sah er sich flüchtig in der Wohnung um. Es hatte sich nicht viel verändert, einige Möbel waren umgestellt, aber keine neuen hinzugekommen. Andy öffnete die Tür seines ehemaligen Zimmers und erschrak ein wenig, denn es war voller Kartons, die unordentlich übereinander und nebeneinander standen.

Pia kam aus der Küche. »Ein bißchen Rumpelkammer«, entschuldigte sie sich.

»Ein bißchen sehr Rumpelkammer«, bestätigte Andy mit einem leichten Unterton von Beleidigtsein.

»Sollte ich ein Museum daraus machen?« fragte Pia.

Sie nahmen im Wohnzimmer einen Apéritif. Andy sah sich um und fragte: »Ist irgendwo ein dritter Mann?«

Pia lächelte. »Ich wollte nicht Skat spielen.«

»Du kannst es ja gar nicht.«

»Nein, ich will es auch nicht. Ich halte es nach wie vor für einen lauten und hirnlosen Kneipensport.«

Früher wäre Andy bei dieser Bemerkung explodiert, hätte etwas von hochnäsiger Selbstgerechtigkeit gefaucht und türeknallend das Zimmer verlassen. Jetzt sagte er nur: »Das sind die kleinen Dinge, die Ehen kaputtmachen. Wie geht es dir übrigens?«

»Nun, ich lebe getrennt von meinem Mann und neuerdings auch von meinem Freund. Entsprechend geht's mir. Und dir?«

»Genauso. Nur mit dem Unterschied, daß ich in Trennung von einer Ehefrau und zwei Freundinnen lebe.«

»So aktiv in letzter Zeit?« staunte Pia.

»Ich weiß nicht, was du mit ›aktiv‹ meinst«, erwiderte Andy, »aber falls du das meinst, was ich vermute: Es klappte besser als in den letzten zehn Jahren. Erstaunlich, nicht wahr? Woran es nur liegt? Ich konnte aber mit den beiden Damen weltanschaulich nicht recht übereinstimmen.«

»Merkwürdig«, fand Pia, »sonst scheitert es doch immer an ganz banalen Dingen: an der Zahnpasta im Waschbecken oder am Suppeschlürfen oder am Schnarchen. Schnarchst du übrigens noch?«

»Ich hatte letzthin keine Beschwerden. Aber du weißt ja, daß man anfangs immer noch denkt, Unarten seien mit Liebe zuzudecken. Warum hast du dich von deinem Freund getrennt? Hat er immer Frühstücksei verklekkert? Oder den Klosettdeckel offengelassen?«

Pia antwortete ernst: »Er wollte etwas anderes aus mir machen.«

Andy schlug entsetzt die Hände zusammen. »Oh, das kenne ich. Das ist ganz schlecht. Man darf nie den anderen zu etwas drängen, was er nicht will. Was solltest du denn werden?«

»Ich sollte eine erfolgreiche Geschäftsfrau bleiben, aber gleichzeitig ein Heimchen am Herd werden. Das geht nicht, habe ich dem Herrn gesagt.«

Andy nickte verständnisvoll.

Der Küchenwecker schrillte, auch dies ein vertrautes Geräusch von früher. Pia ging hinaus und trug bald darauf das Essen auf: Seezunge in Sahnesoße mit frischem Estragon. Andy entkorkte den Wein. Dabei versuchte er, sich zu erinnern, wann sie in ihrer Ehe das letztemal so ein festliches kleines Menü zu zweit gehabt hatten.

»Was macht der Job?« fragte Pia.

»Ich bin seit heute kommissarischer Lokalchef.«

Pia legte ihr Besteck nieder und erhob ihr Glas: »Meinen Glückwunsch! Du hast lange genug darauf warten müssen.«

Andy stieß mit ihr an und sagte: »Jetzt bin ich's geworden, ohne es richtig zu wollen. Ich werde vielleicht sogar kündigen und mich nach irgend etwas anderem umtun.«

»Es wäre schade«, fand Pia, »denn was du in letzter Zeit geschrieben hast, war viel besser als alles frühere. Man hatte den Eindruck, da schreibt einer, der sich nicht mehr die Butter vom Brot nehmen läßt.«

»Mag ja sein«, sagte Andy, »aber wen interessiert schon, was im Lokalteil unseres geschätzten Blattes steht?«

Pia widersprach ihm. »Einige Leute haben gemerkt, daß mit diesem Herrn Wohlgemuth etwas vor sich gegangen ist. Der Werbemensch zum Beispiel, von dem ich mich gerade getrennt habe, hat es auch bemerkt. Er ist übrigens nach wie vor an dir interessiert.«

»Das ändert sich schlagartig«, sagte Andy lachend, »wenn er erfährt, daß ich keine müde Mark in seinen Laden einbringen kann. Die Erbschaft ist nämlich futsch. Jawohl, futsch! Der alte Wohlgemuth hat das Finanzamt jahrelang so gnadenlos übers Ohr gehauen, daß Karin und ich jetzt froh sein können, wenn wir nichts draufzahlen müssen. So sieht's aus.«

Pia war einen Moment entgeistert, so daß Andy schon denken wollte: Aha, sie hat immer noch drauf spekuliert. Aber dann lachte Pia herzlich. »Das finde ich großartig! Die Erbschaft ist futsch, und du willst deinen Job kündigen.«

»Richtig. Und mich scheiden lassen.«

»Und das alles findest du völlig normal?« fragte Pia.

Andy hatte nicht das Gefühl, sich rechtfertigen zu müssen, und erwiderte gelassen: »Normal ist es sicher nicht, aber normal war ich jetzt lange genug. Vernünftig finde ich es aber. Ich lege alles ab und versuche, etwas Neues mit mir anzufangen.«

Pia konnte das nicht sogleich verarbeiten und räumte erst einmal kopfschüttelnd das Geschirr ab. Dann brachte sie das Dessert, eine selbstgemachte Mousse au Chocolat.

Sie löffelten eine Weile schweigend, bis Pia sagte: »Irgendwie gefällt mir das ja. Vielleicht tust du das Verkehrte, aber endlich tust du was. Im Ernst, du gefällst mir plötzlich wieder.«

»Und was fangen wir mit dieser überraschenden Erkenntnis an?«

»Natürlich nichts«, erwiderte Pia.

Sie trug Mokka auf und schenkte Cognac ein.

»Ich fühle mich inzwischen sehr wohl ohne dich«, sagte sie. »Ich werde mich auch sehr bald wohl fühlen ohne den Freund, den ich mir völlig überstürzt genommen hatte. Es ist schön, wieder unabhängig zu sein. Ich kann mir aussuchen, mit wem ich zusammensein will. Sogar mit dir.«

Pia lächelte ihn auf eine Weise an, die mindestens einen Funken Herausforderung zu enthalten schien. Andy hätte die Herausforderung, wenn es denn wirklich eine war, gern angenommen, war seiner Sache aber nicht sicher.

»Mein Freund Rainer«, sagte er, »der gerade an einem Roman schriftstellert, würde jetzt eine Szene entwerfen, in der alte Leidenschaft neu aufbricht. Der Protagonist verführt die eigene Ehefrau. Oder umgekehrt. Da dem Gast Zurückhaltung auferlegt ist, ließe mein Freund Rainer die Gastgeberin sich erheben und dem Gast einen bedeutungsvollen Blick zuwerfen.«

Pia lächelte Andy lange und etwas spöttisch an, dann erhob sie sich.

52

Auf Andys Schreibtisch lag ein Luftpostbrief von Frau Gruen aus San Francisco.

»Lieber Herr Wohlgemuth!« schrieb sie. »Nach langem Überlegen habe ich beschlossen, daß Sie eines Tages mein Haus in San Francisco erben sollen. Alles andere werde ich der jüdischen Gemeinde vermachen, aber das Haus sollen Sie haben. Fragen Sie bitte nicht warum. Ich habe die Absicht, noch in diesem Jahr wieder nach Frankfurt zu kommen. Wir können dann miteinander sprechen. Beste Grüße, Ihre Esther Gruen.«

Moment, das kann nicht sein! dachte Andy und las den kurzen Brief noch einmal. Dann rief er Herrn Gutjahr an und fragte, ob er nachmittags kurz vorbeischauen dürfe.

»Lassen Sie mich auf meinen Terminkalender sehen«, bat Herr Gutjahr, »denn Sie wissen ja, daß Pensionäre nie Zeit haben. Ich sehe aber, daß es heute geht.«

Andy legte nachmittags Herrn Gutjahr den Brief von Frau Gruen vor und erklärte sogleich: »Mir ist das gar nicht recht. Ich habe nichts für diese Frau getan.«

Herr Gutjahr widersprach ihm. »Wenn Sie nichts für Frau Gruen getan hätten, dann wäre sie nicht auf diese Idee gekommen.«

»Aber was denn, um Gottes willen?«

»Das wird sie schon wissen. Auf jeden Fall müssen Sie diese Großzügigkeit annehmen. Dankbarkeit darf man nie zurückweisen, selbst wenn man ihre Ursachen nicht kennt.«

»Gut, aber was soll ich mit dem Haus anfangen?« fragte Andy.

»Vielleicht sogar drin leben. San Francisco soll sehr schön sein. Und ein junger Spund wie Sie kann sich noch einmal eine Existenz aufbauen. Und wenn nicht, dann verschenken Sie's an jemanden, dem wiederum Sie zu Dank verpflichtet sind.«

»Da wüßte ich niemanden«, erwiderte Andy.

Herr Gutjahr sah ihn fast ein wenig mitleidig an. »Niemanden? Immer alles allein geschafft? Immer Einzelkämpfer? Nein, lieber Freund, ich werde bald einundneunzig, mir erzählt man so etwas nicht.«

Andy versprach, das Haus ohne Widerrede anzunehmen. Dann berichtete er über seine Begegnung mit Karl-

Heinz Küchenmeister und den Plan, sobald wie möglich gemeinsam nach Kalifornien zu fliegen. »Wollten Sie nicht auch einmal dorthin? Wollten wir nicht zusammen fliegen? Ich würde alles organisieren.«

Andy erwartete auf seine spontane Frage mindestens ein paar Rückfragen, statt dessen erhielt er eine spontane Antwort. »Ja, ich komme mit.«

Beim trockenen Weißwein, den Andy noch von Gutjahrs neunzigstem Geburtstag her kannte, und einer Brasilzigarre sprachen sie noch über Andys berufliche Erfahrungen der jüngsten Zeit.

»Ich habe wohl bemerkt«, meinte Herr Gutjahr, »daß im Lokalteil ein frischer Wind weht. Mit vielem stimme ich nicht überein, aber es liest sich wieder interessant.«

»Mein Chefredakteur«, bekannte Andy, »stimmt sogar mit dem meisten nicht überein. Er fragt immer, ob ich das alles richtig fände. Jawohl, antworte ich dann höflich, sonst würden wir es anders machen. Irgendwann schmeißt er mich raus, aber im Moment traut er sich noch nicht, weil sonst die Lokalredaktion zusammenbricht.«

»Glauben Sie wirklich, er schmeißt Sie raus?«

»Nein, denn ich werde ihm vermutlich zuvorkommen und selbst kündigen.«

»Und dann?« fragte Herr Gutjahr interessiert.

»Ich weiß es nicht, aber ich habe keine Angst mehr, nichts anderes zu finden. Es ist merkwürdig: Wenn du dich nicht mehr einschüchtern läßt, gucken dich plötzlich alle mit großen Augen an und halten dich für den kommenden Mann. Das bin ich bestimmt nicht, aber auch nicht mehr das Würstchen, das ich vor einem Jahr noch war. Ich werde irgend etwas tun.«

Andy versprach, trotz der schlechten Personallage zwei Wochen Urlaub für die Reise nach Kalifornien herauszuschinden. »Soll der Chefredakteur mal für diese Zeit das Lokale mit betreuen. Mal sehen, was dabei herauskommt.«

Rainer saß wieder über seinem Manuskript. »Der Ablieferungstermin drängt. Ich sage dir, das ist ein hartes Brot. Du kannst nicht im stillen Kämmerlein sitzen und auf die Muse warten, nein, du mußt ranklotzen, damit der Verlag sein Halbjahresprogramm auf die Beine bringt.«

»Unsere Zeitung erscheint sogar täglich«, tröstete ihn Andy, »aber ich gebe zu, daß sie auch nicht für die Ewigkeit gemacht wird. Kann ich dir irgendwie helfen? Kommst du mit mir klar?«

»Sehr gut. Ich habe übrigens schon vor Wochen beschlossen, daß deine Erbschaft den Bach hinuntergeht. Ich konnte mir nämlich nicht vorstellen, daß du das viele Geld wirklich ausschlagen würdest, wenn du es erst mal bekämst. Vielleicht tue ich dir damit unrecht, aber ich konnte es mir einfach nicht vorstellen. Der Verleger übrigens auch nicht. Wir haben uns gesagt, ein Ende als Millionär wäre keine Story. Da hätten wir dich besser aus dem Buch gestrichen.«

»Und wie sieht nun mein Ende aus?« erkundigte sich Andy neugierig.

»Das wirst du erfahren, wenn das Buch fertig ist, und dann können wir ja vergleichen.«

Andy wechselte das Thema. »Willst du Transvestit werden?«

»Wieso?«

»Im Badezimmer liegt ein Büstenhalter.«

»Oh, den muß sie vergessen haben.«

»Wer: sie?« fragte Andy.

»Also, ehe du es aus dunklen Quellen erfährst: Silvia war hier.«

Andy stutzte kurz, dann lachte er. »Deswegen kam mir das Kleidungsstück so bekannt vor. Wollte sie mich sprechen?«

»Nein, mich.«

»Und ihr habt offenbar sehr lange miteinander gesprochen.«

»Wenn du es so genau wissen willst«, erwiderte Rainer, »gesprochen haben wir nicht sehr lange. Bist du eifersüchtig?«

»So gut wie kaum. Ich finde es nur unschicklich, daß sie sich schnell und ausgerechnet mit meinem besten Freund getröstet hat.«

»Unschicklich, unschicklich! Du hast es nötig. Du warst letzthin bei Pia, nicht wahr? Rede dich nicht heraus! Taxifahrer kommen viel rum, schon mal von Berufs wegen. Und wenn abends dein Auto vor Pias Haus steht und morgens immer noch, was schließt ein aufmerksamer Taxifahrer daraus?«

»Ich bin mit der Dame verheiratet«, verteidigte sich Andy.

»Das entschuldigt nichts. Du hast ein Verhältnis mit deiner eigenen Frau, du Lüstling! Läßt du dich eigentlich scheiden oder nicht?«

»Auf jeden Fall. Schon mal, damit ich mit Pia verkehren kann, ohne daß du mich deswegen beschimpfst.«

»Fang bitte nicht wieder ernsthaft mit ihr an!« bat Rainer. »Mein Verleger und ich haben sie nämlich abgeschrieben.«

53

Andy hatte den Termin der Reise nach Amerika mit Herrn Gutjahr und Karl-Heinz Küchenmeister abgestimmt. Jeder der beiden alten Herren wollte gern Andys Ticket bezahlen, am Ende teilten sie es sich. Schwierig war es gewesen, den Chefredakteur davon zu überzeugen, daß diese private Reise wichtiger war als die Anwesenheit auf dem Posten. »Auf diesem Posten ist doch jeder ersetzbar«, erklärte Andy, »das haben wir doch in letzter Zeit oft genug durchexerziert, von Schaaf über Buske und Reimann bis zu mir. Und ich bin sicher nicht die ideale und endgültige Wahl für Sie. Also probieren Sie doch mal zwei Wochen lang, wie es ohne mich geht.«

Nach mancherlei Einwänden war Dr. Schmidt-Schulzendorf einverstanden und entschied sich, die Lokalredaktion für zwei Wochen selbst mit zu betreuen. Donnerwetter, dachte Andy, jetzt braucht es schon einen Chefredakteur, um mich zu vertreten.

Wenige Tage vor dem Abflug brachte der Postbote einen dicken Einschreibebrief von Onkel Ben. Er enthielt zahlreiche fotokopierte Papiere mit endlosen Kolonnen von Zahlen. Andy räumte die Reste des Frühstücks weg, das er mit Rainer vor dessen Schichtbeginn eingenommen hatte, machte sich eine neue Kanne Tee, goß sich dazu einen doppelten Whisky ein und begann zu studieren. Anfangs las er Zeile für Zeile Steuerbescheide, Firmenbilanzen, Kaufverträge und Grundbucheintragungen. Nach einem Drittel des Papierkriegs fragte er sich, wie sich ein Mann vom Format Onkel Bens berufsmäßig und lebenslänglich mit so etwas befassen konnte. Er überflog den Rest und konzentrierte sich auf die Schlußabrechnung, die Onkel Ben handschriftlich zusammengestellt hatte.

»Na, sieh mal an«, murmelte Andy zu sich selbst, »es ist ja noch etwas hängengeblieben.«

Er rief, ohne Rücksicht auf die dortige Tageszeit, in Kalifornien an. Es dauerte lange, ehe sich Karin verschlafen meldete: »Yes, please.«

»Hallo, hier ist Andy.«

»Oh, weißt du, wie spät es hier ist?«

»Früh, nehme ich an. Für wieviel Dollar habt ihr Kram bestellt?«

»Warum mußt du das mitten in der Nacht wissen?« fragte Karin gähnend.

»Sag doch schon!«

»Ungefähr für hunderttausend Dollar.«

»Hilf mir mal rechnen«, bat Andy, »wir haben nämlich zweihundertzehntausend Mark.«

Karin wurde plötzlich munter und rechnete blitzschnell um, daß es sich um rund 80 000 Dollar handelte.

»Dann müßt ihr einen Teil wieder abbestellen«, erklärte Andy, »aber wir sind noch mal mit einem blauen Auge davongekommen. Wenn man sich jedoch vorstellt, wieviel es hätte sein können ...«

»Daran denke ich schon nicht mehr«, erwiderte Karin. »Mir wäre ohnehin lieber, ich hätte das Geld in Reno oder Las Vegas gewonnen, das wäre ehrlicher. Aber wieso eigentlich zweihundertzehntausend? Die Hälfte gehört doch dir.«

»Nee, laß mal. Ich habe dafür das Recht, lebenslänglich gegen Kost und Logis Pfirsiche zu sortieren. Okay?«

Karin schlug vor, das Thema in wenigen Tagen persönlich zu besprechen, und Andy schickte sie telefonisch wieder zu Bett.

»Fährst du Herrn Gutjahr und mich morgen zum Flughafen?«

»Zu welchem Flughafen?« fragte Rainer.

»Du bist wirklich überarbeitet«, fand Andy. »Wann ist denn dein Manuskript endlich fertig?«

»Nächste Woche. Und ich bin dann auch fertig. Weißt du, was ich dann mache? Ich fahre in die Dolomiten zum Klettern. Ich war über ein Jahr nicht mehr dort.«

Andy hatte nicht gewußt, daß Rainer Bergsteiger war, er hatte nie darüber gesprochen, auch keine entsprechenden Foto-Trophäen an der Wand hängen. Aber Andy hatte sich daran gewöhnt, immer wieder mal beiläufig Bemerkenswertes über seinen Freund zu erfahren. Er mußte plötzlich an Veronikas Münchner Freunde denken, an das aufgeregte Gehabe, mit dem sie sich in Szene zu setzen versuchten. Sogar Silvias Freunde, die ja immerhin noch etwas zu bewegen versuchten, wirkten gegenüber Rainer wie aufziehbares Blechspielzeug.

Denn er tat alles, auch wenn es mal das Verkehrte war, mit größter Ruhe und Selbstverständlichkeit. Wenn Andy es recht bedachte, hatte dies inzwischen sehr auf ihn abgefärbt.

»Da ich in Amerika bin, wenn dein Manuskript fertig ist, müssen wir vorfeiern«, schlug Andy vor.

Rainer hielt das für problematisch und wies auf den alten Aberglauben hin, nach dem auch die Vorfeier eines Geburtstages Unglück bringe. Aber Andy überzeugte ihn mit dem Argument: »Ich will der erste sein, der mit dir darauf trinkt, und um sicherzugehen, muß ich es heute abend tun.«

Sie feierten mit Sekt. Andy ließ sich darüber aus, ab welcher Auflagenhöhe man auf Champagner umsteigen werde und mit welcher Art von Fest der erste Sprung in die Bestsellerliste zu begehen sei. Rainer nannte seinen Freund einen Kindskopf und wies alle derartigen Überlegungen weit von sich. Er nahm das Manuskript zur Hand, dessen Inhalt Andy noch immer nur in groben Zügen kannte. Es war ein grauer und schon ziemlich abgegriffener Leitz-Ordner, auf dessen Rücken immer noch, als sei inzwischen nichts geschehen, mit Filzstift geschrieben stand: »KFZ-Rechnungen.« Rainer hielt den Ordner in beiden Händen vor sich hin. »Das will ich eines Tages als Buch in der Hand halten. Gedruckt, gebunden und in einem farbigen Schutzumschlag. Das ist das Ziel, das ich beim Schreiben hatte. Nichts weiter. Kein Gedanke an Auflage und Bestseller. Wenn ich daran gedacht hätte, dann hätte ich auf halber Strecke aufgegeben.«

»Gut«, sagte Andy, »das verstehe ich sogar. Aber manchmal denkst du schon daran, daß in hundert Jahren einer das Buch aus dem Regal nimmt und aufschlägt und blättert und sagt: Rainer Wilke? Na, laß mal sehen!«

Mitten in dieses Gespräch hinein klingelte das Telefon, Rainer hob ab und hörte zu. »Nein, nicht heute abend«, sagte er dann, »du kannst ihn morgen abholen. Hast du keinen zweiten? Gut, also bis morgen.«

»Silvia?« fragte Andy, als Rainer aufgelegt hatte.

»Ja. Sie hat ihn schon wieder hier liegenlassen. Kein Wunder, sie trägt ja erst seit kurzem welche, seit sie dich kennt.«

Sie tranken ihren Sekt aus, und Rainer schwärmte noch ein wenig vom Bergsteigen in den Dolomiten. Für ihn sei es ein unbeschreiblich glückliches Gefühl, allein mit sich und dem Berg zu sein, über sich nur noch den Himmel zu haben.

»Und unter dir den Abgrund«, warf Andy ein, der mit diesem Sport nichts im Sinn hatte.

»Du mußt nach oben schauen«, erwiderte Rainer, »dann siehst du den Abgrund gar nicht.«

54

Andy hatte dafür gesorgt, daß Herr Gutjahr einen Fensterplatz in der Reihe mit den Notausstiegen hatte, wo man besonders viel Fußfreiheit genoß. Andy saß neben ihm, Karl-Heinz Küchenmeister am Gang.

Die beiden alten Herren hatten sich erstmals auf dem Flughafen gesehen und auf Anhieb gut verstanden. Als die Maschine abhob und Frankfurt in Wolken versank, lehnte sich Andy in seinem Sessel zurück und dachte einfach an nichts.

Später, über dem Atlantik, mußten sich die alten Herren endlich besser kennenlernen, und da sie sich dauernd über Andy hinweg oder an ihm vorbei unterhielten, ließ er sie zusammenrücken und nahm den Platz am Gang. Bald begann er zu überlegen, welches Programm er den beiden bieten sollte, aber dann zwang er sich wieder, endlich einmal alles auf sich zukommen zu lassen.

Karin war diesmal ohne die Kinder zum Flughafen gekommen. Andy entdeckte sie zuerst und lief zu ihr. »Bist du aufgeregt?«

»Du kannst vielleicht blöd fragen«, erwiderte sie, »lern du mal deinen Vater kennen!«

»Paß auf, da kommen sie. Deiner ist der jüngere von beiden. Ich mache Fotos von dem historischen Moment. Gib acht, daß du mit deinem Blumenstrauß nicht alles verdeckst!«

Vater und Tochter sahen sich in die Augen und fanden keine Worte.

Andy fotografierte und rief: »Die Blumen runter!«

Karin erinnerte sich, weshalb sie die Blumen mitgebracht hatte, und drückte sie Karl-Heinz in die Hand.

Daraufhin wurde auch dieser lebendig und nahm seine Tochter in die Arme.

»Hierher schauen!« rief Andy und drückte mehrmals hintereinander ab.

Herr Gutjahr gab Karin die Hand. »Gegen eine Tochter wie Sie würde ich mich auch nicht sträuben.«

Karin gab sich einen Ruck und sagte endlich etwas: »Ja, dann herzlich willkommen alle zusammen!«

Für Andy war diese zweite Ankunft fast wie Nachhausekommen: Da waren wieder der große Ford mit dem blubbernden Achtzylinder, der Weg aus dem Labyrinth des Flughafens, der achtspurige Highway No. 101, die kilometerlange San Mateo Bridge. Alles wie beim erstenmal. Aber diesmal saß Karl-Heinz vorn neben Karin, während Andy und Herr Gutjahr hinten Platz genommen hatten.

Karl-Heinz hatte bald wieder Worte gefunden und Karin vorgeschlagen, sie solle ihn mit seinem Vornamen anreden. »Ich finde, ›Papi‹ würde ein bißchen eigenartig klingen.«

Das Gespräch während der Fahrt ging kunterbunt durcheinander. Die drei Ankömmlinge berichteten von ihrem elfstündigen Flug, Karin erklärte die Landschaft und den Weg nach Modesto, Karl-Heinz erzählte von sich und seinem Heim in Hamburg, dann wieder mußte Karin die Farm schildern und was dort in dieser Jahreszeit gerade vor sich ging. Herr Gutjahr schwieg die meiste Zeit, beteuerte jedoch, keineswegs müde zu sein, sondern die Tatsache zu genießen, daß er doch noch in diesem Leben Kalifornien kennenlerne.

Bob hatte die Kinder vor der Tür des Farmhauses aufgebaut und gab den Einsatz für ein Begrüßungslied, doch Jessica und Patrick waren zu aufgeregt, um mehr als drei Zeilen zu singen. Andy fotografierte.

»Willkommen!« sagte Bob in seiner wenig redseligen Art.

Die Kinder gaben artig die Hand, dann bombardierten sie den neuen Opa erstaunlich unbekümmert mit Fragen.

»Hast du zu Hause einen Mercedes?« wollte Patrick wissen.

»Ja, aber einen ganz alten.«

»Hast du ein Haus?« erkundigte sich Jessica.

»Ja, aber ein kleines.«

»Das ist genug«, stellte Jessica fest, »du hast ja keine Frau.«

»Der andere Opa hatte auch einen Mercedes«, plapperte Patrick, »und ein großes Haus und eine Oma.«

»Aber er war viel dicker«, erinnerte sich Jessica.

»Alles in allem«, bemerkte Andy, »habt ihr euch also in bezug auf den Opa nicht verschlechtert.«

Es gab Kaffee und Kuchen nach deutscher Art. Karin saß zwischen Bob und ihrem Vater und schien froh zu sein. Karl-Heinz mußte viel von sich erzählen, von seiner Frau und seinen beiden jüngeren Töchtern. Er zeigte Fotos. Einmal fing Andy einen Blick von Karin auf und hatte das Gefühl, daß sie beide in diesem Moment an ihre Mutter gedacht hatten, aber das konnte auch Einbildung gewesen sein.

Karl-Heinz wollte anschließend gleich die Farm besichtigen, Herr Gutjahr mochte sich dies nicht entgehen lassen, Karin setzte die beiden in den Jeep und fuhr mit ihnen los. Andy blieb mit Bob zurück im Haus.

Wie alt dieser Mr. Gutjahr sei, wollte Bob wissen, und er war verwundert, als er es erfuhr. Dann bestätigte er, daß ihm Karl-Heinz auf Anhieb gut gefallen habe. »He's a real nice guy, isn't he?«

Beim Abendessen gähnten die drei Gäste manchmal verstohlen, denn für sie war es nach deutscher Zeit inzwischen fünf Uhr morgens. Aber nicht einmal der alte Herr Gutjahr war bereit, diese ersten Stunden bei Karin und Bob schlafend zu versäumen. Er nippte vorsichtig an einem Glas kalifornischen Beaujolais und hatte plötzlich eine Idee. »Ich rufe meinen Sohn in Atlanta an, daß er am Wochenende nach San Francisco kommt. Es sind ja nur vier Stunden Flug.«

Andy ergänzte den Vorschlag: »Am Wochenende ist auch Frau Gruen von einer Reise nach Oregon zurück, dann besuchen wir sie alle zusammen und schauen uns mein künftiges Haus an.«

An den folgenden Tagen wollte Karl-Heinz verständlicherweise viel mit Karin, Bob und den Kindern zusammensein und den Farmbetrieb kennenlernen. Um für letzteres gerüstet zu sein, hatte er sich eigens vor der Abreise aus Hamburg ein Paar Jeans gekauft. Bob stattete ihn darüber hinaus mit einem schattenspendenden Cowboy-Hut und einem Paar gebrauchter hochhackiger Stiefel aus.

Herr Gutjahr wollte schauen, und Andy chauffierte ihn gern umher: ins historische Goldgräberland um Sacramento, in den atemberaubend schönen Yosemite National Park, vor allem aber ein ums andere Mal ins zwei Stunden entfernte San Francisco. Andy saß gern am Steuer des großen Ford und ließ sich bequem, mit Automatik und Servolenkung, den Highway entlangtreiben. Autofahren war hier nicht Bürgerkrieg, sondern Entspannung. Immer besser fand sich Andy auch ohne Karte zurecht, und beinahe fühlte er sich ein bißchen wie zu Hause. Er stellte außerdem mit Genugtuung fest, daß San Francisco auf Herrn Gutjahr die gleiche berauschende Wirkung ausübte, die er selbst bei seinem ersten Besuch verspürt hatte.

Beim Mittagessen im »Ghirardelli Square«, mit Blick auf Golden Gate Bridge und Alcatraz Island, bemerkte Herr Gutjahr: »Wenn ich halb so alt wäre, würde ich hier einen neuen Anfang wagen. Herr Wohlgemuth, warum gehen Sie nicht in diese Stadt und beschreiben für die deutschen Zeitungen, was in diesem verrückten Kalifornien los ist?«

»Diese Idee hatten leider schon ein paar Kollegen vor mir.«

»Na und? Dann schreiben Sie eben besser als die anderen. Sie können es doch besser, oder nicht?«

Andy lachte. »Wenn Sie das finden, dann finde ich das einfach auch. Aber im Ernst, ich habe schon darüber nachgedacht.«

Herr Gutjahr erinnerte sich. »Als ich knapp vierzig war, habe ich auch überlegt, ob ich auswandern sollte. Das war im Jahr dreiunddreißig. Damals haben viele darüber nachgedacht. Aber mir ging es materiell nicht schlecht, und ich war politisch nicht gefährdet, also bin ich geblieben. Heute würde ich mich dafür, wenn ich noch etwas gelenkiger wäre, in den Allerwertesten beißen. Nach der Hälfte des Lebens noch einmal woanders anfangen, wissen Sie, was das bedeutet? Das bedeutet, zweimal zu leben, ohne zweimal geboren zu werden. Verstehen Sie, wie ich das meine?«

Am Wochenende kam tatsächlich Gutjahr jun. mit Frau aus Atlanta angeflogen. Sie stiegen im »Hyatt Regency« ab, dem verrücktesten Hotelbau, den Andy kannte, und hatten dort auch für den Vater ein Zimmer reserviert, um zu dritt einen ungestörten Abend ohne Drängen zum Aufbruch verleben zu können. Andy brachte Herrn Gutjahr am Samstagnachmittag hin.

Gutjahr jun. war seinem Vater auf eine Art und Weise aus dem Gesicht geschnitten, die beinahe erheiternd wirkte. Allerdings war er größer und stämmiger als sein alter Herr.

»Das ist mein Kleiner«, sagte Herr Gutjahr, »er ist erst sechzig. Ernest Goodyear. Die ersten Jahre in Amerika mußte er seinen Namen so oft buchstabieren, daß er's am Ende leid war und ihn einfach übersetzte.«

Der Sohn lachte. »Seither wollen alle bei mir Autoreifen zum Einkaufspreis bestellen.«

»Und was kauft man in Wahrheit bei Ihnen zum Einkaufspreis?« fragte Andy.

»Häuser. Pläne für Häuser, genauer gesagt. Ich habe von meinem Vater den unseligen Drang geerbt, den freien Blick ins Grüne mit Beton zu verstellen.«

»Unser Sohn hat diesen Drang ebenfalls geerbt«, ergänzte Mrs. Goodyear in beinahe akzentfreiem Deutsch, »auch er sieht in jedem unbebauten Quadratmeter eine Herausforderung.«

Mrs. Goodyear schien etwa zehn Jahre jünger als ihr Mann zu sein und war in unauffälligen, aber teuren italienischen Schick gekleidet. Nur das bläulich getönte Haar und die dazu passende Brille verrieten die Amerikanerin.

Nach einem gemeinsamen Drink verabschiedete sich Andy und erinnerte noch einmal an die morgige Verabredung bei Frau Gruen.

Beim Abendessen im Farmhaus stellte Andy fest, wie sehr Karl-Heinz in den wenigen Tagen Bestandteil der Familie geworden war. Patrick fragte nämlich bereits, wann man den neuen Opa in Deutschland besuchen dürfte.

»Nächstes Jahr«, versprach Karin.

»Fahren wir mit dem Ford oder dem Rabitt?« fragte Patrick weiter.

»Wir fliegen mit dem Flugzeug. Opa wohnt doch hinterm Ozean, in Hamburg.«

Patrick trank Coca-Cola und schien etwas zu überlegen, dann fragte er: »Ist Opa ein Hamburger?«

Es wurde im bestätigt, und Patrick schaute lange und etwas ratlos vor sich hin.

55

Noch beim Sonntagsfrühstück sorgte sich Karin um Frau Gruen. »Wir brechen mit neun Personen in ihr Haus ein, wie soll sie das überstehen?«

»Ich habe sie gestern telefonisch vorgewarnt«, erklärte Andy, »sie ist völlig gelassen, zumal ich ihr versprochen habe, daß die Kinder den ganzen Nachmittag über brav und lautlos spielen werden.«

»Auch das noch!« stöhnte Karin.

Frau Gruen begrüßte zuerst Herrn Gutjahr wie einen alten Freund. »Ich freue mich ja so, daß Sie die Reise wirklich gewagt haben.«

»Ich trage dabei kein Risiko«, erwiderte Herr Gutjahr, »denn unser junger Freund Wohlgemuth hat sich verpflichtet, mich heil wieder in Frankfurt abzuliefern.«

Andy gab Frau Gruen die Hand und bedankte sich, dann stellte er ihr nacheinander alle anderen vor, die mitgekommen waren. Das Haus wurde besichtigt und wegen seiner gediegenen Einrichtung von allen bewundert. Herr Gutjahr interessierte sich besonders für die Frankfurter Motive von Max Beckmann und erzählte, er sei dem Maler vor dreiunddreißig mehrmals in Frankfurt begegnet. Frau Gruen bat an die Kaffeetafel. Sie hatte »German applecake« gebacken und servierte ihn mit den Worten: »Dieser Kuchen ist ein Kompromiß. Es ist ein original amerikanisches Rezept, das in Deutschland niemand kennt. Aber es heißt ›German applecake‹, und keiner weiß, warum. Mir schien es geeignet für diesen Anlaß.«

Herr Gutjahr kostete als erster den Kuchen und gab eine Erwiderung: »Nach dem ersten Bissen möchte ich feststellen, daß ich als Deutscher gern unseren Namen für diese Köstlichkeit hergebe, auch wenn es unverdient sein mag. Unserem Namen kann nämlich nicht genug Gutes widerfahren, nachdem wir ihm so viel Schlimmes angetan haben. Aber darüber sollten wir jetzt nicht reden. Erfreuen wir uns der augenblicklichen und hoffentlich lange dauernden Phase des friedlichen Austauschs kultureller Werte: German Beer gegen Coca-Cola, Frankfurter gegen Hamburger, Hummel-Figuren gegen Micky-Mäuse, Elke Sommer gegen Doris Day. Man weiß nie, welche Seite bei diesem Austausch gewinnt oder verliert, aber vielleicht verbindet gerade das so sehr. Ich bitte übrigens, sich nicht vom Essen abhalten zu lassen«, bat Herr Gutjahr, um fortzufahren: »Amerika – Sie, Frau Gruen, haben es gewählt, mein Sohn hat es gewählt, Karin ebenfalls, wir anderen sind in Deutschland geblieben, Andreas überlegt noch. Wir alle sind, soweit ich uns kenne, vernünftige Menschen. Allerdings kenne ich nur mich selbst so lange, daß ich da ganz sicher bin. Jedenfalls: Wenn wir in der Lage sind, hier oder dort zu leben, dann kann doch das eine Land nicht so ganz anders sein als das andere.«

Frau Gruen antwortete mit einer unausgesprochenen Einschränkung auf Herrn Gutjahrs Worte: »Ich werde wieder nach Deutschland kommen, um Sie zu treffen und Andreas Wohlgemuth und um Tischbeins Goethe im Städel zu besuchen. Aber jetzt bitte nichts Grundsätzliches mehr!«

Nach dem Kaffeetrinken trieb Karin die Kinder in den Garten hinter dem Haus und befahl ihnen unter Androhung härtester Strafen bis hin zum Fernsehentzug, friedlich und lautlos zu spielen. Die Erwachsenen blieben an der Tafel sitzen. Da sich einige zum erstenmal sahen, hob ein großes Erzählen und Erklären an. Nach eineinhalb Stunden unterbrach Frau Gruen das muntere Palaver und bat Andy, zwei Sektflaschen zu öffnen. Als er eingeschenkt hatte, erhob sie sich und wurde etwas feierlich: »Ich habe Andreas Wohlgemuth zum Erben meines Hauses eingesetzt. Das Haus ist alt und ein wenig renovierungsbedürftig – wie seine Besitzerin. Es hat eben schon ein paar Erdbeben überstanden – wie seine Besitzerin. Aber es ist ein schönes Haus in einer schönen Stadt, und ich liebe es.«

In diesem Moment stürzte Patrick von draußen herein. »Mam! Jessica calls me bad names!«

»She's right!« sagte Karin kurz und setzte ihn wieder vor die Tür.

Frau Gruen lächelte. »Machen wir's nicht zu feierlich. Ich habe mir eben gedacht, Andreas könnte der Richtige sein. Trinken wir auf das alte Haus und hoffen wir, daß das große Erdbeben erst in hundert Jahren kommt!«

Andy mußte ein paar Worte erwidern. »Ich danke Ihnen, Frau Gruen. Ich weiß nicht, womit ich es verdient habe, aber Herr Gutjahr hat mich belehrt, daß ich danach nicht zu fragen habe. Es ist Ihr Wunsch, und ich will versuchen, der Richtige zu sein.«

Sie stießen an, und Frau Gruen verlangte, nun endgültig zum geselligen Teil überzugehen.

Erneut setzte allgemeines Palaver ein. Sie sprachen über Kalifornien, dieses Traumland der meisten Amerikaner und vielleicht sogar der halben Welt. Die in Kalifornien lebten, also Frau Gruen, Karin und Bob, kehrten auch die Schattenseiten hervor. Zum Beispiel die beängstigende Überbevölkerung der Zentren und den nicht zu bremsenden illegalen Zustrom arbeitsuchender Mexikaner, aus dem Bob freilich in Form billigster Kräfte für die Farm seinen Nutzen zog. Das sei hier nun mal so, meinte er, daß jeder seinen Vorteil suche, und in diesem Fall fänden ihn ja beide Seiten, die Mexikaner ebenso wie er. Auf die bedrohte Umwelt kamen sie zu sprechen und den krankmachenden Smog von Los Angeles, und Frau Gruen beklagte, daß man auch in San Francisco bald seines Lebens nicht mehr viel sicherer sei als in den kriminellen Hochburgen der Ostküste. Aber immer wieder betonten sie, Kalifornien sei – wenn schon nicht das Paradies – der beste Platz zum Leben. Es gab eine freundschaftliche Auseinandersetzung mit Mr. Goodyear über die Frage, ob sein Georgia oder ihr California den besseren Präsidenten nach Washington geschickt hätten, und sie einigten sich darauf, beide Herren hätten bei ihren angestammten Berufen als Erdnußfarmer beziehungsweise Cowboydarsteller bleiben sollen. Auf Washington waren alle schlecht zu sprechen, und Bob meinte, die amerikanische Demokratie funktioniere zwar seit über zweihundert Jahren ganz leidlich, aber in der Hauptstadt habe sich doch ein großer Haufen Inkompetenz und Korruption angesammelt. Andy tröstete ihn damit, daß es in Bonn nur deshalb noch nicht ganz so schlimm sei, weil dort erst seit fünfunddreißig Jahren regiert werde. Hier wie dort, stellte Mr. Goodyear fest, gingen nun mal selten die besten Leute in die Politik. In Atlanta, warf seine Frau ein, würden die allerbesten Leute Architekten. Mr. Goodyear fand das eine ungezogene Bemerkung, griff aber das Thema sofort auf, als habe er das Stichwort herbeigesehnt. Er schilderte in glühenden Worten und, wo nötig, mit ausgreifenden Gebärden die weltweit bewunderte Architektur seiner Stadt. »Was wir dort bauen, wird fünf bis zehn Jahre später in Europa nachgebaut.«

»Nicht immer zum Nutzen Europas«, bremste Herr Gutjahr den verbalen Galopp seines Sohnes. »Wie man überhaupt auf manches verzichten könnte, was mit der üblichen Verspätung über den Atlantik schwappt.«

»Weitere fünf bis zehn Jahre später«, berichtete Andy, »setzt es sich dann auch in der DDR durch, und anschließend sickert es ganz allmählich in die Sowjetunion ein. Bis die Welle dann über Sibirien wieder in Amerika anlangt, sind die Amerikaner, oft zum zweitenmal, bei denselben Fehlern angekommen, weil sie sich an das erstemal nicht mehr erinnern. Auf diese Weise ist dann die Sowjetunion plötzlich auf der Höhe der Zeit.«

Neuer Sekt kam auf den Tisch, dazu Sandwiches, denn der Nachmittag war vergangen. Andy schaute der Reihe nach in die Runde. Jeder von ihnen, dachte Andy, ist auf seine Art mit sich und seinem Leben im reinen, sogar Frau Gruen mit ihrer schwierigen Vergangenheit macht manchmal diesen Eindruck. Auch Karin und Bob, die noch mittendrin standen, hatten sich ihren Weg vorgezeichnet und gingen ihn gern. Andy goß reihum Sekt nach und nahm sich ein Sandwich mit Thunfischsalat. Ein Vierteljahr noch, dachte er, dann werde ich beschließen, was ich als nächstes tue.

Lokalchef? Nein, Wenn man ein Ziel zu lange angesteuert hat, läßt man es am Ende links liegen. Ein neuer Job bei einer anderen Zeitung? Warum nicht? Leute mit Erfahrung wurden mehr gesucht, als sie selbst dachten. Fernsehen? Wenn Tim recht damit hätte, daß es die meisten nicht vorher, sondern erst beim Machen gelernt hatten, dann konnte man es ja auch noch versuchen. Werbung? Wenn es nicht gerade um Windeln und Weichspüler ging, wenn man also nicht auf Null-Niveau hinunter mußte: warum nicht einmal versuchen? San Francisco? Ein Riesen-Risiko. Aber die hier als freie Korrespondenten arbeiten, hatten es auch irgendwann wagen müssen. Und gab es nicht in Deutschland eine unübersehbare Zahl von teilweise völlig überflüssigen Presseorganen, die jedoch alle ihre Leserschaft und ihr Auskommen hatten und Schreiber brauchten, um ihre Seiten zu füllen? Und über Kalifornien wurde gern gelesen, weil es die heimliche oder offene Sehnsucht von Millionen war. Vielleicht auch Atlanta! Dort spielte auch die Musik, und zwar immer lauter, aber wenige schrieben darüber, weil es sich dort nicht so locker leben ließ. Und dann der Rat von Rainer: Schreib doch mal die Geschichte von Horst Meyer und Walter Kowalski auf! Warum nicht auch das? Mit Mangel an Zeit konnte man sich nicht davonstehlen, denn auch Rainer, der fast jeden Tag zwölf Stunden Taxi fuhr, hatte eigentlich keine

Zeit für seinen Roman gehabt. Aber Rainer hatte einen Anlauf genommen, um einen kräftigen Sprung aus der vorgezeichneten Bahn zu nehmen. Vielleicht war er danebengesprungen, das würde sich bald erweisen, aber Rainer würde, wie Andy ihn kannte, auch einen zweiten Anlauf nehmen.

Ein Vierteljahr noch, dachte Andy. Bis dahin habe ich alles auf Null gebracht und kann den Anlauf nehmen.

Es wurde ein langer Abend bei Frau Gruen, die Kinder schliefen zwischendurch eine Runde im Gästezimmer, und die Erwachsenen versicherten sich beim Abschied, sie würden diesen beinahe zufällig entstandenen Kontakt auf keinen Fall wieder einschlafen lassen.

»Haben Sie mal überlegt«, fragte Herr Gutjahr, »wer uns zusammengebracht hat? Andreas war es. Karin ist seine Schwester, das ist eine hohe Vergünstigung, aber nicht sein Verdienst. Dann jedoch: Andreas hat mich an meinem Neunzigsten aufgesucht, er hat Frau Gruen mit sicherem Blick aus der Besuchergruppe herausgegriffen, er hat Karl-Heinz ausfindig gemacht und nach Kalifornien geschleppt. Junger Freund, Sie verdienen einen Toast. Auf Andreas Wohlgemuth!«

Bloß kein Gedöns, dachte Andy, aber ein wenig gerührt war er dennoch.

In der zweiten Woche fuhr Andy mit beiden alten Herren viel durch Kalifornien. Vor allem Herr Gutjahr wollte unersättlich Eindrücke sammeln, denn er vermutete, nicht noch einmal hierherzukommen. Karl-Heinz war gelassener, denn für ihn stand fest, daß er künftig mindestens einmal im Jahr für längere Zeit nach Kalifornien gehen werde.

Am letzten Abend, als alle anderen schon schliefen, saßen Bob und Andy bei einem Glas Wein auf der Veranda. Es war ungewöhnlich warm, geradezu schwül, und am Horizont verharrte ein Gewitter, ohne näher zu kommen.

»Es war schön mit euch«, sagte Bob in seinem amerikanisch gefärbten Deutsch.

»War es schwierig mit dem neuen Schwiegervater?« fragte Andy.

»No, not at all! Ich mag ihn sehr. Weiß du, Wohlgemuth war immer der Boß. Er hat immer gesagt: Kinder, wenn ich tot bin, bekommt ihr mein ganzes Geld. So wir sollten dankbar sein. Aber ich wollte nicht sein Geld.«

»Offenbar wollte niemand sein Geld«, bemerkte Andy.

»Karl-Heinz will mir auch Geld geben«, fuhr Bob fort, »aber das ist was anderes irgendwie.«

»Karl-Heinz will dir Geld geben?« wunderte sich Andy.

»Ja, zwanzigtausend Dollar, für die neuen Maschinen. So wir können alles bezahlen, was wir geordert haben. Aber ich weiß nicht.«

»Du muß es nehmen«, sagte Andy. »Wenn er es beschlossen hat, mußt du es nehmen. Das ist wie mit dem Haus von Frau Gruen.«

»I don't know. Er sagt, wir sollen nicht warten, bis er tot ist. Ich weiß nicht, was ich ihm sage.«

»Ich sage ihm morgen früh, daß ihr das Geld nehmt«, entgegnete Andy.

Bob wiegte längere Zeit den Kopf, dann stimmte er zu: »Okay, du bist Journalist, und ein Journalist weiß alles besser.«

56

Der lange Nachtflug gegen die Uhr ermüdete nicht nur die beiden alten Herren, sondern auch Andy. Karl-Heinz stieg in Frankfurt um nach Hamburg und lud beim Abschied Andy ausdrücklich ein, auch beim nächsten Kalifornien-Flug mit von der Partei zu sein. Andy fuhr mit Herrn Gutjahr im Taxi in die Stadt hinein, Rainer war diesmal nicht zur Stelle.

Herr Gutjahr wollte trotz aller Müdigkeit noch bei einem Glas Wein einige Worte mit Andy wechseln. »Ich denke, es wird meine letzte große Reise gewesen sein, aber es war eine der schönsten.«

»Wir fliegen sicher noch einmal zusammen hin«, entgegnete Andy.

»Nein, sicher nicht. Aber Sie werden sehr bald wieder dort sein. Was ich schon immer von Ihnen wissen wollte: Hat Frau Gruen eigentlich irgendwann nach Ihrer Herkunft gefragt, nach Ihrer Familie und nach Ihrem Vater?«

»Nein, nie.«

»Dann frage ich sie jetzt danach.«

Andy erzählte die Geschichte von Horst Meyer, die Herr Gutjahr mit großer Spannung bis zu Ende anhörte. Dann fragte er: »Ist er für Sie ein Vorbild?«

»Das ist so ein entsetzlich großes Wort«, erwiderte Andy, »aber ich habe ziemlich viel über ihn nachgedacht. Hielten Sie es übrigens für unsinnig, wenn ich wieder seinen Familiennamen annehmen würde?«

»Ganz und gar nicht«, sagte Herr Gutjahr.

Andy fuhr, obwohl auch er übermüdet war, mit seinem Koffer im Taxi zum Standesamt und fragte sich durch bis zu einem etwa fünfzigjährigen Sachbearbeiter, der offensichtlich Spaß an der Arbeit und am Umgang mit seiner Kundschaft hatte.

»Einen anderen Namen?« fragte er. »Sehr gut!«

»Wieso sehr gut?«

»Weil das soviel Arbeit macht wie zehn Trauungen. Also, Sie benötigen einen neuen Namen, den haben Sie sicherlich. Sie brauchen einen einleuchtenden Grund, den haben Sie sicherlich nicht. Sie brauchen Ihre Geburtsurkunde, die haben Sie sicherlich vergessen. Und Sie brauchen ein Formular, das bekommen Sie von mir. Wie wollen Sie denn heißen?«

»Meyer.«

»Merkwürdig. Zu mir kommen sonst immer Leute, die nicht mehr Meyer heißen wollen. Haben Sie sich auch schon für eine Schreibweise entschieden? Mit e-y, e-i, a-y oder a-i?«

»Mit e-y«, sagte Andy.

»Wissen Sie, wie viele Meyers mit e-y es in Deutschland gibt?«

»Jedenfalls so viele«, erwiderte Andy, »daß man irgendwo auch gute Gesellschaft findet.«

Der Beamte schob seine Brille auf die Nasenspitze und schaute Andy ernst an. »Ich muß Sie warnen, das gehört zu meinen Pflichten. Sie lösen eine Menge bürokratischer Vorgänge aus, vom Paßamt bis zur Kfz-Versicherung. Ich kenne Ihren Beruf nicht, aber vielleicht haben Sie sich unter Ihrem Namen einen Namen gemacht. Und in Ihrem besonderen Fall werden Sie den Namen ständig buchstabieren müssen. Wie heißen Sie denn jetzt?«

»Wohlgemuth.«

»Mit t-h?«

»Mit t-h«, buchstabierte Andy.

»Gut, jetzt wollen wir mal sehen, ob mir Ihre Begründung einleuchtet.«

Andy hatte eine Zwischenfrage: »Kriegen Sie für Ihren Humor eigentlich eine Zulage?«

»Nein, ich habe nur Abzüge. Warum also Meyer?«

Andy erklärte, dies sei der Name seines Vaters, den er als Kind ebenfalls getragen habe und jetzt wieder tragen wolle, da er eine Art innerer Übereinstimmung festgestellt habe. Diese Begründung, sagte der Beamte, klinge plausibel und werde wohlwollend geprüft.

»Ich warne Sie aber nochmals vor dem dauernden Buchstabieren. Ich weiß, wovon ich rede, denn ich heiße Mayr. M-a-y-r.«

Als Andy nach Hause kam, traf er in der Wohnung nicht Rainer, sondern Silvia. Sie stürzte auf ihn zu und fiel ihm schluchzend in die Arme.

»Was ist los?« fragte Andy und hatte plötzlich eine Ahnung.

»Rainer«, weinte Silvia.

»Was ist los? Hör doch auf zu heulen! Was ist los?«

Rainer hatte vor einer Woche, wie vorgesehen, sein Manuskript abgeliefert, hatte das Taxi-Schild vom Auto genommen und war in die Dolomiten gefahren. Er hatte Silvia die Telefonnummer des Gasthofs hinterlassen, in dem er schon mehrfach abgestiegen war. Der kleine Ort, Misurina, lag nicht weit von Cortina d'Ampezzo, zu Füßen der »Drei Zinnen«, die Rainers Ziel waren. Er hatte zwei Tagestouren gemacht und sich am dritten Morgen für eine zweitägige Tour verabschiedet.

Von dieser war er nicht zurückgekehrt.

Andy wußte, daß diese Nachricht ihn erst später erschüttern würde, abends vielleicht oder spät in der Nacht, unter Umständen auch erst morgen oder übermorgen. Bei der Nachricht aus New York war es ebenso gewesen. Jetzt war es nötig, etwas zu tun, auch wenn es eigentlich nichts zu tun gab.

Telefonieren!

Andy rief in Misurina an. Nichts Neues. Der Gast aus Frankfurt werde den dritten Tag vermißt, die Bergwacht wolle morgen ein weiteres und wahrscheinlich letztes Mal aufbrechen, aber viel Hoffnung sei nicht mehr. Schlechtes Wetter habe es nicht gegeben, nein. Herr Wilke müsse wohl einen bergsteigerischen Fehler gemacht haben. Erstaunlich, da er das Gebiet ausgezeichnet gekannt habe. Sein Zimmer habe man geräumt, das Gepäck in seinen Wagen getan, der noch im Hof stehe.

»Fahr hin!« bat Andy.

Silvia schüttelte den Kopf, aber Andy redete auf sie ein: »Es ist besser, als hier rumzusitzen und zu warten. Ich kann nicht mit, ich muß morgen wieder in der Redaktion antreten. Ich habe eine Idee, ich gebe dir Veronika mit, sie soll die Sache recherchieren.«

Er rief Veronika in der Redaktion an, erreichte sie auch rasch, bremste den Überschwang ihrer Begrüßung und schilderte ihr den Vorfall. Sie war bereit, noch heute mit Silvia aufzubrechen, und schätzte die Fahrzeit mit ihrem Auto auf acht bis neun Stunden. Sie schlug vor, in München zu übernachten und sehr früh weiterzufahren.

Andy brachte Silvia nach Hause, half ihr packen und wartete, bis sie von Veronika abgeholt wurde. Alles ging geradezu geschäftsmäßig vor sich, und Andy dachte, daß man anders eine solche Situation auch nicht bewältigen könne.

Als die beiden Frauen weg waren, fuhr Andy zu Rainers Verleger, den er bisher nur vom Hörensagen kannte, und brachte ihm die Nachricht.

»Nein! Das ist nicht wahr!«

»Doch«, sagte Andy, »und die Hoffnung ist gering.«

Der Verleger war etwa Ende Fünfzig. Mit seinem grauen Lockenkopf und der Nickelbrille wirkte er ein wenig wie ein Künstler, in seinem korrekten grauen Zweireiher hingegen eher wie ein Geschäftsmann. Wahrscheinlich, dachte Andy, kultiviert er diese Mischung.

Nachdem alles aus Misurina berichtet war, erkundigte sich der Verleger nach Andys Person, und bald kam heraus, daß Rainer nichts geändert hatte und Andy tatsächlich das Vorbild einer der Figuren in Rainers Roman war.

»Haben Sie das Manuskript schon gelesen?« fragte der Verleger.

»Nein, das durfte ich nicht.«

»Ich gebe Ihnen eine Kopie mit, lesen Sie es!«

Am Abend setzte sich Andy mit Rainers Manuskript in einen Sessel und begann zu lesen. Ihm war nach Whisky zumute, nach viel Whisky sogar, aber er zwang sich, den Schmerz nicht schon zu betäuben, ehe er spürbar wurde.

Die Geschichte begann in Brunos Kneipe und beschrieb treffend und oftmals witzig das Tableau von Typen, die seit Jahren dort verkehrten. Rainer hatte allen einen anderen Namen und den meisten ein anderes Aussehen gegeben, aber Andy erkannte alle auf Anhieb, sich selbst sogar am raschesten: »Thomas schob sich mit einer Miene durch die Tür, als hätte ihm sein Chef nicht nur einen freien Samstag, sondern jede Zukunft abgesprochen. Auch war sein Gang nicht sonderlich aufrecht, so daß die Stammgäste, die Thomas gut kannten, rätselten, ob er von daheim komme oder nach dem zweiten Bier dorthin müsse.«

Andy lachte. Verdammt gut getroffen! Das könnte das Wochenende im Waldstadion gewesen sein. Der Samstag, an dem die Eltern auf der Durchreise nach New York waren. Oder irgendein anderes Wochenende, es hatte viele dieser Art gegeben.

Das Telefon klingelte. Misurina, dachte Andy, er ist zurückgekehrt in den Gasthof.

Es war Veronika, sie meldete die Ankunft in München und fragte, wie es Andy gehe. Sie solle sich gut um Silvia kümmern, antwortete er.

Was wird eigentlich mit der Wohnung? dachte Andy. Was mit dem ganzen Flohmarkt? Mit den Plastiken von Wilke sen.? Hatte Rainer nicht einmal gesagt, er habe keinerlei Verwandtschaft, jedenfalls keine, von der er Kenntnis habe? Wer erbte das alles hier? Und wer bekam die Honorare für das Buch, wenn es denn tatsächlich gedruckt würde?

Andy las weiter, aber seine Gedanken lenkten ihn immer wieder ab. Er hätte gern mit jemandem gesprochen. Mit Pia? Sie kannte Rainer nicht einmal, hätte ein paar bedauernde Worte gefunden, aber in Wahrheit nicht verstanden. Herr Gutjahr? Obwohl auch er Rainer nicht kannte, hätte er bestimmt mehr dazu sagen können. Aber wahrscheinlich schlief der alte Herr nach dem langen Flug von San Francisco, und wenn nicht, dann war er in Gedanken noch in Kalifornien. Sollte man ihn dabei stören? Nein, es gab Situationen, durch die mußte man allein hindurch.

Andy las, bis ihm die Augen zufielen, und schlief im Sessel ein.

57

Andy träumte von der Party, die Rainer und sein Verleger zum Erscheinen des Romans gaben. Sie hatten die Party an den Ort gelegt, an dem das Manuskript entstanden war, in Rainers Flohmarkt-Wohnung. Alle Figuren des Romans waren da und viele andere, die auch hineingepaßt hätten. Bruno hatte Bierfässer und Suppentöpfe angeliefert. Der Verleger zog ein paar erste Rezensionen aus der Tasche, die überwiegend positiv waren. Die positivste kam von Andys Zeitung. Der Verleger war zuversichtlich: kein Bestseller, aber auch kein Flop.

Ehe Andy die Post auf seinem Schreibtisch sichten konnte, strömte die Lokalredaktion in seinem Büro zusammen. Klaus Huhnke machte sich zum Wortführer. »Andy, du mußt diesen Posten hier fest und endgültig übernehmen. Wir wollen endlich klare Verhältnisse im Lokalen. Schaaf hat uns geknechtet, war aber wenigstens noch kompetent. Buske war ganz nett, wußte aber nie genau, wo's langging. Reimann war der totale Ausfall. Der Chefredakteur hat in deiner Abwesenheit in alles und jedes reingeredet, als seien wir Azubis im zweiten Lehrjahr. Wir sind alle kurz davor, das Handtuch zu werfen.«

»Erzähl erst mal, was los war!« bat Andy.

»Da müßte ich lange erzählen«, meinte Huhnke, »ich will dir nur den Höhepunkt schildern. Die Arbeiter haben wieder gegen die Stillegung demonstriert. Sie fühlen sich verschaukelt und sind verbittert. Aber unser Chefredakteur meinte, es gebe keine neuen Gesichtspunkte, und die Argumente seien auf dem Stand von damals, als du darüber geschrieben hättest.«

»Der alte Streitfall«, bemerkte Andy. »Ist es berichtenswert, wenn dieselben Argumente immer öfter und immer nachdrücklicher vorgebracht werden?«

»Jetzt kommt ja der Witz«, kündigte Kuhnke an: »Die Argumente der Geschäftsleitung, die sich auch nicht verändert haben, die sollten wir bringen.«

»Habt ihr sie gebracht?«

»Er hat selbst eine Story geschrieben«, erwiderte Huhnke.

Andy fragte sich und die anderen, ob er, wenn er nicht in Amerika gewesen wäre, dies alles hätte verhindern können. Niemand wollte das ohne weiteres annehmen, aber alle Kollegen drängten jetzt, Andy sollte das Lokale in die Hand nehmen.

»Ich will den Job nicht«, sagte Andy. »Vor einem Jahr hätte ich mich noch dafür zerrissen, aber jetzt will ich nicht mehr. Ich versuche euch das zu erklären. Ich habe mich hier jahrelang hochgedient. Man kann auch sagen: angedient. Jeder hier muß sich selbst scheibchenweise aufgeben, um eines Tages hinter einem größeren Schreibtisch zu sitzen. Da sitzt er dann und erkennt sich kaum wieder. Aber das hört nicht auf, denn eine Etage höher steht ein noch größerer Schreibtisch. Und ganz oben steht einer in Mahagony und daneben eine Ledergarnitur mit Rauchglastisch. Aber der da oben residiert, der geht nicht mehr ans Werkstor und hört sich die Leute an, nein, der golft mit der Geschäftsleitung. Und entsprechend schreibt er oder läßt er schreiben. Ihr wollt mich jetzt auf die erste Stufe dieser Treppe schieben, aber ich will das nicht.«

Huhnke widersprach. »Wir wollen auf dieser Stufe einen, der nicht so anfällig ist wie Reimann. Deswegen wollen wir dich. Und was du da vorbringst, überzeugt mich überhaupt nicht. Früher wolltest du was werden und hast dich angedient, jetzt bist du auf dem großen Unabhängigkeits-Trip und läßt uns hängen. Heute wie damals denkst du dabei nur an dich.«

Andy fand die Vorwürfe ungerecht, aber aus der Sicht der Kollegen verständlich. Er bat vorsichtig um Toleranz. »Es muß einem doch erlaubt sein, einen Strich zu ziehen und sich ein paar Gedanken zu machen, ehe man weitermarschiert. Ist das so schwer zu kapieren?«

»Nee, das möchten wir alle. Aber wir müssen eine Zeitung machen und ein paar Mark verdienen. Und wenn jeder von uns auf den Ego-Trip geht und hobbyhalber über sich selbst grübelt, dann ist die Zeitung pleite, und wir sind's auch. So einfach ist das nämlich.«

Andy nahm noch einen Anlauf. »Ihr appelliert also an die Solidarität. Jetzt erinnert euch bitte mal. Früher habe ich für Schaaf jeden Käse geschrieben, um mich anzudienen, und ihr habt's genauso gemacht. Dann war ich's irgendwann leid und habe angefangen, gegen den Strich zu bürsten. Prompt hatte ich Ärger am Hals. Wo wart ihr da? Wer von euch hat mich da glühend verteidigt? Habt ihr nicht alle in den Redaktionskonferenzen herumgesessen und die Zunge im Maul gehabt? Hannemann, geh du voran! Aber jetzt soll ich euch die Kartoffeln aus dem Feuer holen.«

»Wohlgemuth, der Einzelkämpfer«, höhnte Klaus Huhnke, und mehrere lachten zustimmend.

Andy wurde zornig: »Wenn ihr alle ein bißchen mehr Einzelkämpfer wärt, würde ich mir die Sache noch mal überlegen. Aber ich soll ja nur als Leithammel vorausmarschieren und mir den Schädel blutig stoßen, damit ihr hinterhertrotten könnt.«

Es gab lauten Unwillen, die Versammlung löste sich auf, und Klaus Huhnke sagte unfreundlich: »Dann marschier mal allein! Du wirst dich ganz schön blöd fühlen, wenn du dich umschaust, und hinter dir ist keiner.«

Mittags meldete sich Veronika aus Misurina. Es gebe nichts Neues, sagte sie, und die Suche sei aufgegeben worden. Sie würden sich morgen mit ihrem und Rainers Auto auf den Rückweg machen, sofern Silvia in der Lage sei, den Wagen zu steuern.

Laßt doch die Karre einfachen stehen, dachte Andy, es ist so unwichtig, ob ihr einen Mercedes 240 D mit über

200000 Kilometern auf dem Buckel nach Frankfurt zurückschafft und verkauft oder ob ihr ihn einfach stehen laßt. Wichtig war jetzt nur noch, allen Leuten zu sagen, daß es ein Buch von Rainer Wilke gab.

Andy wurde zum Chefredakteur gebeten, der sich zuerst nach der Amerika-Reise erkundigte und dann zur Sache kam. »Die Kollegen der Lokalredaktion haben mich gebeten, ich möge Ihre endgültige Installation als Lokalchef vornehmen.«

Dr. Schmidt-Schulzendorf machte eine Pause, als erwarte er eine Antwort, aber Andy dachte nur über das merkwürdige Wort nach: Installation, oben abdichten, unten abdichten, damit nichts herauslaufen konnte.

»Ich weiß, daß Sie vom Fachlichen her geeignet wären«, fuhr der Chefredakteur fort.

Wir waren doch schon mal weiter, dachte Andy, er hat's mir doch schon mal angeboten.

»Es wäre allerdings nicht ganz einfach«, sagte der Chefredakteur, »heute den Verleger davon zu überzeugen, daß Sie der richtige Mann sind. Er hat sich in letzter Zeit mehrfach an Ihren Artikeln und Entscheidungen gestoßen.«

Oben abdichten, unten abdichten, dachte Andy.

»Sie wollen dazu nichts sagen?« fragte der Chefredakteur.

Andy schüttelte den Kopf.

»Wenn ich mich beim Verleger für Sie verwenden soll, müßten wir zunächst unter uns vereinbaren, daß wir gemeinsam eine, sagen wir mal, gemäßigte Linie verfolgen.«

»Gemäßigt«, sagte Andy, eher feststellend als fragend.

»Sie wissen, was ich meine.«

»Ich weiß. Deswegen möchte ich Sie bitten, sich nicht für mich zu verwenden. Ich habe auch schon den Kollegen gesagt, daß ich nicht will.«

Der Chefredakteur hob die Augenbrauen und die Stimme: »Ihre Kollegen haben angedeutet, daß sie unter Umständen kündigen werden, wenn ich ihren Wunschkandidaten nicht installiere.«

»Sie werden nicht kündigen«, sagte Andy, »keiner wird kündigen, das wissen Sie genau.«

Der Chefredakteur erhob sich. »Ich kann mir nicht recht vorstellen, daß *Sie* unter einem neuen Lokalchef weiterarbeiten.«

»Das kann ich mir auch nicht vorstellen«, sagte Andy.

58

Andy, Silvia und der Verleger gaben eine Party zum Erscheinen von Rainers Roman. Sie hatten an den Ort eingeladen, an dem das Buch entstanden war, nämlich in die Flohmarkt-Wohnung unterm Dach im Bahnhofsviertel. Andy hatte vor allem unter Kollegen die Trommel gerührt, denn er wollte alles tun, um Rainers erstem und letztem Buch zum Erfolg zu verhelfen.

Silvia war vor zwei Wochen in Rainers Wohnung eingezogen und teilte sie mit Andy. Es hatte sich nicht klären lassen, ob Rainer ein Testament hinterlassen oder irgendwo Erben hatte. Da Andy nicht damit rechnete, in Frankfurt zu bleiben, hatte er Silvia bewogen, die Wohnung und alles, was darin war, zu übernehmen und zu erhalten. Obwohl es keine entsprechende Verfügung des Autors gab, war der Verleger bereit, alle Honorare an Silvia auszuzahlen.

Veronika und Tim waren eigens aus München angereist und trafen als erste Gäste ein.

»Es tut mir wirklich leid«, sagte Veronika, als kondoliere sie einem Hinterbliebenen.

Andy versuchte heiter zu sein. »Was treibt dich, mein lieber Freund Tim, dazu, ständig diese Dame zu chauffieren? Ist es gar die Liebe?«

»Derart direkte Fragen«, antwortete Tim stirnrunzelnd, »wagst du in deinen Interviews nie zu stellen.«

Andy griff zu einer Whiskyflasche, drehte sie um, hielt sie Tim wie ein Mikrofon unter die Nase. »Herr Minister, warum sind Sie schon wieder in Begleitung dieser Dame?«

Tim räusperte sich. »Mein lieber Herr Wohlgemuth ...«

»Meyer«, verbesserte Andy.

Tim deutete eine Verbeugung an. »Entschuldigung, ich habe Sie mit Ihrem Kollegen Wohlgemuth verwechselt. Meyer mit e-y? Gut, Herr Meyer, Sie wissen da offensichtlich mehr als ich selbst, aber Journalisten hören ja bekanntlich das Gras wachsen. Wenn ich alles glauben wollte, nicht wahr, was über mich verbreitet wird, dann könnte ich ja die ganze Nacht kein Auge mehr zumachen. Aber zu Ihrer Frage: Ich will ihr keineswegs ausweichen, aber so kann man sie nicht stellen. Lassen Sie mich zunächst etwas Allgemeines feststellen: Ich möchte aus wohlerwogenen Gründen nicht darüber sprechen, und zwar im Interesse der Menschen, verstehen Sie? Im übrigen möchte ich zunächst mit meinen politischen Freunden darüber beraten. Sind Sie mit dieser Antwort zufrieden?«

»Ja, aber warum sieht man Sie dauernd mit dieser Dame?«

»Mensch, Andy«, sagte Tim vorwurfsvoll, »so kann man doch nicht fragen. Das ist viel zu direkt. Schau dir mal an, wie wir das im Fernsehen machen.«

Andy hielt Veronika das »Mikrofon« hin. »Haben Sie ein Verhältnis mit dem Herrn?«

»Logo!« antwortete Veronika.

Andy stellte die Whiskyflasche wieder hin und fragte Tim: »Und sonst? Was bewirkt zur Zeit deinen Frust? Oder stehst du vor dem Durchbruch?«

»Es sieht mehr nach Durchfall oder Einbruch aus«, entgegnete Tim, »und was ist mit dir?«

»Ich suche nach einem Einfall, um den Aufbruch zu versuchen.«

Andy berichtete von seinen Überlegungen, aber Tim nannte ihn einen Narren, da er sein warmes Plätzchen hinterm Schreibtisch gerade in dem Moment aufgeben wolle, da er Lokalchef werden könne.

»Ich gebe dir ein Gleichnis, auf daß du es verstehst«, sagte Andy. »Stell dir einen Windhund vor, der immerzu, weil man es ihm beigebracht hat, mit hechelnder Zunge hinter dem falschen Hasen herrennt. Der falsche Hase ist natürlich immer etwas schneller, und der Hund rennt und rennt. Mit einemmal merkt der Hund, daß er verschaukelt wird, und bleibt einfach stehen. Was dann?«

»Ich nehme an, er wird erschossen.«

»Falsch! Der Windhund hat den blöden Trick durchschaut, verläßt die Rennbahn und jagt im freien Feld richtige Hasen. Habe ich es so vereinfacht, daß du es verstehen kannst?«

»Nein, ich mache keine Tierfilme.«

Andy seufzte gepeinigt. »Gut, dann erkläre ich es dir pseudo-philosophisch. Du willst in euerm Laden etwas werden, richtig? Also gehst du davon aus, daß du noch nichts bist, logisch? Du mußt dich also ändern, um etwas zu werden, klar? Du lebst also ständig in dem Bewußtsein, nicht so zu sein, wie du sein müßtest. Kannst du noch folgen? Nun sag doch mal einfach: Ich bin so und will so bleiben, und wenn ihr damit etwas anfangen könnt, dann machen wir einen Vertrag. Wenn nicht, dann lassen wir's. Kapiert?«

»In groben Zügen ja, aber was ist jetzt mit dem Hund?«

»Du bist blöd!« schimpfte Veronika.

»Der Hund«, sagte Andy, »hat die Rennbahn verlassen. Ich habe heute gekündigt.«

Tim sah ihn entgeistert an.

Bruno, der Kneipenwirt, lieferte jetzt Bierfässer und Suppentöpfe an. Er war gerührt, daß Rainer ihn in seinem Roman verewigt hatte, und dankbar, daß sogar der Name seiner Kneipe erwähnt war.

Silvias Freunde kamen und brachten Frau Weinhold mit, deren Mann in Untersuchungshaft saß. Andy hatte die Gruppe nicht mehr gesehen seit dem letzten heftigen Wortwechsel, aber Silvia hatte ihn auf dem laufenden gehalten. Die Bemühungen um eine verkehrsberuhigte Zone standen kurz vor dem Erfolg.

Fips boxte Andy gegen die Schulter: »Na, du Aussteiger!«

»Du wirst dich wundern«, erwiderte Andy, »wie ich bald einsteige.«

»Können wir die nächsten Tage mal über unsere Zeitung reden?« fragte Fips, und Andy nickte.

Klaus Huhnke führte die Lokalredaktion an. »Seit heute wissen wir, daß du tatsächlich eine Macke hast. Wenn wir das damals schon gewußt hätten, wären wir nicht so hart mit dir ins Gericht gegangen.»

»Es ist immer wieder der alte Fehler«, sagte Andy, »daß Irre nicht ernst genommen werden. Übrigens hat mir der Chefredakteur heute vormittag prophezeit, er und ich würden eines Tages diese Trennung bereuen. Ich habe ihm gesagt, in diesem Falle könnten wir ja neu miteinander verhandeln.«

»Und was machst du jetzt?« fragte Huhnke.

»Ein bißchen herumreisen. Deutschland-Tournee. Mal sehen, ob es irgendwo einen interessanten Job gibt. Vielleicht finde ich ein paar Blätter, die an Stories aus Kalifornien interessiert sind.«

Auch Pia kam. Andy machte sie erst mit Silvia, dann mit Veronika bekannt, beide Male beobachtete er die gegenseitig taxierenden Blicke und amüsierte sich darüber.

Der Verleger schlug an sein Glas, bis Ruhe war: »Liebe Freunde, der Anlaß, der uns zusammengeführt hat, ist ein erfreulicher und ein trauriger. Ich halte das erste Exemplar von Rainer Wilkes Roman in Händen. Es ist jedesmal ein schöner Augenblick, wenn man dieses erste Exemplar an den Autor überreichen kann. Ich überreiche es an seinen besten Freund. Niemand in diesem Kreis könnte besser über Rainer Wilke sprechen als Andreas Meyer. Ich bitte ihn darum.«

Andy fuhr der Schreck in die Glieder, denn auf eine Rede hatte er sich nicht eingestellt. Da ihn jedoch über hundert Augenpaare ansahen, trat er vor und begann: »Liebe

Freunde! Wir wissen nicht, ob Rainer uns zuhört, denn keiner kennt sich mit dem Jenseits aus. Ich will einmal so tun, als höre er zu. Lieber Rainer, wir wollten diese Party mit dir zusammen feiern. Ich wollte dort drüben über deinem Schreibtisch zwei Porträts aufhängen, eines von dem bekannten Frankfurter Schriftsteller Goethe und eines von irgend jemanden. Du hättest natürlich als erstes nach dem zweiten Porträt gefragt, und ich hätte dir geantwortet: ›Das ist der unbekannte Schriftsteller, der nach dem Verkauf von siebzehn Exemplaren seines Romans im Suff geendet ist.‹ Dies, um dir dein Risiko deutlich zu machen. Aber dann hätte ich dir deine Chance gezeigt. Nein, nicht daß Frankfurt einen zweiten Goethe hervorbrächte, um Gottes willen. Aber daß der große Goethe auch einmal ganz klein um den Erfolg seines Erstlings gezittert hat. Er konnte ja nicht wissen, daß die ›Leiden des jungen Werther‹ so viele Selbstmorde und so hohe Tantiemen nach sich ziehen würden. In Goethes Frankfurter Mundart: Mer waases net!«

Andy hatte plötzlich das Gefühl, seine Laudatio gerate unangemessen launig. Er spürte einen Kloß im Hals und spülte ihn mit einem Schluck Bier hinunter. Er griff zu dem Buch, das der Verleger vorgezeigt hatte, und fuhr mit Ernst fort: »Ich habe es gelesen. Ich finde es gut. Lest es bitte alle und schreibt, daß ihr es gut findet. Alle sollen es erfahren. Es geht nicht um Honorare. Es geht darum, daß Rainer etwas gewagt hat, wovor wir alle uns drücken. Unsere Zeitung – ich sage ›unsere‹, obwohl es seit heute ja nicht mehr meine ist –, die ist morgen mausetot. Aber Rainer hat um die hauchdünne Chance gekämpft, in hundert Jahren noch nicht tot zu sein. Verdammt, ich will nicht zu pathetisch werden, aber ihr versteht, was ich meine.«

Gegen zwei Uhr morgens, als die Gäste gegangen waren und Silvia schlief, saß Andy noch mit Pia zusammen.

»Du wirst also die Scheidung beantragen?« fragte sie.

»Ja.«

»Wir haben es die ganze Zeit über falsch angepackt. Jeder wollte immer nur dem anderen beweisen, wer die Nummer eins ist.«

»Genauso war's«, bestätigte Andy, »und du wolltest nie einsehen, daß ich es war.«

»Stell dir mal vor, wir kämen eines Tages wieder zusammen, und jeder will freiwillig die Nummer zwei sein.«

»Das kann ich mir nicht vorstellen.«

»Willst du allein bleiben?« fragte Pia.

»Nein. Ich finde noch die Richtige, ich verspreche es dir.«

Pia bat Andy, ein paar Zeilen aus Rainers Buch vorzulesen. Andy erklärte ihr: »Es kommen sehr unterschiedliche Figuren vor, mit einigen geht es steil bergab, mit einigen bergauf, bei dem einen weiß man es nicht so genau. Er heißt in dem Buch Thomas.«

Andy schlug eine der letzten Seiten auf und las vor: »Thomas blieb stehen und schaute sich um. Hinter ihm drängte es nach, und er schob sich an den Rand, um nicht vom Strom mitgerissen zu werden. Er wunderte sich, wohin sie alle so eilig drängten, da doch bekannt war, daß die Straße ein Stück weiter aufhörte. Thomas stand und überdachte die letzte Zeit mit all den Trennungen. Er fragte sich, ob er am Ende oder am Anfang angekommen war. Er schob sich wieder auf die Straße und versuchte, in entgegengesetzter Richtung voranzukommen.«

Andy klappte das Buch zu und sagte: »Rainer und der Verleger fanden, so ein Bekloppter täte dem Roman gut.«

Morgens brachte Andy Pia nach Hause und verabschiedete sich vor der Tür. »Höre ich mal wieder von dir?« fragte sie.

»Ja. Ihr hört noch von mir.«

Dieter Zimmer, 1939 in Leipzig geboren, begann nach Abitur und Studium (Germanistik, Publizistik) als Fernsehreporter beim Südwestfunk. Später wurde er Redakteur beim ZDF. Mit seinen beiden ersten Büchern FÜR'N GROSCHEN BRAUSE (10 183) und ALLES IN BUTTER (10 650) war er außerordentlich erfolgreich.

Wunder dauern etwas länger

Ein Roman,
mitten aus dem Leben gegriffen

Eigentlich hatte er immer Chef der Lokalredaktion werden wollen. Doch Andreas, Anfang vierzig, empfindet den täglichen Trott in einer Zeitungsredaktion mit seinen inneren Widersprüchen eines Tages als unerträglich. Auch in seinem Privatleben hat er den festen Boden unter den Füßen verloren: er lebt in einer desolaten Ehe. In der Mitte des Lebens angelangt, begibt er sich auf die Suche nach einem sinnvollen Neubeginn.

BASTEI LÜBBE

Allgemeine Reihe

ISB N 3-404-11181-8 DM +007.80
T 3-59-15 00780
Schweiz Fr 7,80
Österreich S 61,-
Niederlande f 10,25
Spanien P 700
Italien L 8000
9 783404 111817